L'ESPRIT DU CORPS

À LA MÊME LIBRAIRIE
SUR PASCAL

CANTILLON A., *Le Pari-de-Pascal. Étude littéraire d'une série d'énonciations*, « Contextes », Vrin / Éditions de l'EHESS, 2014, 374 p.

CARRAUD V., *Pascal. Des connaissances naturelles à l'étude de l'homme,* « Bibliothèque d'Histoire de la Philosophie », 2007, 288 p.

BOUCHILLOUX H., *Pascal. La force de la raison,* « Bibliothèque des Philosophies », 2004, 240 p.

THIROUIN L., *Le hasard et les règles. Le modèle du jeu dans la pensée de Pascal,* « Bibliothèque d'Histoire de la Philosophie », 1991, 232 p.

FORCE P., *Le problème herméneutique chez Pascal,* « Bibliothèque d'Histoire de la Philosophie », 1989, 298 p.

RICHMOND I. et HELLER L. M. (dir.), *Pascal. Thématique des pensées,* « Bibliothèque d'Histoire de la Philosophie », 1988, 116 p.

GOUHIER H., *Blaise Pascal : conversion et apologétique,* « Bibliothèque d'Histoire de la Philosophie », 1985, 268 p.

GARDIES J.-L., *Pascal entre Eudoxe et Cantor,* « Problèmes & Controverses », 1984, 144 p.

GOUHIER H., *Blaise Pascal Commentaires*, « Bibliothèque d'Histoire de la Philosophie », 1984, 408 p.

LØNNING P., *Cet effrayant pari. Une* Pensée *pascalienne et ses critiques,* « Bibliothèque d'Histoire de la Philosophie », 1980, 208 p.

LÉVEILLÉ-MOURIN G., *Le langage chrétien, anti-chrétien de la transcendance. Pascal-Nietzsche,* « Bibliothèque d'Histoire de la Philosophie », 1978, 144 p.

GOUHIER H., *Pascal et les humanistes chrétiens. L'affaire Saint-Ange,* « Bibliothèque d'Histoire de la Philosophie », 1974, 168 p.

JANSEN P., *De Blaise Pascal à Henry Hammond. Les* Provinciales *en Angleterre,* « Bibliothèque de la société d'histoire ecclésiastique de la France », 1954, 140 p.

BLAISE PASCAL, *Deux pièces imparfaites sur la grâce et le Concile de Trente, extraites du manuscrit de l'Abbé Périer*, « Bibliothèque des Textes Philosophiques », 1947, 76 p.

BIBLIOTHÈQUE D'HISTOIRE DE LA PHILOSOPHIE

NOUVELLE SÉRIE

Fondateur : Henri GOUHIER Directeur : Emmanuel CATTIN

L'ESPRIT DU CORPS
LA DOCTRINE PASCALIENNE DE L'AMOUR

par

Alberto FRIGO

Préface de
Vincent CARRAUD

PARIS
LIBRAIRIE PHILOSOPHIQUE J. VRIN
6, Place de la Sorbonne, V[e]

2016

Imprimé en France
ISSN 0249-7980
ISBN 978-2-7116-2722-6

www.vrin.fr

PRÉFACE

PENSER L'UNITÉ

On sait depuis Platon qu'avoir tort n'est pas la moindre des satisfactions que l'on éprouve en philosophie. Il en va de même en histoire de la philosophie. Car c'est en donnant tort aux interprétations antérieures et en voyant pour la première fois ce qui était pourtant « devant les yeux de tout le monde » qu'une lecture nouvelle la fait progresser. Je me réjouis donc de constater que le présent livre a pris au sérieux le dernier mot de *Pascal et la philosophie*, en mettant en question l'affirmation selon laquelle, dans les *Pensées*, « l'ordre de la charité brille par son absence » – et lui a donné tort.

Ce mot, écrit il y a vingt-cinq ans, était appelé par un résultat net : la reconnaissance que le rapport que Pascal entretient à la philosophie, singulièrement à la philosophie cartésienne, est étroit, informé et précis ; et, par différence, qu'est problématique celui qu'il entretient à la théologie, si du moins elle entend s'excepter de toute détermination métaphysique, ce qu'implique l'accès à « l'ordre de la charité ». D'où cette provocation, que l'édition, par Emmanuel Martineau, des *Discours sur la religion et sur quelques autres sujets*, a rendue définitivement impertinente en restituant le discours *Des membres pensants*, « l'ultime discours créateur de Pascal, son chant du cygne », qui avait été découpé et partiellement redistribué dans la liasse *Morale chrétienne* des Copies ou éparpillé parmi des considérations sur la grandeur et la misère de l'homme, sur les raisons des effets, sur le divertissement etc., dans les chapitres de la *Véritable religion...*, des *Pensées chrétiennes* et surtout des *Pensées morales* de l'édition de Port-Royal. Car vint le temps où, ayant abandonné toute polémique et cessé de « travailler à réfuter les principaux et les plus forts raisonnements des athées » et de s'attacher à l'établissement apologétique de la vraie religion mené à partir du constat de l'échec des philosophies et de l'explicitation de la dichotomie anthropologique de la grandeur et de la misère, Pascal délaissa aussi la peinture inédite de l'existence humaine envisagée en elle-même et pour elle-même, analysée dans sa finitude et son aliénation – ces grands desseins successifs dans lesquels, je le maintiens, le thème de la charité est absent ou à tout le moins estompé. Vint ainsi le temps du dernier « retranchement », comme dit Gilberte, ou de l'ultime retrait, celui de ce « testament spirituel » (Jean Mesnard) qu'est la *Prière pour le bon usage des maladies*. Or ce temps fut aussi celui du « testament spéculatif » (Emmanuel Martineau) qui en est le pendant, le discours *Des membres pensants*. Ayant quitté l'analyse du monde pour considérer ce lieu « mystique » qu'est le corps du Christ – mais, comme le souligne Hans Urs von Balthasar, qu'il médite sans aucun mysticisme – Pascal, en toute sérénité, pense l'amour. Tel est l'objet du livre d'Alberto Frigo.

Qu'avec les *Membres pensants*, Pascal pense l'amour, qu'est-ce à dire ? Le titre l'indique d'emblée, qui réunit, si j'ose dire, à la fois un programme et la solution au seul problème qui vaille d'être posé, celui d'une image vraie de la charité. Les *membres*... : saint Paul évidemment, et la doctrine qu'on appellera au Moyen Âge du corps mystique ; ... *pensants* : Descartes évidemment, sa définition de l'amour (se joindre de volonté) et le bon usage des passions – par quoi seulement peut se « régler l'amour qu'on se doit à soi-même », point de départ obligé de l'*ordo caritatis*. Ainsi se construira la synthèse ecclésiale qui permet à Pascal de concevoir, grâce à Descartes, l'amour comme unité de volonté et de proposer sa propre interprétation de ce lieu éminent depuis toujours de l'*unitas spiritus* qu'est la première *Lettre aux Corinthiens*, VI, 17 : « *Qui adhaeret Domino, unus spiritus est* » – par quoi se caractérise la spiritualité pascalienne.

Voilà ce qu'il fallait voir, qui relève d'abord de l'esprit de finesse : « Il faut tout d'un coup voir la chose, d'un seul regard et non pas par progrès de raisonnement, au moins jusqu'à un certain degré ». Mais une thèse d'histoire de la philosophie doit aussi satisfaire au progrès de raisonnement. On s'instruira donc en suivant pas à pas les mutations, qu'Alberto Frigo examine avec une impressionnante érudition, de la notion de *corpus mysticum* et de celle d'*ordo caritatis* aux époques médiévale et moderne, jusqu'aux ecclésiologies de Bérulle et de Saint-Cyran, dont Pascal se distingue radicalement ; on en viendra ensuite à la doctrine cartésienne de l'amour, qui permet de récuser les modèles faibles de l'unité, comme celui de l'unanimité : conditions nécessaires pour mesurer la puissance inouïe et sans égale à l'âge classique de la doctrine pascalienne de l'amour.

On comprendra donc que c'est parce qu'il embrasse la longue durée qu'Alberto Frigo peut lire à nouveaux frais et avec une impeccable précision littérale les *Membres pensants*. Il n'y a là aucun paradoxe, mais l'exercice le plus exact de l'histoire de la philosophie. C'est pourquoi seul un philosophe pouvait montrer que le discours des *Membres pensants*, quelque biblique et méditatif qu'il soit, ne répond pas moins à une exigence proprement philosophique : penser l'unité.

Vincent CARRAUD

RÉFÉRENCES ET ABRÉVIATIONS

PASCAL

OC	*Œuvres complètes*, éd. J. Mesnard, Paris, Desclée de Brouwer, 4 tomes parus en 1964 (t. I, Ire partie, *Documents généraux*), 1970 (t. II, IIe partie, *Œuvres diverses*, vol. I, 1623-1654), 1991 (t. III, IIe partie, *Œuvres diverses*, vol. II, 1654-1657), 1992 (t. IV, IIe partie, *Œuvres diverses*, vol. III, 1657-1662).
OC Le Guern	*Œuvres complètes*, éd. M. Le Guern, « Bibliothèque de la Pléiade », Paris, Gallimard, 1998-2000, 2 vol.
OC Sell.	Blaise Pascal, *Les Provinciales, Pensées et opuscules divers*, textes édités par G. Ferreyrolles et P. Sellier. D'après l'édition de L. Cognet pour « Les Provinciales », « La Pochothèque », Paris, Le Livre de Poche/ Classiques Garnier, 2004.

Les *Pensées* (notées §) seront citées suivant la numérotation de l'édition Lafuma *major* (*Pensées sur la religion et sur quelques autres sujets*, Paris, Éditions du Luxembourg, 1951, 3 vol.), édition et numérotation reprises, à quelques exceptions près (indiquées entre parenthèses), dans les *Œuvres complètes*, « L'Intégrale », Paris, Seuil, 1963, qui intègrent aussi les *Textes inédits*, recueillis et présentés par J. Mesnard, Paris, Desclée de Brouwer, 1962. Le texte proposé par Lafuma n'étant pas toujours sûr, nous l'avons souvent corrigé en suivant celui donné par D. Descotes et G. Proust dans leur édition électronique des *Pensées* (www.penseesdepascal.fr).

Armogathe	Blaise Pascal, *Pensées sur la religion et sur quelques autres sujets. Étude et édition comparative de l'édition originale avec les copies et les versions modernes par Jean-Robert Armogathe et Daniel Blot*, Paris, Champion, 2011, édition dite « de Port-Royal ».
Discours sur la religion	Blaise Pascal, *Discours sur la religion et sur quelques autres sujets qui ont été trouvés après sa mort parmi ses papiers*, restitués et publiés par E. Martineau, Paris, Fayard/Armand Colin, 1992.

AUTRES SOURCES

ST	Saint Thomas d'Aquin, *Summa theologiae*. Nous citons la traduction parue chez l'éditeur Cerf (Paris, 1984-1986, 4 vol.).
In I Sent. *In II Sent.* *In III Sent.* *In IV Sent.*	Saint Thomas d'Aquin, *Scriptum super libros Sententiarum*.
Essais	*Les Essais de Michel, Seigneur de Montaigne*, [...], Paris, Augustin Courbé, 1652. Nous suivons le texte de cette édition dont se servait Pascal mais, pour la commodité du lecteur, nous donnons la pagination de l'édition de P. Villey et V.-L. Saulnier (Paris, P.U.F., 2004).
AT	Réné Descartes, *Œuvres*, publiées par C. Adam et P. Tannery, nouvelle présentation par P. Costabel et B. Rochot, Paris, Vrin/C.N.R.S., 1964-1974, 11 vol. Pour les *Passions de l'âme*, nous renvoyons tout simplement au numéro de l'article.
OCB	Pierre de Bérulle, *Œuvres complètes*, Paris, Cerf/Oratoire de France, 12 volumes parus, 1995-2015. Nous donnons l'indication du tome, suivie de celle du volume et de la page.

Autres ouvrages fréquemment cités

Orcibal, *Origines*: Jean Orcibal, *Les Origines du Jansénisme*: II. *Jean Duvergier de Hauranne, abbé de Saint-Cyran et son temps (1581-1638)*, Louvain/Paris, Bureau de la Revue d'Histoire Ecclésiastique/Vrin, 1947; *Les Origines du Jansénisme* : III. *Jean Duvergier de Hauranne, abbé de Saint-Cyran et son temps (1581-1638). Appendices, bibliographie et tables*, Paris, Vrin, 1948 et *Les Origines du Jansénisme* : V. *La spiritualité de Saint-Cyran avec ses écrits de piété inédits*, Paris, Vrin, 1962, respectivement abrégés *Origines*, II, III, V, suivi de l'indication de la page.

Sauf indication contraire, les traductions sont de l'auteur.

INTRODUCTION

Si une « distance infiniment [...] infinie » (§ 308) sépare l'ordre de l'esprit de celui de la charité, s'« il y a loin de la connaissance de Dieu à l'aimer » (§ 377), Pascal ne renonce pas pour autant à *penser* l'amour. Cet effort gouverne en profondeur la totalité des *Pensées*, mais il semble s'exprimer avec la plus grande netteté, sinon même trouver son accomplissement, dans une vingtaine de fragments que Pascal rassemble, au moment du classement de ses notes de travail, dans la liasse « Morale chrétienne » (§ 351-376) et au fil desquels il propose une longue méditation sur la figure du « corps plein de membres pensants » (§ 368). C'est à ces quelques *pensées* que nous consacrerons le présent ouvrage et le lecteur ne manquera certes pas de s'étonner de l'analyse extrêmement fouillée à laquelle nous nous livrons à partir d'un dossier pascalien finalement très modeste.

Trois ordres de raisons imposent néanmoins de reconnaître à ces fragments une importance capitale.

Tout d'abord, la nature des textes que nous visons à éclaircir : soigneusement rédigées et presque indemnes de ratures, ces *pensées* témoignent d'une réflexion qui brille par sa cohérence et son unité, en articulant, au fil de multiples fragments, un véritable *discours* des « membres pensants ». En raison de la netteté de ses formules, de son lyrisme retenu et de sa noble simplicité, cet ensemble de *pensées* constitue un des moments les plus hauts et les plus achevés de l'écriture et de la pensée pascaliennes, et sans doute aussi une synthèse ultime. Il mérite donc d'être étudié en détail avec l'acribie que les commentateurs ont réservée aux grands textes sur le « pari », la « disproportion de l'homme », l'imagination ou le divertissement.

Or, et c'est là le deuxième ordre de raisons qui justifie notre travail, les *pensées* de la liasse « Morale chrétienne » souffrent de l'indifférence que les études pascaliennes leur ont presque toujours vouée. Ce silence a été très rarement brisé par les commentateurs[1]. Et, si l'on excepte les ouvrages à caractère général, les analyses spécifiquement consacrées aux « membres pensants » sont si peu nombreuses qu'on pourrait soupçonner, chez les spécialistes de Pascal, une certaine méfiance à l'égard de ce qui leur apparaît sans doute comme un appendice « moral », faisant suite à des argumentations apologétiques et philosophiques bien autrement décisives.

Mais un tel silence des commentateurs est d'autant plus regrettable qu'il contraste avec le rôle capital joué par la figure pascalienne du « corps plein de membres pensants » dans l'histoire de la pensée moderne. Un seul nom suffira pour en mesurer les enjeux et indiquer ainsi le troisième ordre de raisons qui a été à l'origine de notre recherche : celui de Rousseau dont on a souligné à quel point il est redevable des textes de la liasse « Morale chrétienne » pour sa doctrine de la volonté générale et du *Contrat social*[2].

Un ensemble de fragments admirable et parmi les plus cohérents du recueil pascalien, malheureusement négligé par les interprètes, mais qui a connu une postérité remarquable dans l'histoire de la philosophie moderne : ce triple constat suffirait pour constituer les « membres pensants » en objet privilégié de notre étude. Mais il y a plus. Car il en va dans ces fragments de la *doctrine pascalienne de l'amour*. Or, cela n'a rien d'anodin et c'est justement à cet égard que les textes de la liasse « Morale chrétienne » témoignent d'un enjeu théorique essentiel des *Pensées*.

L'idée d'une *doctrine* de l'amour – entendons : d'un discours qui en articule la logique propre et en déploie l'économie selon ses différentes figures – semble mal s'accorder avec l'articulation des « trois ordres de choses » (§ 933) « différents de genre » (§ 308) que nous évoquions en ouverture. Celle-ci impose en effet de concevoir l'hétérogénéité incommensurable de l'ordre de la charité : « La distance infinie des corps aux esprits figure la distance infiniment plus infinie des esprits à la charité, car elle est surnaturelle. [...] De tous les corps ensemble on ne saurait en

1. Voir « Bibliographie », p. 271-272. On rappellera trois heureuses exceptions : J. S. Clouston, « Pascal et les membres pensants. Études de quelques fragments des *Pensées* », *Église et Théologie*, 8, 1977/2, p. 245-263 ; P. Magnard, « Un corps plein de membres pensants », *Revue Philosophique de la France et de l'Étranger*, 190, 2000/2, p. 193-200 (repris *in* D. Descotes, A. McKenna et L. Thirouin (dir.), *Le rayonnement de Port-Royal. Mélanges en l'honneur de Philippe Sellier*, Paris, Champion, 2001, p. 333-340) et surtout l'édition d'E. Martineau (*Discours sur la religion*, p. 139-141, 256-257) et son article « Deux clés de la chronologie des discours pascaliens » (*XVII*^e *siècle*, 185, 1994/4, p. 695-729) dont les quelques pages très denses et d'une remarquable justesse ont constitué le point de départ de notre étude.

2. Voir I. Olivo, « Du moi humain au moi commun : Rousseau lecteur de Pascal », *Les Études Philosophiques*, 2010/4, p. 557-595.

faire réussir une petite pensée. Cela est impossible et d'un autre ordre. De tous les corps et esprits on n'en saurait tirer un mouvement de vraie charité. Cela est impossible et d'un autre ordre, surnaturel» (§ 308). La charité ne se dira donc qu'en des termes eux aussi «surnaturels». Dès lors, comme l'écrit Jean-Luc Marion, «face aux *Meditationes* [de Descartes] dans leur ordre, ne peut tenir, dans l'ordre de la charité, que *Le Mystère de Jésus*»[1]. Certes, Pascal reconnaît dans la tyrannie de l'amour propre une transposition arbitraire de la primauté cartésienne de l'*ego* du second ordre au troisième. Mais les exigences d'un amour juste et les caractères d'un « moi » qui n'est plus « haïssable », car il a renoncé à se faire «centre de tout» (§ 597), s'énoncent finalement par la voix du Christ, qui, dans *Le Mystère de Jésus* (§ 919), s'adresse au fidèle par « ses propres paroles, directement bibliques »[2]. Avec la charité, il y irait donc « d'autre chose que du discours »[3], d'où ce discours *autre* qu'est l'étonnant dialogue mis en scène par le fragment § 919, et sans doute aussi le renvoi à un *modèle* biblique à imiter, celui d'Abraham (§ 603), pour définir l'attitude du chrétien parfait.

De surcroît, l'architectonique des trois ordres vise principalement à définir le double mouvement de dépassement et de destitution qu'opère chaque ordre à l'égard de celui qui lui est inférieur. À ce titre, du point de vue de l'ordre de la charité, les évidences de l'esprit n'ont aucune valeur précisément parce qu'elles (ne) valent (que) dans leur ordre propre. «Inutile» hors de l'ordre des esprits, la certitude de la philosophie, et notamment celle des «preuves métaphysiques de l'existence de Dieu» (§ 84; 190; 887), se découvre ainsi destituée par une instance ultérieure qui, sans l'annihiler, la situe et, dans un même geste, en définit le domaine de pertinence et en prévient tout usage impertinent. En l'exposant à la lumière d'un ordre supérieur qui le dépasse et en accuse les limites, Pascal marque donc la nécessité de transgresser l'ordre des esprits, et en particulier la métaphysique dans sa figure cartésienne, pour accéder à celui de la charité. Mais accéder à l'ordre de la charité signifie justement renoncer à le concevoir uniquement à partir de son excès et de son hétérogénéité. Or, la volonté de pointer la distance infiniment infinie qui sépare le troisième ordre du second et l'effort accompli pour expliciter ce double mouvement de transgression et de disqualification apparaissent si centraux dans la démarche argumentative de Pascal qu'on a pu se demander s'il ne s'interdit finalement pas de penser l'ordre de la charité

1. *Sur le prisme métaphysique de Descartes* [1986], Paris, P.U.F., 2004[2], p. 355.
2. *Ibid.*, p. 353.
3. V. Carraud, *Pascal et la philosophie*, Paris, P.U.F., 1992, p. 327.

« autrement que comme puissance de destitution »[1]. Les *Pensées* se borneraient ainsi à ouvrir le troisième ordre dans son altérité radicale, frappant d'indifférence les différences des ordres inférieurs, sans pour autant en dégager véritablement la logique propre.

Or, avec les fragments des « membres pensants », Pascal risque précisément un discours qui s'efforce de déployer l'économie du troisième ordre : l'ouverture d'un ordre *de la charité* permet d'expliquer l'*ordre* de la charité, la charité *en son ordre*. Élaborer une « morale » revient en effet à articuler les « deux lois » de « la République chrétienne » (§ 376), c'est-à-dire la double charité prêchée par Jésus (*Mt* XXII, 37-40) : « Vous aimerez le Seigneur votre Dieu de tout votre cœur, de toute votre âme, et de tout votre esprit. [...] Vous aimerez votre prochain comme vous-même. » Mais comment tenir ensemble ces trois amours et leurs modes respectifs, Dieu « *ex toto corde* » et le prochain selon le modèle de l'amour de soi légitime ? « Pour régler l'amour qu'on se doit à soi-même », répond Pascal, « il faut s'imaginer un corps plein de membres pensants, car nous sommes membres du tout, et voir comment chaque membre devrait s'aimer » (§ 368). D'une part, « il faut n'aimer que Dieu et ne haïr que soi », c'est-à-dire qu'« il faut que tout membre veuille bien périr pour le corps qui est le seul pour qui tout est » (§ 373). D'autre part, l'amour de Dieu n'interdit pas l'amour de soi, mais au contraire le rend légitime et donc possible en tant qu'amour de la partie dans le tout. Le membre « ne pourrait pas par sa nature aimer une autre chose sinon pour soi-même et pour se l'asservir, parce que chaque chose s'aime plus que tout. Mais en aimant le corps il s'aime soi-même, parce qu'il n'a d'être qu'en lui, par lui et pour lui » (§ 372). « N'aimer que Dieu » (§ 373), mais aussi « régler l'amour qu'on se doit » (§ 368) : les *pensées* sur les « membres pensants » permettent donc de concevoir l'unité foncière et à première vue paradoxale de ces deux instances dont relève la « morale chrétienne ». Mais s'aimer comme membre du tout signifie aussi aimer les autres membres, aimer son prochain comme soi-même. Car si les « membres pensants » abusaient de leur union réciproque et s'en servaient pour « retenir en eux-mêmes la nourriture, sans la laisser passer aux autres membres, ils seraient non seulement injustes, mais encore misérables, et se haïraient plutôt que de s'aimer, leur béatitude aussi bien que leur devoir consistant à consentir à la conduite de l'âme entière à qui ils appartiennent, qui les aime mieux qu'ils ne s'aiment eux-mêmes » (§ 360).

1. V. Carraud, *Pascal et la philosophie*, *op. cit.*, p. 457.

En élaborant la figure du « corps plein de membres pensants », Pascal parvient donc à penser la charité en son ordre et à partir de sa propre logique, en rendant raison de ce qui se présente comme un paradoxe du point de vue de l'ordre des esprits (on ne s'aime soi-même véritablement qu'en aimant autrui et an aimant Dieu plus que soi-même). Mais, dira-t-on, il s'agit là moins d'une doctrine de l'amour, comme nous l'avancions, que d'une image ou d'une fiction heuristique, ce qui confirmerait implicitement la difficulté, sinon même l'impossibilité d'articuler par discours la logique du troisième ordre. Or, rien n'est moins sûr. En effet, si Pascal exige « qu'on s'imagine un corps plein de membres pensants » (§ 371), ce n'est pas pour aborder la question de l'amour au biais d'un détour imaginatif, mais tout au contraire, parce que l'amour ne peut être réglé qu'à partir de son idée. Lorsqu'on aime, explique Descartes, « on se considère dès à présent comme joint avec ce qu'on aime, en sorte qu'on imagine un tout duquel on pense être seulement une partie, et que la chose aimée en est une autre » (*Passions de l'âme*, art. 80). Ainsi, c'est en pensant l'amour et en le pensant à partir de la définition cartésienne, que Pascal parvient à décrire l'économie de l'ordre de la charité et à définir la règle de « l'amour qu'on se doit ». Mais s'il faut « s'imaginer un corps plein de membres pensants » pour ressaisir l'amour à la lumière de son essence, cela impose aussi de reconnaître dans l'Église ce qui l'accomplit. Unis par la charité, les fidèles *font* ce corps de membres pensants qu'est le corps mystique du Christ prêché par saint Paul : « On s'aime parce qu'on est membre de Jésus-Christ. On aime Jésus-Christ parce qu'il est le corps dont on est membre » (§ 372). La « morale chrétienne » table ainsi sur une doctrine de l'amour qui en retour débouche sur une ecclésiologie. Et Pascal de reconnaître dans l'Église, comme on le verra, l'image vraie de la charité et un mystère d'unité. Si les fidèles composent un « tout » (« nous sommes membres du tout », § 368), le corps humain n'est finalement qu'un modèle imparfait de l'unité de l'Église, pour dire laquelle il faudra au contraire penser ce qui permet à un corps d'être véritablement *un* : « l'esprit du corps » (§ 372).

Au fil des *pensées* des « membres pensants », Pascal esquisse donc une doctrine de l'amour aux enjeux conceptuels complexes et variés. D'une part, l'effort de penser la charité en son ordre ouvre à une méditation sur l'unité de l'Église dont il faudra mesurer l'originalité et la rigueur. D'autre part, les textes de la liasse « Morale chrétienne » témoignent d'un usage de Descartes qui demande à être précisé. Car, si les *Pensées* renoncent le plus souvent au lexique technique de la théologie et si, dans les « membres pensants », le mot « charité » brille presque par son absence (§ 355)[1], il y va chez Descartes d'une passion humaine et de l'amour de Dieu qu'on conçoit « par la seule force de notre nature »[2], non pas de celui que la grâce inspire. Ce double constat définit implicitement les tâches et la méthode de notre étude qu'il convient d'expliciter en conclusion de cette introduction.

Les *tâches*, d'abord, car il s'agira moins de replacer les fragments sur les « membres pensants » à l'intérieur des *Pensées* et du projet d'une apologie de la religion chrétienne que Pascal y esquisse que de les aborder en tant que tels et d'en définir la logique interne. Ce qui revient à a) situer les « membres pensants » à l'intérieur d'une *tradition*, b) à en définir ensuite le *contexte* d'élaboration et c) leur principale *source*, avant d'indiquer enfin d) le *questionnement* interne à la réflexion de Pascal que ces fragments viennent couronner. À ce titre, a) il nous faudra inscrire les *pensées* de la liasse « Morale chrétienne » dans l'histoire du concept de *corpus mysticum*, en retraçant les vicissitudes de cette notion aux époques médiévale et moderne (chap. premier). b) L'attention accordée par Bérulle et Saint-Cyran au théologoumène paulinien du corps et des membres pour penser respectivement l'union à Dieu dans le Christ et la communauté des fidèles unis par la charité s'avérera être le contexte qui en rend possible la reprise par Pascal (chap. II). c) Ce sera toutefois à la philosophie de Descartes et, en particulier, aux définitions de l'amour et de la haine proposées par les *Passions de l'âme*, qu'il conviendra de s'adresser pour montrer où l'exigence pascalienne d'*imaginer* un corps plein de membres pensants pour *régler* l'amour qu'on se doit trouve sa véritable source. Ce qui nous permettra de surcroît de reconnaître dans les *pensées* que nous étudions une figure résolument moderne d'un concept théologique essentiel, issu, comme celui de *corpus mysticum*, d'une tradition pluriséculaire, celui d'« ordre de la charité » (*ordo caritatis*) (chap. III). d) Nous retracerons enfin les éléments d'un questionnement concernant la nature de l'unité ecclésiale dont témoignent plusieurs textes de Pascal où s'énonce en creux la requête d'une pensée de l'unité à laquelle les fragments de la liasse « Morale chrétienne » s'efforceront de répondre (chap. IV).

Ces tâches, multiples et variées, auxquelles se confrontera notre enquête avant de risquer dans un dernier chapitre une interprétation des « membres pensants » (chap. V), décident aussi en bonne partie de la *méthode* que nous y adopterons. La volonté de proposer une analyse d'un dossier textuel très circonscrit, tout en en définissant la position et

1. On remarquera également que si Pascal mentionne la « République chrétienne » en § 376, le terme « Église » n'apparaît jamais dans la liasse « Morale chrétienne ».

2. AT IV, p. 608.

l'originalité au sein d'un vaste panorama de traditions et de contextes, imposera d'associer l'étude rapprochée des fragments pascaliens et l'histoire des idées sur la longue durée. La reconstitution des vicissitudes d'un concept et d'un syntagme (*corpus mysticum*, *ordo caritatis*) au fil des siècles s'accompagnera dès lors d'une approche presque philologique des textes de Pascal et d'une prise en compte des modifications de détail opérées par les premiers éditeurs des *Pensées*. Que le lecteur ne s'étonne donc pas de l'absence presque totale du nom de Pascal au cours de trois premiers chapitres du présent ouvrage. Ce long détour par l'histoire de l'ecclésiologie et de la spiritualité modernes tout aussi bien que les pages que nous consacrerons à « Descartes et l'amour » constituent un préalable nécessaire à la lecture des fragments de la liasse « Morale chrétienne ». En paraphrasant Pascal, on pourrait affirmer que notre méthode « consiste[ra] principalement à la digression sur chaque point qui a rapport » à la doctrine des « membres pensants » « pour la montrer toujours » (§ 298). Il en résultera une synthèse chamarrée et une enquête aux directions multiples, qui pointent finalement la nécessité d'une approche renouvelée de la question des sources de Pascal. Car si Descartes est bien, cette étude le confirme, le contemporain capital duquel la pensée pascalienne ne cesse de *partir* avant de s'en *départir*, la position historiale de la doctrine des « membres pensants » se profile seulement en se détachant sur un fond de questions, traditions et thèmes qui constituent en même temps le fonds sur lequel Pascal travaille pour élaborer sa synthèse inédite.

Ainsi, l'objet singulièrement restreint de notre étude, quelques fragments parmi les moins commentés des *Pensées*, recouvre des enjeux bien plus vastes, en débouchant sur la nécessité d'aborder à nouveaux frais la pensée pascalienne dans son ensemble. Qu'il s'agisse de sa confrontation avec Descartes, en tant qu'auteur des *Passions de l'âme* et des lettres à Élisabeth plus encore que des *Méditations métaphysiques*, de l'influence de Saint-Cyran et de Jansénius, qui ne va pas sans des prises de position critiques, ou de la cohérence de sa réflexion ecclésiologique dans les *Pensées*, les « membres pensants » offrent un point de vue privilégié sur Pascal, en esquissant une image nouvelle du rapport qu'il entretint avec la philosophie et la théologie de son temps. Mais surtout, force est de reconnaître dans cette méditation sur les fondements de la morale chrétienne et sur la nature de l'Église le lieu d'élaboration d'une pensée de l'unité qui n'a pas d'égal à l'âge classique. C'est ainsi que l'effort de saisir la logique de l'amour et d'expliquer, dans son ordre, l'économie de la charité se charge finalement d'enjeux qui le dépassent et que l'auteur des *Pensées* aurait certainement récusés. Car, en donnant à imaginer un « corps plein de membres pensants » et des membres qui n'ont « de vie, d'être et de mouvement que par l'esprit du corps et pour le corps » (§ 372), Pascal ouvre l'espace pour une réflexion sur ce qui permet à tout corps, à toute communauté, *ecclésiale ou non*, de constituer un « tout ». Et les « membres pensants » d'annoncer, sans doute à leur insu, la question matricielle de la politique moderne : « Qu'est-ce qui fait que l'État est un ? »

Cet ouvrage constitue la version abrégée d'une thèse préparée sous la direction de V. Carraud et P. Cristofolini et soutenue à l'École Normale de Pise en mars 2010 devant un jury composé de J.-R. Armogathe, F. Del Punta, S. Di Bella et G. Olivo. Des amis et des collègues en ont accompagné la rédaction (A. L. Siani, T. Trska) et la réécriture (S. Alpers, C. Carraud, F. Gabriel, S. Gary, S. Icard, M. Le Guern, A. Lepoittevin, M. Normand, L. Pellegrini, J.-B. Vercruysse, L. Verhaeghe). Qu'ils soient ici remerciés pour leur aide, leurs encouragements constants et pour la joie du dialogue intellectuel que j'ai pu partager avec eux. J'ai eu également le plaisir de discuter à maintes reprises et d'affiner mes hypothèses dans le cadre du « Séminaire de lecture des *Pensées* de Pascal » animé par L. Thirouin et D. Descotes (Clermont-Ferrand; Lyon) et des séminaires doctoraux organisés par le « Centro di Studi su Descartes et il Seicento » de l'Université du Salento (Lecce, Italie) dirigé par G. Belgioioso. Depuis mes premières années universitaires, V. Carraud a dirigé mes recherches de dix-septièmiste, en m'apprenant comment accorder la patience de l'érudition et la clarté des concepts. Je lui adresse ma vive reconnaissance pour son soutien, son amitié et les remarques qu'il a bien voulu m'adresser lors de l'élaboration de ce volume. Je remercie E. Cattin et les Éditions Vrin pour avoir accueilli ce livre dans la prestigieuse « Bibliothèque d'histoire de la philosophie ». La version finale de cet ouvrage doit beaucoup à la relecture attentive de Kristell Trego : qu'elle soit remerciée ici pour son aide et ses remarques. Enfin, au fil des années, mes parents n'ont jamais cessé de me rappeler la vertu belle et difficile de la persévérance et Carlotta Santini et M. C. Bonjour m'ont inlassablement sauvé des dangers de l'esprit lorsque, comme l'écrit Montaigne, il « s'empêche soi-même ». Sans leur soutien sans faille, la rédaction de cet ouvrage n'aurait jamais pu être menée à bien. Ce livre leur est dédié, en témoignage de ma reconnaissance et de mon affection.

CHAPITRE PREMIER

CORPUS MYSTICUM

Avec les fragments consacrés aux « membres pensants », Pascal s'inscrit dans la postérité de l'image paulinienne de l'Église comme « corps du Christ ». Les doctrines théologiques élaborées pour rendre compte des formulations de l'apôtre[1] constituent, au moins implicitement, la toile de fond sur laquelle se détachent les textes de la liasse « Morale chrétienne ». Comme préalable à notre enquête, il est donc indispensable de retracer les principaux éléments de cette toile de fond et d'évoquer les transformations qui, au fil de siècles, ont affecté le théologoumène paulinien. Or, dans l'histoire de la théologie chrétienne, la réflexion concernant l'Église en tant que corps de Christ se cristallise, pour ainsi dire, autour du syntagme « corps mystique ». On pourrait même affirmer que le destin de la doctrine paulinienne coïncide en bonne partie avec celui de cette expression, pourtant absente chez saint Paul. L'histoire du vocabulaire recouvre ainsi une histoire des concepts, qu'elle exhibe et rend, souvent, plus intelligible[2]. Ce sera donc en analysant les mutations de sens du syntagme « corps mystique » que nous essayerons, dans ce premier chapitre, de définir la situation théologique de la doctrine paulinienne à

1. Voir notamment : *Rm* XII, 5 ; I *Cor* VI, 15 ; XII, 12 ; *Eph* I, 22-23 ; III, 6 ; IV, 6, 15-16 ; V, 30 ; *Col* I, 18, 24 ; II, 19 ; III, 16. Pour une synthèse, on se reportera aux études classiques et complémentaires de J. de Fraine, *Adam et son lignage. Études sur la notion de « personnalité corporative » dans la Bible*, Paris, Desclée de Brouwer, 1959, p. 202-217 et L. Cerfaux, *La Théologie de l'Église suivant saint Paul*, Paris, Cerf, 1965[3] (notamment chap. XII ; XV).

2. Voir. M. de Certeau, « "*Mystique*" *au* XVII*e siècle. Le problème du langage* "*mystique*" », in *L'homme devant Dieu. Mélanges offerts au père Henri de Lubac*, t. 2, Paris, Aubier, 1964, p. 267-291.

l'aube du XVIIe siècle. Il ne s'agira pas, bien étendu, de proposer un essai d'histoire de l'ecclésiologie[1]. Le but est, plus modestement, celui d'indiquer quelles questions l'idée de l'Église en tant que « corps du Christ » pouvait mobiliser à l'époque de Pascal, avant d'aborder, dans le chapitre suivant, l'étude des doctrines ecclésiologiques de Bérulle et de Saint-Cyran, qui constituent sans doute le contexte le plus immédiat des fragments sur les « membres pensants ».

SPLENDEURS ET MISÈRES DU CORPS MYSTIQUE

De l'Eucharistie à l'Église

Corps mystique, *corpus mysticum* : l'histoire tourmentée de ce syntagme est bien connue grâce à trois chefs-d'œuvre de l'historiographie du XXe siècle : *Le corps mystique du Christ. Études de théologie historique* d'Émile Mersch[2], *Corpus Mysticum* d'Henri de Lubac[3] et *Les deux corps du Roi* d'Ernst Kantorowicz[4]. Bornons-nous à reprendre ici l'essentiel des résultats établis par ces recherches magistrales.

Un premier élément, qui ressort de l'enquête menée par le cardinal de Lubac, est le caractère tardif de l'expression *corpus mysticum*. Elle n'est ni

1. Étant donné la nature de notre propos, nous nous bornerons ici à analyser la théologie de l'Église latine, et, pour les temps modernes, l'ecclésiologie catholique. Le manuel de Y. Congar (*L'Église de saint Augustin à l'époque moderne*, Paris, Cerf, 1970, reprint 2007) reste encore aujourd'hui le guide le plus sûr et le mieux informé. On fait encore défaut d'un ouvrage de synthèse consacré à l'ecclésiologie du XVIIe siècle. Voir néanmoins l'étude fondamentale d'Aimé-Georges Martimort, *Le gallicanisme de Bossuet*, Paris, Cerf, 1953 et, plus récemment, les nombreux travaux de P. Prodi, B. Neveu et S. Hermann De Franceschi. Pour une riche mise au point récente voir F. Gabriel, D. Iogna-Prat, A. Rauwel (dir.), « Les nouveaux horizons de l'ecclésiologie : du discours clérical à la science du social », *Bulletin du centre d'études médiévales d'Auxerre*, hors série n° 7, 2013. La période entre l'encyclique *Mystici corporis* (1943) et la constitution conciliaire *Lumen gentium* (1964) foisonne d'études consacrées à la notion de corps mystique, voir S. Jáki, *Les tendances nouvelles de l'ecclésiologie*, Rome, Herder, 1957 et, pour l'usage philosophique du théologoumène, G. Briguglia, *Il corpo vivente dello Stato. Una metafora politica*, Milan, Bruno Mondadori, 2006.

2. Publié en 1933, mais à consulter dans la troisième édition (Bruxelles/Paris, Édition Universelle/Desclée de Brouwer, 1951, 2 vol.).

3. *Corpus Mysticum. L'Eucharistie et l'Église au Moyen Âge*, Paris, Aubier-Montaigne, 1949², réimpression Paris, Cerf, 2009.

4. *The King's Two Bodies. A Study in Medieval Political Theology*, Princeton, 1957, trad. fr. in *Œuvres*, Paris, Gallimard, 2000, p. 645-1222.

scripturaire ni patristique : son apparition date du IXe siècle[1] et, qui plus est, des auteurs tels que Paschase Radbert, Ratramne, Raban Maur ou Gotteschalk l'utilisent pour désigner non pas l'Église, mais l'Eucharistie. Le syntagme *corpus mysticum* nomme en effet le corps sacramentel, en le distinguant autant du corps historique de Jésus, né de la Vierge, que du « *corpus quod est Ecclesia* ». L'usage de cette expression vise à une meilleure articulation de cette « triplicité unitaire » (« *triplicitas, sed unita* ») qui caractérise le corps du Christ, même si, comme le note de Lubac, les « *tria vocabula corporis* » ne voilent jamais, dans la pensée de Paschase Radbert et de ses contemporains, l'évidence qu'il y va fondamentalement d'un *unum corpus* (« *et tamen non sunt tres Christi, sed unus Christus* »)[2]. D'autre part, l'adjectif « mystique », ainsi que la notion de *mysterium* à laquelle il renvoie, permettent d'expliciter la nature du mystère eucharistique qui relève en même temps du mémorial, de l'anticipation et de la présence. Un *mémorial* de la Passion, qui s'y trouve mystiquement figurée (« *in mysterio refigurat* »), car le corps mystiquement immolé « symbolise le corps réellement immolé jadis et réellement offert au Calvaire » (« *corpus in mysterio passionis* »)[3]. Mais aussi une *anticipation* de la *res ultima* qu'est l'Église et, à ce titre, le corps eucharistique est « mystique » parce qu'il produit, en tant que signe efficace, un mystère. Il s'agit en effet d'une réalité mystique, c'est-à-dire d'« une réalité ayant, par elle-même, rapport à quelque chose au-delà d'elle-même »[4], dont l'Église en tant que corps du Christ constitue la vérité plénière et l'accomplissement. Que l'Eucharistie soit un corps *mysticum* signifie alors qu'elle « porte quelque chose de mystique », qu'elle fait un mystère, celui du « corps total et définitif » de l'Église, qui n'est plus *signum* mais *res*. Enfin, en nommant « corps mystique » le corps sacramentel, on rappelle que l'Eucharistie est elle-même un mystère, car sa vérité est présente *mystice*, c'est-à-dire d'une manière cachée (*latenter*), sous les espèces du pain et du vin. « Mémorial, anticipation, présence » résume de Lubac, « sous chacun de ces trois aspects essentiels [...] qui demeurent toujours indissociables et qu'elle possède dès l'origine, l'Eucharistie est donc bien un "mystère".

1. Ou, du moins, elle ne s'affirme qu'à partir de cette époque, H. de Lubac (*Corpus mysticum*, *op. cit.*, p. 43-44) en ayant repéré une première occurrence dans la traduction latine du commentaire du *Lévitique* d'Hésychius de Jérusalem (Ve siècle).

2. *Corpus mysticum*, *op. cit.*, p. 38-41. Pour ne pas alourdir les notes, nous ne donnons ici que la référence aux pages de l'étude de H. de Lubac : on y trouvera les détails bibliographiques concernant les formules latines citées.

3. H. de Lubac, *Corpus mysticum*, *op. cit.*, p. 70-75, 72, 74.

4. Y. Congar, *Sainte Église. Études et approches ecclésiologiques*, Paris, Cerf, 1963, p. 555-556.

Le corps du Christ que l'Église y offre – *in mysterio panis, in mysterio passionis, in mysterio nostro* – pouvait donc, à bon droit, être qualifié de mystique »[1]. Ainsi, c'était l'unité profonde du « mystère de l'Église »[2] et de celui de l'Eucharistie qui ressortait de l'attribution de l'expression *corpus mysticum* au corps sacramentel, la « confection » (*confectio*) de l'Eucharistie étant le fondement de l'unité ecclésiale (« *conficitur unum corpus, quod est Christus et Ecclesia* »)[3].

Or, vers le milieu du XIe siècle, les discussions autour des doctrines eucharistiques de Bérenger de Tours ont comme corollaire des changements profonds du lexique théologique. L'exigence d'une plus grande clarté, surtout dans le cadre des ouvrages de controverse, impose de revenir sur la nature et les rapports entre les différents aspects de l'Eucharistie qu'on vient d'évoquer. « L'intérêt doctrinal se déplace. Au besoin d'unité succède un besoin d'analyse, et ce qui faisait l'objet d'une ferveur mystique est de plus en plus ressenti comme une confusion périlleuse »[4]. Sous les coups d'un examen dialectique poussé, qui annonce déjà les méthodes de la grande scolastique à venir, l'économie du mystère se trouve décomposée en ses multiples éléments, dont on s'évertue à éclaircir les relations réciproques. Ainsi, la nécessité d'affirmer avec netteté le réalisme eucharistique amène les théologiens à insister sur l'unité et l'identité parfaite du corps sacramentel et du corps né de la Vierge. Le terme *corpus* supplante des formules plus élaborées, telles que *sacramentum corporis* ou *mysterium corporis*, et devient tout simplement synonyme de « corps sacramentel », alors que, dans la tradition précédente, il renvoyait avant tout et surtout au corps qu'est l'Église (« *corpus scilicet Ecclesia* »)[5]. L'idée d'une *veritas corporis*, c'est-à-dire d'une vérité de l'Église en tant qu'accomplissement du mystère de la Passion et réalité dans laquelle l'Eucharistie trouve son sens ultime, le cède progressivement à une nouvelle problématique, celle du *corpus verum*, c'est-à-dire de la présence réelle du Christ dans le sacrement. Ces changements presque imperceptibles du lexique théologique, qui témoignent de la dissociation progressive du qualificatif « mystique » du corps sacramentel, constituent

1. H. de Lubac, *Corpus mysticum*, *op. cit.*, p. 79-83, 67-70, 83-84.

2. Voir H. de Lubac, *Méditation sur l'Église*, Paris, Aubier, 1953, chap. I. *Cf.* G. Baraúna (dir.), *L'Église de Vatican II. Études autour de la Constitution conciliaire sur l'Église*, éd. fr. dir. par Y. Congar, Paris, Cerf, 1966, t. II, p. 223-391 et V. Carraud, « Le mystère le plus difficile à croire », *Communio*, 33, 2008/5, p. 67-85.

3. H. de Lubac, *Corpus mysticum*, *op. cit.*, p. 98.

4. *Ibid.*, p. 112.

5. *Ibid.*, p. 94.

le symptôme d'une profonde mutation des équilibres doctrinaux. Si l'on s'efforce de rapprocher, jusqu'à l'assimilation, les premiers deux corps ce n'est, en effet, que pour mieux les distinguer de « l'autre corps du Christ qu'est l'Église »[1] : « Alors que naguère encore, après avoir énuméré les trois corps, on s'empressait d'insister sur l'unité du deuxième et du troisième, maintenant c'est surtout leur distinction qu'on accuse »[2]. D'où une série de locutions et d'épithètes qui visent à fournir un qualificatif capable de distinguer le corps ecclésial en le distanciant du corps historique du Christ. On parlera d'abord d'une *caro spiritualis*[3], en attribuant un sens nouveau à une formule très ancienne, avant que Pierre Lombard ne mette à profit le qualificatif *mysticum* et n'avance l'expression *mystica caro Christi* pour dire l'unité des fidèles ou l'*unitas ecclesiastica*, en tant que « *res-et-non-sacramentum* » opposée à la *caro propria* du Christ dans l'Eucharistie[4]. La pérégrination lexicale du syntagme *corpus mysticum* parvient ainsi à son terme. Un certain Maître Simon écrit, vers la fin du XIIe siècle : « Dans le sacrement de l'autel il y a deux choses, le vrai corps du Christ et ce qui est signifié par lui, à savoir son corps mystique, qui est l'Église »[5]. Si la théologie du haut Moyen Âge reconnaissait dans l'Église la *veritas corporis*, sous la plume de Maître Simon le corps ecclésial coïncide avec ce qui est signifié *mystice* par le *corpus verum*, c'est-à-dire par le Christ réellement présent dans l'Eucharistie. L'unité de l'économie sacramentelle – un mystère qui est en même temps signe et mémorial – est ainsi remplacée par une relation extrinsèque, entre une « *res significata et contenta* » et une « *res significata et non-contenta* » : « La forme du pain [...] contient et signifie la vraie chair, elle signifie la chair mystique, mais ne la contient point »[6]. Les maîtres du XIIe siècle font un usage encore tâtonnant de l'expression *corpus mysticum*, mais le syntagme s'affirme à l'époque de la grande scolastique, en s'imposant bientôt comme un terme technique pour désigner l'Église. La relation originaire avec le mystère eucharistique s'estompe de plus en plus et l'expression s'autonomise : il est désormais question *du* corps mystique et non plus de *ce* corps mystique qu'est l'Église. Dans sa célèbre bulle *Unam Sanctam* (1302), Boniface VIII ne fait donc que prendre acte d'une mutation accomplie

1. *Ibid.*, p. 457.
2. *Ibid.*, p. 112.
3. *Ibid.*, p. 139-161.
4. *Ibid.*, p. 117.
5. *Ibid.*, p. 119.
6. *Ibid.*, p. 276, 529.

lorsqu'il affirme que « l'unique et la sainte Église [...] représente l'unique corps mystique, dont le Christ est la tête, Dieu étant celle du Christ »[1].

Comme on le voit, le transfert de l'expression *corpus mysticum* de l'Eucharistie à l'Église constitue le symptôme d'une mutation qui marque en profondeur l'histoire de la théologie médiévale. En raison d'un curieux chassé-croisé, la notion qui qualifiait à l'origine l'hostie consacrée a été peu à peu associée à « l'Église en tant que corps structuré de la société chrétienne unie dans le sacrement de l'autel »[2]. Certes, la dimension liturgique et sacramentelle de la formule persiste. Mais c'est dans le cadre d'une approche doctrinale tout à fait différente. Citons une fois encore Henri de Lubac : « À partir du moment où il devient *corpus mysticum*, le corps ecclésial se détache déjà de l'Eucharistie. [...] Tandis que le corps individuel du Christ est présent "en vérité" dans le sacrement, le corps ecclésial n'y est qu'"en mystère" »[3].

Corpus mysticum *et* corpus naturale

L'expression *corpus mysticum* finit ainsi par désigner exclusivement l'Église : on parle d'un *corpus mysticum Ecclesiae* et non plus d'un *corpus mysticum Christi*. Or, ce nouveau lexique, élaboré dans le cadre des débats sur l'Eucharistie, exprime (et sans doute favorise) une nouvelle compréhension de la nature de l'Église elle-même. Henri de Lubac évoque à ce propos les « hésitations » de l'ecclésiologie du Bas Moyen Âge. C'est sur ces vicissitudes ultérieures du terme « corps mystique », désormais spécialisé dans son acception ecclésiale, qu'il convient de revenir brièvement ici, en reprenant et en complétant l'esquisse proposée par le savant jésuite en conclusion de son étude[4].

On remarquera tout d'abord que, à partir du XIIIe siècle, le terme figure dans les pages des traités consacrées aux thèmes des indulgences, du « pouvoir des clés » et de l'excommunication des hérétiques plus encore que dans les *quaestiones* sur les sacrements[5]. D'autre part et surtout, la distance qu'on a vue se creuser entre le *corpus verum*, l'Eucharistie, et le *corpus mysticum*, l'Église, prend progressivement l'allure d'une opposition. Comme on l'a rappelé plus haut, l'exigence d'affirmer le réalisme

1. H. de Lubac, *Corpus mysticum*, *op. cit.*, p. 13.

2. E. Katorowicz, *The King's Two Bodies*, *op. cit.*, p. 795.

3. H. de Lubac, *Corpus mysticum*, *op. cit.*, p. 276, 282.

4. *Ibid.*, p. 129-135.

5. Voir É. Mersch, *Le corps mystique du Christ*, *op. cit.*, t. 2, p. 292 ; Y. Congar, *Sainte Église*, *op. cit.*, p. 376 et M. Midali, *Corpus Christi mysticum apud Dominicum Bánez eiusque fontes*, Rome, Libreria editrice dell'Università Gregoriana, 1962.

eucharistique amène les théologiens à déniveler le plus possible la distinction entre le corps historique et le corps sacramentel du Christ. L'analyse des différences qui subsistent entre ces deux « états » du Christ cède la place à l'affirmation de leur identité, comme l'impose la vérité de la présence réelle. Dès lors, la tripartition des «*tria vocabula corporis*» s'estompe au profit d'un schéma quasi bipartite. Guillaume d'Auxerre parle à ce titre d'un *duplex corpus*, en distinguant un *corpus Christi naturale*, ou *verum*, c'est-à-dire le corps historique et eucharistique, et un *corpus mysticum et gratuitum*, l'Église. Et Simon de Tournai d'écrire, aux environs de 1200 : « Il y a deux corps du Christ. L'un est le corps matériel qu'il a reçu de la Vierge, l'autre est le collège spirituel, le collège ecclésiastique. » Ainsi, les deux corps, historique et sacramentel, qui ne font qu'un parce qu'ils « ont une seule et même essence »[1], s'opposent à ce corps collectif constitué par la *collectio fidelium*. Or, cette tendance vers l'institution d'une opposition entre les deux premiers corps et le troisième annonce ce que de Lubac nomme, à juste titre, une « dégénérescence du *corpus mysticum* »[2].

Les premiers indices en sont déjà perceptibles dans les synthèses des maîtres de la grande scolastique, bien qu'ils y apparaissent encore parfaitement contrebalancés par des formules tout à fait consonantes avec la tradition plus ancienne. Ainsi, il arrive par exemple à saint Bonaventure d'affirmer l'existence d'une connexion entre les membres du corps mystique « en raison d'une assimilation de ce dernier au corps naturel »[3]. Ici, comme le note de Lubac, « l'analogie est prise, non du Christ ou des espèces sacramentelles, mais du corps en général »[4] et ce n'est finalement qu'en raison d'un rapprochement extrinsèque, voire d'une analogie contrastée avec le corps physique, qu'on parle d'un « corps mystique » à propos de l'Église. Certes, chez saint Bonaventure, comme aussi chez saint Albert le Grand ou Alexandre de Halès, cette approche de la notion de « corps mystique » «*per assimilationem ad corpus naturale*» reste une exception. Mais la tentation « de ne plus guère voir dans cette métaphore que la métaphore elle-même et de considérer "mystique" comme une atténuation de "réel" ou de "vrai" »[5] n'est pas moins présente. Elle pointe aussi

1. H. de Lubac, *Corpus mysticum*, *op. cit.*, p. 18, 185, 122, 461, 186, 488.

2. *Ibid.*, p. 130.

3. *In IV Sent.*, d. 20, a. 2, q. 1.

4. H. de Lubac, *Corpus mysticum*, *op. cit.*, p. 127.

5. *Ibid.*, p. 280. Voir les nuances apportées par M. Morard, « Les expressions "corpus mysticum" et "persona mystica" dans l'œuvre de saint Thomas », *Revue thomiste*, 95, 1995/4, p. 653-664.

chez saint Thomas, qui, dans une page de son *Commentaire aux Sentences*[1], revient sur l'usage du terme *caro* à la place de *corpus* par saint Jean dans son *Évangile* (VI, 55). La remarque lexicale devient l'occasion pour reformuler la doctrine traditionnelle des trois aspects de l'Eucharistie : mémorial, anticipation de l'unité de l'Église et mystère de la présence du Christ. Or, tout en reconnaissant dans le *corpus mysticum* la *res ultima* du sacrement, saint Thomas n'hésite pas à étayer son propos par le recours à une similitude avec le « corps physique » : « L'eucharistie signifie aussi comme réalité dernière le corps mystique, c'est-à-dire l'Église, qui, par la distinction de ses offices, ressemble à un corps entier en raison de la distinction de ses membres »[2]. La vérité de saint Paul, « *unus panis, unum corpus multi sumus* » (I *Cor* X, 17) nécessite ici pour s'affirmer de passer par la constatation d'une *similitudo*, en suggérant, du moins implicitement, une dérive du *corpus mysticum* vers le domaine du métaphorique. Une page de la *Summa theologiae* confirme par ailleurs ce diagnostic :

> De même que l'on donne à toute l'Église le nom de corps mystique par analogie avec le corps naturel de l'homme [*sicut tota Ecclesia dicitur unum corpus mysticum per similitudinem ad naturale corpus hominis*], dont les divers membres ont des actes divers, ainsi que l'enseigne l'Apôtre (*Rm* XII, 4 ; I *Cor* XII, 12), de même on appelle le Christ tête de l'Église par analogie avec la tête humaine[3].

Quoiqu'ils soient finalement assez peu nombreux, ces passages de saint Thomas et d'autres maîtres de la grande scolastique suffisent pour que les théologiens des siècles suivants s'en réclament et finissent progressivement par aborder le syntagme *corpus mysticum* presque comme un antonyme pur et simple de « corps physique et naturel ». Le sens des adjectifs *mysticum* et « mystique » se rapproche de celui d'« irréel » et de « métaphorique » : l'Eucharistie est vraiment un corps qu'on voit et qu'on touche ; l'Église n'est un corps que *par similitude*, on en parle *comme s'il* s'agissait d'un corps. Ce phénomène lexical constitue sans doute un des corollaires des mutations plus générales et profondes qui caractérisent la réflexion sur l'Église entre le XIIIe et le XIVe siècle. L'ecclésiologie devient en effet à cette époque l'arène privilégiée d'un vaste débat de nature politique autour des rapports entre l'Église et l'État. On rappellera à ce titre que les premiers traités autonomes *De Ecclesia* voient la lumière au moment où éclatent les

1. *In IV Sent.*, d. 8, q. 2, a. 1, qc. 4, ad 3.
2. H. de Lubac, *Corpus mysticum*, *op. cit.*, p. 128, 464 (trad. modifiée).
3. *ST*, IIIa, q. 8, a. 1, co. Voir E. Kantorowicz, *The King's Two Bodies*, *op. cit.*, p. 798.

affrontements entre Boniface VIII et Philippe le Bel, puis entre Benoît XII et Louis de Bavière[1]. Si dans les pages de saint Bonaventure et saint Thomas la méditation sur l'Église anime presque tous les moments de la spéculation théologique, en tant que vérité dernière et point ultime de convergence de la christologie et de l'eschatologie[2], lorsqu'on voit dans l'Église avant tout une personne juridique, un sujet légal à opposer, avec ses droits et ses revendications, à l'autorité séculière, le chapitre *De Ecclesia* ne peut que réclamer une autonomie plus marquée. On cherche désormais une définition juridique de l'Église, qui contienne une référence explicite à son caractère de *societas* et qui soit de préférence formulée dans les termes et selon les catégories de la politique d'Aristote. C'est l'époque de Jacques de Viterbe, de Jean de Paris, mais aussi de Wyclif et, bientôt, de Jean Huss. L'effet croisé des controverses concernant la *plenitudo potestatis* et la nature (in)visible de l'Église contribue à la promotion d'une idée de l'*Ecclesia* conçue avant tout et surtout comme un corps social visible et hiérarchiquement organisé. Les méditations sur l'unité garantie par l'action du Saint-Esprit, bien que toujours présentes, passent au second plan, au profit de la notion juridique de « société ». Et on dira même, avec Occam, que l'Église *n'est que* « la totalité des fidèles vivant dans le même temps en cette existence mortelle ». La somme des croyants, donc, non pas *una persona mystica* ou un corps animé de nature mystérique et sacramentelle, car « l'Église ou l'ensemble des fidèles ne consiste pas en une personne unique, mais en une pluralité de véritables et réelles personnes »[3].

Cette nouvelle approche de la nature de l'Église rend encore plus profonde l'incompréhension de la signification originaire du syntagme *corpus mysticum*. À mesure que la *note*[4] de la visibilité s'affirme comme prioritaire pour la définition de l'essence de l'Église, la réalité du corps mystique s'effrite. D'une part, si l'Église est toujours qualifiée de *unum corps mysticum*, ce n'est que pour associer les résonances spirituelles dont le terme est encore chargé à l'organisme juridique et politique qu'il désigne en première instance, c'est-à-dire la *politia christiana*, le « *regnum ecclesiasticum, apostolicus, papalis* »[5]. D'autre part, le corps social de

1. Voir Y. Congar, *L'Église de saint Augustin à l'époque moderne*, *op. cit.*, chap. IX.

2. Voir Y. Congar « L'idée thomiste de l'Église », in *Esquisses du mystère de l'Église*, Paris, Cerf, 1941, p. 59-91.

3. Y. Congar, *L'Église de saint Augustin à l'époque moderne*, *op. cit.*, p. 291-292.

4. Voir G. Thils, *Les Notes de l'Église dans l'apologétique catholique depuis la Réforme*, Gembloux, J. Duculot, 1937.

5. Voir E. Kantorowicz, *The King's Two Bodies*, *op. cit.*, p. 800. Voir aussi les textes d'A. Trionfo cités par A. Paravicini-Bagliani, *Le Corps du pape*, Paris, Seuil, 1997, chap. II et

l'Église, l'Église en tant que *multitudo ordinata* constitue le *vrai* corps, à distinguer de ce corps mystique, tout spirituel et invisible dont spéculent Jean Huss et Wyclif. De surcroît, force est de constater une analogie assez marquée entre les méditations des juristes sur les *personae repraesentatae* ou *fictae* et celles des théologiens sur le *corpus mysticum*. Peut-on vraiment distinguer ce dernier du *corpus fictum*, du *corpus imaginarium* ou du *corpus repraesentatum* dont les civilistes et les canonistes analysent longuement la nature? Les textes d'Occam contre Jean XXII montrent bien que la question n'a rien d'anodin[1]. Après tout, on lit déjà chez saint Thomas que l'Église est une *persona mystica*, « une notion qui rappelle la personne fictive – et lui est même identique », glose Kantorowicz[2]. Et des canonistes tels que Zabarella ou Panormitanus d'utiliser souvent *corpus mysticum* et *corpus fictum* comme des termes interchangeables, non seulement pour indiquer l'*universitas* constituée par un évêque et son chapitre ou les collèges ecclésiastiques (« *prelatus et canonici sunt unum corpus, et est unum corpus fictum et repraesentatum* »), mais aussi pour nommer l'Église elle-même, en tant que *corpus repraesentatum*[3]. Le terme *corpus mysticum* intègre le lexique du droit des corporations et devient presque synonyme de ce « collectif corporatif » qui n'existe et agit comme un tout unitaire que par une fiction de la jurisprudence. L'opposition d'avec le *corpus naturale* prime alors définitivement sur la dimension originairement sacramentelle de la notion[4]. Juan de Torquemada († 1468), pourtant si sensible à la valeur ecclésiologique de l'expression « corps mystique », le montre bien

N. Iung, *Un franciscain, théologien du pouvoir pontifical au XIVe siècle, Alvaro Pelayo évêque et pénitencier de Jean XXII*, Paris, Vrin, 1931, p. 154.

1. Voir Guillaume d'Occam, *Opus nonaginta dierum*, in *Opera politica*, éd. R. F. Bennet et H. S. Offler, Manchester, Manchester University Press, t. II, 1963, p. 568-569; J. Miethke, *Ockhams Weg zur Sozialphilosophie*, Berlin, Walter de Gruyter, 1969, p. 510-513 et H. Hofmann, *Repräsentation. Studien zur Wort– und Begriffsgeschichte von der Antike bis ins 19. Jahrhundert*, Berlin, Duncker et Humblot, 2003[4], trad. it. de C. Tommasi, Milan, Giuffré, 2007, p. 162-168 et 284, qui discute et critique longuement les thèses de Gierke (voir surtout *Les théories politiques du Moyen Âge*, Paris, Tenin, 1914 et sa somme *Das deutsche Genossenschaftsrecht*, Berlin, Weidmannsche Buchhandlung, 2 vol., 1868-1873).

2. *The King's Two Bodies*, *op. cit.*, p. 799.

3. Voir Panormitanus (Niccolò de Tedeschi), *Consilia et Quaestiones*, Turin, apud haeredes Nicolai Bevilaquae, 1577, p. 129 v° et H. Hofmann, *Repräsentation*, *op. cit.*, p. 152.

4. Voir B. Tierney, *Foundations of the Conciliar Theory: The Contribution of the Medieval Canonists from Gratian to the Great Schism. Studies in the History of Christian Thought. Enlarged New Edition*, Leyde, Brill, 1998, p. 121-129 et M. Bettetini, « *La regola e vita dei frati è (...) vivere senza nulla di proprio»: primi accorgimenti giuridici, la* fictio iuris », *in* A. Musco (éd.), *I Francescani e la politica*, Palerme, Officina di Studi Medievali, 2007, p. 44-74.

lorsqu'il distingue les deux significations du mot *persona*: « Au sens propre, la personne est un individu singulier de nature raisonnable [...]. Pourtant le nom de personne peut s'entendre non plus en propre, mais mystiquement, c'est-à-dire en vertu d'une ressemblance, d'une similitude analogique. En ce dernier sens, l'Écriture et les saints docteurs parlent souvent de tout le corps mystique de l'Église comme d'une seule personne »[1]. La personnalité de l'Église (mais aussi celle de tout corps politique) est « mystique », c'est-à-dire qu'elle peut être affirmée seulement en raison d'une « *analogica similitudine sive resonantia* »[2]. Et Suárez d'écrire un siècle plus tard, en radicalisant l'opposition : « On peut distinguer deux personnes: la personne fictive ou mystique [*ficta seu mystica*] et la personne vraie. Le premier cas est celui de l'Église qui est le *corpus mysticum* du Christ »[3].

« Corpus mysticum sive politicum »

À l'aube de la modernité, l'expression *corpus mysticum* aurait donc presque oublié la longue méditation sur les rapports entre l'Eucharistie et l'Église dont il tire son origine et qui l'a imposé comme une sorte de nom propre de l'*Ecclesia*. Mais il y a plus, car cette modification du sens attribué au qualificatif « mystique » libère en même temps la possibilité d'une application du syntagme *corpus mysticum* à des domaines différents de celui de l'ecclésiologie. En effet, dès le XIVe siècle et à la suite « d'un processus de désacralisation ou plutôt de transfert dans une certaine mesure sacralisant »[4], le terme « corps mystique » vient finalement

1. Cité par C. Journet, *L'Église du Verbe incarné*, II. *Sa structure interne et son unité catholique. Deuxième édition revue et augmentée*, Paris, Désclée de Brouwer, 1962, p. 491 n. 5; voir aussi p. 484 n. 2. Journet insiste à juste titre sur la nécessité de distinguer, à la suite du *Code de Droit Canon*, les personnes (morales) fictives et les personnes morales réelles, en critiquant dès lors le choix de Torquemada d'opposer le sens propre et le sens mystique. Malgré la conscience implicite qu'ont pu avoir de telles distinctions les juristes du Moyen Âge, il ne reste pas moins que l'opposition est toujours entre deux termes, la vérité de la personne individuelle et la *fictio iuris* qui fait l'unité d'une *universitas*. Sur la signification à attribuer aux *fictiones* légales des juristes médiévaux dans le cadre d'une théorie de la représentation et sur le lien présumé de leur attitude avec les doctrines nominalistes voir H. Hofmann, *Repräsentation*, *op. cit.*, p. 158-168.

2. Torquemada, *Summa de Ecclesia*, Venise, apud Michaelem Tramezinum, 1561, l. I, § 65, p. 76 v°.

3. *De fide theologica*, disp. V, § 2, 5, in *Opera Omnia*, t. XII, Paris, Vivès, 1858, p. 141; voir T. Kobusch, *Die Entdeckung der Person. Metaphysik der Freiheit und Modernes Menschenbild*, Darmstadt, Wissenschaftliche Buchgesellschaft, 1997, p. 63-66.

4. P. Contamine, « Les cadres "sociaux" de la vie politique », *in* S. Berstein, P. Contamine, M. Winock (dir.), *Histoire de la France politique; Le Moyen Âge. Le roi*,

nommer tout *corpus morale et politicum*, toute entité corporative. « Ce qui se passe dans un corps naturel », écrit par exemple le juriste Antonio Roselli (ca. 1380-1466), « se produit aussi dans plusieurs corps mystiques », et il poursuit en esquissant une analyse des cinq figures de la communauté dénombrées par Aristote au livre II des *Politiques*, c'est-à-dire les *corpora mystica* du ménage, du quartier, de la ville, du royaume et de l'univers[1]. Mais déjà un siècle avant, le théologien Godefroid de Fontaines avait affirmé que chaque homme « fait partie par nature d'une communauté sociale, et est aussi, par là même, membre de quelque corps mystique » et Vincent de Beauvais avait risqué la formule *corpus reipublicae mysticum* pour indiquer le corps politique de l'État[2]. En bénéficiant de la proximité avec le lexique des *personae fictae* des juristes, le vocable qui devait distinguer la communauté des chrétiens de tout autre « corps » se trouve donc mobilisé pour définir l'essence de n'importe quelle institution séculière qui ait la forme d'une *universitas*. Le transfert des notions de l'ecclésiologie à la sphère politique se fait d'une manière spontanée et presque imperceptible, jusqu'au moment où les deux expressions *corpus mysticum* et *corpus morale et politicum* deviennent quasiment interchangeables. C'est ainsi que, vers la fin du XIVe siècle, on peut lire sous la plume du célèbre civiliste italien Balde qu'un *populus* ne se réduit pas à la somme des individus qui le composent, mais il doit être défini comme « une communauté d'hommes assemblés en un corps mystique », c'est-à-dire « *quoddam corpus intellectuale*, un corps ou une corporation concevables intellectuellement seulement »[3] : « *Hominum collectio in unum corpus mysticum et abstractive sumptum, cujus significatio est inventa in intellectu* »[4].

À mesure qu'on s'approche des temps modernes, une telle transposition du *corpus mysticum* aux corporations sociales s'accomplit d'une façon de plus en plus fréquente et systématique, jusqu'à devenir même banale[5]. Bornons-nous à quelques exemples. Le juriste français Jean de Terrevermeille, dans un traité composé pour la défense du Dauphin

l'Église, les grands, le peuple 481-1514, vol. dirigé par P. Contamine, O. Guyotjeannin et R. Le Jan, Paris, Seuil, 2002, p. 325-339, en part. p. 335.

1. *Monarchia sive tractatus de potestate Imperatoris et Papae*, pars II, c. 6 (cité par H. Hofmann, *Repräsentation*, *op. cit.*, p. 149 n. 56).

2. Voir E. Kantorowicz, *The King's Two Bodies*, *op. cit.*, p. 804-805.

3. *Ibid.*, p. 804.

4. Voir J. Canning, *Ideas of Power in the Late Middle Ages, 1296-1417*, Cambridge, Cambridge University Press, 2011, p. 154-155.

5. Nous suivons ici P. Contamine, « Les cadres "sociaux" de la vie politique », *op. cit.*, p. 335-339.

Charles VII, emploie les syntagmes *caput mysticum* et *membra mystica* plus de deux cents fois et la formule « corps mystique ou politique du royaume » (« *corpus mysticum sive politicum regni* ») revient sans cesse sous sa plume pour nommer la France et ses trois états[1]. Et si Richard Olivier de Longueil, évêque de Coutances, sermonne Philippe le Bon duc de Bourgogne en lui rappelant qu'« il est nécessaire que la chose publique qui est un corps mystique accompagné de plusieurs membres soit en union et concordage par un chef qui gouverne », Claude de Seyssel met en garde contre le mécontentement des sujets qui peut causer « la ruine de la monarchie et la dissolution de ce corps mystique »[2]. La Cour est, elle aussi, « un corps mystique mêlé de gens ecclésiastiques et laïques » qui « fait partie du corps mystique du Prince et de la Majesté Royale »[3]. Bref, « l'expression peut designer en toute rigueur n'importe quelle communauté qui ne se considère pas ou qui n'est pas considérée comme un simple agrégat empirique d'individus »[4]. Il ne faut pas croire pour autant que cette association du *corpus mysticum* et du *corpus politicum* reste l'apanage des juristes et des théoriciens de la politique. Une des voix les plus célèbres de la spiritualité et de l'ecclésiologie de la fin du XIVe siècle, Jean Gerson, qualifie assez régulièrement de *corpus mysticum* le royaume de France, notamment lorsqu'il s'agit d'en discuter l'articulation selon les trois états et de déployer « l'ordre du corps mystique de la chose publique ». Ainsi le sermon *Vivat rex* (1405) rappelle que « selon l'enseignement de nature tous les membres en un vrai corps s'exposent pour le salut du chef, pareillement être doit au corps mystique des vrais sujets »[5]. Mais le terme semble convenir finalement à toute corporation ou toute communauté, qu'il s'agisse de l'espèce humaine, « le corps mystique des hommes », ou de

1. Voir J. Krynen, *Idéal du prince et pouvoir royal en France à la fin du Moyen Âge (1380-1440). Étude de la littérature politique du temps*, Paris, Picard, 1981, p. 320-326; J. Barbey, *La Fonction royale. Essence et légitimité d'après les* Tractatus *de Jean de Terrevermeille*, Paris, Nouvelles éditions latines, 1983, p. 157-166 et R. E. Giesey, « The French Estates and the Corpus Mysticum Regni » (1960), repris in *Rulership in France: 15th-17th Centuries*, Aldershot, Ashgate/Variorum, 2004, p. 1-17.

2. Voir aussi Cl. de Seyssel, *La monarchie de France et deux autres fragments politiques*, textes établis et présentés par J. Poujol, Paris, Librairie d'Argences, 1961, p. 108.

3. Voir J.-L. Thireau, *Charles Du Moulin (1500-1566). Étude sur les sources, la méthode, les idées politiques et économiques d'un juriste de la Renaissance*, Genève, Droz, 1980, p. 258 et n. 289.

4. P. Contamine, « Les cadres "sociaux" de la vie politique », *op. cit.*, p. 338. On pourrait multiplier davantage les occurrences en puisant dans les ouvrages des auteurs anglais de la même époque, voir E. Kantorowicz, *The King's Two Bodies*, *op. cit.*, p. 811-816.

5. J. Gerson, *Œuvres complètes*, éd. P. Glorieux, t. VII*, *L'œuvre française. Sermon et Discours (340-398)*, Tournai, Desclée, 1968, p. 1155.

l'État, « le corps mystique de la chose publique ». Aux yeux de l'auteur de la *Théologie mystique*, l'Église n'est donc qu'un parmi les multiples *corpora mystica*[1] qui structurent les sociétés humaines[2].

Les enjeux de ce processus au fil duquel le terme de « corps mystique » entre pleinement à faire partie du lexique de la politique appellent à des analyses qui dépassent largement les limites de notre étude. Comme l'ont montré les recherches de Kantorowicz et de Giesey, il y va en effet de la constitution même du concept moderne d'État[3]. Un dernier point mérite néanmoins d'être souligné ici pour compléter cette reconstitution des vicissitudes du *corpus mysticum*. La portée et les corollaires implicites du transfert du syntagme « corps mystique » du domaine de la liturgie et de l'ecclésiologie à celui de la politique ne semblent pas être passés inaperçus, ou, du moins, ils ont été pressentis par les théologiens les plus avertis. La réaction de Cajetan est à ce titre emblématique. Dans un passage souvent cité du *De fide et operibus*, l'assimilation du corps ecclésial au corps politique, suggérée par le double usage de l'expression « corps mystique », est conjurée d'avance d'une manière très nette : « Le Christ-tête et les hommes qui sont ses membres vivants, constituent non pas un corps politique [*non sicut unum corpus politicum*] comme est le corps des citoyens d'un État bien gouverné ; mais un corps qui est un à la façon d'un corps physique [*sed quemadmodum unum corpus naturale*], car le Christ vivifie ses membres par son Esprit, en les unissant par des jonctures et des ligatures spirituelles »[4]. Comme on le verra dans le chapitre suivant, une volonté analogue de distinguer le corps mystique « *quod est Ecclesia* » des *corpora mystica* séculiers est partagée par la plupart des auteurs spirituels

1. Voir Gerson, *Tractatus de Unitate Ecclesiae* (*Œuvres complètes*, éd. P. Glorieux, t. VI, *L'œuvre ecclésiologique* (*253a-291*), Tournai, Desclée, 1965, p. 137) : « *Non enim habet corpus Ecclesiae mysticum a Christo perfectissime stabilitum, minus jus nec robur ad procurationem suae unionis quam corpus aliud, civile, mysticum vel naturale verum.* » Voir aussi F. Oakley, *The Conciliarist Tradition. Constitutionalism in the Catholic Church 1300-1870*, Oxford, Oxford University Press, 2003, p. 75-76 et A. Combes, *La théologie mystique de Gerson. Profil de son évolution*, Rome, Desclée, t. I, 1963, p. 262-264.

2. Voir pour d'autres exemples les textes de Pie II cités par H. Hofmann, *Repräsentation*, *op. cit.*, p. 149 ; Cornelius a Lapide, *Commentaria in quatuor prophetas maiores*, Anvers, apud Martinum Nutium, 1634, p. 512 et François Garasse, *La somme theologique des veritez capitales de la religion Chrestienne*, Paris, S. Chappelet, 1625, p. 798.

3. Voir E. Kantorowicz, *Mourir pour la patrie et autres textes*, trad. de l'amér. et de l'all. par L. Mayali et A. Schütz. Présentation par P. Legendre, Paris, P.U.F., 1984, p. 33.

4. *De fide et operibus*, chap. IX, cité et traduit par C. Journet, *L'Église du Verbe incarné*, II, *op. cit.*, p. 594 n. 2 ; voir aussi É. Mersch, *Le corps mystique du Christ*, *op. cit.*, t. 2, p. 275-276.

de l'époque moderne[1]. Et le même constat vaut aussi pour la grande majorité des catéchismes parus après le Concile de Trente, où la définition de l'Église comme communauté animée par le Saint-Esprit reste dominante[2], et cela malgré les débats suscités par la Réforme[3]. À ce propos, il convient d'évoquer quelques lignes de Pierre Charron où l'auteur de la *Sagesse* rappelle qu'« un des schismatiques Allemands pense avoir bien prouvé que l'Église est invisible » en disant qu'elle « n'est point visible, car c'est un corps mystique de Jésus-Christ ». Pourtant, « ce n'est rien contredire, que dire que l'Église est un corps mystique et spirituel : car ceci n'empêche qu'il ne soit visible » : les sacrements ne sont-ils pas « très-mystiques » et « toutefois visibles » ? Et Charron d'ajouter que « les universités des Repub.[liques] des Royaumes sont appelées corps mystiques et sont toutefois visibles ». D'où la conclusion de la réfutation, axée sur une mise en parallèle qui recoupe le double usage du concept de corps mystique : « L'Église donc en toutes ses parties, comme dit est, est visible; mais pour le regard de l'esprit de Dieu qui la sanctifie, lui assiste, la conduit comme l'âme le corps, est spirituelle, et pour toutes les deux raisons ensemble est mystique. Et est appelée corps mystique de Jésus-Christ pour la distinguer de son corps naturel, propre, et personnel : et une cité ou communauté est appelée corps mystique en différence d'un corps individuel »[4]. Comme on le voit, le risque dénoncé par Cajetan n'avait rien d'irréel : l'usage séculier du syntagme l'emporte, implicitement, sur celui strictement ecclésiologique, même dans le cadre d'une polémique anti-protestante. Il semble bien qu'un tel risque reste d'actualité tout au long du XVIIe siècle, car, comme le remarque en 1703 le théologien Noël Alexandre, « on entend par corps mystique celui qui est formé par la vertu secrète de la grâce, non par l'union naturelle, essentielle et nécessaire des membres. Mais il n'est pas

1. La réflexion ecclésiologique d'un Érasme accordera par exemple à la notion de corps mystique un rôle central, en s'efforçant de recouvrer l'ancienne unité entre mystère ecclésial et mystère eucharistique. Voir J.-P. Massaut, « Érasme, la Sorbonne et la nature de l'Église », in *Colloquium Erasmianum* (Mons, 26-29 octobre 1967), Mons, Centre universitaire de l'État, 1968, p. 89-116, en particulier p. 110-112 et M. A. Screech, *Érasme. L'extase et l'Éloge de la folie*, Paris, Desclée, 1991, p. 172-184.

2. Voir M. Ramsauer, « Die Kirche in den Katechismen », *Zeitschrift für katholische Theologie*, 73, 1951/2, p. 129-169.

3. Pour l'usage de la notion de la part de Calvin et Luther voir les synthèses de C. Journet « L'altération de la doctrine du corps mystique chez Luther », in *L'Église du Verbe incarné*, II, *op. cit.*, p. 340-357, qui résume et discute W. Wagner, « Die Kirche als Corpus Christi mysticum beim jungen Luther », *Zeitschrift für katholische Theologie*, 61, 1937/1, p. 29-98 et G. M. Grabka, *Cardinalis Hosii doctrina de Corpore Christi Mystico in luce saeculi XVI*, Washington D.C., The Catholic University of America Press, 1945, p. 23-77.

4. *Les trois vérités, Vérité troisième…*, Bordeaux, Millanges, 1595[2], p. 422.

appelé mystique dans le sens où mystique s'oppose à corps réel et proprement dit. L'Église n'est pas seulement le corps du Christ par métaphore, à la manière dont une ville, un État, une armée sont appelés des corps, à cause de leur unité de gouvernement et de la concorde de tous dans la poursuite d'une même fin. C'est vraiment, réellement et proprement que l'Église est le corps du Christ »[1].

Les différentes acceptions dont se charge l'expression *corpus mysticum* au fil des siècles témoignent donc des transformations qui affectent l'image paulinienne de l'Église comme corps du Christ. Ce long processus, qui voit progressivement s'estomper l'attention accordée à la dimension mystérique et sacramentelle du corps ecclésial au profit d'une approche centrée sur son caractère visible et sa structure juridique, atteint son apogée à l'époque de la Contre-réforme. Dans une définition célèbre et constamment reprise par les auteurs du XVIIe siècle, le cardinal Bellarmin caractérise l'Église comme « l'assemblée des hommes reliés par la profession de la même foi et la communion des mêmes sacrements, sous le gouvernement des pasteurs légitimes et principalement d'un seul vicaire du Christ sur terre, le pontife romain »[2]. Comme le rappelle Yves Congar, chez Bellarmin et chez une grande partie des théologiens catholiques de l'époque post-tridentine, « l'Église est vue et définie, non comme un organisme animé par le Saint-Esprit, mais comme une société ou plutôt même une organisation où le Christ intervient à l'origine, comme fondateur, et le Saint-Esprit comme garantie de l'autorité » et où « il semble que, ayant donné une fois pour toutes à l'institution sa qualité supra-terrestre, ils n'aient plus à intervenir »[3]. Or, cette posture qui reconnaît dans l'Église une *societas perfecta*[4], à rapprocher des autres *societates* humaines dont elle (ne) se distingue (que) par son auteur et par la fin surnaturelle qu'elle se propose[5], trouve dans les hésitations entre usages ecclésiologiques et politiques du syntagme *corpus mysticum* une sorte d'emblème, sinon un des outils conceptuels privilégiés de son élaboration.

1. *Theologia dogmatica et moralis*, *De fide et symbolo*, art. 10, § 1, cité par É. Mersch, *Le corps mystique du Christ*, *op. cit.*, t. 2, p. 297.

2. Y. Congar, *L'Église de saint Augustin à l'époque moderne*, *op. cit.*, p. 372. Sur l'espace que Bellarmin accorde à la dimension mystérique de l'Église, voir Y. Congar, *Sainte Église*, *op. cit.*, p. 452 ; H. de Lubac, *Corpus mysticum*, *op. cit.*, p. 132 n. 90 et S. Tromp, « *De biformi conceptu cum "Christi mystici" tum "Corporis Christi mystici" in Controversiis S. R. Bellarmini* », *Gregorianum*, 23, 1942/3-4, p. 274-290.

3. Y. Congar, *L'Église de saint Augustin à l'époque moderne*, *op. cit.*, p. 382-383.

4. *Ibid.*, p. 383-384.

5. Suárez, *De legibus*, X, 1, in *Opera Omnia*, Paris, Vivès, t. VI, 1856, p. 552.

Mobiliser ce terme à propos de l'Église revient en effet à pointer ce que celle-ci a *en commun* plus encore que ce qui la *distingue* des autres institutions séculières. L'adjectif « mystique » dit son statut de personne juridique dont l'unité n'est que « formelle »[1] et, loin de faire signe à la dimension spirituelle et invisible de la communion des fidèles, rappelle au contraire la nature essentiellement visible et sociétaire que le corps ecclésial partage avec les autres *corpora mystica*. D'où la nécessité pour Suárez de souligner que « notre Église de Christ n'est pas un corps seulement politique, mais un corps mystique [*corpus mere politicum, sed mysticum*] et d'une certaine manière divin »[2], en disjoignant pour les opposer deux qualificatifs, *politicum* et *mysticum*, qui forment désormais presque un hendiadys.

C'est donc dans le sillage de cette longue évolution conceptuelle, et en particulier à la lumière de son dernier acte, qu'il faut sans doute interpréter l'usage de l'image paulinienne dont témoignent les textes de Pascal et, plus en général, ceux des auteurs des Port-Royal. Même si le terme « corps mystique » ne revient qu'assez rarement sous leur plume – sans doute en raison du manque de précédents patristiques explicites – Arnauld semble par exemple parfaitement conscient des difficultés théoriques implicites dans cette expression : « [On a distingué] l'unité de la personne de Jésus Christ avec les fidèles, d'avec l'unité de sa personne incarnée, néanmoins il ne faut pas s'imaginer, que, parce que cette unité de Jésus-Christ avec les fidèles s'appelle mystique par les Théologiens, ce soit seulement une unité métaphorique, comme celle qui fait l'amitié humaine entre plusieurs amis ; mais c'est une unité très réelle, parce que le S. Esprit, qui est l'esprit de Jésus-Christ, selon l'Écriture, habite très réellement dans les Justes qu'il les unit, qu'il les anime, qu'il les vivifie, qui prie en eux comme dit S. Paul, et qu'il agit de telle sorte par eux, que c'est à l'unité de ce grand corps de Jésus-Christ, répandu par toute la terre, saint Augustin soutient, en une infinité d'endroits, qu'on doit attribuer les opérations des Sacrements »[3].

1. Suárez, *De legibus*, IV, 2 et VIII, 3, in *Opera Omnia*, Paris, Vivès, t. V, 1856, p. 331 et t. VI, *op. cit.*, p. 233 et *De fide theologica*, *op. cit.*, disp. IX, § 1, 3, p. 245.

2. *Defensio fidei*, l. I, chap. XIV, § 11, in *Opera Omnia*, Paris, Vivès, t. XXIV, 1859, p. 73 ; voir aussi p. 76 et 80-81. Pour la notion de « corps mystique » chez Suárez, voir *De fide theologica*, *op. cit.*, disp. IX, § 1, 18 ; 22, p. 249-250 ; *Defensio fidei*, *op. cit.*, l. I, chap. XV, § 7 ; XVI, § 11, p. 73 ; 80-81 ; l. III, chap. V, § 5 ; 11, p. 226 ; 228 ; chap. VIII, § 3, p. 244 et E. Elorduy, « El Cuerpo Místico de Cristo en Suárez », *Revista Española de Teología*, 3, 1943/3-4, p. 347-398 et p. 443-474.

3. *Observations sur une censure*, in *Œuvres de messire Antoine Arnauld*, fac-similé de l'éd. de Paris 1775-1783, Bruxelles, Culture et civilisation, 1964-1967, t. IX, appendice, p. 148.

« Seulement une unité métaphorique » : voilà à quoi risque d'être réduite l'unité « mystique » des fidèles dans l'Église. L'argument polémique oppose l'unité hypostatique et l'unité ecclésiale et il vise ainsi à reléguer cette dernière au même rang que l'union propre aux communautés civiles ou simplement humaines, c'est-à-dire, selon la glose d'Arnauld, à « l'amitié entre plusieurs amis ». L'assimilation du qualificatif « mystique » au domaine de la métaphore et de l'irréalité est désormais si fréquente que le terme « corps mystique » semble en contradiction avec « l'unité très réelle » du corps ecclésial, animé par le Saint-Esprit. La réaction d'Arnauld valide donc le diagnostic d'une crise profonde de la notion de « corps mystique » en tant que nom de l'Église à l'époque moderne. Le double usage auquel se prête la formule de *corpus mysticum* risque de gommer toute différence entre l'union purement « morale » propre aux sociétés politiques et l'unité « très réelle » de ce « grand corps de Jésus-Christ répandu par toute la terre » qu'est l'Église. Mais cette distinction est-elle encore possible à une époque où même le cardinal du Perron parle, sans la moindre hésitation, d'un « corps moral et politique du Christ » qu'est « la société de son Église »[1] ?

LE CORPS MYSTIQUE DANS LA THÉOLOGIE DES XVIe ET XVIIe SIÈCLES

L'enjeu de la reconstruction historique axée sur les vicissitudes de l'expression *corpus mysticum* que nous venons d'esquisser était de fournir un panorama des problématiques que l'idée de l'Église en tant que corps du Christ pouvait mobiliser chez les auteurs du début du XVIIe siècle. Pour achever cette enquête préliminaire et nous rapprocher de l'époque de Bérulle, Saint-Cyran et Pascal, nous reviendrons dans la suite de ce premier chapitre sur deux questions ecclésiologiques centrales dans les débats théologiques des siècles XVIe-XVIIe : celle des fidèles pécheurs et celle du péché de schisme. Cela nous permettra, d'une part, de rendre moins abstraites nos formulations précédentes concernant les tendances de fond de l'ecclésiologie moderne ; et de l'autre, de montrer à quel point les interrogations suscitées par ces deux thématiques ont retenu l'attention du milieu port-royaliste, en constituant sans doute l'occasion pour une prise de conscience des transformations profondes qui avaient affecté la conception de l'Église comme corps mystique du Christ.

1. H. de Lubac, *Corpus mysticum*, *op. cit.*, p. 286.

Le statut des pécheurs dans le corps mystique

Le débat sur la condition des pécheurs au sein de l'Église se cristallise autour de la distinction entre les notions d'*Ecclesia* et de *corpus Christi*. L'opposition fait son apparition chez les premiers maîtres de la scolastique. Vers la fin du XIIe siècle, Baudouin de Ford remarque que « ceux qui reçoivent de bouche seulement le corps et le calice du Christ, et ne reçoivent pas le Christ dans leur cœur de manière à vivre de lui et en lui, sont étrangers à la foi dont vit le juste, et par là même étrangers à la société des justes. Ils n'ont pas avec ceux-ci un seul cœur et une seule âme; ils ne sont donc pas membres du Christ [*membra Christi*], n'appartiennent pas à son corps, quoiqu'ils semblent être dans l'Église qui est son corps »[1]. Pour définir la position des pécheurs par rapport au corps ecclésial, Baudouin s'appuie sur une distinction élaborée par saint Augustin[2] et oppose une participation *numero tantum* à une participation *merito*. Le premier cas est celui des pécheurs qui ont accès aux sacrements, sans pourtant prendre part à la communion de la grâce. On dira alors qu'ils sont dans l'*Ecclesia* avec leur corps, non pas avec leur esprit, par le nombre, non par le mérite (« *corpore, non mente; numero, non merito* »)[3]. Les deux conditions, « *esse in Ecclesia* » et « *esse membra Christi* », décrivent dès lors deux modalités d'appartenance à l'Église qui est, dans sa totalité, en même temps, communion de grâce et société des moyens de grâce : les pécheurs « sont des membres de l'Église en raison de leur accès aux sacrements, mais ils ne sont pas des membres du Christ, parce qu'ils sont putrescents »[4]. À l'intérieur de l'unique réalité ecclésiale, une distance s'ouvre ainsi entre le corps mystique, qui relève de l'union assurée par la grâce, et l'*Ecclesia* à laquelle donne accès la participation aux moyens visibles de la grâce.

Cette distinction, qui nomme tout simplement une différence de degré en ce qui concerne le rapport que chaque chrétien entretient avec la communauté ecclésiale, est souvent reprise par les théologiens du XIIIe siècle. Le couple conceptuel *corpus Ecclesiae – Ecclesia* se fige[5].

1. *Le sacrement de l'autel*, intro. J. Leclercq, éd. J. Morson et É. de Solms, Paris, Cerf, « Sources Chrétiennes » 94, 1963, t. II, p. 369. *Cf.* Y. Congar, *L'Église de saint Augustin à l'époque moderne*, *op. cit.*, p. 218.

2. *In Evangelium Ioannis tractatus*, LXI, 2.

3. Y. Congar, *L'Église de saint Augustin à l'époque moderne*, *op. cit.*, p. 175.

4. Pierre le Chantre, cité par Y. Congar, *L'Église de saint Augustin à l'époque moderne*, *op. cit.*, p. 175 n. 83.

5. Voir F. Ott, « Der Kirchenbegriff bei den Scholastikern, besonders bei Richard von Mediavilla », *Franziskanische Studien*, 25, 1938, p. 331-353, en part. p. 339 n. 7 et Y. Congar, *L'Église de saint Augustin à l'époque moderne*, *op. cit.*, p. 216.

On en retrouve par exemple un exposé très clair sous la plume de Alexandre de Halès[1] :

> Une chose est d'être membre de l'Église, une autre, d'être membre du Christ. On est membre du Christ si on a la charité et si on n'a que la foi on est membre de l'Église. [...] Or, on peut être membre de l'Église *merito* ou *numero*. [...] pour être membre de l'Église *merito* il faut la charité (*fides formata*), et dans ce cas celui qui est membre de l'Église est aussi membre du Christ et vice versa. Celui qui est membre de l'Église *numero* n'a au contraire que la foi (*sacramentum fidei*). Ainsi il y a des membres qui ne sont pas dans ce corps qu'est l'Église [*membra non sunt in corpore Ecclesiae*][2].

Dans l'*unitas Ecclesiae* il y aura « des bons, et pourvu qu'ils aient une droite foi, des méchants »; dans l'*unitas corporis Ecclesiae*, c'est-à-dire dans l'unité du corps mystique, « il n'y a que ceux-là seuls dont la foi est vivifiée par la charité ». Les pécheurs « sont donc de l'Église, bien qu'ils ne soient pas du corps de l'Église, selon le vrai sens qui revient à ce mot »[3]. Il faut sans doute reconnaître dans la diffusion de ces catégories et dans la fortune de cette distinction les corollaires d'une réaction aux hérésies spirituelles du XIIe siècle et aux positions des cathares et des vaudois. Les exigences de la polémique imposent en effet de privilégier une définition de l'Église centrée sur ses éléments visibles, c'est-à-dire conduite *ab externiis* : elle est « l'assemblée des fidèles confessant le Christ et le secours des sacrements », l'« *Ecclesia quo modo Romana dicitur* » dont la nature ne se rabat pas sur la simple communion de la grâce[4]. Toutefois, répétons-le, chez Alexandre comme déjà chez Baudouin, la distinction entre *Ecclesia* et *corpus Ecclesiae* ne concerne que la façon dont les hommes appartiennent au corps spirituel et visible qu'est l'Église, l'organisme ecclésial dans sa totalité étant à l'abri de toute approche qui en briserait l'unité profonde et prétendrait dissocier deux composantes autonomes, l'une visible, l'autre invisible[5].

1. Mieux : des rédacteurs de cette partie de la *Summa*, la contribution précise d'Alexandre étant difficile à déterminer.

2. Cité par Y. Congar, *L'Église de saint Augustin à l'époque moderne*, *op. cit.*, p. 220 n. 4.

3. *Summa Theologica*, III, q. 12, *membrum* 2, a. 3, § 1, cité et traduit par C. Journet, *L'Église du Verbe incarné*, II, *op. cit.*, p. 574.

4. Voir Y. Congar, *L'Église de saint Augustin à l'époque moderne*, *op. cit.*, p. 208.

5. Voir Y. Congar, *Esquisses du mystère de l'Église*, *op. cit.*, p. 82.

La distinction entre « membres de l'Église » et « membres du corps mystique » revient chez saint Albert le Grand et saint Bonaventure[1] dans des pages aux formulations encore tâtonnantes dans le lexique sinon dans la substance, qui annoncent et préparent la mise en forme presque canonique opérée par saint Thomas dans la *Summa theologiae* (IIa IIae, q. 1, a. 9, ad 3). En réfléchissant sur la profession de foi contenue dans le symbole, saint Thomas rappelle que « la foi de cette Église, c'est la foi formée, car telle est celle que l'on rencontre chez ceux qui sont de l'Église par le nombre et par le mérite ». On dira donc que les pécheurs, qui n'ont qu'une « foi informe », sont dans l'Église « *numero, non merito* ». Dans un cas, pourtant, saint Thomas abandonne la terminologie augustinienne et a recours à la distinction entre Église et corps mystique ou *corpus Ecclesiae* :

> Les pécheurs appartiennent d'une certaine manière à l'unité de l'Église pour autant qu'ils sont en continuité avec elle par la foi, qui est une unité selon la matière. Toutefois ils ne peuvent pas être appelés des membres au sens propre sinon comme un membre mort, c'est-à-dire d'une manière équivoque. Et parce que l'unité du corps se fait par les membres, certains disent [*quidam dicunt*] donc qu'ils n'appartiennent pas à l'unité du corps de l'Église, bien qu'ils appartiennent à l'unité de l'Église[2].

Les pécheurs sont membres d'une manière équivoque, « par une simple ressemblance ou par leur position », résume saint Thomas, mais « dans le vrai corps du Christ, on ne comprend que ceux qui sont membres du corps mystique »[3]. Il s'agit toutefois de distinguer différents degrés d'appartenance à l'Église, non pas de nier le double caractère, visible *et* invisible, de la réalité ecclésiale. À ce titre, comme le souligne Congar, on chercherait en vain chez le *Doctor Angelicus* « deux sujets ecclésiologiques qui ne se recouvrent pas : l'Église catholique romaine et le corps mystique de l'Église »[4]. Tout au contraire, c'est l'idée même de l'Église en tant qu'organisme animé par le Saint-Esprit qui impose de distinguer des modes d'appartenance multiples et différenciés : l'Église-institution est la forme visible du corps mystique, le sacrement de ce corps, et cette compénétration de deux aspects est telle qu'on doit pouvoir saisir visiblement les

1. Voir D. Culhane, *De Corpore mystico doctrina Seraphici*, Mundelein, apud aedes Seminarii sanctae Mariae ad Lacum, 1934, p. 35-40 et A. Piolanti, *Il corpo mistico e le sue relazioni con l'eucaristia in S. Alberto Magno*, Rome, Pontificia Università Lateranense, 1969, p. 87-88.

2. *In III Sent.*, d. 13, q. 2, a. 2, qc. 2. La remarque « *quidam dicunt* » fait sans doute référence à Alexandre de Hales. Voir C. Journet, *L'Église du Verbe incarné*, II, *op. cit.*, p. 574.

3. *In III Sent.*, d. 13, q. 2, a. 2, qc. 2, ad 2.

4. Y. Congar, *Sainte Église*, *op. cit.*, p. 614.

différents degrés de participation à la communauté de la grâce[1]. C'est à la lumière de cette approche de l'organisme ecclésial qu'il convient d'interpréter la caractérisation des pécheurs comme membres *equivoci* du corps de l'Église. Tout en mobilisant la distinction avancée par certains *recentiores* qui opposent *corpus Ecclesiae* et Église, saint Thomas n'y reconnaît que l'écart entre une dénomination pleine et une dénomination imparfaite : « Quant à ceux qui sont esclaves de tels péchés [*sc.* mortels], ils ne sont pas membres du Christ en acte, mais en puissance, sauf peut-être d'une manière imparfaite par la foi informe. [...] De tels membres reçoivent du Christ l'acte vital de croire, et ils sont semblables à un membre mort que l'homme parvient à remuer quelque peu »[2]. Bref, loin de suggérer une opposition entre le *corpus mysticum*, c'est-à-dire la communauté (invisible) des dons de grâce, et l'*Ecclesia*, en tant que communauté (visible) des moyens de grâce, l'expression *corpus mysticum Ecclesiae* nomme précisément, aux yeux de saint Thomas, la double nature visible *et* invisible de « ce corps spirituel qu'est l'Église »[3].

Saint Thomas esquisse une synthèse remarquable de sa doctrine dans une page du *Commentaire des Sentences*[4] où il aborde la question des fondements de l'unité de l'Église à l'aide d'une comparaison du corps ecclésial avec le corps humain. L'Aquinate y évoque l'unité spécifique des membres de notre corps[5], puis l'unité de connexion entre eux[6] et enfin l'unité découlant d'un principe numériquement un (l'âme en tant que puissance vitale immanente, répandue dans le corps et principe transcendant qui assure, en dernière instance, la forme au composé)[7]. À ces trois derniers éléments correspondent, dans le corps mystique, la foi, la charité et le Saint-Esprit, « *quasi anima in corpore naturali* ». Sans nous attarder sur les détails de ce texte difficile, qui a fait objet de multiples

1. Voir Y. Congar, *Sainte Église*, *op. cit.*, p. 659-669.

2. *ST*, IIIa, q. 8, a. 3, ad 2. Voir C. Journet, *L'Église du Verbe incarné*, II, *op. cit.*, p. 575-576. Ce passage de la *Summa* nuancerait donc la position exprimée par le *Commentaire aux Sentences*, comme le soulignait déjà Bañez (Mario Midali, *Corpus Christi mysticum apud Dominicum Bánez*, *op. cit.*, p. 202; *cf.* C. Journet, *L'Église du Verbe incarné*, II, *op. cit.*, p. 577).

3. Y. Congar, *Sainte Église*, *op. cit.*, p. 651.

4. *In III Sent.*, d. 13, q. 2, a. 2, qc. 2.

5. « Tous les membres sont constitués des mêmes parties semblables et ils ont le même caractère : ainsi, la main et le pied sont constitués de chair et d'os ».

6. « La deuxième [union] se réalise par leur assemblage réciproque par les nerfs et les articulations; on dit ainsi qu'ils sont une seule chose par mode de continuité ».

7. « La troisième [union] se réalise selon que l'esprit vital et les puissances de l'âme sont répandus dans tout le corps. La quatrième [union] se réalise selon que tous les membres sont perfectionnés par l'âme, qui est unique dans tous les membres ».

interprétations[1], on remarquera que, si la comparaison détaillée des deux corps, l'un naturel, l'autre mystique, bénéficie d'une tradition qui est déjà patristique, la centralité que saint Thomas lui accorde en tant qu'élément structurant de sa vision de l'Église n'a rien d'anodin. S'il affectionne cette comparaison[2], c'est sans doute surtout parce qu'elle exprime très efficacement l'équilibre entre dimension visible et dimension invisible propre à sa conception du mystère de l'Église. D'une part, le Saint-Esprit en tant qu'âme de l'Église garantit l'accomplissement de l'unité vitale de son corps; d'autre part, le degré de vitalité, pour ainsi dire, de ses membres dépend de la participation à ce principe unitaire qui n'est jamais absent du corps dans sa totalité. De sorte qu'il serait absurde de parler d'un corps de l'Église séparé de son âme (et vice versa) : « Il n'y a qu'une Église, dont la substance intérieure s'exprime en société organisée et dont l'appareil social a pour âme les réalités spirituelles de grâce, et finalement le Saint-Esprit »[3]. Concernant le statut des fidèles pécheurs on dira dès lors que, dans ce corps en même temps visible et animé par une force invisible, il y a des membres *potentialiter*, c'est-à-dire, des membres dont la vitalité n'est que minimale. L'âme sauvegarde, avec son caractère unitaire, l'unité de l'organisme ecclésial, les différents degrés d'appartenance n'affectant que chacun des fidèles, qui peuvent souvent subsister, comme disait déjà Hugues de Saint-Victor, *in corpore* sans être véritablement *de corpore*. Saint Thomas retrouve donc pleinement les données de la tradition, même s'il n'hésite pas à s'approprier des distinctions avancées par quelques *recentiores*. Et, comme on vient de le voir, c'est à la lumière de la comparaison avec le composé humain que le maître dominicain pense les rapports entre *corpus mysticum* et *Ecclesia*.

Corps et âme de l'Église

La synthèse thomiste gouverne la suite du débat sur la condition des chrétiens pêcheurs au sein de l'Église – un débat qui se caractérise par un durcissement des oppositions. Un siècle après saint Thomas, Thomas Netter (1375-1430) pointe d'une manière plus marquée l'écart entre le corps mystique, qui n'est composé que par les justes et constitue l'élément invisible de l'Église, et l'*Ecclesia*, visible et accueillant parmi ses membres

1. Voir C. Journet, *L'Église du Verbe incarné*, II, *op. cit.*, p. 569-573 et l'analyse de Y. Congar (*Sainte Église*, *op. cit.*, p. 647-649) qui explique la double racine de l'unité de l'Église, celle prochaine constitué par l'unité de l'objet aimé et celle dernière à identifier avec l'unité du Saint-Esprit animant l'Église.

2. Voir *In Symbolum Apostolorum*, a. 9.

3. Y. Congar, *Esquisses du mystère de l'Église*, *op. cit.*, p. 82.

même les pécheurs (le contexte est celui d'une réfutation de la définition de l'Église avancée par Wyclif, « *congregacio omnium praedestinatorum* »)[1]. De même, la célèbre *Summa de Ecclesia* de Torquemada fait un usage massif de l'opposition rapidement effleurée par saint Thomas dans le *Commentaire aux Sentences* : « Ceux qui sont dans des péchés mortels n'appartiennent pas vraiment à l'unité du corps mystique ou de l'Église, mais on peut dire qu'ils appartiennent à l'unité de l'Église et du corps de l'Église. Dans l'unité de l'Église, on a les bons et les mauvais, au moins s'ils possèdent la foi. [...] Mais l'unité du corps ne relève que de la *foi formée* par la charité »[2]. L'appartenance élémentaire à l'Église, explique ailleurs Torquemada, se définit *ab externiis* : en sont membres « ceux qui demeurent dans la foi et l'obéissance du Siège apostolique »[3]. Ainsi les formules thomistes font l'objet de nouvelles approches qui, le plus souvent, risquent de miner le délicat équilibre doctrinal sauvegardé par le *Doctor Angelicus*[4]. Or, ce déplacement d'accents impose de revenir sur l'idée, centrale, comme on l'a vu, chez saint Thomas, de l'Église en tant que composé d'une âme et d'un corps pour en redéfinir le sens et les enjeux. Une telle stratégie argumentative est déjà à l'œuvre chez Pedro de Soto[5] mais c'est sans doute au cardinal Bellarmin que revient le privilège d'avoir proposé le commentaire le plus articulé et le plus novateur de la comparaison entre le corps humain et celui ecclésial.

Comme on l'a souvent souligné, l'ecclésiologie de Bellarmin est gouvernée par des exigences apologétiques qui en déterminent en bonne partie les caractères et les enjeux. Contre les thèses de Wyclif et Huss et certains énoncés des Réformateurs, Bellarmin s'assigne la tâche de rédiger un traité qui explique *quelle est* et *où se trouve* la *vera Ecclesia* et d'en indiquer les vrais membres. Aux yeux du cardinal, l'Église est avant tout une réalité visible, une *societas perfecta* : moins une communion de saints, donc, qu'une institution dont Bellarmin s'efforce d'examiner et d'articuler

1. La distinction s'articule au fil d'une double série de concepts que Netter renvoie les uns aux autres : d'une part, l'*Ecclesia magna, lata, universalis, speciosa et fusca*; de l'autre, l'*Ecclesia parva, speciosa tantum, Ecclesia electorum*. Voir M. Midali, *Corpus Christi mysticum apud Dominicum Bánez, op. cit.*, p. 82.

2. *Summa de Ecclesia, op. cit.*, I, 57, p. 69 v°. Autrement dit, précise Torquemada, il faut distinguer un « *corpus mysticum sensu lato* » qu'est l'*Ecclesia* et un « *corpus mysticum sensu strictu* », c'est-à-dire le *corpus Ecclesiae*, dont les pécheurs sont exclus (Voir G. Grabka, *Cardinalis Hosii doctrina de Corpore Christi Mystico, op. cit.*, p. 85-87).

3. Voir Y. Congar, *L'Église de saint Augustin à l'époque moderne, op. cit.*, p. 341.

4. Pour des formulations plus nuancées, toujours sous la plume de Torquemada, voir les textes cités par J.-P. Massaut, « Érasme, la Sorbonne et la nature de l'Église », *op. cit.*, p. 104.

5. Voir M. Midali, *Corpus Christi mysticum apud Dominicum Bánez, op. cit.*, p. 82.

de manière prépondérante l'aspect juridico-social[1]. La décision bellarminienne d'introduire la soumission au pape parmi les éléments qui définissent l'essence même de l'Église en est l'expression la plus claire[2]. Bellarmin achève[3] donc le long processus de contraction du mystère ecclésial à sa dimension visible et historiquement déterminée qui caractérise l'ecclésiologie de l'époque post-médiévale et, plus particulièrement, post-tridentine. Dans des lignes très célèbres de la quatrième des *Controversiae*[4], l'Église n'est dès lors considérée que *ab externiis* : « Il n'y a qu'une Église, non deux (l'une visible, l'autre invisible). Et cette unique vraie Église est la communauté des hommes reliés par la profession de la même foi chrétienne et la communion des mêmes sacrements, sous le gouvernement des pasteurs légitimes et principalement d'un seul vicaire du Christ sur terre, le pontife romain »[5]. Or, en s'appuyant sur une telle définition, « il est facile de déduire quels hommes appartiennent, ou non, à l'Église ». Bellarmin énumère trois conditions : la profession de la vraie foi, la communion des sacrements, la soumission au pontife romain. Le premier prérequis exclut les infidèles, les hérétiques et les apostats ; le second, les catéchumènes et les excommuniés ; le troisième, les schismatiques. En revanche, ajoute Bellarmin, cette définition admet comme membres de l'Église « tous les autres, même les réprouvés, les scélérats et les impies ». La visibilité en tant que *nota* principale de l'Église, qui s'exprime dans l'unité de la foi et des sacrements et dans la soumission au pontife romain, exclut toute forme de gradation dans la participation au corps ecclésial. La profession extérieure *identifie* et, en même temps, rend *identique* chaque membre de l'Église, la question des vertus ne concernant que la dimension privée de son existence : « Ce qui sépare notre définition de toutes les autres c'est que toutes les autres requièrent des vertus

1. Voir Y. Congar, *Sainte Église*, *op. cit.*, p. 451.

2. C'était d'ailleurs déjà le cas chez Jean de Raguse et Torquemada, voir Y. Congar, *L'Église de saint Augustin à l'époque moderne*, *op. cit.*, p. 329 n. 93 et p. 373.

3. Sans doute en dépit de ses propres intentions profondes. Car il se peut que, une fois replacée dans son contexte d'élaboration, la doctrine de Bellarmin soit à interpréter comme une tentative paradoxale pour réaffirmer la spécificité spirituelle de l'Église et sa différence d'avec les communautés séculières alors même que Bellarmin en pense la nature à partir des catégories de la philosophie politique. Pour une analyse détaillée, voir la thèse de B. Schmitz, *Le pouvoir des clefs au XVIe siècle. La suprématie pontificale et son exercice face aux contestations religieuses et politiques*, Paris Sorbonne, 2013.

4. *Quarta Controversia Generalis*, *De Conciliis et Ecclesiae militante*, l. III : *De Ecclesia militante*, chap. II. Nous citons la traduction de C. Journet, *L'Église du Verbe incarné*, II, *op. cit.*, p. 1181-1182.

5. Voir Y. Congar, *Sainte Église*, *op. cit.*, p. 451.

intérieures pour déclarer quelqu'un membre de l'Église ; et elles diront en conséquence que la vraie Église est invisible. Pour nous, bien que nous croyions que toutes les vertus se trouvent dans l'Église : foi, espérance, charité, etc., néanmoins pour que quelqu'un puisse être d'une certaine manière déclaré membre de cette vraie Église, dont parlent les Écritures, nous ne pensons pas que soit requise de lui aucune vertu intérieure. Il suffit de la profession extérieure de la foi et de la communion des sacrements, choses que les sens mêmes peuvent constater. » L'appartenance à cette communauté visible qu'est l'Église se trouve scellée par une foi extérieurement professée, par des sacrements extérieurement reçus, par une autorité extérieurement obéie. Le concept de *societas perfecta* s'empare à tel point de la réflexion ecclésiologique bellarminienne que le cardinal n'hésite pas à rapprocher l'Église des autres *corpora mystica* séculiers : « L'Église en effet est une communauté d'hommes aussi visible et palpable que la communauté du peuple romain, ou le royaume de France, ou la République de Venise. » L'appartenance du fidèle à l'Église et celle du sujet ou du citoyen à sa communauté se décident l'une et l'autre par des critères extérieurs.

En se fondant sur cette approche résolument extrinsèciste et juridique de l'organisme ecclésial Bellarmin peut proposer une relecture fort originale de la distinction traditionnelle entre *corpus mysticum* et *Ecclesia*, et, en particulier, de la similitude avec le composé humain que saint Thomas et beaucoup d'autres après lui avaient mobilisée pour penser le statut des pécheurs : « Il faut noter, à la suite de saint Augustin, que l'Église est un corps vivant, composé d'âme et de corps. L'âme, ce sont les dons intérieurs de l'Esprit Saint, la foi, l'espérance, la charité, etc. Le corps, ce sont la profession de la foi et la communication des sacrements »[1]. Bellarmin évoque la distinction classique entre appartenance à l'Église « *numero et corporaliter* » et appartenance « *merito et spiritualiter* »[2]. Toutefois, la priorité n'est pas accordée ici à l'unité de l'organisme ecclésial, c'est-à-dire au corps de l'Église animé par le Saint-Esprit et vivifié par la grâce. Si saint Thomas distinguait *corpus mysticum* et *Ecclesia*, la comparaison avec l'âme et le corps lui permettait en contrepartie de souligner la spécificité qui distingue l'Église des autres *societates* séculières, c'est-à-dire le fait qu'elle est animée par un principe unique qui lui garantit une unité non seulement extrinsèque, mais organique, voire

1. *De Ecclesia militante*, chap. III, trad. fr. C. Journet, *L'Église du Verbe incarné*, II, *op. cit.*, p. 566.

2. Voir *ST*, IIIa, q. 69, a. 5.

plus qu'organique[1]. Bref, l'analogie du corps humain venait souligner chez saint Thomas l'indissociabilité des deux composantes plus que leur dualité. Chez Bellarmin, la comparaison avec l'âme et le corps devient, au contraire, l'occasion pour faire état de la distance qui se creuse entre l'élément visible et la dimension invisible de l'Église. Autrement dit, pour saint Thomas la distinction entre les modes de l'appartenance (*merito* et *numero*, ou *proprie* et *aequivoce*) permettait d'articuler les différents degrés avec lesquels les fidèles peuvent participer de ce corps en même temps visible *et* invisible qu'est l'Église, alors que pour Bellarmin la distinction s'affirme *à l'intérieur* de l'Église elle-même. L'Église est le résultat de la composition d'un corps visible, celui qui fait justement l'objet de la définition qu'on a rappelée plus haut, et d'une âme invisible à laquelle on rattachera les vertus intérieures dont s'illustre chacun des fidèles. Les justes seront donc « *de anima et de corpore Ecclesiae* », tandis que les pécheurs, « qui n'ont que la foi mais non pas la charité », n'auront qu'une vitalité minimale, au même titre que des membres corporels qui participent de la sensation, mais non pas du mouvement. Toutefois, enchaîne Bellarmin, « certains sont de l'âme de l'Église, sans être du corps, comme les catéchumènes, et ceux des excommuniés en qui subsisteraient, cela est possible, la foi et la charité. D'autres, au contraire, sont du corps sans être de son âme, comme ceux qui, totalement dépourvus de vertu interne, professent néanmoins la foi par espoir ou crainte temporels et participent aux sacrements, sous la conduite des pasteurs. Ils sont dans l'Église ce que les cheveux, les ongles, les mauvaises humeurs sont dans le corps humain »[2]. Certes, on peut stigmatiser ces derniers membres qui sont « *de corpore et non de anima* » comme des hypocrites et n'y voir que des *membra* réduits « à l'état de cadavre »[3]. Il n'en reste pas moins qu'ils possèdent pleinement les trois prérequis énumérés par la définition de la

1. Voir C. Journet, *L'Église du Verbe incarné*, II, *op. cit.*, p. 124.

2. *De Ecclesia militante*, chap. III, trad. fr. C. Journet, *L'Église du Verbe incarné*, II, *op. cit.*, p. 574 n. 1 et p. 1182. On pourrait risquer un parallèle entre l'ecclésiologie bellarminienne et l'anthropologie qu'imposera un demi-siècle plus tard la philosophie cartésienne. Dans un cas comme dans l'autre, l'âme n'est plus *actus corporis*, mais une substance autonome dont l'union quasi hypostatique au corps n'en efface pas la radicale indépendance. Et ce n'est peut-être pas un hasard si, sous la plume de Pierre Jurieu, la nouvelle philosophie cartésienne sera mise au service d'une ecclésiologie qui, à plusieurs titres, prolonge celle de Bellarmin. Voir Pierre Jurieu, *Le vrai système de l'Église et la véritable Analyse de la foi*, Dordrecht, chez la veuve de Caspar et chez Théodore Goris, 1686, p. 9-15 et C. Morerod, « La coextensivité de l'âme et du corps en philosophie et en ecclésiologie », *Nova et Vetera*, 73, 1998/3, p. 23-33.

3. Voir C. Journet, *L'Église du Verbe incarné*, II, *op. cit.*, p. 566 n. 2 et p. 575 n. 2.

« vraie Église ». L'unique Église que Bellarmin s'engage à définir et à penser dans ces pages des *Controversiae* est celle dont l'unité est « visible et palpable », composée des fidèles qui « *sunt de corpore* » et dont la qualité de membres s'exprime par des marques « que les sens mêmes peuvent constater ». Bien étendu, il ne s'agit que d'un prérequis minimal, et l'espace que Bellarmin lui accorde est la conséquence d'une approche avant tout polémique et apologétique : « La définition de l'Église que nous venons de proposer ne concerne que cette dernière modalité d'existence dans l'Église [c'est-à-dire dans le corps, mais non pas dans l'âme] : il s'agit en effet de ce qui est demandé comme réquisit minimal pour être considéré comme des parties visibles de l'Église »[1].

La question des pécheurs et la comparaison avec l'âme et le corps que les théologiens mobilisent pour l'articuler connaissent donc un destin qui recoupe assez précisément celui du corps mystique, tout en vérifiant indirectement la reconstruction historique que nous avons avancée plus haut. Cela ressort avec évidence des pages capitales des *Controversiae* de Bellarmin et de la torsion conceptuelle que le cardinal impose à l'idée de l'âme et du corps de l'Église. D'autres protagonistes de la scolastique tardive, notamment les maîtres de l'École de Salamanque, en apportent une preuve ultérieure. Chez ces auteurs, la pratique du commentaire de la *Summa theologiae* de saint Thomas interdit des ruptures trop nettes d'avec la tradition. Cependant, la nouvelle approche qui caractérise l'ecclésiologie moderne, notamment dans sa position défensive et apologétique, ne manque pas de faire entendre sa voix. La dimension visible et sociétaire de l'Église est souvent soulignée d'une façon très nette, sinon exclusive. Francisco de Vitoria, par exemple, définit l'Église tout simplement comme une « une communauté, c'est-à-dire une république de fidèles » et en souligne souvent le caractère de *societas perfecta*[2]. Les thèses de Bañez et de Suárez concernant la question de la position des pécheurs dans l'Église confirment indirectement cette tendance. Les deux théologiens jésuites reconnaissent dans la *fides informis* et dans la soumission au pape les réquisits minimaux pour appartenir à l'Église. Si l'Église est « la collection des fidèles baptisés soumis à un seul chef visible, vicaire du Christ », comme l'écrit Bañez, son unité essentielle, ce qui la constitue, « c'est la foi et l'obéissance à un seul chef. L'espérance et la charité n'appartiennent donc pas à l'unité nécessaire de l'Église. Elles apportent à l'Église de nouveaux titres d'unité, ou encore un perfectionnement accidentel de son

1. *De Ecclesia militante*, chap. II.

2. *Relectiones theologicae tredecim partibus per varias sectiones in duos libros divisae*, t. I, Lyon, apud Iacobum Boyerium, 1557, p. 15.

unité essentielle »[1]. De même, Suárez n'hésite pas à distinguer la matière et la forme de cette *compositio supernaturalis* qu'est l'*Ecclesia* : la foi suffit pour nous faire entrer dans ce corps moral dont l'élément matériel est représenté par les *viatores* et l'élément formel coïncide avec la *fides informis*. Les pécheurs appartiendront par conséquent à l'Église au même titre que tous les autres membres, en possédant le *minimum* nécessaire : « De cette définition il s'ensuit que tous ceux qui ont la foi sont des membres de l'Église, et tous ceux qui ne l'ont pas en sont exclus »[2]. L'union vitale d'une âme qui anime et donne unité à son corps cède la place à l'indication d'un élément commun partagé : le pécheur n'est plus le cas limite qui signe la frontière entre ceux qui sont membres *proprie* de l'Église (les justes) et ceux qui s'en séparent; il vaut au contraire comme paradigme, en représentant le « minimum normal et acceptable de ce que le Christ demande des hommes pour qu'ils soient ses membres »[3].

Suárez évoque aussi une distinction avancée par des théologiens récents qui opposent les *membra Ecclesiae* aux *partes Ecclesiae*. Il s'agit bien évidemment d'une reprise de l'opposition classique entre *corpus mysticum* et *Ecclesia*, et entre membres *merito* et membres *numero*. S'il n'hésite pas à reconnaître la paternité thomiste de la distinction et le fait qu'elle est autorisée par de nombreux maîtres, le théologien jésuite en minimise pourtant l'importance, en affirmant qu'il ne s'agit que d'une « *quaestio de modo loquendi* »[4] : une subtilité qui n'apporte rien à la compréhension de la nature de l'Église. La position de Suárez ne manque pas de se différencier en plusieurs points de celle de Bellarmin : le premier reconnaît comme critère ultime de l'appartenance au corps de l'Église la profession extérieure de la foi; le second accorde ce même statut à la foi informe. Cette différence n'efface pourtant pas l'affinité profonde qui lie les deux approches : dans un cas comme dans l'autre, on recherche un réquisit qui puisse identifier les membres de cette *societas perfecta* qu'est l'Église au même titre que la citoyenneté, un serment ou n'importe quel autre engagement formel sanctionnent l'appartenance d'un homme aux *corpora mystica* de la ville, de l'armée ou de la nation[5]. La distinction entre

1. Commentaire de *ST*, IIa IIae, q. 1, a. 10, *dubitatur* 1°, cité et traduit par C. Journet, *L'Église du Verbe incarné*, II, *op. cit.*, p. 692-693.

2. *De fide theologica*, *op. cit.*, disp. IX, § 1, 5, p. 246.

3. C. Journet, *L'Église du Verbe incarné*, II, *op. cit.*, p. 693.

4. *De fide theologica*, *op. cit.*, disp. IX, § 1, 5, p. 245.

5. Sylvio H. De Franceschi a souligné à juste titre la distance qui subsiste entre la conception extrinsèciste et juridique de l'Église developpée par Bellarmin et celle christologique et intrinsèciste de Suárez, tout en pointant la postérité de la tension discrète entre ceux deux modèles de l'ecclésiologie post-tridentine dans les traités *De Ecclesia* du XIXe siècle

« membres vivants » et « membres mourants » de la communauté ecclésiale, l'articulation de différents degrés de participation à l'unité vivante du corps mystique qu'est l'Église, c'est-à-dire à une communauté qui est visible (*Ecclesia*), mais animée par un principe invisible (*corpus mysticum*; *corpus Christi*) deviennent marginales. L'attention se déplace de la vie de l'organisme ecclésial aux réquisits dont chaque fidèle doit se réclamer pour justifier son statut de membre et qu'il perd uniquement en cas d'apostasie ou d'excommunication. L'Église est envisagée comme un corps « *politicum et mysticum* » dans lequel on entre en exhibant un titre. Si la dimension proprement mystique de la participation à la communauté ecclésiale, c'est-à-dire l'intégration dans un organisme dont l'âme est le Saint-Esprit, n'est pas oubliée, elle joue pourtant un rôle si marginal chez les auteurs que nous venons d'analyser qu'elle risque de passer inaperçue.

Étant donné l'autorité et l'influence des synthèses de Bellarmin et de Suárez, on ne s'étonnera pas d'en retrouver un écho précis chez les auteurs de Port-Royal[1]. À propos du statut des fidèles pécheurs, Nicole et Arnauld précisent comme Suárez qu'il s'agit d'une question de nom, une « dispute de mots qui ne change rien dans le fond de la Morale chrétienne »[2]. D'autre part, si les formules traditionnelles sont pleinement exploitées (les pécheurs sont « dans l'Église, mais non de l'Église », ils ne sont « dans le corps mystique » que par accident « comme les mauvaises humeurs dans le corps humain »), les théologiens de Port-Royal s'accordent à reconnaître que la foi seule suffit pour être membres du corps ecclésial, au moins selon un mode d'appartenance imparfait, « voire même à la limite cette foi purement extérieure manifestée par la pratique du culte »[3]. Arnauld suit de près Bellarmin et il estime « que ceux qui, étant hérétiques [...], demeurent dans la communion de l'Église et font profession de sa foi, sont encore de l'Église de cette manière imparfaite selon laquelle en sont les plus grands pécheurs, qui y sont extérieurement unis par la participation des sacrements et la profession de sa foi »[4]. Mais si Quesnel fait sienne la distinction entre âme et corps de l'Église, sa formulation, tout en répétant la

(voir « L'ecclésiologie conservatrice des jésuites, de 1840 à 1900 », *in* D. Iogna-Prat, F. Gabriel, et A. Rauwel (dir.), *Ecclésiologie : éléments pour l'histoire d'une discipline (XVIII*e*-XX*e *s.)*, Paris, Beauchesne, à paraître.

1. Voir J. Laporte, *La doctrine de Port-Royal. La Morale (d'après Arnauld)*, Paris, Vrin, 1951-1952, II, p. 282-283.

2. A. Arnauld, *L'impiété de la Morale des Calvinistes*, in *Œuvres*, *op. cit.*, t. XIV, p. 115.

3. Voir les textes cités par L. Cognet, « *Note sur le P. Quesnel et l'ecclésiologie de Port-Royal* », *Irénikon*, 21, 1948, p. 326-341 ; 439-446.

4. A. Arnauld, *Réponse aux Positions ultérieures de M. Steyaert*, in *Œuvres*, *op. cit.*, t. XI, p. 401.

thèse bellarminienne, cherche à en souligner, sinon à en écarter d'avance, les risques implicites :

> Il y en a qui sont du corps de l'Église et non pas de l'Âme, et ce sont ceux qui n'ont aucune vertu intérieure, et qui toutefois font profession de sa foi et participent aux sacrements sous le gouvernement des pasteurs. Ainsi on peut dire d'un homme qu'il est de l'Église parce qu'il est de son Corps, et l'on peut dire aussi qu'il n'est pas, parce qu'il n'est point uni à son Âme et qu'il n'en reçoit nulle influence. Mais, comme l'âme est la principale partie d'un corps vivant et que par conséquent le Saint-Esprit et la charité sont ce qu'il y a de plus noble dans l'Église, il est plus vrai de dire que celui qui n'a point de part à l'Âme de l'Église n'est point de son Corps, qu'il n'est vrai qu'il est de l'Église parce qu'il est de son Corps [1].

Tout se passe comme si les deux composantes avaient été trop écartelées par l'usage bellarminien de l'image pour qu'on puisse de nouveau le recomposer et les accorder dans la figure unitaire d'une Église dont le corps visible trouve la perfection de son unité dans l'âme invisible qu'est le Saint-Esprit. D'où le paradoxe final formulé par Quesnel : on n'est du corps de l'Église que si on « a partie » à son âme. Or, de ce même paradoxe, et d'une volonté proche de réagir à une tendance générale de l'ecclésiologie de son temps, relève aussi, comme nous le verrons au chapitre V, la réflexion pascalienne sur les « membres pensants », animée comme elle l'est par le souci de penser moins les corps *et* l'âme de l'Église que « l'esprit du corps » (§ 372) et son « âme entière » (§ 360).

Le péché de schisme

Un deuxième thème, très proche de celui que nous venons d'analyser, semble suggérer des conclusions analogues : celui du schisme. Dans ce cas, le texte faisant autorité est une page de la *Summa theologiae* (IIa IIae, q. 39, a. 1) où saint Thomas aborde la question de la nature du péché de schisme : s'agit-il d'un péché spécial, ou relève-t-il plutôt du péché d'*infidelitas* ? La réponse passe par la définition du schisme en tant que rupture de l'unité : « Schisme signifie scission. La scission s'oppose à l'unité. Le péché de schisme est donc celui qui s'oppose directement et de soi à l'unité. » Or, étant donné que tout acte se spécifie par l'objet qu'il vise *per se*, le schisme sera ce péché qui, de sa nature même, cherche à détruire

1. *Sixième mémoire pour servir à l'examen de la Constitution du Pape contre le Nouveau Testament en français avec des Réflexions Morales*, s. l., 1715, p. 97-99. Voir L. Cognet, « *Note sur le P. Quesnel et l'ecclésiologie* », *op. cit.*, p. 443 et J. A. G. Tans, « L'influence des jansénistes français en Hollande », *Revue des Sciences Religieuses*, 39, 1965/3. p. 268-284.

« la communauté ecclésiale, c'est-à-dire cette unité qui est, entre les fidèles, l'effet propre de la charité »[1] : « Le péché de schisme est un péché spécial : il sépare de l'unité que fait la charité quand elle rassemble, non seulement des personnes privées, par un lien spirituel de dilection, mais l'Église entière dans l'unité d'un même esprit. » L'unité assurée par la *caritas* comporte, selon saint Thomas, deux éléments : d'une part, la communication et la connexion des membres du corps ecclésial entre eux ; de l'autre, l'ordre de tous les membres à un seul chef, c'est-à-dire au « Christ, dont le souverain pontife est le tenant lieu dans l'Église ». Ainsi, la totalité organique de l'Église se trouve caractérisée autant par l'action du Saint-Esprit qui l'anime et en fait une communion (*Ecclesia una*) que par l'organisation hiérarchique qui assigne à chacune de ses composantes un rôle précis, selon la variété des charismes et des fonctions (*Ecclesia sub uno*). On retrouve dans ces lignes l'équilibre remarquable entre éléments intérieurs et éléments extérieurs qui, comme on l'a vu, constitue une constante de l'approche thomiste du mystère de l'Église. Saint Thomas passe en effet sans solution de continuité de l'unité spirituelle du corps du Christ à celle hiérarchique de l'Église visible : l'Église en tant que société articulée selon une pluralité de rôles et de fonctions ne fait qu'exprimer l'unité profonde qui est l'effet propre de la *caritas*. Comme dans la création, une *multitudo ordinata* devient le miroir le plus efficace de l'inexprimable unité du divin. Le péché de schisme se présente par conséquent sous une double forme : « Pour devenir schismatique il suffit d'une de ces deux choses : ou bien se soustraire à la soumission au chef, ou bien se soustraire à la communion avec les membres. » Le schismatique s'oppose toujours à l'*unitas ecclesiasticae caritatis*, mais dans un cas il brise la connexion qui lie les membres du corps mystique, dans l'autre il refuse de se soumettre au chef légitime de l'Église et à l'autorité hiérarchique. Deux manières de faire schisme qui ont pour cible commune cette unité de la charité que saint Thomas place au centre de son ecclésiologie. Cajetan résumera le point avec une formule heureuse, en écrivant que les schismatiques renoncent « à agir comme parties de l'Église » : ils sont schismatiques parce qu'ils veulent « sanctifier et être sanctifiés, instruire et être instruis, diriger et être dirigés [...], non plus comme parties de l'Église

1. Voir Y. Congar, article « schisme » du *Dictionnaire de Théologie Catholique*, XIV, 1, Paris, Librairie Letouzey et Ané, 1939 et C. Journet, *L'Église du Verbe incarné*, II, *op. cit.*, p. 827-829.

catholique, mais comme s'ils étaient eux-mêmes des touts à part [*tamquam ipsimet sint velut quoddam totum seorsum*] »[1].

En analysant la nature du péché de schisme, saint Thomas esquisse donc une vaste méditation sur l'unité spirituelle de la communauté ecclésiale qui est l'effet propre de la charité, en faisant des commentaires consacrés à cette *quaestio* un haut lieu du débat post-médiéval sur les rapports entre dimension intérieure et dimension hiérarchique de l'Église. Mais justement en raison de cette valeur paradigmatique, la question du schisme devient aussi un lieu privilégié pour observer les transformations qui caractérisent l'ecclésiologie moderne, notamment en ce qui concerne la notion de « corps mystique ». En cela, le commentaire de Cajetan que nous venons d'évoquer marque un tournant essentiel. Cajetan avance trois doutes à propos de l'exposé de saint Thomas, dont le premier et le plus essentiel porte sur la nature de l'unité que le schisme met en danger. Dans la communauté des fidèles – observe le cardinal de Vio –, on remarque tout d'abord l'unité des vertus théologales et des sacrements (ils partagent tous une même foi, une même espérance, un même amour et tous reçoivent les mêmes sacrements). Cela ne suffit pourtant pas pour réaliser l'unité profonde de l'Église, pour faire de tous les chrétiens une seule chose : « Ces réalités [...] font des fidèles pareils [*similes*], non pas une *Ecclesia una* »[2]. Il ne suffit pas non plus que les fidèles partagent l'« *esse relativum ordinis ad caput unum* », c'est-à-dire la dépendance hiérarchique et l'obéissance à un même chef invisible et à son vicaire visible. On aurait en effet dans ce cas une multiplicité réunie *sub uno* qui ne s'approche que très imparfaitement de l'unité dont relève la communauté ecclésiale[3]. L'unité de l'Église ne se réduit pas à un conformisme de foi et de culte ni à la soumission à l'autorité d'un gouvernement unique. Elle dérive plutôt de la forme d'existence relative, de l'« *esse ut partes* » qui caractérise la vie de chaque fidèle dans sa condition de membre pris dans l'unité. Dans des lignes presque lyriques, Cajetan s'explique ainsi :

1. Commentaire de *ST*, IIa IIae, q. 39, a. 1, in *Sancti Thomae Aquinatis Opera Omnia*, t. VIII, Rome, Ex Typographia Poliglotta, 1895, p. 307, trad. fr. C. Journet, *L'Église du Verbe incarné*, II, *op. cit.*, p. 833.

2. Commentaire de *ST*, IIa IIae, q. 39, a. 1, *op. cit.*, p. 307, trad. fr. C. Journet, *L'Église du Verbe incarné*, II, *op. cit.*, p. 680 n. 1.

3. *Ibid.*, trad. cit. p. 683 n. 2 : « En raison de cette unité les fidèles acquièrent une unité relative que les ordonne à ce chef unique et une qualité relevant de l'action et de la passion, selon qu'ils ont à commander ou à obéir. [...] Et si entre les fidèles il n'y avait pas d'autre unité, il faudrait dire, non pas déjà que l'Église est une, *una*, mais seulement qu'elle est sous un unique chef, *sub uno*. Les fidèles pourraient être comme plusieurs royaumes sous un roi unique. »

> L'unité de tous les fidèles est une unité de rassemblement. Chaque fidèle acquiert de ce fait une modalité relative qui le fait exister comme partie d'un peuple unique, d'une cité unique, d'une famille unique. De la sorte, il entre dans la dépendance du tout : chaque partie en effet dépend de son tout. Cette dépendance se remarque en tout ce qu'il fait et devient. Quand, en effet, l'Esprit Saint meut les fidèles à exercer les actes de la vie spirituelle, [...] il leur donne, non pas d'accomplir ces actions sans plus, mais de les accomplir d'une certaine manière. En sorte qu'ils font tout cela, non pas comme étant indépendants, mais comme étant les parties d'un seul tout. [...] L'Esprit Saint [...] meut chacun de ses membres à se comporter dans ses actions intérieures et extérieures comme partie d'un tout, pour ce tout, et conformément à ce tout. Chaque fidèle, en effet, sait par la foi qu'il est membre de l'Église, et c'est comme membre de l'Église qu'il croit, espère, donne ou reçoit les sacrements, enseigne ou apprend, etc. Et c'est pour l'Église qu'il fait tout cela, à la manière dont la partie agit pour le tout, de qui elle emprunte tout ce qu'elle est[1].

Les formules « *operare ut partes unius totius* » et « *esse partem unius totius* » offrent une excellente synthèse de l'approche thomiste du mystère de l'Église[2]. Pour autant, d'autres commentateurs ont souligné aussi la distance qui semble séparer Cajetan du *Docteur Angélique*. Si chez saint Thomas la charité représentait le fondement ultime sur lequel s'appuie la réflexion sur l'unité de l'Église, dans l'analyse de Cajetan la place centrale est occupée par le concept d'*ordo* qui gouverne de part en part son commentaire. Comme le remarque Jean-Robert Armogathe, « saint Thomas avait retenu deux composantes, la communication et la hiérarchie ; Cajetan met celle-ci en premier lieu, et presque exclusivement : l'Église tient son unité de l'ordre hiérarchique plus que de la communication entre les personnes »[3].

Quoi qu'il en soit de sa signification ultime et du rôle qu'il faut lui attribuer, force est en tout cas d'admettre que cette méditation d'un lyrisme inspiré relève plus de la spiritualité que de l'ecclésiologie proprement dite et, de fait, elle ne constitue qu'une brève remarque glissée dans l'œuvre de Cajetan qui, dans ses écrits polémiques, « a utilisé des catégories philosophiques et toute sa rigueur logique pour systématiser une théologie

1. Commentaire de *ST*, IIa IIae, q. 39, a. 1, *op. cit.*, p. 307, trad. fr. C. Journet, *L'Église du Verbe incarné*, II, *op. cit.*, p. 660.

2. *Cf.* le texte de Thomas Stapleton (1535-1598) cité par G. Grabka, *Cardinalis Hosii doctrina de Corpore Christi Mystico*, *op. cit.*, p. 129.

3. « L'ecclésiologie de Cajetan et la théorie moderne de l'État », *in* B. Pinchard et S. Ricci (éd.), *Rationalisme analogique et humanisme théologique : la culture de Thomas de Vio « Il Gaetano »*, Naples, Vivarium, 1993, p. 171-182, en part. p. 177-178.

du pouvoir monarchique papal »[1]. On peut utilement comparer les vues de Cajetan avec les pages consacrées au péché de schisme par Suárez : dans son analyse le jésuite espagnol suit en effet le schéma thomiste, mais sa démarche argumentative s'inscrit d'une manière explicite dans une ecclésiologie centrée sur la revendication de la nature sociétaire et visible de l'Église et de son statut de *societas perfecta* hiérarchiquement constituée. Le premier doute abordé par Suárez est celui concernant la nature du schisme et son statut de péché contraire à la charité (« *utrum schisma sit speciale peccatum contra caritatem* »). Cependant, dès le départ, la dimension spirituelle de l'unité ecclésiale est contrebalancée par sa composante visible et hiérarchique, voire elle se trouve contrastée avec cette dernière. « L'Église du Christ est une et visible. Par conséquent, pour qu'elle soit parfaite, il faut non seulement une connexion intérieure, mais aussi une connexion extérieure des membres entre eux et avec leur chef visible et le vicaire du Christ sur la terre. Et une telle connexion s'opère sans aucun doute par des actes d'obéissance, de religion et d'autres semblables »[2]. L'obéissance, corollaire indispensable de l'« *esse relativum sub uno* », constitue le véritable fondement que le schisme vient miner ; l'unité de soumission, purement juridique et extérieure, prime sur l'unité de communion que réalise la charité. L'Église est avant tout et surtout une communauté visible dont le schisme brise et nie la structure et les rapports de forces internes. Autrement dit, l'unité à laquelle le péché de schisme s'attaque est « *quaedam externam coniuctionem, et inter se, et cum capite* », expression qu'on pourrait traduire, en suivant une suggestion de Charles Journet, avec « unité de comportement social »[3]. Chez saint Thomas la négation de la charité en tant que fondement de l'unité de l'Église constituait le point de départ de l'analyse du péché de schisme. À sa suite, Cajetan définissait le comportement non schismatique, c'est-à-dire la posture *communicante* du vrai fidèle, comme un « *agere ut partes* », qui implique une conjonction à la fois d'affection et d'ordre. Au contraire, si Suárez reprend dans la seconde partie de son analyse la définition thomiste du schisme comme péché contre la charité ce n'est qu'après en avoir souligné le caractère accessoire et presque secondaire : « Ce qu'on a dit jusqu'ici suffit déjà pour montrer que le schisme est par sa nature un mal et un acte que Dieu condamne. Il nous reste donc à montrer quel est le

1. Y. Congar, *L'Église de saint Augustin à l'époque moderne*, *op. cit.*, p. 351. Voir C. Journet, *L'Église du Verbe incarné*, II, *op. cit.*, p. 698-700.

2. *De caritate*, disp. XII, § 1, 1, in *Opera Omnia*, t. XII, *op. cit.*, p. 733.

3. C. Journet, *L'Église du Verbe incarné*, II, *op. cit.*, p. 827.

propre de ce vice et s'il s'oppose tout particulièrement à la charité»[1]. Suárez estime avoir suffisamment expliqué la nature pécheresse et la gravité du schisme en montrant qu'il s'agit d'une rupture de l'unité de comportement social[2]. La dimension spirituelle et personnelle du péché qui sépare le membre du corps de l'Église, en le rendant un membre qui se croit « un tout », n'est rappelée par le docteur jésuite que comme un corollaire ajouté après coup[3]. Il ne s'agit pas, bien évidemment, de nier la dimension spirituelle de l'Église ni de passer sous silence le mystère de son unité, octroyée par le Saint-Esprit et conservée par la charité. Suárez le souligne dans la suite de l'article. Pourtant force est de constater la distance qui le sépare de saint Thomas : ce dernier axait son analyse sur le constat que le schismatique « entend se séparer de l'unité que réalise la charité » alors que Suárez n'aborde cette question qu'en conclusion, en y reconnaissant un thème qui *superest* à une analyse déjà (presque) complète. Les deux éléments qui se trouvaient profondément conjoints chez le *Docteur Angélique*, c'est-à-dire l'union d'ordre dans une hiérarchie et l'union de charité dans la *communio sanctorum*, semblent ici se superposer plutôt que s'articuler[4]. Le schisme sera donc avant tout une rupture de la paix et de l'obéissance – deux conditions qui assurent la vie de l'Église autant que

1. *De caritate*, *op. cit.*, disp. XII, § 1, 3, p. 734.

2. C. Journet, *L'Église du Verbe incarné*, II, *op. cit.*, p. 826, 829, souligne à juste titre le fait que Suárez suit la tradition en opposant le péché de schisme à la vertu de charité. L'originalité de sa position théologique résiderait plutôt dans le choix d'indiquer la foi informe comme réquisit suffisant pour devenir membres de l'Église, ce qui permet de conclure, contre toute la tradition, que les schismatiques non-hérétiques continuent d'être des membres de l'Église. Il nous semble pourtant que Suárez minimise sensiblement le rapport entre charité et schisme en reléguant l'analyse de ce point capital dans la deuxième partie de son article.

3. Bañez reprend tantôt à son compte les vues de Cajetan : « Selon Cajetan l'unité de l'Église est l'unité d'un même tout mystique. Chaque fidèle acquiert de ce fait une modalité relative qui le constitue partie d'une seule communauté, d'un seul peuple. Il s'ensuit que chaque membre dépend du tout, et que chaque membre est ajusté et relié aux autres. En outre, puisqu'on agit comme on est, chaque membre de l'Église agira comme partie d'un seul ensemble pour cet ensemble, conformément à cet ensemble » (Commentaire de *ST*, IIa IIae, q. 1, a. 10, cité et traduit par C. Journet, *L'Église du Verbe incarné*, II, *op. cit.*, p. 661 n. 5). Mais, comme on l'a rappelé plus haut, il fait relever l'unité essentielle de l'Église de la foi et de la soumission au pape : « L'unité essentielle d'un être tient à la forme qui lui donne d'être ce qu'il est. Or, la charité ni l'espérance n'influent sur la constitution de l'Église. Ce qui constitue l'Église, c'est la foi et l'obéissance à un seul chef. L'espérance et la charité n'appartiennent donc pas à l'unité nécessaire de l'Église. Elles apportent à l'Église de nouveaux titres d'unité, ou encore un perfectionnement accidentel de son unité essentielle » (C. Journet, *L'Église du Verbe incarné*, II, *op. cit.*, p. 693).

4. Même attitude chez Bellarmin, voir, C. Journet, *L'Église du Verbe incarné*, II, *op. cit.*, p. 694 n. 6.

celle de tout autre organisme politique. C'est à partir de ce constat qu'on pourra aborder la question des schismatiques par le biais d'une mise en parallèle, ou d'une quasi-identité, de la communion ecclésiale et de la communauté civile: «Ceux qui dans un état refusent d'obéir au roi et suscitent des émeutes dans l'état, restent membres de l'état. De même, dans le cas de l'état ecclésiastique»[1]. Malgré la volonté souvent affichée par Suárez de sauvegarder l'unicité et la différence de ce corps surnaturel qu'est l'Église, le *corpus mysticum Ecclesiae* et le *corpus mysticum regni* sont encore une fois (presque) confondus, au moins du point de vue de l'argumentation si ce n'est de celui des concepts.

Or, dans ce cas comme déjà dans celui du rôle des pêcheurs dans le corps ecclésial, les auteurs de Port-Royal ne manquent pas de saisir les difficultés posées par la définition du péché de schisme. La question est d'ailleurs au cœur même de l'affrontement doctrinal suscité par la condamnation de l'*Augustinus*. Bornons-nous à évoquer deux témoignages qui montrent bien l'importance du thème du schisme, et les enjeux dont il pouvait se charger aux yeux des proches de Pascal et de Pascal lui-même. Le premier vient d'une lettre, datée du 30 novembre 1688, où Antoine Arnauld affirme avoir « vu quelque part dans Cajetan que ce n'est pas être coupable de schisme de refuser d'être jugé par le pape quand on a de bonnes raisons de le récuser, et que l'on en peut avoir; parce qu'étant homme et sujet à ses passions, il peut être partial contre quelqu'un»[2]. Le renvoi au commentaire de Cajetan à la *quaestio* 39 de la *Secunda Secundae* est remarquable: Arnauld y trouve en effet une distinction assez subtile des formes de désobéissance au pape et, ce qui plus est, une validation inattendue de sa «théologie de l'autorité»[3]. On peut, dit Cajetan, désobéir au pape de trois façons: en refusant de faire ce qu'il demande sans mettre en cause son autorité; en se prenant à sa personne, sans que soit contestée sa fonction; en contestant enfin son autorité de pontife. C'est dans ce dernier cas seulement que l'on est proprement schismatique. Rien d'étonnant donc si Arnauld affectionne ces lignes qui distinguent soigneusement le schisme de la contestation obstinée des jugements du chef de l'Église et qui rappellent, avec un réalisme désabusé, qu'«il arrive au Pape de gouverner d'une manière tyrannique, et cela

1. *De fide teologica*, *op. cit.*, disp. IX, § 1, 14, p. 249.

2. *Œuvres*, *op. cit.*, t. III, p. 148.

3. Voir J. M. Grès-Gayer, «Le gallicanisme d'Antoine Arnauld: éléments d'une enquête», in *Antoine Arnauld (1612-1694). Philosophe, écrivain, théologien*, *Chroniques de Port-Royal*, Paris, Bibliothèque Mazarine, 1995, p. 31-51.

d'autant plus facilement qu'il est plus puissant, n'étant personne sur terre dont il craigne la vengeance »[1].

Une autre lettre, écrite cette fois par Jacqueline Pascal et portant sur la question de la signature du formulaire, fait état d'une même tension entre le devoir d'obéissance et le désir d'éviter à tout prix le schisme comme le plus grave des péchés contre l'Église. Le ton est différent, non plus la dispute théologique, mais une confession personnelle; et différente est aussi l'approche : si Arnauld cherchait à repenser les limites de l'obéissance à partir d'une suggestion de Cajetan, Jacqueline exalte la priorité de la charité en tant que lien essentiel du corps mystique :

> Qui nous empêche, et qui empêche tous les ecclésiastiques qui connaissent la vérité, lorsqu'on leur présente le formulaire à signer, de répondre : « Je sais le respect que je dois à Messieurs les évêques; mais ma conscience ne me permet pas de signer qu'une chose est dans un livre où je ne l'ai pas vue, surtout tant de personnes habiles soutenant qu'elle n'y est pas »; et après cela attendre en patience ou l'exil dont on menace les séculiers, ou la dispersion dont on menace les religieuses, les pertes, les prisons et la mort si vous voulez ? [...] Mais peut-être on nous retranchera de l'Église ? Mais qui ne sait que personne ne peut être retranché malgré soi, et que l'Esprit de Jésus-Christ étant le lien qui unit ses membres à lui et entre eux, nous pouvons bien être privées des marques extérieures, mais non jamais de l'effet de cette union, tant que nous conserverons la charité, sans laquelle nul n'est un membre vivant de ce saint corps[2] ?

En raison d'un étrange paradoxe et de la primauté accordée à la charité, l'excommunication même se révèle, aux yeux de Jacqueline, une occasion pour prouver, par l'exercice de la « douceur » et de la patience, la fidélité à l'autorité qui gouverne l'Église. En revanche, le schisme se laisse démasquer dans ceux qui, à leur insu, se sont déjà séparés de la communauté ecclésiale, « en rompant par la division qu'ils voudront faire, le lien de la charité qui les unissait à Jésus-Christ et les rendait membres de son corps ». Bref, les exigences de la charité l'emportent sur toute « marque extérieure » d'appartenance et conformité à la société visible qu'est l'Église. Si cela n'implique en aucun sens une apologie de la rébellion, les propos de cette lettre qui « fut certainement montrée à Pascal »[3], supposent une conception de l'Église qui s'oppose du tout au tout à la *societas*

1. Commentaire de *ST*, IIa IIae, q. 39, a. 1, in *Sancti Thomae Aquinatis Opera Omnia*, t. VIII, *op. cit.*, p. 308 (voir en particulier n. VII).

2. À Angélique de Saint-Jean, 23 juin 1661, *OC* IV, p. 1082-1083.

3. H. Gouhier, *Blaise Pascal. Commentaires*, 2e éd. mise à jour, Paris, Vrin, 1971, p. 328.

perfecta décrite par Bellarmin et maints théoriciens de l'Église à l'époque de la Contre-réforme.

Les deux questions dont nous venons d'analyser les enjeux, celle du statut des fidèles pécheurs dans le corps de l'Église et celle de la nature du péché de schisme, valident la synthèse que nous avons esquissée plus haut. Le syntagme *corpus mysticum* et la notion dont il se fait porteur ont subi, à l'aube de l'âge classique, des transformations profondes qui accompagnent et rendent visibles les vicissitudes de l'ecclésiologie post-médiévale. Citons, pour conclure, deux définitions de l'Église tirées de deux traités de la première moitié du XVIIe siècle, choisis presque au hasard. En 1643 Leonard Champeils écrit : « Par le mot d'Église Catholique, nous entendons, non pas quelque assemblée particulière de ceux qui font profession de la vraie Foi de Jésus-Christ, en quelque lieu du monde qu'elle soit, mais bien l'assemblée de tous ceux, qui en tout le monde vivent dans la profession d'une même Foi et Loi de Jésus-Christ, sous un même Chef visible son Vicaire en terre »[1]. Une vingtaine d'années après, la *Medulla Theologica* de Louis Abelly lui fait écho : « L'Église est une, parce que la doctrine de la foi qui est professée est unique et la même et tous les catholiques dans toute la terre, bien qu'ils aient des mœurs, des langues et des formes de vie différentes partagent tous les mêmes dogmes de la foi. L'Église est une en outre parce qu'il s'agit d'un seul corps mystique avec un seul chef, le Christ et son vicaire sur terre, le pontife romain »[2]. Comme on le voit, la présence du syntagme *corpus mysticum* dans la deuxième définition ne la distingue en rien de la première. L'unité de la communauté ecclésiale trouve son fondement dans l'identité de la foi professée et dans la soumission au pape. Rien d'autre ne semble demandé, ce *minimum*, comme disait Bellarmin, devient l'essentiel. Identité des dogmes et obéissance au même vicaire du Christ, voici tout ce qu'il faut pour faire de l'Église un corps. Du *corpus mysticum*, de sa vie de charité, il ne reste plus, semble-t-il, que l'ombre d'un nom.

1. *Les veritez Catholiques declarées et prouvées selon la vraye idée qu'en ont euë les SS. Pères...*, Paris, chez Jean Paslé, 1643, p. 49.

2. *Medulla theologica ex Sacris Scripturis conciliorum pontificumque decretis, et sanctorum patrum ac doctorum placitis expressa*, Paris, Apud Georgium Iosse, 1663, p. 22.

CHAPITRE II

SUBSISTER EN JÉSUS : BÉRULLE ET SAINT-CYRAN

Les vicissitudes de la notion de « corps mystique » que nous venons de retracer ont imposé un usage de plus en plus marginal du théologoumène paulinien chez les théologiens du XVIe siècle. En dépit des nombreuses pages consacrées à ce thème par les maîtres de la scolastique tardive, force est de constater, comme le faisaient déjà Mersch et Congar, que « si précieux soient les énoncés et les précisions que l'on peut recueillir, la doctrine du corps mystique ne tient pas une place centrale dans l'ecclésiologie, ni même dans la théologie de ces auteurs »[1]. Ce constat vaut aussi pour la théologie de la première moitié du XVIIe siècle – à une exception près, et non des moindres : celle de l'« école française de spiritualité ». L'expression, qui doit sa fortune, sinon sa naissance, à Henri Bremond[2], rassemble sous une dénomination unique divers auteurs spirituels et théologiens (Condren, Gibieuf, Vincent de Paul, Olier, Jean Eudes, etc.) proches du fondateur de l'Oratoire français, Pierre de Bérulle (1572-1629), ou inspirés par lui. Or, au-delà des approches différentes et souvent opposées qui les caractérisent, les membres de ce « courant bérullien »[3] partagent la volonté commune d'accorder à la christologie un rôle majeur

1. Y. Congar, *L'Église de saint Augustin à l'époque moderne*, *op. cit.*, p. 376. Voir aussi É. Mersch, *Le corps mystique du Christ*, *op. cit.*, t. II, p. 301-302.

2. Dans le tome III de son *Histoire littéraire du sentiment religieux en France*. Voir Y. Krumenacker, *L'école française de spiritualité. Des mystiques, des fondateurs, des courants et leurs interprètes*, Paris, Cerf, 1999, chap. I.

3. Voir L. Cognet, *Histoire de la Spiritualité chrétienne*, III, *La spiritualité moderne*, t. I, *L'essor : 1500-1650*, Paris, Aubier, 1966, chap. X.

dans leurs synthèses théologiques, en imitant en cela leur maître, qu'Urbain VIII n'hésitait pas à nommer – dit-on[1] – « l'Apôtre du Verbe incarné ». Rien d'étonnant donc si les pages de Bérulle et des auteurs se réclamant de son autorité spirituelle témoignent d'un renouveau d'intérêt assez marqué pour la notion de « corps mystique » et d'une redécouverte de la trame complexe de significations dont ce syntagme s'était revêtu lors de sa première apparition. Il faudra donc analyser de près cette reprise du théologoumène paulinien par Bérulle qui le « développa avec tant de puissance qu'il a contribué plus que personne à y ramener le catholicisme moderne »[2]. Cela nous permettra, dans un second temps, de souligner l'importance accordée à la notion de « corps mystique » par Saint-Cyran, dont Pascal a souvent médité les écrits[3] et qui lui a sans doute permis de s'initier aux thèses bérulliennes, ou du moins à la fonction éminente que le fondateur de l'Oratoire réservait à l'image du corps et des membres en tant que lieu privilégié d'une méditation sur l'unité. On montrera ainsi comment, malgré les différences substantielles qui distinguent et, dans certains cas, opposent l'approche de Bérulle (et de Saint-Cyran) et celle de Pascal, l'auteur des *Pensées* a pu reconnaître dans « l'Apôtre du Verbe incarné » un précédent illustre, qui l'incita à élaborer, à contre-courant de la théologie de son temps, l'image d'un « corps plein de membres pensants »[4]. Si les fragments de la liasse « Morale chrétienne » font du théologoumène Paulien l'objet d'une *pensée*, c'est sans doute en tablant sur l'effort précédemment accompli par Bérulle pour affranchir la notion de « corps mystique » du « sens vaguement allégorique »[5] sur lequel elle avait été plaquée, et l'élever à la dignité d'un concept.

1. Voir L. Cognet, « Bérulle et la théologie de l'Incarnation », *XVIIe siècle*, 7, 1955/2, p. 330-352, en part. p. 330 n. 1.

2. Orcibal, *Origines*, II, p. 75.

3. Voir A. Frigo et M. Le Guern, « Sur quelques sources inédites de Pascal », *XVIIe siècle*, 67, 2015/4, p. 735-753.

4. Pour les emprunts de Pascal à Bérulle, voir J. Dedieu, « Survivances et influences de l'apologétique traditionnelle dans les "Pensées" », *Revue d'Histoire littéraire de la France*, 37, 1930/4, p. 481-513; 38, 1931/1, p. 1-39 et M. Dupuy, « Bérulle et Pascal, le péché originel », *Oratoriana*, 6, 1962, p. 3-14.

5. J. Orcibal, « L'idée d'Église chez les catholiques du XVIIe siècle », in *Études d'histoire et de littérature religieuses, XVIe-XVIIe siècles*, études réunies par J. Le Brun et J. Lesaulnier, Paris, Klincksieck, 1997, p. 337-355.

LA RENAISSANCE DU CORPS MYSTIQUE

Bérulle et ses sources

Les thèses de Bérulle[1] trouvent un précédent remarquable dans la doctrine du corps mystique élaborée par le dominicain italien Giacomo Nacchianti (1502-1569)[2]. Nacchianti s'inspire de Cajetan, qui, dans le *De fide et operibus* (1532), mobilisait la notion de *corpus mysticum* pour critiquer la doctrine luthérienne de la justification extrinsèque. En croisant les versets où saint Paul souligne l'unité vitale des membres du corps du Christ avec un passage célèbre de la *lettre aux Galates* (II, 20, « Je vis, ou plutôt non, ce n'est plus moi qui vis, c'est Jésus-Christ qui vit en moi »), Cajetan invitait chaque fidèle à affirmer : « Je mérite, mais ce n'est pas moi, c'est le Christ qui mérite en moi ; je jeûne, mais ce n'est pas moi, c'est le Christ qui jeûne en moi, et ainsi de suite, de toutes les actions que le Christ exerce par ses vrais membres pour Dieu »[3]. Or, cette remarque qui, chez Cajetan, ne visait qu'à expliciter la nature des rapports entre les mérites des fidèles et ceux du Sauveur, trouve chez Nacchianti son soubassement théorique dans une véritable doctrine de la personne mystique du Christ. Il revient à la nature divine du Christ – explique le dominicain – d'assurer l'unité du corps mystique, ou plus précisément sa *subsistentia* : elle constitue la personnalité (« *tenet locum hypostasis* ») du corps mystique, car les hommes en tant que membres sont d'une certaine façon élevés jusqu'à sa subsistance personnelle[4]. Dès lors, le corps mystique n'a pas de personne qui lui appartienne en propre : sa subsistance est assurée par la personne divine du Christ. Un autre dominicain, Giovanni Paolo Nazario (1556-1645), résume ainsi la position de son confrère :

1. Pour une présentation générale, voir J. Dagens, *Bérulle et les origines de la restauration catholique (1575-1611)*, Paris, Desclée de Brouwer, 1952 ; P. Cochois, *Bérulle et l'École française*, Paris, Seuil, 1963 et R. Cadoux, *Bérulle et la question de l'homme. Servitude et liberté*, Paris, Cerf, 2005.

2. Le rapprochement a été avancé par Rosaire Bellemare (*Le sens de la créature dans la doctrine de Bérulle*, Paris, Desclée de Brouwer, 1959, p. 165-168), qui reste pourtant prudent concernant l'hypothèse d'une influence directe. Pour la doctrine de Nacchianti voir A. Piolanti, « *De "una persona mystica" quaedam Jacobi Nacchianti O.P. († 1569) testimonia* », *Euntes docete*, 10, 1957, p. 236-243.

3. Chap. IX, cité et traduit par É. Mersch, *Le corps mystique du Christ*, *op. cit.*, t. 2, p. 276. *Cf.* Saint Thomas, *In IV Sent.*, d. 20, q. 1, a. 3, qc. 1, co, à propos des indulgences : « *Ratio quare valere possunt est unitas corporis mystici* » et les textes cités dans *Le corps mystique du Christ*, *ibid.*, p. 279-297 et par C. Journet dans *L'Église du Verbe incarné*, II, *op. cit.*, p. 223-227.

4. Voir J. Orcibal, *Le cardinal de Bérulle. Évolution d'une spiritualité*, Paris, Cerf, 1965, p. 96 n. 60.

> Le Christ est, en quelque sorte, la personne même (*hypostasis*) de son corps mystique qu'est l'Église [...] car le Christ constitue la personnalité (*tenet locum hypostasis*) de son corps mystique. [...] Le Christ, avec son corps mystique, fait une seule personne mystique, [...] il subsiste mystiquement dans ses membres, il remplit le rôle de la personnalité, tant de chacun d'entre eux, qui sont ses membres vivants, que de plusieurs ensemble, ou même de tous ensemble. [...] Par là, le mérite de la vie éternelle n'est pas tant attribué à nos œuvres qu'à celles du Christ, notre tête, notre personnalité mystique, qui subsiste mystiquement en nous et opère par nous [1].

Nacchianti rejette toute assimilation du corps mystique à une union d'ordre uniquement moral ou juridique et parle au contraire d'une véritable « métamorphose » qui transforme les fidèles en des fils naturels et pas seulement adoptifs de Dieu. On aura une sorte de communication des idiomes et une appropriation commune des actions : un seul sujet de prédication, une seule personne mystique, un seul Christ. « *Existentes in Christo* », les membres sont comme recréés en constituant une même personne avec l'Homme-Dieu : « Entrer dans l'unité d'une personne signifie participer à son être hypostatique et avoir part avec elle à une même subsistance personnelle, en faisant un homme [*in uno homine*], ou mieux, comme l'on dit en grec, un seul homme [*in unum hominem*]. » Ainsi les membres sont conjoints à leur chef par une union qui imite et participe de celle qui l'unit au Père dans la Trinité [2].

Bérulle semble s'être familiarisé assez tôt avec des idées proches de celles de Nacchianti [3]. Les *Discours de Controverse* (1609) rappellent déjà à plusieurs reprises qu'en l'Incarnation « l'humanité sainte de Jésus-Christ [...] est faite subsistante en la personne du Verbe » [4]. Mais ce n'est que quelques années plus tard, dans les *Collationes*, c'est-à-dire les conférences données par Bérulle à l'Oratoire de 1611 à 1615, qu'on voit

1. G. P. Nazario, *Commentaria et controversiae in IIIam partem sancti Thomae*, cité et traduit par É. Mersch, *Le corps mystique du Christ*, *op. cit.*, t. 2, p. 287-288. Voir J. Orcibal, *Le cardinal de Bérulle*, *op. cit.*, p. 95 n. 60 et Journet, *L'Église du Verbe incarné*, II, *op. cit.*, p. 130-132.

2. Voir G. Nacchianti, *Enarrationes piae doctae et catholicae in epistolam Pauli ad Ephesios*, Venise, s. n. e, 1554, p. 34-35, 69 r°, 177 v°, 213 v°, 199 v°. *Cf.* la description par Gibieuf du « troisième degré de la déification » où « les chrétiens ne sont pas seulement unis au Christ, mais font une seule et même chose avec lui » (« *Christiani non sunt unum cum Christo duntaxat, sed unus* ») en raison de l'amplitude infinie de la liberté des âmes jouissant de la grâce divine (*De libertate Dei et creaturae*, Paris, J. Cottreau, 1630, p. 489-490, 493).

3. Voir *OC B* II, 6, p. 333. M. Dupuy (« Introduction générale », in *OC B* I, 1, p. XXVII) suggère aussi une possible influence de Jean d'Avila (*cf.* J. Orcibal, *Le cardinal de Bérulle*, *op. cit.*, p. 56).

4. *OC B* II, 6, p. 294.

s'affirmer un parallélisme qui deviendra constant dans les œuvres de l'Oratorien :

> En Jésus-Christ il n'y avait pas de personne humaine, mais le rôle en était tenu par la Personne divine qui rendait pleinement divines les actions de sa nature humaine et leur conférait ainsi la dignité et l'excellence d'une infinie perfection. D'une manière similaire, lorsque cet Esprit de Jésus-Christ est en nous le principe de notre agir, il rend nos actions beaucoup plus dignes [...] en tant qu'elles émanent de son inspiration et de son impulsion divines[1].

Le thème revêt une importance croissante surtout à partir de 1615, lorsque la notion de « dénuement de subsistence »[2] se voit intégrée à ce formulaire d'oblation proposé par Bérulle aux membres de l'Oratoire qu'est le « vœu de servitude »[3]. On y lisait entre autres : « Je révère le dénuement que l'humanité de Jésus a de sa subsistence propre et ordinaire pour être revêtue d'une autre subsistence, étrangère et extraordinaire à sa nature. » Cette thèse christologique débouchait sur une doctrine de l'abnégation et de l'anéantissement spirituel : le fidèle doit renoncer à « toute la puissance, autorité, propriété et liberté » qu'il a de disposer de soi pour imiter le dénuement de Christ et ainsi s'y incorporer[4]. Les polémiques suscitées par la publication d'une version défectueuse de ce vœu[5] valurent à la doctrine christologique de Bérulle l'accusation de frôler l'hérésie, en se rapprochant des erreurs, pourtant opposées, du nestorianisme et du monophysisme[6]. D'où la nécessité d'une mise au point théorique, que le cardinal confia aux pages de son chef-d'œuvre, les *Discours de l'état et des grandeurs de Jésus* (1623).

Dans une prose mêlant habilement les envolées lyriques de l'« élévation » à l'exactitude doctrinale, l'Oratorien ne cesse d'y rappeler que la

1. *OC B* I, 1, p. 88 (= *OC B* I, 2, p. 81-82) (1612). Voir aussi p. 115 (= *OC B* I, 2, p. 104) (1613).

2. Nous gardons pour ce terme bérullien l'orthographe traditionnelle.

3. Voir P. Cochois, *Bérulle initiateur mystique. Les vœux de servitude*, thèse, Institut catholique de Paris, 1960 (en particulier parties I et II) et S.-M. Morgain, *Pierre de Bérulle et les Carmélites de France*, Paris, Cerf, 1995.

4. *OC B* III, 8, p. 61. Voir aussi la version B du formulaire citée par M. Dupuy, *Bérulle, une spiritualité de l'adoration*, Paris, Desclée, 1964, p. 214.

5. Il s'agit d'une transcription du texte du « Vœu à Jésus » par Marie de la Trinité datant du 23 février 1616. On y lisait : « Je révère le dénuement que l'humanité de Jésus *a fait* de sa subsistence propre » (cité par J. Orcibal, *Le cardinal de Bérulle*, *op. cit.*, p. 114, nous soulignons).

6. Voir J. Orcibal, *Le cardinal de Bérulle*, *op. cit.*, p. 110-117 et M. Dupuy, *Bérulle, une spiritualité de l'adoration*, *op. cit.*, p. 211-233.

subsistence spirituelle de chaque chrétien à l'intérieur du corps mystique trouve son modèle et sa raison d'être dans la subsistence du Christ et de sa sainte humanité : « Votre humanité est déifiée non seulement par l'infusion et déification de la grâce, mais par une bien plus noble infusion et impression : à savoir, par l'infusion et impression du Verbe même, communiquant sa propre personne à cette humanité. Et réciproquement, votre Divinité est humanisée, c'est-à-dire, revêtue de notre humanité, comme d'une substance nouvelle, qui lui est adjointe et adhérente par le soutien et la communication qu'elle reçoit de l'existence et de la subsistence propre de la Divinité. [...] Ô mon Seigneur Jésus, faites que je vive et subsiste en vous, comme vous vivez et subsistez en une personne divine ! Soyez mon tout et que je fasse partie de vous en votre corps mystique, comme votre humanité est partie d'un divin composé subsistant en deux natures si différentes ! »[1]. Comme déjà chez Nacchianti, la doctrine de la subsistence de la personne humaine du Christ dans sa personne divine permet de rendre compte d'une façon claire et théologiquement très structurée de l'unité du corps mystique des fidèles. L'Homme-Dieu, en constituant l'unique subsistence du corps mystique, joue un rôle analogue à celui du Verbe à l'égard de l'humanité du Christ ; à l'union hypostatique correspond l'unité non moins radicale des membres de l'Église. Bérulle trouve ici la vérité de la prière formulée par Jésus dans l'*Évangile de Jean* (XVII, 20-23)[2] : « Faites que je sois os de vos os, chair de votre chair, esprit de votre esprit, et que je porte l'effet de votre sainte prière, au dernier de vos jours et allant à la croix, où, après avoir prié pour vos apôtres, vous priez instamment le Père éternel que nous soyons un avec vous, comme vous êtes un avec lui »[3] ! Les images traditionnelles et scripturaires du corps, du cep, de la vigne, de la partie et du tout prennent un sens qui n'a rien de métaphorique et expriment une vérité plus réelle que la réalité elle-même : « Jésus est l'accomplissement de notre être qui ne subsiste qu'en lui et n'a sa perfection qu'en lui, plus véritablement que le corps n'a sa vie et son accomplissement qu'en l'âme et le membre au corps et le cep à la vigne et la partie en son tout »[4]. Ces longues citations au style somptueux le montrent : en mettant à profit l'analogie entre le dénuement de subsistence de l'humanité de Jésus et le manque de subsistence autonome du corps mystique dont le Christ constitue la personne, Bérulle parvient à élaborer une doctrine du

1. *OCB* III, 7, p. 96.

2. La citation revient constamment sous la plume de Bérulle. Voir *OCB* III, 7, p. 269-270 ; *OCB* I, 5, p. 533 et les textes de Cyrille d'Alexandrie cités in *OCB* I, 4, p. 512.

3. *OCB* III, 7, p. 98.

4. *OCB* I, 4, p. 83-84.

corps mystique dont la précision théologique et la richesse spirituelle n'ont rien à envier aux « formules énergiques »[1] des Pères grecs et latins. Comme le résument quelques lignes qu'il faut sans doute attribuer à Charles de Condren, le corps mystique « est un Corps non à la façon d'un corps humain, mais d'une façon non intelligible » : Jésus-Christ « en est l'âme, la vie, le cœur et, en un mot, ce qui fait vivre tout le reste. Et encore, de plus, il est la personne, c'est lui qui fait subsister tout le Corps du Christ »[2].

Métaphysique et spiritualité : corps mystique et union mystique

On ne peut donc que souscrire au constat formulé jadis par Émile Mersch : « Ce que la doctrine du corps mystique perd en énergie et en ampleur dans l'œuvre des scolastiques, elle le retrouve chez les maîtres de l'Oratoire français et de Saint-Sulpice »[3]. Ce n'est pas le lieu ici de revenir sur les formes et les raisons de ce renouveau[4]. Il ne saurait non plus être question d'aborder dans ses multiples enjeux le rôle que la notion de « corps mystique » joue dans la synthèse spirituelle de Bérulle. Cela imposerait en effet de s'interroger sur l'évolution de la pensée[5] du fondateur de l'Oratoire, qui, au fil des années, passe d'un théocentrisme encore assez proche de la mystique de l'« École abstraite »[6] à un christocentrisme presque absolu dans les textes de sa maturité, en s'efforçant de concilier les instances de la mystique du Nord (théocentrique et essentialiste) et la dévotion à l'Incarnation promue par la spiritualité du Carmel espagnol. D'autre part, l'évaluation de la présence de ce thème chez Bérulle ne saurait faire l'économie d'une analyse portant sur la cohérence et l'unité internes de sa christologie, dont le centre de gravité semble se déplacer

1. É. Mersch, *Le corps mystique du Christ*, *op. cit.*, t. 2, p. 319.

2. Cité par Y. Krumenacker, *L'école française de spiritualité*, *op. cit.*, p. 339. On remarquera la progression dans la série des expressions, où les formules vagues et imagées sont finalement remplacées par le lexique technique de la « personne » et de la « subsistence ».

3. É. Mersch, *Le corps mystique du Christ*, *op. cit.*, t. 2, p. 301. Voir par exemple J.-J. Olier, *Catéchisme chrétien pour la vie intérieure*, 2e éd., Paris, J. Langlois, 1657, p. 112-113 et le *Thrésor spirituel des âmes religieuses* de l'oratorien J. H. Quarré publié en 1635 (Paris, Durand), p. 120-129.

4. Les doctrines du « corps mystique » de saint Vincent de Paul, Jean Eudes et, surtout, de Louis Chardon mériteraient d'être analysées en détail. On rappellera aussi, à la suite d'Orcibal (*Le cardinal de Bérulle*, *op. cit.*, p. 44 n. 121), la figure d'André Duval.

5. Voir J. Orcibal, *Le cardinal de Bérulle*, *op. cit.* ; l'introduction générale de M. Dupuy à *OCB* I, 1, p. XIII-XLI et Y. Krumenacker, *L'école française de spiritualité*, *op. cit.*, p. 360-383.

6. Pour cette catégorie voir L. Cognet, *Histoire de la spiritualité*, *op. cit.*, p. 133-173 et *id.*, *Crépuscule des mystiques : Bossuet – Fénelon*, Paris, Desclée de Brouwer, 1958, nouvelle éd. mise à jour et présentée par J.-R. Armogathe, Paris, Desclée de Brouwer, 1991, chap. I.

progressivement « d'un christocentrisme de la *subsistence* de Jésus à un christocentrisme de ses *états* »[1]. Pour ce qui est de notre recherche, nous mettrons toutefois de côté ces difficultés de nature historiographique pour nous consacrer à une question théorique. Tout en n'ignorant pas les risques d'une approche qui fige les traits d'une pensée qui ne peut « être bien ressaisie qu'à travers son devenir historique »[2], il convient en effet de s'interroger sur la fonction strictement conceptuelle que Bérulle assigne à la notion de « corps mystique » dans sa synthèse spirituelle – une synthèse dont, comme on le sait, « l'architecture métaphysique [...] est très apparente »[3]. Si l'on a pu parler d'une « métaphysique de l'Oratoire »[4], c'est sans doute parce que la pensée de Bérulle (et, plus généralement, celle du courant bérullien) témoigne d'un effort majeur visant à coordonner métaphysique et spiritualité, effort qui n'a pas de précédents (ni peut-être de postérité) dans l'histoire de la théologie post-médiévale. Or, le thème du corps mystique occupe une place de choix au cœur même de cet effort qui fait la spécificité de la doctrine bérullienne. Et, symétriquement, la centralité du théologoumène paulinien dans les pages du fondateur de l'Oratoire ne se laisse comprendre, nous semble-t-il, qu'en raison de sa fonction paradigmatique au croisement des instances métaphysiques et spirituelles.

Les études de J. Dagens, P. Cochois et J. Orcibal ont admirablement montré l'influence profonde que les mystiques rhéno-flamands ont exercée sur Bérulle, en particulier Harphius (1400-1477) et Ruusbroec (1393-1481), ainsi que les auteurs de l'« École abstraite » qui en perpétuent la tradition en France et dont Benoît de Canfield (1562-1610) est le meilleur représentant[5]. Bérulle hérite d'eux non seulement des formules et des concepts, mais aussi, et surtout, une méthode : celle qui consiste à vouloir « fonder métaphysiquement »[6] les données fondamentales de sa doctrine spirituelle. Si l'on peut avancer des doutes sur la cohérence de la synthèse

1. V. Carraud, « De l'état de néant à l'état anéanti : Bérulle », in *Pascal : des connaissances naturelles à l'étude de l'homme*, Vrin, Paris, 2007, p. 129-162, en part. p. 145. Voir Y. Krumenacker, *L'école française de spiritualité*, *op. cit.*, p. 160-164.

2. L. Cognet, *La spiritualité moderne*, *op. cit.* p. 145.

3. Voir H. Gouhier, « Essai sur la spiritualité bérullienne », *Giornale di metafisica*, 1, 1979/1, p. 19-35, en part. p. 34.

4. H. Urs von Balthasar, *La gloire et la croix*, 4. *Le domaine de la métaphysique*, II, « Les constructions », Paris, Aubier, 1982, p. 172.

5. Voir J.-M. Gueullette, *Eckhart en France. La lecture des* Institutions spirituelles *attribuées à Tauler, 1548-1699*, Grenoble, Jérôme Millon, 2012, en part. p. 169-175.

6. H. U. von Balthasar, *La gloire et la croix*, 4. *Le domaine de la métaphysique*, II, *op. cit.*, p. 175.

issue de cet effort pour accorder métaphysique et dévotion[1], force est néanmoins de constater que, aux yeux de ses contemporains déjà, le bérullisme se caractérise précisément par ce croisement constant de « considérations spéculatives, de piété affective et d'aspirations mystiques »[2]. « Si quelqu'un ne demeure satisfait que je fasse servir la Théologie scolastique à la Théologie mystique », écrit par exemple Louis de Bail « je prie humblement de jeter les yeux sur les livres du cardinal de Bérulle qui ne sont jamais assez lus et loués »[3]. Et Bourgoing de lui faire écho, dans la préface des *Œuvres* du fondateur de l'Oratoire, publiées par ses soins en 1644 : « Quant à la doctrine des scolastiques, il l'ennoblit, et la dégage des épines de l'École, pour la relever à une plus pure théologie, et il la montre clairement en la Parole de Dieu »[4].

Or, la notion de « corps mystique » constitue un excellent exemple de cette démarche bérullienne : pour faire jaillir une riche spiritualité de la doctrine paulinienne dont il s'engage à « restaurer », pour ainsi dire, la dévotion, Bérulle cherche à en « fonder métaphysiquement » la vérité. Et cela en retrouvant et en repensant un élément capital de la mystique rhéno-flamande, c'est-à-dire la doctrine métaphysique du retour de l'âme à

1. V. Carraud (« De l'état de néant à l'état anéanti », *op. cit.*) a mis évidence, à partir de l'analyse de la « notion commune de néant », les limites du recours de Bérulle à la métaphysique néo-platonicienne de l' « École abstraite ».

2. J. Dagens, *Bérulle et les origines de la restauration catholique*, *op. cit.*, p. 250.

3. Cité par J. Orcibal, *Le cardinal de Bérulle*, *op. cit.*, p. 14.

4. Texte repris dans *Philosophie et théologie à l'époque moderne. Anthologie tome III*, vol. dirigé par J.-C. Bardout, Paris, Cerf, 2010, p. 237. On doit peut-être distinguer l'usage que Bérulle fait de la théologie scolastique autant du rejet de la philosophie païenne que de la promotion de ce qu'il appelle, suivant *Sa* X, 10 et *Pr* IX, 10; XXX, 30, « la science des saints » (voir J. Dagens, *Bérulle et les origines de la restauration catholique*, *op. cit.*, p. 249-269). Certes, l'antiphilosophisme de Bérulle est fondamentalement un antiscolasticisme. Il n'en reste pas moins que la théologie mystique dont il se fait le héraut vise moins à rejeter la scolastique qu'à *s'en servir* : « Nous devons remarquer qu'il a y trois sortes de théologie, la positive, la scolastique, et la mystique. La positive a pour objet l'interprétation des saintes Écritures, qui se doit faire par le même Esprit qui les a dictées [...]. La scolastique éclaircit les vérités de la Foi par méthode, y mêlant quelque raisonnement humain. Et la mystique applique ces vérités, et s'en sert pour élever l'âme à Dieu. L'auteur a été éminent en ces trois théologies, et il les a élevées à un degré de perfection rare et singulière » (p. 236-237). « *Omnis theologia in ea* [*sc.* dans la théologie mystique] *tractanda est, sed alio fine, alio spiritu* » lit-on dans un opuscule au ton programmatique (cité par M. Dupuy, *Bérulle, une spiritualité de l'adoration*, *op. cit.*, p. 19). Si donc Bérulle « réduit tout à la théologie mystique », cette réduction relève moins d'une volonté de destruction que de l'espoir de sauver la théologie scolastique de la crise où elle était destinée à sombrer au cours du XVIIe siècle (voir H. Gouhier, *La pensée religieuse de Descartes*, 2e éd., Paris, Vrin, 1972, « Appendice », p. 279-309, en particulier p. 296-297 et M. Dupuy, *Bérulle, une spiritualité de l'adoration*, *op. cit.*, p. 88).

son exemplaire éternel dans l'intelligence divine, ou à son idée et archétype. L'analogie a été maintes fois signalée par les historiens de la spiritualité: «la relation substantielle», c'est-à-dire le Christ, «tient chez l'Oratorien la place de l'être incréé du chrétien chez les mystiques du Nord»[1]; Bérulle «accorde au Verbe, relation substantielle, un rôle analogue par rapport à l'âme du fidèle à celui que joue l'archétype pour les rhéno-flamands»[2]. Ou encore, «Bérulle fonde métaphysiquement l'idée paulinienne de l'inhabitation dans le Christ par la foi; par là il dépasse et désenvenime le platonisme d'Eckhardt et de Ruysbroeck qui poussait la créature à vivre plus dans son idée en Dieu que dans son existence en soi et en dehors de Dieu»[3]. Le retour de l'âme à son *esse ideale* en Dieu ou, si l'on préfère, l'«introversion essentielle» longuement décrite par Ruusbroec, par Harphius ou par la *Perle évangélique*[4], constitue un des modèles à partir desquels, source autant que repoussoir, Bérulle façonne sa doctrine du corps mystique. Les mystiques rhéno-flamands rapprochaient l'image de Dieu imprimée dans la «pointe et [le] sommet de l'esprit»[5] de l'idée éternelle, «l'exemplaire au sens platonicien du terme, qui pour chacun des êtres existe de toute éternité en la pensée divine»[6]. Bérulle propose pour sa part une doctrine de l'adhérence, c'est-à-dire de la «transfusion en nous de la vie de Jésus» et de la «participation à l'union hypostatique»[7], qui trouve son accomplissement dans l'intégration au corps mystique.

On risquera alors l'hypothèse suivante: Bérulle s'efforce de fonder et de donner, pour ainsi dire, une consistance métaphysique au théologoumène du corps mystique en s'appuyant sur la notion commune de «subsistence» (l'humanité du Christ qui a sa subistence dans le Verbe et L'Homme-Dieu comme unique subsistence du corps mystique). Mais, ce faisant, il vise aussi, voire surtout, à fournir une pensée de l'union à Dieu

1. J. Orcibal, *Le cardinal de Bérulle*, *op. cit.*, p. 149, voir aussi p. 105.

2. L. Cognet, *La spiritualité moderne*, *op. cit.*, p. 234.

3. H. U. von Balthasar, *La gloire et la croix*, 4. *Le domaine de la métaphysique*, II, *op. cit.*, p. 175. *Cf.* P. Cochois, *Bérulle et l'École française*, *op. cit.*, p. 83 et *id.*, *Bérulle initiateur mystique*, *op. cit.*, p. 24, 359-360.

4. Ce traité d'un auteur inconnu, paru pour la première fois en 1535, constitue une véritable somme de la mystique rhéno-flamande. Le texte fut traduit en français en 1602 par dom Richard Beaucousin (voir L. Cognet, *La spiritualité moderne*, *op. cit.*, p. 41-47, 239, 312-313) et il était bien connu de Bérulle (voir J. Orcibal, *Le cardinal de Bérulle*, *op. cit.*, p. 49-50).

5. Ou constituant elle-même le sommet de l'âme, voir P. Cochois, *Bérulle et l'École française*, *op. cit.*, p. 77.

6. L. Cognet, *La spiritualité moderne*, *op. cit.*, p. 43.

7. *Ibid.*, p. 353-354.

qui ait une force comparable à l'idée rhéno-flamande du retour aux archétypes divins, sans pour autant en partager les risques et les défauts. Nous aborderons donc la doctrine bérullienne du corps mystique à la lumière de cette hypothèse. En dépit de quelques simplifications et des limites d'une approche synchronique du corpus bérullien, cela nous permettra d'évaluer aussi bien la cohérence que l'originalité de la réflexion de Bérulle sur ce thème : une cohérence et une originalité qui n'échapperont pas à Saint-Cyran ni, sans doute par l'intermédiaire de ce dernier, à Pascal.

L'UNION À DIEU ET SES RISQUES

Bérulle et la doctrine de la déification de Benoît de Canfield

> La théologie mystique tend à nous tirer, à nous unir, à nous abîmer en Dieu. Elle fait le premier par la grandeur de Dieu, le second par son unité, le troisième par sa plénitude. Car la grandeur de Dieu nous sépare de nous-mêmes et des choses créées et nous tire en Dieu. Son unité nous reçoit et nous unit en lui. Et sa plénitude nous perd, nous anéantit et nous abîme dans l'océan immense de ses perfections, comme nous voyons que la mer perd et abîme une goutte d'eau [1].

Unir, séparer, anéantir : voilà ce qu'accomplit la mystique et ce qui à son tour l'accomplit[2]. Mais les trois opérations n'en font qu'une, la séparation et l'anéantissement servant à rendre possible et à dégager la voie qui conduit à l'*unitas spiritus* souhaitée par saint Paul (I *Cor*, VI, 17). La similitude évoquée en conclusion par Bérulle explicite la notion d'unité qui gouverne cette définition : l'âme se perd et s'abîme en Dieu comme la goutte d'eau dans la mer. L'unité est comprise comme union, mieux : comme fusion. La vie mystique est vie « unitive »[3], elle est expérience d'une union qui n'admet pas d'intermédiaires « car l'âme ne saurait être parfaitement satisfaite tant qu'elle trouve quelque chose entre elle et

1. *OCB* I, 3, p. 57.

2. Entendons bien : la mystique moderne ou, si on préfère, la mystique au sens historiquement rigoureux du terme, et dont on datera l'essor du XIVe siècle. Voir M. de Certeau, « "Mystique" au XVIIe siècle. Le problème du langage "mystique" », *op. cit.* et *id.*, *La fable mystique*, 1. *XVIe-XVIIe siècle*, Paris, Gallimard, 1982. Voir aussi H. de Lubac, *Mistica e Mistero cristiano*, Milan, Jaca Book, 1979.

3. Ou « vie suressentielle ». Pour ce terme, affectionné par Ruusbroec et Harphius, et ses vicissitudes suite à l'édition romaine de la *Théologia mystica* de Harphius (1586) qui remplace *superessentialis* par *supereminens*, voir L. Cognet, *La spiritualité moderne*, *op. cit.*, p. 46, 251 et *id.*, *Introduction aux mystiques rhéno-flamands*, Paris, Desclée, 1968, p. 259-260, 291.

Dieu »[1]. Voilà pourquoi il faut « se séparer » de toute chose et tout anéantir, c'est-à-dire ôter jusqu'au dernier des *media*. Comme l'écrit Benoît de Canfield avec des mots dont la maladresse stylistique est le revers de la netteté théorique, « nul moyen ne doit ici moyenner entre l'âme et cette volonté Essentielle ou Essence de Dieu »[2]. Mais penser ainsi l'unité comme fusion parfaite de l'âme avec Dieu ne va pas sans difficulté. On pourrait même parler, avec Étienne Gilson, d'un « drame du mysticisme chrétien » se résumant dans le constat « qu'une créature est dans un besoin de son créateur beaucoup plus absolu qu'aucun être ne l'est de son Dieu dans aucune autre économie métaphysique, et que, pour la même raison, un créateur est beaucoup moins accessible à sa créature que ne l'est aucun dieu pour des êtres qui dépendent moins radicalement de lui »[3]. D'où un paradoxe au cœur duquel la théologie mystique s'installe et qui a toujours travaillé son histoire : bien que la fusion se veuille totale et l'union sans médiation, elle n'implique jamais l'identification formelle de l'âme avec l'essence divine, ou, pour utiliser un terme anachronique et lourdement connoté, une forme quelconque de panthéisme. Citons encore quelques lignes capitales de Gilson : « La substance de Dieu ne sera jamais notre substance, la volonté de Dieu ne sera jamais notre volonté, l'union à Dieu ne peut être que l'accord de deux volontés distinctes, donc l'union à Dieu ne peut que se faire par et dans l'amour »[4].

Lorsque Bérulle écrit que « la théologie mystique tend à nous tirer, à nous unir, à nous abîmer en Dieu [...] comme nous voyons que la mer perd et abîme une goutte d'eau », sa définition ainsi que le recours à la comparaison de la goutte n'ont donc rien d'anodin. Tout au contraire, depuis saint Bernard et la condamnation de Maître Eckhart, et, plus encore, suite aux critiques adressées par Gerson au *De ornatu spiritualium nuptiarum* de Jean Ruusbroec, l'image de la « petite goutte » constitue non seulement l'emblème d'une pensée de l'unité comprise comme union fusionnelle, voire comme transformation essentielle, mais aussi la marque des risques et des difficultés qu'une telle pensée implique lorsqu'elle prétend concevoir l'union transformante dont jouissent les spirituels au sommet de

1. L. Cognet, *Crépuscule des mystiques*, *op. cit.*, p. 24.

2. Benoît de Canfield, *La Règle de perfection – The Rule of Perfection*, éd. J. Orcibal, Paris, P.U.F., 1982, p. 339. Pour une présentation de Canfield voir J. Orcibal, « La divinisation selon Benoît de Canfield (1592-1610) », in *Études d'histoire et de littérature religieuses*, *op. cit.*, p. 409-418.

3. É. Gilson, *La théologie mystique de Saint Bernard*, Paris, Vrin, 1986, p. 143 (la cible polémique est P. Rousselot, *Pour l'histoire du problème de l'amour au Moyen Âge* [1933], Paris, Vrin, 1981).

4. *Ibid.*, p. 148.

la contemplation sous la forme d'un retour à l'*esse ideale*[1] que l'âme possède en Dieu et dans lequel elle demeure de toute éternité[2]. À ce titre, dès son premier ouvrage, le *Bref discours de l'abnégation intérieure* (1597), le thème de l'union à Dieu s'impose à l'attention de Bérulle sous la forme d'une question ouverte, aux difficultés redoutables. Le traité constitue une adaptation française du *Breve compendio intorno alla Perfettione religiosa* d'Isabella Berinzaga et du jésuite Gagliardi[3]: or, dans sa reprise de l'opuscule italien, Bérulle s'arrête au seuil du « troisième et dernier état de perfection », en passant presque sous silence les pages consacrées à la description de la *deificatio* dans laquelle la volonté « se jette, s'absorbe et s'abîme en Dieu, et, entièrement perdue, se repose en celle de Dieu, entièrement déifiée » « par une totale mêmeté et unité en icelle »[4]. Ce silence annonce la discrétion avec laquelle Bérulle aborde la pensée d'un contemporain dont l'autorité et l'influence dans les milieux spirituels français sont capitales : le capucin Benoît de Canfield. C'est en effet en se confrontant, sans doute dès 1599, avec ce maître de l'« École abstraite » que Bérulle parvient à donner forme à sa méditation sur le thème de l'*unitas spiritus*[5], au fil d'un affrontement théorique dont témoignent plusieurs pages des *Collationes* et qui constitue une étape essentielle dans l'élaboration de la doctrine bérullienne du corps mystique.

1. Voir A. Combes, *Essai sur la critique de Ruysbroeck par Gerson*, t. I : *Introduction critique et dossier documentaire*, Paris, Vrin, 1945, p. 604-605; t. II : *La première critique gersonienne du* De ornatu spiritualium nuptiarum, Paris, Vrin, 1948, p. 111-117, 146-149 et L. Cognet, *Introduction aux mystiques rhéno-flamands*, *op. cit.*, p. 277-278.

2. Pour une histoire doctrinale sur la longue durée de l'image de la goutte perdue dans la mer, sa fonction dans les débats médiévaux et post-médiévaux sur l'union mystique avec Dieu et les enjeux de la critique de Gerson et sa postérité au XVIIe siècle, nous nous permettons de renvoyer à notre étude « *Quomodo stilla aquae modica*. Sur une image et les frontières de l'orthodoxie », *in* S. De Reyff, M. Viegnes, J. Rime (dir.), *Les Frontières de la tolérance*, Neuchâtel, Éditions Aphil, Presses Universitaires Suisses, 2013, p. 57-73. Pour une reprise explicite des accusations de Gerson contre la doctrine du retour de l'âme à son archétype divin, dans le contexte d'une critique de deux textes émanant du « courant bérullien » (le *De libertate Dei et creatura* de Gibieuf et le *Chapelet Secret* de la Mère Agnès Arnauld) voir Théophile Raynaud, *Nova libertatis explicatio* [...], Paris, S. Chapelet, 1632, p. 291-308 et les pages d'É. Binet citées par J. Orcibal, « Néo-platonisme et jansénisme », in *Études d'histoire et de littérature religieuses*, *op. cit.*, p. 312-315.

3. Voir L. Cognet, *La spiritualité moderne*, *op. cit.*, p. 224-230 et J. Orcibal, *Le cardinal de Bérulle*, *op. cit.*, p. 28-34.

4. *Breve compendio*, XI, cité et traduit par L. Cognet, *La spiritualité moderne*, *op. cit.*, p. 228. Voir M. Dupuy, *Bérulle, une spiritualité de l'adoration*, *op. cit.*, p. 33 n. 12.

5. Voir M. Dupuy, *Bérulle, une spiritualité de l'adoration*, *op. cit.*, p. 65.

Le chef-d'œuvre de Canfield, la *Règle de perfection*, petit traité à l'histoire éditoriale assez complexe, rédigé et publié entre 1593 et 1610[1], brille par la concision de ses formules et la netteté de la logique qui en gouverne la démarche argumentative. Un principe majeur régit l'exposé, mis en vedette par le titre complet de l'ouvrage: *Règle de perfection contenant un bref et lucide abrégé de toute la vie spirituelle réduite à ce seul point de la volonté de Dieu*. Pour « réduire » l'ensemble de la vie intérieure à ce « point » unique et premier, Canfield distingue une volonté extérieure, une volonté intérieure et une volonté essentielle de Dieu, et associe à chacun de ces trois aspects de la nature divine (dont, bien entendu, la multiplicité n'est que relative à notre compréhension et ne compromet en rien sa simplicité), un degré différent de la vie du chrétien. Si la conformité à la volonté extérieure de Dieu définit la vie active, et celle à la vie intérieure correspond à la vie contemplative, ce n'est qu'avec la description de l'union à la volonté essentielle du créateur que l'articulation avancée par Canfield trouve son accomplissement et pointe l'exigence ultime qui la justifie. Lorsque l'âme se conforme à cette volonté essentielle qui « n'est autre chose que Dieu-même [...] et son essence »[2], l'homme entre dans une union parfaite avec Dieu, ou plutôt il fait l'expérience d'une sorte de transformation en Dieu. On parvient alors à ce que Canfield nomme, d'un terme qu'il emprunte sans doute à l'édition romaine de Harphius, vie suréminente ou superéminente[3]. Ce sommet de la vie spirituelle constitue l'objet principal de la *Règle de perfection*, qui constitue dès lors un véritable « traité de la déification » (J. Orcibal). La voie qui conduit à ce degré ultime qu'est l'union à la volonté divine, c'est-à-dire à son essence elle-même, passe par l'exercice d'une négation que Canfield nomme anéantissement ou annihilation. L'homme doit renoncer à toute opération, à toute « propriété », l'âme doit être « dénudée » de ses désirs et de ses concepts. On parvient ainsi à un état stable caractérisé par une « continuelle présence, et habitude d'union entre Dieu et l'âme son Épouse »[4]. Comme on le voit, l'empreinte de la mystique rhéno-flamande dans les thèses du capucin est très sensible, et il arrive même que ses formules dépassent par leur audace celles des maîtres de la spiritualité nordique. De fait, la « transformation en Dieu » qui s'accomplit dans la vie suréminente est souvent décrite dans des termes où le volontarisme s'estompe au profit d'une approche plus

1. Voir l'introduction de l'édition par J. Orcibal de la *Règle*, *op. cit.*, p. 13-19.
2. B. de Canfield, *Règle*, *op. cit.*, p. 333-334.
3. Voir *ibid.*, p. 318, 333, 348.
4. *Ibid.*, p. 339, 370.

nettement métaphysique et ontologisante[1]. Si « la volonté de Dieu est Dieu-même » et si l'âme défiée, par son union au Créateur, peut dire « je suis la volonté de Dieu », on ne saurait nier que Canfield suggère une fusion des volontés qui ne se distingue guère d'un « véritable contact des essences »[2]. La *Perle évangélique* parlait de « devenir un esprit avec Dieu » et de se faire « superessentiels et déiformes ». Canfield illustre cet état ultime de la vie unitive par une comparaison mettant en parallèle l'union à Dieu du contemplatif et l'union hypostatique des deux natures en Christ :

> Comme devant l'Incarnation il [*sc.* le Verbe] était Dieu seulement, mais depuis l'union avec notre humanité, il a été Dieu et homme [...]; ainsi la volonté de Dieu, qui était divine seulement, après être unie à la notre est divine et humaine : comme cet homme par cette union pouvait dire, Je suis Dieu, [...] ainsi la volonté de l'homme par telle conjonction peut dire, Je suis la Volonté de Dieu[3].

Les limites et les risques de l'effort accompli par Canfield pour « évoquer une identification à Dieu qui n'entraîne pas le panthéisme ni l'ontologisme »[4] se laissent facilement deviner. Le capucin semble d'ailleurs en être parfaitement conscient, car dès l'édition de 1609, les lignes que nous venons de citer sur l'« incarnation » de la volonté divine s'accompagnent d'une glose qui en rectifie la portée : « Non toutefois que cette union de volontés soit hypostatique, comme est celle de ces deux natures, ains est effectuée par le lien d'amour et par la lumière de grâce »[5]. Comme l'écrit Louis Cognet, « sans doute, [Canfield] n'a jamais imaginé que la déification fût une identification panthéistique à l'essence divine, et son orthodoxie demeure indiscutable; mais ses formules vont aussi loin qu'il est possible d'aller, et, en les arrachant à leur contexte, il serait possible d'en abuser »[6].

La plus grande prudence s'imposait donc à quiconque voulait s'inspirer de la doctrine canfieldienne de la divinisation. Et cela d'autant plus qu'au cours des deux premières décennies du siècle, le traité du capucin se trouvait au cœur d'un affrontement doctrinal opposant, aux Pays-Bas

1. Voir *ibid.*, p. 276.

2. L. Cognet, *La spiritualité moderne*, *op. cit.*, p. 46.

3. B. de Canfield, *Règle*, *op. cit.*, p. 122. Le texte se trouve déjà dans la première version de la *Règle* contenue dans le manuscrit d'Angers, voir *Règle*, *op. cit.*, p. 52.

4. J. Orcibal, « La divinisation selon Benoît de Canfield (1592-1610) », *op. cit.*, p. 416.

5. B. de Canfield, *Règle*, *op. cit.*, p. 124. Voir aussi, p. 22-25.

6. *La spiritualité moderne*, *op. cit.*, p. 257.

espagnols, les membres de son ordre et les auteurs carmélitains[1]. Parmi les nombreuses thèses audacieuses dont Canfield est accusé d'être l'inspirateur, les polémistes Jerónimo Gracian (1545-1614) et Thomas de Jésus (1564-1627) rappellent en effet précisément les formules concernant l'union de l'âme avec l'essence divine. Gracian reproche par exemple aux « perfectistes » (c'est le nom qu'il donne aux multiples doctrines de la contemplation dont il s'acharne à dénoncer l'hétérodoxie) de « dire definitoirement que la perfection est Union essentielle, immediate, passive, et non active, momentanée, caligineuse; et occulte, avec une totale Annichilation, suspension, revelations et gousts spirituels de l'Ame en l'amour fruitif »[2]. La polémique porte sur les formes d'oraison et le rôle qu'il convient d'assigner aux images et aux représentations mentales dans les états les plus élevés de la dévotion. Pourtant, en réagissant aux accusations de Gracian, l'auteur d'une *Apologie générale de la vie spirituelle touchant l'union de l'esprit à Dieu*[3] n'hésite pas à évoquer la doctrine du retour à l'*esse ideale* :

> Quant au premier mot qui est Essentiele et au premier [*sic*] erreur que vous dites en suivre [...] je vous diray qu'elle [*sc.* l'union à Dieu] n'est pas appelée *Essentiele* quant à l'Être et l'essence de la créature retournée à son être ideal, si que l'essence de la créature passe en l'essence du createur comme plusieurs plus subtilz que devotz ont voulu imposer aux docteurs contemplatifz, n'entendant pas ce qu'ilz n'etudoient ny practiquoient pas : Car [...] cela est impossible, puisque telle union ne se pourroit à ce compte faire qu'avec la destruction totale de notre essence, chose du tout adversaire à l'union, car elle ne se pourroit faire de ce qui ne seroit plus.

D'autre part, avec une continuité valant comme indice d'une assimilation implicite, Thomas de Jésus énumère l'une après l'autre l'erreur « panthéiste » (l'union de l'âme avec la nature divine serait « si intime que Dieu devient parfaitement homme et l'homme Dieu » et que « la créature est Dieu et Dieu est la créature ») et l'affirmation audacieuse d'une « union immédiate avec l'essence divine », « enseignée par la *Règle de perfection* et par d'autres mystiques tels que Harphius, Ruesbrock et sans doute aussi Tauler »[4]. L'union entre la volonté (qui fait l'essence) humaine et la

1. Voir J. Orcibal, *La rencontre du Carmel thérésien avec les mystiques du Nord*, Paris, P.U.F., 1959. Pour la position de Bérulle qui se range du côté des capucins, voir J. Orcibal, *Le cardinal de Bérulle*, *op. cit.*, p. 135.
2. Cité par J. Orcibal, *La rencontre*, *op. cit.*, p. 147.
3. Voir *ibid.*, p. 42-45.
4. Cités par *ibid.*, p. 150 et 175-176.

volonté (qui fait l'essence) divine figurait bel et bien parmi les thèses destinées à troubler l'intelligence des lecteurs du traité de Canfield.

Canfield offrait donc à Bérulle le modèle d'une doctrine de la déification fondée sur un parti pris volontariste dont la rigueur logique était admirable, mais qui, en raison précisément de la netteté de ses formules, n'était pas exempte du risque d'alimenter des lectures abusives et de susciter des réactions critiques. L'effort accompli par Bérulle pour dégager, à partir de l'héritage de la mystique rhéno-flamande, une synthèse spirituelle fortement originale et à l'abri de tout danger doctrinal ne pouvait dès lors que s'accompagner d'une progressive prise de conscience des limites de la position de Canfield. À ce titre, deux textes rédigés autour de 1614 semblent témoigner d'une attitude de plus en plus critique de Bérulle à l'égard des thèses du capucin. Dans le premier, Bérulle réfléchit sur la nécessité de référer toute action «*ad Dei gloriam*». Comment concilier la diversité des actions humaines et l'exigence de les rapporter à une intention unique, c'est-à-dire la volonté divine? Les scolastiques distinguaient l'objet et l'intention de chaque acte, le premier étant ce qui le spécifie et décide de sa nature, le second au contraire ce qui fait sa valeur morale et définit sa fin ultime. Bérulle rejette une telle solution et propose plutôt de s'adresser à la *Dei voluntas simplicissima*: «Nous voyons qu'en Dieu toutes les perfections sont une seule chose et se confondent avec l'Essence divine, ainsi toutes nos actions doivent se confondre avec la volonté divine.» L'identité entre volonté humaine et volonté divine semble faire écho assez explicitement aux thèses de Canfield sur la « vie suréminente », ce qui vaut aussi pour le «moyen court» que Bérulle propose pour y parvenir[1]. Loin d'aboutir à une méditation sur le thème de la déification, le propos de Bérulle débouche pour autant sur une considération d'ordre pratique: «La volonté de Dieu doit être la règle absolument unique de toutes nos actions»[2]. Le Christ n'offre pas, comme chez Canfield, le paradigme de l'union (quasi) hypostatique du contemplatif avec Dieu, mais l'exemple d'une pratique morale qui ne déroge en rien de son adhérence à la volonté divine[3]. Malgré l'analogie avec le rapport entre perfection et essence divine, Bérulle passe donc sous silence le problème de la déification pour se tourner vers ce que Canfield aurait défini comme une forme d'adhésion à la « volonté externe » du Créateur[4].

1. Voir B. de Canfield, *Règle*, *op. cit.*, p. 126-135, en part. p. 126.

2. *OC B* I, 1, p. 183 (= *OC B* I, 2, p. 164). Nous suivons ici M. Dupuy, *Bérulle, une spiritualité de l'adoration*, *op. cit.*, p. 65-67. Voir aussi saint Thomas, *ST*, Ia, q. 63, a. 1.

3. *OC B* I, 1, p. 184 (= *OC B* I, 2, p. 164).

4. Voir aussi *OC B* I, 1, p. 132-133 (= *OC B* I, 2, p. 119-120).

Une deuxième *collatio*, à peu près contemporaine, témoigne d'une approche analogue, mais exprimée d'une façon plus explicite. Bérulle y aborde le thème de l'adhérence à Dieu à partir d'une analyse de la figure de Jean le Baptiste. Ce dernier, rappelle l'Oratorien, priva son âme du désir des biens spirituels pour la consacrer entièrement à Dieu. Ce fut la capacité d'adhérer uniquement au bon vouloir du Créateur (*Dei solius beneplacito*) qui lui permit de supporter une telle privation. Néanmoins, « aux saints du ciel il est donné de s'attacher à l'essence divine; au contraire, sur la terre c'est à la seule volonté de Dieu qu'il nous est permis de nous attacher »[1]. L'essence divine est explicitement distincte de sa volonté, ce qui permet d'articuler deux modes de l'union à Dieu, qui se ressemblent entre eux sans pourtant s'identifier. Bérulle réagit manifestement aux thèses de Canfield, tant pour ce qui est de l'assimilation entre *Dei essentia* et *Dei voluntas* que pour la continuité implicite que la *Règle* instituait – ou du moins, suggérait à plusieurs reprises – entre le sommet de la contemplation *in via* et la condition béatifique[2]. Ainsi, aux yeux du Bérulle des *Collationes*, l'adhérence à la volonté de Dieu semble avoir une signification essentiellement, voire exclusivement, d'ordre spirituel, qui n'implique en rien de hasarder des formulations de nature ontologique. Bérulle « laisse le problème de la déification, et s'en tient au problème pratique de l'unification de la vie spirituelle, en considérant d'ailleurs l'unité d'esprit avec Dieu comme un idéal assez lointain »[3].

« *Les termes excessifs de transformation* »

En se démarquant des thèses de Canfield, Bérulle pointe donc les difficultés implicites dans une conception de l'union avec Dieu qui définit l'apogée de l'expérience mystique comme une fusion essentielle où l'âme parvient presque à s'identifier avec la nature divine. Progressivement l'attention se déplace de la dimension ontologique ou essentielle des « transformations » des mystiques à l'élément psychologique de la vie unitive[4]. Discrètement affichée à l'époque des *Collationes*, cette attitude se confirme au fil des années pour trouver enfin sa formulation la plus nette dans un opuscule capital que les éditeurs s'accordent à juger contemporain

1. *OCB* I, 1, p. 229 (= *OCB* I, 2, p. 205).

2. Voir J. Orcibal, *La rencontre*, *op. cit.*, p. 40, 108.

3. M. Dupuy, *Bérulle, une spiritualité de l'adoration*, *op. cit.*, p. 67.

4. Sur le recul général de la spiritualité rhéno-flamande à partir de la seconde décennie du siècle voir J. Orcibal, *Le cardinal de Bérulle*, *op. cit.*, p. 129-134; J. Orcibal, *La rencontre*, *op. cit.*, p. 14-17 et S. Houdard, *Les invasions mystiques. Spiritualités, hétérodoxies et censures au début de l'époque moderne*, Paris, Les Belles Lettres, 2008.

de la préparation du dernier ouvrage du cardinal, la *Vie de Jésus*. Dans ces pages souvent commentées[1], qui ne sont pas sans rapport avec les accusations présentées en 1626 à l'assemblée du clergé par un ancien oratorien, le Père Hersent, Bérulle propose une série notes de lecture sur le chapitre XIV de la *Vie de sainte Catherine de Gênes*[2]. Le titre explicite le thème, « Se perdre en Dieu », et une formule ajoutée après coup, « transformation de l'âme en Dieu », nous ramène aux difficultés soulevées par les thèses de Canfield[3]. Bérulle s'adonne à un véritable exercice d'herméneutique textuelle[4]. Le thème du « changement des âmes en Dieu » est délicat : il faut « user de périphrase ou d'interprétation » de peur que « les simples » ou « les malveillants ne s'y trompent ». Comment faut-il dès lors comprendre les propos de sainte Catherine lorsqu'elle affirme que son « être est Dieu non seulement par participation, mais par une transformation véritable et un anéantissement de l'être propre »[5]? Derrière les formules de la sainte, Bérulle reconnaît l'écho de *Gal* II, 20, d'où la lecture qu'il en propose, visant à éclaircir tout autant les mots de la *Vie* de la mystique italienne que « le sens de la Sainte Écriture » : « Ce mien moi est perdu en Dieu où il n'est rien, où est Dieu même auquel seul appartient en propriété à justement parler, toute la perfection et excellence virtuellement

1. Voir R. Bellemare, *Le sens de la créature*, *op. cit.*, p. 17-18, 104-107; M. Dupuy, *Bérulle, une spiritualité de l'adoration*, *op. cit.*, p. 63-64; J. Orcibal, *Le cardinal de Bérulle*, *op. cit.*, p. 131-132; L. Cognet, *La spiritualité moderne*, *op. cit.*, p. 326 et M. Dupuy, *Le Christ de Bérulle*, Desclée, Paris, 2001, p. 68-69. On ajoutera au dossier sur l'apparition du concept de « moi », *OC B* III, 7, p. 118 (« Le Fils éternel de Dieu, en sa nature humaine, n'a point de personne humaine, c'est-à-dire n'a point de moi humain substantiellement et personnellement »).

2. *OC B* I, 4, p. 150-153.

3. Le nom de Catherine de Gênes apparaissait déjà dans une note que les éditeurs datent d'avant 1611. Bérulle y énumère quatre sortes d'anéantissement (de nature, du péché, de grâce et de Dieu) et il conclut : « L'anéantissement de Dieu est celui que Dieu opère dans nous. Tel a été celui que Dieu a opéré dans saint Paul et en sainte Catherine de Gênes » (*OC B* I, 5, p. 469).

4. L'approche herméneutique se révèle d'autant plus nécessaire que l'une des critiques récurrentes avancées contre les mystiques modernes est de n'être que des « alchimistes de paroles » (C. Hersent cité par J. Orcibal, *Le cardinal de Bérulle*, *op. cit.*, p. 131). Voir J. Orcibal, « Néo-platonisme et jansénisme », *op. cit.*, p. 313; *id.*, *Origines*, III, p. 321-322 et M. de Certeau, *La fable mystique*, *op. cit.*, p. 149-155.

5. *Vita della beata Caterina Adorni da Genova*, *op. cit.* et trad. fr. V. Carraud, *L'invention du moi*, Paris, P.U.F., 2010, p. 226-227. Bérulle aurait lu la version italienne (1551) sans attendre la traduction française (1598) (*OC B* I, 5, p. 470 n. 11). Voir J.-M. Le Lannou, « Le sacrifice du moi selon Bérulle », *Revue des Sciences Religieuses*, 78, 2004/4, p. 205-230 et C.-O. Stiker-Métral, *Narcisse contrarié. L'amour propre dans le discours moral en France (1650-1715)*, Paris, Champion, 2007, chap. I, § 1.

enclose et l'énergie et signification de ce terme. Le sens de la Sainte Écriture est qu'il y a deux êtres, l'un fait par nous qui est la propriété, l'autre par Dieu. Le premier est ôté et anéanti de Dieu et de l'autre elle n'en parle point. » Ici, tout comme dans les *Collationes* d'une dizaine d'années auparavant, la stratégie de Bérulle consiste à minimiser la dimension ontologique des affirmations concernant la vie unitive. Il faut éviter « les termes excessifs de transformation » qui conduisent à se méprendre à propos du « changement des âmes en Dieu » décrit par Catherine. C'est pourquoi on aura soin de distinguer les deux sens des expressions « être propre » et « ce mien moi », utilisées par la sainte. Le premier sens, métaphysique, renvoie à « la subsistence naturelle qui convient à chaque personne » ; le second se rapporterait au contraire à « l'addition que le péché [...] a fait en nous ». Pour éclaircir le rapport entre ces deux sens du « moi » humain, Bérulle a recours aux couples conceptuels de la substance et de l'accident et de la cause et de l'effet[1]. Il faudra parler de l'« être spirituel » comme d'« une certaine propriété fondée en cet être naturel comme un accident en son sujet », ou bien d'un « être second et diminutif du premier » qui « est comme un effet [...] qui est fondé avec lui, comme l'effet en sa cause »[2]. Bref, lorsque la sainte italienne souhaite annihiler son être propre et le transformer en Dieu, une telle transformation ne doit s'entendre, selon Bérulle, que (de l'exercice) de la volonté : il s'agit de renoncer à s'approprier ses actes, d'éliminer cette addition accidentelle, cette « réflexion de soi » qu'est le péché, mais nullement d'imaginer un anéantissement essentiel, métaphysiquement impossible. Bérulle cherche donc à conjurer avec la dernière netteté toute ambiguïté qui justifierait une quelconque forme d'« évanescence » ontologique. « Se perdre en Dieu » signifie vivre en lui, pour lui et par lui. Mais « vie » implique usage, non pas destruction de l'être. Si le « moi spirituel » dont parle sainte Cathérine n'est pas une substance, la transformation qu'elle décrit n'aura rien de substantiel. Dans une conférence prononcée à l'Oratoire, Bérulle paraphrasera la formule paulinienne, « *vivo ego, iam non ego sed vivit in me Christus* » (*Gal* II, 20), en des mots qui confirment et complètent l'analyse proposée par ces notes sur la *Vie* de la sainte italienne : « Ce *non ego* n'est pas l'être de l'homme, mais l'usage de cet être »[3]. « Notre subsistence ne nous est pas ôtée [...] elle

1. On remarquera que Bérulle semble insensible au concept de « participation », pourtant suggéré par sainte Catherine.

2. Bérulle identifie finalement le « moi spirituel » à la « ressemblance » qui fait le propre des créatures « spirituelles et raisonnables ».

3. Cité par M. Vetö, « La Christo-logique de Bérulle », in Bérulle, *Opuscules de piété*, Grenoble, Jérôme Millon, 1997, p. 109.

n'est anéantie que quant à l'usage et en la moralité et en son autorité, non en son existence »[1].

Bérulle peut alors conclure sa lecture du texte de sainte Catherine en revenant sur le propos qui a attiré son attention dès le départ : « Par cet être [*sc*. la volonté] l'âme se réunit et rejoint à Dieu, non par confusion ou transmutation de nature, comme quelques uns spirituels veulent dire, mais par transmutation de volonté et anéantissement de ce premier être causé par le péché et cause d'icelui. C'est cette vérité de laquelle parle Jésus même : "Qu'ils soient un comme moi et toi, nous sommes un" ». Penser l'*unitas spiritus* comme union foncière de l'âme avec Dieu signifie toujours s'exposer au risque de passer indûment de la fusion à la confusion, de la « transmutation de volonté » à la « transmutation de nature ». C'est pour cette raison que Bérulle renoncera le plus souvent aux « termes excessifs » de transformation et de « déification », au profit de la formule « l'âme est plus où elle aime qu'où elle anime »[2]. Ainsi lira-t-on dans les *Grandeurs* : « Par la connaissance, l'âme en la terre possède Dieu, non pas tel qu'il est en lui-même, mais tel qu'il est en elle ; et [...] par l'amour l'âme possède Dieu dès la terre tel qu'il est en lui-même en lui, et non pas tel qu'il est en elle. Car l'amour nous transporte de nous en lui et, ce qui plus est, nous rend tels qu'il est lui-même en nous déifiant et transformant en Dieu »[3]. La transformation (ne) signifie (que) l'union selon l'intentionnalité de l'amour, et non pas une perte de notre être et de notre essence dans l'être et l'essence divins. Par conséquent, si l'on hasarde l'idée d'une « consommation » de l'âme dans l'unité divine – cette consommation dont parle le Christ dans sa prière ultime rapportée par le quatrième Évangile –, ce ne sera pas sans l'accompagner d'une prudente réserve[4] : « La religion chrétienne [...] nous élève à Dieu, elle nous transforme en Dieu, nous établit et nous consomme même *en une sorte d'unité d'esprit* avec Dieu, qui va reconnaissant, adorant et aimant l'unité des Personnes divines en la très sainte et très sacrée Trinité »[5].

1. *OC B* I, 4, p. 141-142.

2. Cf. *OC B* I, 3, p. 385 et *OC B* III, 7, p. 349. Voir J. Orcibal, « Une formule de l'amour extatique », in *Études d'histoire et de littérature religieuses*, *op. cit.*, p. 516-518 et A. Combes, *Essai sur la critique*, t. I, *op. cit.*, p. 670 n. (c).

3. *OC B* III, 7, p. 346.

4. La prudence est nécessaire même lorsque l'on parle de l'union dans l'amour, voir *OC B* I, 4, p. 19 (nous soulignons) : « En abaissant Dieu à l'âme et élevant l'âme à Dieu », l'amour « met *quelque* proportion, et *ce semblerait*, égalité entre l'aime qui aime et Dieu qui est aimé ». Cf. *OC B* III, 7, p. 178.

5. *OC B* I, 3, p. 326-327 (texte de 1627), nous soulignons. Si Bérulle ne renonce pas au lexique de la « transformation », il faudra lire ses textes, surtout les plus tardifs, à la lumière

SUBSISTER DANS LE CORPS MYSTIQUE

Les propos que nous venons d'analyser relèvent essentiellement d'un souci de prudence ou, si l'on préfère, d'une réaction polémique. Bérulle cherche à stigmatiser les risques propres à toute doctrine de la *deificatio* qui prétend porter la *deiformitas* jusqu'au domaine des essences. Il serait pourtant erroné de n'y reconnaître qu'une mise au point critique et défensive. La décision de se démarquer du volontarisme radical de Canfield représenta en effet pour l'Oratorien aussi l'ouverture d'une question : comment penser l'*unitas spiritus* après avoir écarté en tant qu'illégitime, voire dangereux, le paradigme de l'union comme transformation ? Certes, la formule de l'amour extatique selon laquelle il faut que « celui qui aime s'oublie soi-même, et sorte hors de soi-même pour se transformer en la chose aimée »[1], suffit pour prévenir tout danger d'un essentialisme au ton trop platonisant. L'âme « se voit toute transformée en Dieu, et comme Deifiée, non par changement de substance, mais par en estroict lien d'affection et d'amour »[2]. Mais « entre une confusion d'essences et un accord purement extérieur de volontés n'existerait-il pas quelque domaine propre à l'expérience mystique où l'homme et Dieu puissent s'unir »[3], sans scandale même pour cet esprit « métaphysicien » que fut Bérulle ? Ne pourrait-on pas tenter une articulation de l'*unus spiritus* paulinien et de l'« *ut sint unum* » johannique[4] qui fasse l'économie de toute doctrine du retour à l'*esse ideale*, ainsi que d'une identification quasi-essentielle de l'âme ou de la volonté humaine à l'essence ou à la volonté divine ? La notion de « corps mystique » constitue précisément le dispositif conceptuel qui permet à Bérulle de penser en toute rigueur cette union impliquant à la fois « dépendance » et « liaison », en raison de laquelle les fidèles sont « faits un d'esprit » à l'imitation de l'unité qu'il y a « en la Divinité »[5].

Comme nous l'indiquions au début de notre analyse, tout se passe comme si Bérulle remplaçait la doctrine rhéno-flamande du retour aux

des avertissements formulés dans les notes sur la *Vie* de sainte Catherine. Voir *CB* III, p. 520 (circulaire publiée en 1632) ; *OC B* I, 3, p. 430 (vers 1598, le terme « transformation » a été omis par l'édition Bourgoing) ; *OC B* I, 4, p. 158 (après 1617) et *OC B* I, 4, p. 18 ; 43. L'image de la goutte sera réservée par ailleurs à la condition des bienheureux (*OC B* I, 4, p. 158 ; *OC B* II, 7, p. 293-294, 361 ; *OC B* I, 5, p. 146, 405-406).

1. *CB* III, p. 58 (= *OC B* IV, 11, p. 392).

2. Sandaeus, *Theologia mystica seu contemplatio divina religiosorum a calumniis vindicata* [1627] cité par J.-P. Camus, *La théologie mystique*, Paris, Jérôme Millon, 2003, p. 101.

3. A. Combes, *Essai sur la critique*, t. II, *op. cit.*, p. 249.

4. Voir *OC B* I, 3, p. 119.

5. *Ibid.*, p. 90.

idées archétypes par une réflexion très articulée sur le théologoumène paulinien. Le corps mystique devient le lieu du « commerce » de l'âme avec Dieu : « Le Fils de Dieu doit tenir le milieu entre le Père éternel et nous », et, étant donné que le Christ « tient le milieu entre le Père et le Saint-Esprit », « il a voulu être le milieu entre Dieu et l'homme et être le médiateur de Dieu et des hommes »[1]. Par conséquent, « Dieu ne reçoit » rien de nous « qu'en tant qu'incorporés avec son Fils et devenus un même corps et un même esprit avec lui »[2]. Aux dangers et aux difficultés qu'impliquait une pensée de l'union à Dieu comprise comme fusion ou comme transformation, Bérulle répond avec une doctrine de l'incorporation au Christ et de la subsistence des fidèles en lui. Car c'est finalement à partir et autour de la notion de subsistence que s'articule sa pensée du corps mystique[3]. Le Verbe est la subsistence de sa propre humanité[4] et cette subsistence christologique constitue, pour le chrétien, un motif d'abnégation et une invitation à « subsister en Jésus », ou, selon le vocabulaire que Bérulle affectionne, à adhérer à ses états : « Comme l'humanité de Jésus n'a être, vie et subsistence qu'en la divinité, aussi nous ne devons avoir vie et subsistence qu'en son humanité et en sa divinité, c'est-à-dire qu'en lui »[5]. Mais ce passage du « dénuement de subsistence humaine » du Christ à la subsistence du chrétien en lui ne saurait se réaliser chez l'Oratorien qu'en raison d'un troisième sens du terme « subsistence », celui métaphysique, c'est-à-dire la subsistence des étants créés[6]. Ainsi la doctrine bérullienne du corps mystique s'avère fondée sur une sorte d'analogie de la subsistence, qui reconnaît à l'acception métaphysique de la notion le rôle de signification focale et permet de coordonner le manque de subsistence du Christ, l'obligation des chrétiens de « subsister en Jésus », et la théorie de l'Homme-Dieu comme unique subsistence du corps mystique auxquels les chrétiens doivent « s'incorporer ». Si le corps mystique peut jouer, sous la plume de l'Oratorien, le rôle de l'*esse ideale* chez les mystiques du Nord, c'est donc en raison de la multiplicité d'acceptions de la notion de « subsistence », dont la pertinence s'étend conjointement aux domaines de la métaphysique

1. *OC B* I, 5, p. 345 ; I, 3, p. 26.

2. *OC B* I, 3, p. 329. Voir *OC B* I, 4, p. 138, 187.

3. Voir J. Orcibal, *Le cardinal de Bérulle*, *op. cit.*, p. 94-108 que nous suivons ici. Voir aussi C. A. Whannou, *Subsistence chez Bérulle, essai historique et doctrinal sur sa place et l'importance de la notion de « subsistence » dans la spiritualité de la divinisation*, Porto Novo, Imprimerie Notre-Dame, 1993.

4. Voir *OC B* I, 4, p. 141. Voir déjà *OC B* I, 1, p. 13 ; I, 3, p. 15 ; I, 5, p. 265-266.

5. *OC B* I, 4, p. 137.

6. J. Orcibal, *Le cardinal de Bérulle*, *op. cit.*, p. 98. Voir *OC B* I, p. 238-239 et les textes cités par R. Bellemare, *Le sens de la créature*, *op. cit.*, p. 145-147.

de la création, de la christologie et de la vie spirituelle. Il faudra dès lors se demander comment Bérulle conçoit le statut de la créature, et à quelle compréhension de l'acte créateur il le rattache, avant de revenir sur l'articulation de cette approche métaphysique de la subsistence avec les instances de spiritualité et la question de l'union à Dieu.

L'ontologie de la création

La lecture des mystiques du Nord et le renouveau du néoplatonisme de l'« École abstraite », qui marquèrent la formation de Bérulle, déterminèrent aussi son attitude à l'égard de l'*ens creatum*[1]. Dans une lettre sans doute ancienne, Bérulle écrit : « Dieu seul est et ce qui regarde Dieu et [...] tout est un pur néant en sa sainte présence »[2], formule dont le caractère extrême n'est pas sans évoquer les paradoxes de Canfield[3]. Néanmoins, Bérulle ne semble pas faire sienne la doctrine rhéno-flamande selon laquelle le constat du *nihil* des créatures est le prélude au retour à l'*esse ideale*, c'est-à-dire au fond incréé de l'âme où Dieu demeure et qui constitue son être véritable[4]. L'Oratorien cherche plutôt à concevoir le néant *propre* à la créature à partir du constat qu'elle est faite *du* néant et *de* néant : il s'agit de définir la créature comme un néant en tant que créée, c'est-à-dire en tant que tirée du néant, et non pas comme un *nihil* qui se sépare de son essence éternelle en Dieu en raison de son existence. À ce titre, la mouvance de Bérulle se rapproche de l'augustinisme plus encore que du néoplatonisme. L'axiome selon lequel « le mouvement propre aux choses naturelles, en tant que créées du néant, est celui qui tend au néant »[5]

1. Nous reprenons ici les résultats de l'excellent travail de R. Bellemare (*Le sens de la créature*, *op. cit.*). Voir aussi l'introduction de M. Dupuy dans *OC B* I, 1, p. XXVI-XXIX.

2. Cité par M. Dupuy, *Bérulle, une spiritualité de l'adoration*, *op. cit.*, p. 56.

3. Voir B. de Canfield, *Règle*, *op. cit.*, p. 377, 383.

4. *Cf.* L. Cognet, *Introduction aux mystiques*, *op. cit.*, p. 328-329. C'est plutôt au deuxième Général de l'Oratoire, Charles de Condren, qu'il reviendra de penser le néant de la créature comme corrélatif à sa réintégration en Dieu : « Lorsqu'il [*sc.* Dieu] a fait sortir les créatures *de lui*, il leur a donné un être sur le néant et sur la boue, et ainsi quand leur a donné un être formel et visible, l'*être réel et véritable* de ces mêmes choses-là est toujours *plus demeuré en lui qu'il n'en est sorti par la création*, car ce que nous voyons maintenant dans les choses créées et dans les créatures n'est pas proprement leur être véritable et réel, pour ce que les choses créées et les créatures ne sont pas en leur réalité en elles-mêmes » (cité par M. Dupuy, *Bérulle, une spiritualité de l'adoration*, *op. cit.*, p. 158 n. 12. Voir aussi le texte cité p. 177-178 n. 22 ; P. Cochois, *Bérulle et l'École française*, *op. cit.*, p. 77 et *id.*, *Bérulle initiateur mystique*, *op. cit.*, p. 359).

5. Saint Thomas, *De potentia*, q. 5, a. 1, arg. 16.

ne se trouve pas littéralement, sauf erreur, dans l'œuvre de saint Augustin[1], mais il peut sans difficulté être déduit de la préférence qu'il accorde, dans son analyse de l'acte créateur, à l'idée d'une création *de nihilo* plutôt qu'*ex nihilo*[2]. Les créatures sont amenées à l'être à partir (*ex*) du non-être, mais elles sont aussi mélangées sinon tissées avec du (*de*) non-être. Aux yeux de saint Augustin, l'acte créateur tire le créé *de nihilo* et le garde dans l'être en empêchant constamment qu'il ne retombe dans ce néant qui est son origine[3]. Par conséquent, le néant n'est pas uniquement un point de départ qui précède l'entrée des créatures dans le domaine de l'existence, mais aussi une composante dont la créature participe, quelque chose qui fait contrepoint ou contrepoids à sa tension *ad Deum*. C'est pourquoi la création *de nihilo* s'oppose moins à l'idée que les étants soient façonnés à partir d'une matière première, qu'à la condition de ce qui est *de Deo*[4]. Pour mettre en valeur cette idée d'un « néant qui est propre à la créature », saint Bonaventure risquera même un néologisme, celui de *nihilitas*[5]. En réfléchissant sur le thème de l'humilité à partir de saint Bernard et de *Gal* IV, 3, saint Bonaventure rappelle que « puisque toutes les choses créées émanent d'un principe unique et sont produites du néant, celui-là est vraiment sage qui reconnaît sincèrement sa nihilité et celle des autres, et la sublimité du premier principe. » On peut dès lors distinguer « l'humilité de sévérité » qui naît de la considération de la faute, de « l'humilité de vérité » (*humilitas veritatis*) qui relève au contraire de la prise de conscience que le créé est fait à partir *du* néant et *de* néant. Cette humilité « se trouve non seulement chez les hommes, mais aussi chez les Anges, non seulement chez ceux qui sont

1. *Cf.* pourtant *In psalmum* 7, 19 ; *De Genesi ad Litteram*, I, 4, 9 ; IV, 12, 22 ; *De immortalitate animae*, 7, 12 ; *De vera religione*, XVII, 34, et surtout *De civitate Dei*, XIV, 13, 1 et *Contra Secundinum Manichaeum liber unus*, 8. On cite le plus souvent un texte de Grégoire le Grand (*Moralia in Iob*, XVI, 36, Patrologie latine LXXV, c. 1143) : « *Cuncta quippe ex nihilo facta sunt, eorumque essentia rursum ad nihilum tenderet, nisi eam auctor omnium regiminis manu retineret.* »

2. Voir la note complémentaire 24 « *De nihilo* » d'Aimé Solignac dans son édition des *Confessions* (« Bibliothèque augustinienne » 14, Paris, Desclée de Brouwer, 1962, p. 603-606) ; É. Zum Brunn, *Le dilemme de l'être et du néant chez saint Augustin des premiers dialogues aux* Confessions, Paris, Études augustiniennes, 1984[2] et J. N. Torchia, Creatio ex nihilo *and the Theology of St. Augustine. The Anti-Manichaean Polemic and Beyond*, New York, P. Lang, 1999.

3. Voir J.-L. Marion, *Au lieu de soi. L'approche de Saint Augustin*, Paris, P.U.F., 2008, p. 334-335.

4. *Contra secundam Iuliani responsionem imperfectum opus*, V, 31.

5. Voir R. Bellemare, *Le sens de la créature*, *op. cit.*, p. 25.

en chemin sur la terre, mais aussi chez les bienheureux »[1], car il y va d'une sorte d'affection fondamentale qui marque la créature uniquement en raison de sa créaturalité, indépendamment de son état et de la coupure instaurée par le péché. Ainsi, la *nihilitas* constitue l'autre nom de la créature, qui en pointe la condition et définit ce qui se manifeste au regard de l'humilité comme la vérité de toute chose[2].

C'est de cette tradition ou, du moins, de cette compréhension de l'action créatrice, que semblent relever les thèses de Bérulle. Si l'idée d'une tendance vers le néant de la créature est trop commune pour qu'on soit obligé d'en indiquer des sources précises[3], on appréciera l'exactitude des choix lexicaux dont témoignent les formulations de l'Oratorien : « *dans* la création il n'y a que le néant *duquel* Dieu fait tout ce qu'il veut » ; Dieu « a tiré par sa puissance » notre « être *du* pur néant à cette ombre et participation d'être que nous avons par la nature. Et par une plus grande puissance et bonté, il tire du néant et du vide *qui reste en tout être créé* à la consommation qu'il est capable de recevoir et porter »[4]. Ce « reste de néant » ou ce « néant qui reste » est le « fonds » des créatures[5]. Et Bérulle de revenir à maintes reprises, en écho sans doute à saint Bonaventure, sur le thème de l'« humilité d'esprit »[6] qui, en nous, « est la vérité, car rien n'est plus vrai que notre néant » et notre *nihileitas*[7]. D'autre part, en s'inspirant sans doute plus de Duns Scot[8] que de saint Thomas[9], Bérulle rappelle que c'est à la miséricorde de Dieu « de nous tirer du néant pour aboutir à l'être de nature et de nous conserver en ce même être de nature, puisque de nous-mêmes nous tendrions sans cesse précisément vers le néant, si sa miséricorde ne nous conservait »[10]. « La créature » est « tirée du néant et tendante au néant par sa condition propre » et il s'agit même d'une « certitude de foi

1. *Quaestiones disputatae De perfectione evangelica*, I, concl., trad. et commenté par E. Falque *in* J. Laurent, C. Romano (dir.), *Le néant. Contribution à l'histoire du non-être dans la philosophie occidentale*, Paris, P.U.F., 2006, p. 243-251, en part. p. 249-250.

2. Voir le *Compendium de virtute humilitatis*, I, 9, cité dans *Le néant*, *op. cit.*, p. 250.

3. Voir J. Le Brun, *La Spiritualité de Bossuet*, Paris, Klincksieck, 1972, p. 108.

4. *OC B* I, 4, p. 184, 57, nous soulignons.

5. Voir *OC B* I, 4, p. 334 et M. Dupuy, *Bérulle, une spiritualité de l'adoration*, *op. cit.*, p. 159.

6. Voir *OC B* I, 5, p. 501 et *OC B* I, 1, p. 94-95, 214.

7 *OC B* I, 1, p. 25 (= *OC B* I, 2, p. 27) ; I, 2, p. 27.

8. Voir *Ordinatio*, l. II, d. 23, q. un., n. 5, in *Opera Omnia*, Paris, Vivès, t. XIII, 1893, p. 16 : « *Dico igitur, quod omnis creatura potest tendere in nihil et in non esse, eo quod de nihilo est.* »

9. Voir *De potentia*, q. 5, a. 1, ad 16 et *Summa contra Gentiles*, l. II, chap. 30, n. 3. Mais cf. *ST*, Ia, q. 104, a. 3.

10. *OC B* I, 2, p. 263.

que pour notre origine nous provenons du néant et que par nous-mêmes nous serions transportés vers le néant »[1].

Bérulle conforte sa position par deux mises au point conceptuelles sur lesquelles il convient de revenir brièvement. D'une part, dans un opuscule que les éditeurs datent autour de 1614 et qui s'inspire sans doute de Charles de Bovelles[2], l'Oratorien définit la création comme une production « *ex nihilo in nihilo* », à distinguer autant de l'émanation, qui s'accomplit « *ex Deo in Deo* » (« Dieu produit de soi en soi-même son Fils unique et son Saint-Esprit ») que de l'Incarnation, qui se réalise « *ex nihilo in Deo* » (« Dieu tire du néant et non de soi cette nature créée, mais il la produit et loge en soi-même, en son être et en l'une de ses subsistences »)[3]. Cette mise en système des opérations créatrices de Dieu permet d'assigner un sens métaphysique à des formules à première vue paradoxales, qui risqueraient autrement d'être reléguées parmi les exemples du verbiage dévot et néantisant. Que signifie-t-il en effet affirmer qu'« il y a plus de néant que d'être en notre être »[4], sinon que, dans l'acte de créer, Dieu tire la chose créée du néant (*ex*) tout en la laissant dans le néant (*in*) ? « Le néant traduit la teneur même de l'être en son état créé »[5], car ce dernier est fait « du néant dans le néant ». L'articulation de l'origine et de la visée (*ex*, *in*) permet à Bérulle de reformuler la distinction augustinienne du *ex nihilo* et du *de nihilo* : la création non seulement s'avance vers l'existence à partir du non-être, mais elle a dans le non-être sa demeure, elle est un « néant qui demeure »[6]. Cette même exigence de penser dans toute sa rigueur la *nihilitas* de la créature se trouve confirmée, d'autre part, par la lecture que Bérulle propose du canon 22 du second Concile d'Orange (529) : « Nul n'a en propre que le mensonge et le péché » (« *Nemo habet de suo nisi mendacium et peccatum* »). Dans les *Collationes* la formule subit déjà une inflexion qui en souligne l'apport ontologique en l'assimilant implicitement aux thèses augustiniennes et bonaventuriennes. Dans une page qu'on peut dater d'août 1615, l'interprétation du texte du concile glisse

1. *OC B* I, 4, p. 149 ; I, 2, p. 279.

2. Voir R. Bellemare, *Le sens de la créature*, *op. cit.*, p. 24-27 et V. Carraud, « De l'état de néant à l'état anéanti », *op. cit.*, p. 151-153.

3. *OC B* I, 3, p. 52-53. Cf. *OC B* I, 3, p. 46. La formule est d'autant plus remarquable qu'elle s'oppose à *Rm* XI, 36, où saint Paul parle d'une création « *ex Deo* ».

4. *Ibid.*, p. 171.

5. Voir la synthèse de Jean-Christophe Bardout sur la conception malebranchiste du néant et ses sources bérulliennes in Malebranche, *Conversations chrétiennes. Méditations sur l'humilité et la pénitence. Lettre de Vaugelade*, éd. J.-C. Bardout, J. Roger et K. Trego, Paris, Vrin, 2010, p. 287-332, ici p. 299 n. 1.

6. M. Dupuy, « Introduction générale », in *OC B* I, 1, p. XXIX ; voir *OC B* I, 5, p. 502.

insensiblement de la misère morale de l'homme pécheur (*mendacium et peccatum*) à sa misère ontologique et métaphysique (*ipsum nihil*), ce qui n'est pas sans rappeler l'axiome formulé par Scot, « *creatura ita tendit in non esse, quantum est ex se* »[1] : « Nous devons nous humilier jusqu'aux enfers. Car c'est notre lieu et il paraît hors du réel de chercher, si nous ne songeons qu'à ce que nous sommes, un autre lieu que celui-ci qui nous soit dû. Mais pour y descendre plus facilement, nous devons nous pénétrer de cette pensée, à savoir que nous ne possédons rien que le néant et le péché. » Ce que la créature a *de suo*, ce n'est pas la tendance au vice, comme le suggérait la formule conciliaire, mais la *nihileitas* : « Ce que l'on possède en propre, c'est-à-dire précisément le néant »[2]. Un opuscule, sans doute légèrement postérieur aux discussions sur le vœu de servitude, associe à l'évocation du concile d'Orange une autre formule confirmant le statut de *quasi-nihil* propre aux étants créés. Il s'agit d'une maxime augustinienne dont l'importance est capitale pour la mystique moderne : « *Inter animam et Deum nulla natura interposita* »[3]. Chez les maîtres de la spiritualité moderne, la formule est maintes fois reprise pour indiquer la nécessité de faire abstraction, dans la prière comme dans la contemplation, de toute référence aux natures crées et de toute représentation. Au sommet de la vie unitive, écrit par exemple Louis de Blois, l'âme « passe en Dieu, et unie à lui sans intermédiaire, elle est devenue un seul esprit avec lui »[4]. Or, par un renversement qui n'est pas sans rapport avec la prudence qu'il affiche à l'égard de l'idée de déification ou d'union comme transformation, Bérulle applique le principe augustinien au rapport de l'âme avec le néant et non pas à sa conjonction à Dieu : « Entre le néant et l'être de la nature, il n'y a rien d'interposé, et entre l'homme et le néant il n'y a rien qu'une paroi entre deux, et encore n'est-elle que de fange : l'homme est formé du limon de la terre, et la terre est tirée du néant. Il n'y a donc que ce peu de limon qui sert comme de mur mitoyen entre le néant et l'homme »[5]. Chez saint Augustin, le manque d'intermédiaires s'accompagnait de la découverte d'une

1. *Ordinatio*, lib. II, dist. I, q. 3, in *Doctoris subtilis et mariani Ioannis Duns Scoti ordinis fratrum minorum Opera omnia*, Civitas Vaticana, Typis polyglottis Vaticanis, t. VII, 1973, p. 56.

2. *OCB* I, 1, p. 319-320 (= *OCB* I, 2, p. 285), 296.

3. Voir *De Genesi ad Litteram imperfectus liber*, 16, 60 et *De vera religione*, 55, 113. Les occurrences de la formule ou d'expressions proches (« *nulla interjecta natura* », « *nulla interposita substantia* », etc.) sont extrêmement nombreuses dans le corpus augustinien. Voir H. de Lubac, *Catholicisme. Les aspects sociaux du dogme*, Paris, Cerf, 1938, p. 260 et *id.*, *Le mystère du surnaturel*, Paris, Cerf, 2000, p. 146.

4. *Institution spirituelle*, *op. cit.*, p. 153 ; voir aussi p. 35, 73, 159 et p. 18-20.

5. *OCB* III, 7, p. 182. Voir aussi *OCB* I, 4, p. 140.

similitudo ad Deum présente *interior intimo meo* : le poids qui attire l'âme à Dieu coïncide avec sa nature même, cette tension étant si originaire qu'elle opère indépendamment de toute médiation, même celle que constitue la connaissance de soi. Pour Bérulle, au contraire, ce qui s'impose d'emblée est la *nihilitas* de l'étant créé : « tiré du néant », le néant l'attire[1].

Malgré l'importance de cette approche bérullienne de la notion de créature, il faut pourtant s'interdire de rabattre sa doctrine sur un néantisme qui sera plutôt l'élément marquant de la pensée de Condren – et que ce dernier semble avoir développé au fil d'une analyse en bonne partie autonome. Chez Bérulle, la finitude de la créature n'implique jamais par elle-même sa négation, pas plus que le constat de l'indigence de l'être créé n'impose un jugement de valeur de son néant comme essentiellement mauvais. Si Bérulle écrit que « la créature a une imperfection quasi-comme essentielle en qualité de chose créée »[2], on sera surtout sensible à l'adoucissement théorique que l'adverbe « quasi-comme » apporte. Ce n'est, du reste, pas un hasard si l'Oratorien tient aussi, à l'inverse de Condren, qu'il « n'est pas de l'essence du sacrifice d'enclore l'occision de l'ostie »[3]. Les créatures tendent au néant parce que le néant les habite, mais elles peuvent aussi constituer la voie qui permet de remonter à Dieu[4]. La *nihilitas*, comme déjà chez saint Bonaventure, s'accomplit dans une *humilitas veritatis* n'impliquant en aucun cas l'exigence d'offrir en holocauste la nature finie.

Être comme relation et création continuée

Pour Bérulle penser l'*ens creatum* signifie donc penser la *naturae nihileitas*, c'est-à-dire la condition du créé en tant que tirée *de nihilo* et maintenu dans l'être par Dieu. Le « néant quant à l'origine » et « l'inclination au néant dans son état présent »[5] disent la « condition propre » de

1. Voir *OC B* I, 1, p. 249 et I, 4, p. 300. Bien que Bérulle ait recours aux notions bibliques d'image et de ressemblance, on remarquera la relative absence du thème augustinien de l'amour comme poids de l'âme. Voir néanmoins *OC B* I, 1, p. 380 et *OC B* I, 4, p. 27.

2. *OC B* I, 4, p. 55.

3. *OC B* II, 6, p. 267. Voir J. Galy, *Le sacrifice dans l'École française de Spiritualité*, Paris, Nouvelles Éditions Latines, 1951 et V. Carraud, « De la destruction. Métaphysique et idée du sacrifice selon Condren », *Archivio di filosofia*, 76, 2008/1-2, p. 331-348. Pour un texte aux assonances condreniennes, voir cependant *OC B* I, 5, p. 99-100.

4. D'où des textes presque contemporains, qui d'une part exaltent les créatures en tant que miroirs du Créateur (*OC B* I, 3, p. 37-38) et, de l'autre, en rappellent la nihilité (*OC B* I, 3, p. 106 et I, 4, p. 334). Voir M. Dupuy, *Bérulle, une spiritualité de l'adoration*, *op. cit.*, p. 164-166.

5. *OC B* I, 2, p. 222 ; I, 4, p. 331.

tout étant créé: pour autant, il y a loin d'une telle application assez systématique d'une intuition augustinienne à une véritable ontologie de la création. Une *collatio* du décembre 1614[1] montre bien les limites et les difficultés auxquelles Bérulle dut se confronter pour y parvenir. L'Oratorien y risque une définition de la créature comme *compositio* d'être et de néant qui s'apparente de l'union hypostatique de deux natures dans le Christ: « Car nous pouvons dire que d'une certaine façon nous sommes composés de deux éléments, l'être et le néant – s'il est vrai que le néant peut entrer peu ou prou dans un composé –, mais qu'il y a en nous plus de néant que d'être. Jésus-Christ était composé de deux natures, à savoir la nature divine et la nature humaine, mais la nature divine tenait en lui plus de place que la nature humaine. » L'argument vient sans doute de Scot[2], qui précisait que « la créature n'a pas d'elle-même le non-être, l'être et le non-être ne se trouvant pas en elle en même temps (comme si l'être et le non-être pouvaient subsister ensemble) », avant de conclure que « l'étant créé a le non-être seulement si une cause externe ne lui donne pas l'être »[3]. On dira plutot que toute créature « se compose d'un être qu'elle a et du manque d'un certain degré de perfection dans l'être »[4]. Mais la comparaison avec les thèses scotites n'est que pour rendre plus évidente la prudence des formulations de Bérulle: un éloquent « d'une certaine façon » (*quodamodo*) transforme ce qui était chez Scot une détermination métaphysique en une explication de nature presque métaphorique. La difficulté relève évidemment du doute que Bérulle glisse dans son texte, « comme si l'être et le non-être pouvaient subsister ensemble », l'Oratorien ne disposant pas, semble-t-il, d'une véritable doctrine de la *compositio* de l'*esse* et du *nihil*. Il suffit d'autre part de souligner les corollaires de l'analogie avec l'Incarnation à propos du statut et de la fonction du néant dans ce « composé » qu'est la créature, pour s'apercevoir des limites d'un recours éventuel de Bérulle à l'ontologie scotiste: « Mais la nature divine tenait en lui [*sc.* Jésus-Christ] plus de place que la nature humaine. En effet, la nature divine en lui a une personnalité propre, tandis que sa nature humaine manque d'une personnalité spécifique et est entièrement soutenue par la

1. *OCB* I, 1, p. 297-298 (= *OCB* I, 2, p. 265-266).

2. Voir M. Dupuy, *Bérulle, une spiritualité de l'adoration*, *op. cit.*, p. 167.

3. *Ordinatio*, lib. II, dist. 1, q. 2, a 3, in *Doctoris subtilis* [...] *Opera omnia*, t. VII, *op. cit.*, p. 35-36.

4. *Ordinatio*, lib. I, dist. 8, pars 1, q. 2, in *Doctoris subtilis et mariani Ioannis Duns Scoti ordinis fratrum minorum Opera omnia*, Civitas Vaticana, Typis polyglottis Vaticanis, t. IV, 1956, p. 166 et *Lectura in primum sententiarum*, dist., pars 8, q. 2, in *Doctoris subtilis et mariani Ioannis Duns Scoti ordinis fratrum minorum Opera omnia*, Civitas Vaticana, Typis polyglottis Vaticanis, t. XVII, 1966, p. 10.

personne divine du Verbe. C'est le contraire qui se produit en nous où il y a plus de néant que d'être, aussi bien sur le plan de la nature que sur celui de la grâce. » Dira-t-on que le *nihil* constitue la subsistance de l'*ens creatum*?

Mais si la notion de *compositio* est vite abandonnée[1], Bérulle ne renonce pas pour autant à chercher un outil conceptuel permettant de penser la participation au néant qui est le propre de toute chose créée en tant que faite *du* et *de* néant. La solution passera par le recours à une autre catégorie, celle de « relation », et par l'assimilation de l'être créé à l'être relatif[2]. En concevant la créature comme un « rapport à Dieu », l'Oratorien peut en effet faire état de la *naturae nihileitas*, sans cependant suggérer une quelconque « imperfection essentielle » des étants créés. De plus, le terme de « relation » permet de souligner « le néant qui est propre à la créature » sans la nécessité d'hypostasier le *non-esse* et de l'intégrer à une impensable *compositio*. Un opuscule, rédigé, semble-t-il, à une date assez tardive[3], propose une synthèse efficace de la réflexion bérullienne sur ce thème. La notion de relation est introduite d'une façon discrète par le biais de celles de « servitude » et de « dépendance » :

> Comme Dieu seul est indépendant et tout le reste en dépendance au regard de Dieu, aussi tout est en servitude vers Dieu : « *Omnia serviunt tibi* ». Cette servitude est fondée dans l'être, voire dans le plus intime de l'être, est aussi ancienne que la créature et inséparable d'icelle. [...] Voulions ou non, si nous sommes en être et en nature, nous sommes en dépendance, en appartenance et en relation de servitude au regard de Dieu.

Mais justement en tant que « fondée dans le plus intime de l'être », la relation sera plus essentielle à la créature que son existence même : « L'être n'est pas essentiel et nécessaire à la créature [...] et il est plus aisé d'effacer son être que sa servitude »[4]. Dès lors, « toute créature est essentiellement esclave de Dieu son Seigneur, et cette servitude ne lui peut être non plus ôtée que sa propre essence, *étant plus à son Dieu qu'à elle-même* ». Ainsi,

1. Une seule exception : « L'être de l'homme est composé de deux extrémités, de corps et d'esprit, d'être et de non-être » (*OC B* I, 4, p. 131).

2. Nous ne pouvons que renvoyer un fois de plus à l'étude de R. Bellemare qui a le premier mis en lumière ce sens de l'être comme « être-en-relation » (*Le sens de la créature*, *op. cit.*, p. 40 et chap. IV). Nous n'analysons ici que l'être relatif comme condition commune à toute créature, sans nous attarder sur le statut propre aux hommes qui doivent selon Bérulle « renouveler par l'exercice » de leurs puissances « le privilège » de leur « essence ». Voir sur ce point *OC B* I, 4, p. 20-38; R. Bellemare, *Le sens de la créature*, *op. cit.*, p. 131-139 et P. Cochois, *Bérulle et l'École française*, *op. cit.*, p. 70-71.

3. Voir *OC B* I, 4, p. 38 et *contra* J. Orcibal, *Le cardinal de Bérulle*, *op. cit.*, p. 103 et R. Bellemare, *Le sens de la créature*, *op. cit.*, p. 50.

4. *OC B* I, 4, p. 38-39.

dire qu'« il y a plus du néant que de l'être en notre être » reviendra finalement à affirmer que « notre être est un rapport à Dieu ». Bérulle ne se lasse pas de rappeler cette acquisition théorique[1] et d'affirmer la primauté de la relation sur tout autre caractère de la chose créée[2] :

> [T]oute créature est essentiellement esclave de Dieu son Seigneur, et cette servitude ne lui peut être non plus ôtée que sa propre essence, étant plus à son Dieu qu'à elle-même. Et cette relation est la première qui soit en la créature. Elle est transcendante toute autre propriété et différence de son être. Et cela lui convient par son émanation de Dieu et sa création. Car en tant qu'issue de lui et dépendante de lui nécessairement et perpétuellement, elle le regarde comme son Souverain par une relation réelle qui est la première qui soit en elle[3].

Finalement il y va d'un véritable bouleversement de la doctrine aristotélicienne des catégories. Comment peut-on en effet faire de la relation cette « propriété transcendante » de tout étant créé, alors qu'elle n'est qu'un accident qui ne subsiste et n'a son « fondement » que dans la substance, bref un *ens diminutum*? « Ceux qui ont discouru des relations entre les philosophes les remarquent pour les moindres réalités de la nature, [...] pour les moins efficaces des réalités et opérantes; car elles ne produisent rien et elles ne sont que suites des réalités et opérations d'autrui »[4]. Toutefois, parmi les outils conceptuels de la science scolastique, on dispose aussi d'une autre doctrine des relations, ou plutôt d'une application de cette doctrine au domaine de la nature increée dans le cas des trois personnes de la Trinité. Ne parle-t-on pas à ce propos de *relationes subsistentes*? Lisons saint Thomas : « Ainsi "la Personne divine" signifie la relation en tant que subsistante : autrement dit, elle signifie la relation par manière de substance c'est-à-dire d'hypostase subsistante en la nature divine »[5]. Bérulle n'hésite pas à rapprocher l'être relatif des créatures de celui de la Trinité créatrice où « les relations sont constitutives [...] et il n'y a subsistence [...] que par relations ». Si les catégories de la logique aristotélicienne ne permettent pas de penser « le néant qui est propre à la créature », la raison en est que dès qu'on passe à un autre ordre, une autre

1. Voir par exemple *OC B* I, 4, p. 66.
2. *OC B* I, 4, p. 21.
3. *Ibid.*, p. 34. Pour les sources scotistes et bonaventuriennes de cette « relation essentielle » voir R. Bellemare, *Le sens de la créature*, *op. cit.*, p. 122-130.
4. *OC B* I, 4, p. 198.
5. *ST*, Ia, q. 29, a. 4.

logique s'impose : « Dans ce monde [1], cette catégorie de relation est une des plus petites, "*tenuissimae entitatis*" ; et c'est la catégorie la plus puissante et la plus importante dans le monde de la grâce, qui ne subsiste et ne consiste qu'en relation vers Dieu »[2]. L'homme est une *subsistens relatio*, un étant tiré « *ex nihilo in nihilo* » et référé à Dieu, qui, en « faisant relation »[3], fait son être : « Nous devons tous désirer non pas d'être, mais ou de n'être point *ou* d'être en relation vers Dieu et son Fils unique, voire *n'être que* relation »[4]. L'idée d'un « être relatif » vient ainsi apporter une réponse à l'interrogation sur le néant de l'être créé et sa *compositio* d'être et de non-être : la créature est « un néant qui a rapport à Dieu », tout son être « n'est qu'une relation au Créateur. [...] Si les relations sont constitutives des Personnes divines, combien plus le sont-elles des créatures qui n'existent que par relation au Créateur comme à leur principe ! »[5].

Revenons à notre question de départ : si l'incorporation des fidèles au corps mystique doit se comprendre à partir de ce qu'on pourrait nommer une « analogie de la subsistence », cette dernière, dans son acception métaphysique, nomme l'être créé. Or, comme on vient de le voir, l'être créé se comprend à partir de la catégorie de relation plutôt que de celle de substance. D'où une première conclusion : subsister dans le corps mystique signifie « faire relation à l'humanité déifiée » du Christ, mieux : « avoir relation » avec lui et « n'être que relation vers lui »[6]. Mais il y a plus. Car, cette approche du *quasi-nihil* des choses créées ne peut que s'accompagner d'une doctrine de la création comprise comme création continuée. Si l'*ens creatum* tend par nature au néant, voire s'il y a plus de néant que d'être en lui, il faut en effet que Dieu le soutienne constamment dans l'existence et que donc la création ne se distingue pas de la conservation. Depuis le Pseudo-Denys jusqu'aux mystiques rhéno-flamands, en passant par maints auteurs scolastiques, la doctrine de la création continuée est un élément commune de la tradition spirituelle dont Bérulle s'inspire[7]. Sans la

1. Ce monde de la nature que Bérulle, au début de l'opuscule, invite à séparer de l'ordre et du « monde de la grâce », est moins la nature créée en tant que telle que la compréhension de cette nature de la part des « naturalistes » (*OC B* II, 6), qui s'avère finalement gouvernée par la *Métaphysique* d'Aristote (N, 1, 1088a 22).

2. *OC B* I, 4, p. 198.

3. Voir *OC B* III, 8, p. 332.

4. *OC B* I, 4, p. 198, nous soulignons.

5. *Ibid.*, p. 193.

6. Voir R. Bellemare, *Le sens de la créature*, *op. cit.*, p. 40-41.

7. Voir le très riche dossier documentaire proposé par J. Orcibal dans B. de Canfield, *Règle*, *op. cit.*, p. 381 n. 22.

« continuelle manutention » de Dieu, la créature « ne pourrait être »[1], car « si Dieu cesse de lui accorder l'être, et retire sa main, la créature retombe et disparaît aussitôt dans le néant d'où elle vient, de la même manière que, lorsque le soleil se couche et retire ses rayons, toute lumière dans l'air s'en va »[2]. L'image et l'idée d'une « manutention divine » reviennent souvent sous la plume de Bérulle pour expliciter l'influence continuelle de Dieu qu'impose l'indigence des choses créées[3]. Le cardinal suit en cela Lessius, dont il se réclame d'ailleurs explicitement pour étayer, en la situant sous l'égide d'un maître indiscuté de « la meilleure théologie » moderne, une vérité qui s'était imposée sans doute spontanément à son esprit en réfléchissant sur le néant de la créature[4]. Or, dans le *De summo bono* (1616) et, d'une façon plus développée, dans le *De perfectionibus moribusque divinis* (1620), Lessius définit le concept de création continue à partir de l'idée de causalité exemplaire, la continuité de la création se déduisant ainsi de la modalité de l'acte créateur. C'est parce que Dieu crée d'abord selon une causalité exemplaire, c'est-à-dire dans son Verbe, qu'il peut rester intimement présent à la création comme (voire, *plus que*) le soleil dans ses rayons. « Dieu rapporte toute chose à lui-même comme à un fonds qui les tient toutes et les contient comme un lieu qui en a la totale capacité »[5] : la chose créée l'est à partir de son intelligence, c'est-à-dire *à partir* de l'essence divine elle-même en tant que participable ou imitable par les créatures[6]. Par conséquent, quand bien même « la créature ne dépendrait pas de Dieu, Dieu resterait pourtant intimement présent à tout étant créé en raison de son immensité et subtilité et il les pénétrerait et remplirait toutes »[7]. Dieu conserve en créant et crée en conservant : il ne peut pas abandonner l'univers à lui-même parce que l'univers demeure toujours en

1. B. de Canfield, *Règle*, *op. cit.*, p. 382.

2. Cornelius a Lapide, *Commentaria in omnes divi Pauli epistolas*, Anvers, Apud Martinum Nutium, 1635, p. 571.

3. Voir *OC B* I, 4, p. 3 et *OC B* III, 7, p. 236. M. Dupuy remarque que Bérulle, en écrivant « l'homme est tiré du néant » plutôt qu'« a été tiré », renvoie à la création continuée (*OC B* III, 8, p. 173).

4. *OC B* I, 4, p. 168.

5. *De perfectionibus moribusque divinis libri XIV*, Paris, P. Mettayer, 1620, p. 131-132.

6. Voir le dossier rassemblé par J.-C. Bardout et O. Boulnois (dir.), *Sur la science divine*, Paris, P.U.F., 2002. Louis de Blois, dans son *Institution spirituelle* (trad. fr. M. Huot de Longchamp, Toulouse, Éditions du Carmel, 2004, p. 102), résume : « [Dieu] est l'être incréé de toutes les choses. De fait, en son éternelle science, il avait les concepts divins et les idées des choses qu'il a faites, et tout ce qui a été créé par lui a toujours été connu par lui, a toujours vécu et vit encore en sa pensée. »

7. *De summo bono et aeterna beatitudine hominis libri quatuor*, Anvers, Ex officina Plantiniana, apud Balthasarem et Ioannem Moretos, 1616, p. 85.

lui d'une façon plus originaire (*prius*) et plus essentielle (*verius*). Bref, « Dieu demeure intéressé au monde créé, et la continuité du mode de création détermine encore la création continuée, au point que Dieu demeure dans le monde du fait même qu'il ne cesse de le faire demeurer en lui-même »[1]. En outre, la création continuée trouve son soubassement théorique dans une assimilation de la création à l'émanation, que Lessius énonce[2] et que Bérulle assume le plus souvent comme allant de soi dans ses écrits. Émanation et causalité exemplaire permettent donc d'expliquer la nature continuée de la création. La création n'implique aucune rupture : la continuité de l'action créatrice est le revers de la continuité du rapport entre créateur et créature. Présentes tout d'abord dans l'« *immenso quodam sinu* » de l'intelligence divine, les créatures ne peuvent qu'être incessamment conservées par Dieu, aucune fracture n'étant venue les séparer de l'exemplarité créatrice du Verbe, ni cette dernière du Père.

Cette connexion entre émanation, exemplarisme et caractère continué de la création est mise à profit par Bérulle pour valider sa compréhension du créé comme relation subsistante : « l'être créé » ne peut être que « toujours émanant de Dieu et n'a subsistence qu'en cette émanation continuée et perpétuelle, sans avoir aucune consistance hors de cette émanation toujours présente » et cela s'avère d'autant plus nécessaire que Dieu « tire le monde hors du néant, *ou pour mieux dire hors de Dieu* »[3]. Le principe d'exemplarité (« tout ce qui procède de Dieu demeure en Dieu même, en une certaine manière comme en son principe ») impose d'affirmer « que les choses créées, comme issues de la divine essence, demeurent en cette essence »[4]. Dieu est « capable » de la création, il la contient – ou la tient – en lui, intentionnellement, dans son intelligence, comme quelque chose qui lui appartient, plus que les choses créées ne s'appartiennent à elles-mêmes : « Tout ce qui est émané de Dieu demeure en Dieu qui est la capacité qui contient nécessairement tout être créé »[5], « toutes choses sont en Dieu [...] comme en leur idée parfaite, par sa sapience »[6] et elles y ont « une sorte d'être spirituel et divin en l'idée en

1. J.-L. Marion, *Sur la théologie blanche de Descartes. Analogie, création des vérités éternelles et fondement*, Paris, P.U.F., 1981, p. 151. Sur la causalité exemplaire chez Bérulle et sa critique par Descartes, voir p. 140-153.

2. *De perfectionibus moribusque divinis*, *op. cit.*, p. 146.

3. *OC B* I, 4, p. 116.

4. *OC B* III, 7, p. 407.

5. *OC B* I, 4, p. 50 et voir p. 125.

6. *OC B* III, 7, p. 406. J. Orcibal (« Une formule de l'amour extatique », *op. cit.*, p. 521 n. 24) remarque cependant que si Bérulle accorde au Christ le titre de « monde archétype », il ne semble pas affectionner l'idée du Verbe en tant que lieu des raisons idéales. Voir aussi

laquelle il les connaît »[1]. Ainsi, par la création l'homme « émane de Dieu comme de son principe, et, quoique par cette émanation il reçoive un être différent d'icelui, lequel de toute éternité il avait en Dieu, néanmoins, il demeure toujours conjoint à cet être de Dieu, car Dieu est uni à cet être qu'il lui donne en la création. Dieu est présent en cet être, et est par cette présence et union conservant cet être »[2]. Ainsi, la doctrine de la création continuée et la causalité exemplaire qui en constitue le soubassement théorique viennent charpenter la compréhension bérullienne du « néant qui est propre à la créature » : la dépendance continuelle à l'égard de Dieu est la relation qui fait la créature, et sa continuité découle autant de la modalité de sa mise en œuvre par une causalité exemplaire, que de la propension des étant finis à retomber dans le néant. Pour tout étant créé, subsister signifiera être « un néant qui tend au néant [...], mais un néant en la main de Dieu »[3].

SUBSISTER EN JÉSUS

La reconstruction de la doctrine bérullienne de la création nous a imposé un long détour – un détour qui était toutefois indispensable pour saisir le rôle que Bérulle assigne à la notion de « corps mystique ». Comme on l'a rappelé plus haut, l'homme doit se livrer à l'abnégation en imitant l'« anéantissement » exemplaire de la divinité dans le Christ et le dépouillement de subsistence de sa nature humaine[4]. Mais si une telle approche vise à exalter le moment négatif et « purgatif » de l'attitude du fidèle[5], la conscience de la « continuelle et momentanée dépendance »[6] ontologique des créatures permet au contraire de rendre compte de sa « subsistence en Jésus ». La subsistence de l'étant créé en Dieu devient le modèle à partir duquel expliquer la dépendance du Christ dans la vie de la grâce. Bérulle trouve de quoi étayer ce parallélisme dans une série de textes du *Nouveau Testament* qui proclament la création des fidèles en Christ (*Gal* VI, 15; *Col* I, 6) et les opuscules de la maturité du cardinal multiplient les commentaires de deux versets, tirés de saint Paul et de l'Apocalypse : « *Creati in*

pour un usage assez détourné de *Col* I, 16, *OC B* I, 4, p. 377 et pour le Verbe « idée du Père » *OC B* III, 8, p. 149.

1. *OC B* III, 7, p. 34 et voir *OC B* III, 8, p. 45 : la créature « sort de l'être qu'elle a en Dieu, pour exister en soi-même ».

2. *OC B* I, 5, p. 153 et voir *OC B* III, 7, p. 235-236.

3. *OC B* I, 3, p. 58. Cf. *OC B* I, 4, p. 118, 98.

4. Voir M. Dupuy, *Le Christ de Bérulle*, *op. cit.*, p. 63-80.

5. *OC B* I, 1, p. 307 (= *OC B* I, 2, p. 274) (1615).

6. *OC B* I, 4, p. 208.

Christo Iesu » (*Eph* II, 10) et « *Principium creaturae Dei* » (*Ap* III, 14). En reconnaissant au Christ un rôle de créateur et de *principium*[1], Bérulle peut en effet appliquer à la substance spirituelle et à son union à Dieu le statut d' « être relatif » dont on a vu qu'il convient à tout étant créé :

> « *Creati in Christo Iesu* ». Elle [*sc.* cette parole] nous apprend que nous sommes créés en Jésus-Christ et que, comme Dieu vivant est le principe de notre existence en la nature, Dieu mortel et mourant est le principe de notre existence en la grâce. « *Creati in Christo Iesu* ». Elle nous apprend que, comme nous avons deux émanations de Dieu et deux êtres différents, nous avons aussi deux entrées en deux mondes bien différents, et à des fins bien diverses. Car en la création première nous entrons en ce monde que nous voyons ; et en la création seconde nous entrons en un monde que nous adorons, c'est-à-dire nous entrons, nous vivons, nous opérons en Jésus. « *Creati in Christo Iesu* ». Et comme il est notre principe, il est notre univers aussi, il est notre monde et nous vivons en lui[2].

Il y va d'une double émanation : la créature subsiste par dépendance du Créateur et ne se conserve hors du néant qu'en vertu de la relation qui le relie à lui. De même le chrétien n'existe dans son existence surnaturelle que s'il subsiste en Jésus-Christ, en se faisant relation à lui :

> En ces deux émanations, nous recevons un être et un être différent. Nous sommes établis en deux mondes et deux mondes aussi différents. En l'un nous recevons l'être de la nature, en l'autre nous recevons l'être de la grâce. [...] Jésus qui est notre père[3] et principe nous engendre et produit, nous forme et nous établit en lui-même. [...] Et nous vivons en lui, nous sommes créés et établis en lui[4].

Comme on le voit, en faisant de Jésus « l'être de notre être »[5], selon une formule que la tradition avait mobilisée pour décrire l'action divine dans la création continuée, Bérulle parvient à écarter les dangers implicites propres à toute pensée de l'*unitas spiritus*. « Subsister en Jésus » signifie entrer en relation à Dieu en participant, de quelque façon, à l'union hypostatique elle-même[6]. La vertu de religion trouve son accomplissement

1. *OC B* I, 3, p. 60-61 ; III, 7, p. 211-212 ; I, 4, p. 436. Voir M. Dupuy, *Bérulle, une spiritualité de l'adoration*, *op. cit.*, p. 245-247.

2. *OC B* I, 4, p. 30-31.

3. Cf. *ibid.*, p. 100-101. Bérulle s'inspire d'Isaïe (IX, 5) et suit sans doute Luis de Léon. Voir M. Dupuy, *Bérulle, une spiritualité de l'adoration*, *op. cit.*, p. 248 ; *id.*, *Le Christ de Bérulle*, *op. cit.*, p. 206-207 et J. Orcibal, *Le cardinal de Bérulle*, *op. cit.*, p. 57-58.

4. *OC B* I, 4, p. 110. Voir aussi *OC B* I, 4, p. 95-110 et *OC B* I, 4, p. 27-28.

5. *Ibid.*, p. 138. Voir *OC B* I, 5, p. 574.

6 *OC B* I, 3, p. 48.

ainsi que son modèle dans le Christ : si on subsiste en lui comme dans une nouvelle création la distance infinie, ou la « disproportion »[1], comme l'appelle tantôt Bérulle, entre Dieu et la créature se trouve dépassée. « *Religio a religando* », « or, Jésus-Christ est tout dans la religion et le lien qui par elle nous unit au Père »[2]. Le Christ *est* une « relation subsistante et personnelle » ; cela permet au chrétien qui subsiste en lui et « adhère » à ses états de se voir référé à Dieu. La vérité de l'*ens creatum* compris comme « étant relatif » permet donc d'accorder union et médiation : la créature, relation subsistante dans la main de Dieu, trouve dans la relation incréée qu'est le Christ un moyen qui est en même temps une fin parce qu'entièrement référé au Père : la « Personne divine » du Christ « n'est pas seulement relative, mais la relation même » et dès lors « il y a un homme, homme de même condition que nous, qui est relatif ; et ce qui plus est, qui est une relation substantielle et personnelle à Dieu »[3]. Le Christ est un médiateur qui ne constitue en rien un intermédiaire, « moyen, mais nullement obstacle »[4], un « milieu ».

Or, la doctrine bérullienne du corps mystique constitue de toute évidence le lieu où convergent et trouvent leur cohérence ultime ces multiples approches de la subsistence des chrétiens en Jésus. Deux conférences, datant sans doute de l'époque des *Grandeurs*, en offrent un exposé synthétique d'une clarté magistrale[5]. Dans les deux cas, le point de départ est le constat du double néant de l'homme en tant que créature et pécheur : « En cet état nous n'avons droit à rien qu'au néant et à l'enfer. Et nous n'avons pouvoir de rien que de pécher, et nous ne sommes plus qu'un néant opposé à Dieu. » La *sententia* du Concile d'Orange impose de penser le *nihil* en même temps comme lieu originaire où Dieu « nous avait regardé et nous en avait tiré pour nous donner l'être de la nature » et comme condition actuelle dans laquelle il « a daigné nous regarder dans le péché pour nous en retirer et nous donner l'être de la grâce ». La logique de l'exemplarisme permet d'autre part d'assigner au Christ un double rôle de médiateur : créés dans le Verbe[6], c'est-à-dire dans l'intelligence divine, nous sommes de nouveau recréés en lui : Dieu veut « nous sauver en lui, comme il lui avait

1. Voir *OC B* III, 8, p. 303 ; *OC B* I, 3, p. 257 et M. Dupuy, *Bérulle, une spiritualité de l'adoration*, *op. cit.*, p. 278-279.

2. *OC B* I, 4, p. 405 ; I, 3, p. 49.

3. *OC B* I, 3, p. 308-309. Voir *OC B* III, 7, p. 385.

4 J. Orcibal, *Le cardinal de Bérulle*, *op. cit.*, p. 105.

5. Voir *OC B* I, 3, p. 105-110 et p. 320-328, d'où nous tirons les citations des pages qui suivent.

6. Voir *OC B* III, 7, p. 250.

plu de nous créer en lui ». Or, aux yeux de Bérulle, seule la conscience de cet heureux parallélisme dans l'économie de la création et de la rédemption permet d'apprécier la vraie signification de la « parole de saint Paul [...] : "*vos estis corpus Christi et membra de membro*" » (I *Cor* XII, 27). En effet, poursuit Bérulle, « nous avons cette parole familière entre nous de membre et de chef. Cette parole est fort commune, mais elle n'est pas pénétrée[1]. Nous la disons assez, mais nous la pensons trop peu ». Or, la métaphysique de la création et de la *nihilitas creaturae* permet précisément de *penser* ce qui risque de n'être qu'une image, ou, pire, une banalité dévote. Et, en le pensant, de saisir la signification la plus profonde du corps mystique en tant que lieu de l'*unitas spiritus*, c'est-à-dire d'une union à Dieu qui, pour être maximale, n'implique pas pour autant de confusion entre Créateur et créature. Dans la suite des deux conférences, Bérulle passe sans solution de continuité de l'image du soleil et des rayons à celle du corps mystique. Tout ce que la première comparaison laisse entendre à propos de la création continuée et de la créature en tant que relation constamment tirée du néant, la seconde le rapporte à « l'existence spirituelle ». Dieu conserve les créatures qui n'ont de subsistence que dans sa dépendance, le Christ conserve ses membres qui ne peuvent vivre qu'en lui dans la grâce. De même, si la relation est la seule catégorie définissant l'étant créé comme fait « *ex nihilo in nihilo* » (« nous devons tous désirer non pas d'être, mais ou de n'être point ou d'être en relation vers Dieu [...] voire *n'être que* relation »), Bérulle peut filer le parallélisme et écrire : « Ou vous n'êtes qu'un pur néant devant Dieu, ou vous êtes membres de Jésus »[2], car il faut « [n']être que un rapport à Jésus-Christ. » L'*humilitas veritatis* nous impose de reconnaître notre condition comme une relation dépourvue de subsistence autonome ; mais le Christ est lui-même « un rapport éternel et substantiel de soi-même », à la fois *via* et *vita*. Le corps mystique est donc le lieu où l'unité de l'esprit s'accomplit sans nier la distance entre l'homme et Dieu, parce que c'est l'existence *dans* et *par* une relation incréée qui permet à une relation créée de se conjoindre parfaitement au Créateur. Catherine de Gênes avait longuement médité sur la transformation en Dieu, et elle en était venue à s'écrier : « Ce mien moi est perdu en Dieu... ». Bérulle souscrit à la formule, en ajoutant pourtant une spécification qui en est un correctif essentiel : « Séparez-vous toutes de vous-mêmes, n'agissez plus par vous-mêmes, n'adhérez plus en vous-mêmes, afin que votre vie soit toute transformée en Dieu, *mais cela en Jésus et par Jésus* »[3].

1. Voir *CB* II, p. 348 (= *OCB* IV, 10, p. 464).
2. Voir P. Cochois, *Bérulle et l'École française*, *op. cit.*, p. 93.
3. *OCB* I, 5, p. 551, nous soulignons.

La transformation de l'âme en Dieu ne peut se produire qu'en Jésus-Christ et dans son corps, quitte à la confondre avec une « transmutation de nature ». Bérulle écrit ailleurs : « Nous devons être vivant et subsistant en Jésus-Christ : point de vie en nous-mêmes, point de subsistance propre, *point de moi* »[1]. Mais renoncer au *moi* ne signifie rien d'autre que reconnaître que notre *moi* est impossible hors du corps mystique du Christ, à l'intérieur duquel seulement l'être spirituel peut avoir son existence. Ce n'est pas un hasard si Bérulle applique une célèbre maxime des *Soliloquia* non seulement à Dieu, mais aussi au Christ : « Que je vous connaisse et me connaisse, ô Jésus ! Je me connais et considère comme un étant émané, dépendant, référé et référé à vous que j'adore comme principe de mon être et de tout être et [...] je m'établis en vous comme au fond de mon être qui n'a d'être et subsistence qu'en vous »[2]. Seule « la grâce nous réfléchit à Jésus » et seul le corps mystique en tant que pensée de la vie unitive nous « donne nous-mêmes à nous-mêmes » en nous faisant connaître « un autre nous-mêmes »[3] dans lequel nous trouvons la vérité de notre condition : « Nous sommes tirés hors de nous-mêmes pour vivre en lui et sous la conduite de son Esprit. Nous changeons entièrement de condition. D'hommes, nous sommes faits membres de Jésus-Christ »[4].

Résumons les acquis de cette longue analyse consacrée au renouveau d'intérêt pour le corps mystique chez Bérulle et les maîtres de l'Oratoire.

a) Bérulle brille par son originalité dans le paysage théologique de son temps. Une telle originalité réside autant dans l'ampleur des textes consacrés par l'Oratorien au thème du corps mystique que dans l'élaboration doctrinale à laquelle il soumet le théologoumène paulinien. En réagissant à l'attitude de ses contemporains qui appliquent l'expression *corpus mysticum* aussi bien aux corps politiques qu'à l'Église, Bérulle fait un usage extrêmement parcimonieux du syntagme (moins qu'une dizaine d'occurrences dans ses œuvres, toujours dans des pages consacrées au rapport entre Église et Eucharistie)[5].

b) D'autre part, si Bérulle mobilise l'idée d'une incorporation au Christ pour penser l'entrée des fidèles dans « l'ordre de la grâce », il semble cependant passer sous silence la plupart des questions abordées par les

1. *OCB* I, 5, p. 324, nous soulignons.
2. *OCB* I, 4, p. 182.
3. *OCB* I, 3, p. 118.
4. *OCB* I, 5, p. 487-488. Voir P. Cochois, *Bérulle initiateur mystique*, *op. cit.*, p. 87-89.
5. *OCB* II, 6, p. 284, 333 ; III, 7, p. 21 ; III, 8, p. 376.

traités *De Ecclesia* (les réquisits pour être membre du corps mystique, la communion des saints, la diversité des fonctions des membres dans le corps, etc.). Ces thèmes sont certes évoqués par l'Oratorien [1], mais toujours d'une façon assez rapide, comme autant de corollaires d'une interrogation plus fondamentale.

c) La question qui gouverne la doctrine bérullienne du corps mystique est en effet celle de l'union à Dieu. On a pu dès lors y reconnaître l'expression d'une réaction face aux risques que comportait la doctrine de l'union élaborée par les mystiques rhéno-flamands à partir de l'idée d'un retour à l'*esse ideale*. Si pourtant Bérulle cherche à préserver sa conception de la déification du péril que représente la thèse de l'union à Dieu « non par simple participation, mais par vraie transformation », il ne renonce pas à l'exigence qui animait la mystique du Nord : celle de penser l'union à Dieu en toute sa radicalité. Ainsi, à propos de « l'union et la communication que Dieu fait de soi-même à l'âme du saint », Bérulle n'hésite pas à écrire :

> Dieu est plus en l'âme que l'âme du saint ou de la sainte n'est en son corps. Il la transforme en soi-même. [...] De sorte que Dieu et le saint ne sont qu'un. C'est ce que le Fils de Dieu demande à son Père en saint Jean 17 [21] : « Qu'ils soient un comme nous sommes un ». [...] Et par force de cette prière, les saints sont tellement unis à Dieu, et Dieu à eux, qu'ils ne sont plus qu'une même chose avec lui. De sorte que cette union est comme celle de la Sainte Trinité [2].

« L'âme ne perd pas son être » [3] et « notre subsistence ne nous est pas ôtée » [4], mais déjà ici-bas Dieu est « en l'âme justifiée, par la communication qu'il lui fait de soi-même, la faisant une même chose avec lui » [5].

d) C'est pour cette raison que Bérulle revient à maintes reprises sur la « prière solennelle » du Christ (*Jn* XVII, 21) qui « au dernier jour de sa vie » demande « la grâce d'être tous consommés en l'unité suprême qui est en lui et qu'il a éternellement avec son Père » [6]. Or, une telle « réunion des âmes avec Dieu, comme dit saint Jean » [7] s'opère *par* et *dans* le corps mystique :

1. Voir *OC B* I, 3, p. 220 (différence des tâches dans le « corps mystique du Fils de Dieu qui est l'Église ») et *OC B* I, 5, p. 465 (communion des saints) ; *OC B* I, 5, p. 99 (*Christus caput*).

2. *OC B* I, 5, p. 376-377. Voir *CB* I, p. 161 (= *OC B* IV, 11) ; III, p. 634.

3. *Ibid.*, p. 33.

4. *OC B* I, 4, p. 141.

5. *OC B* I, 5, p. 417.

6. *OC B* III, 7, p. 162.

7. *Ibid.*, p. 154.

« C'est une des prières qu'il fait au Père : "que tous soient un". Il est un avec son Père, qui est son chef, *Caput Christi Deus* (I *Cor* XI, 3), par le Saint-Esprit. Soyons un avec Jésus-Christ notre chef par son Esprit Saint et que cet Esprit qui lie Jésus-Christ à Dieu, lie nos âmes avec Jésus-Christ »[1].

e) Pour garantir à la notion de « corps mystique » une position si centrale dans sa synthèse spirituelle, Bérulle s'appuie sur une analogie de la subsistence qui lui permet d'articuler métaphysique et spiritualité, ontologie et christologie. Si, « à la suite sans doute de Nacchianti », Bérulle présente « l'Homme-Dieu comme unique subsistence du corps mystique »[2], la réflexion sur « l'état de la créature elle-même, en tant que créature »[3] permet d'autre part de penser la subsistence métaphysique, le « néant de l'être créé » sous la catégorie de la relation. La doctrine de la création continuée, fondée sur la causalité exemplaire, exalte la profondeur de cette subsistence en Jésus : « Nous sommes incessamment en la main de Dieu »[4], autant dans l'ordre de la nature que dans celui de la grâce[5]. Bérulle nomme « adhérence » cette « transfusion en nous » de l'être du Christ, cette « transplantation », comme il l'écrit parfois, par laquelle

> il s'approprie à nous et nous approprie à lui. Il se communique à nous et nous incorpore à lui [...] comme faisant partie de son corps, de son esprit, de lui-même, en manière beaucoup plus efficace et importante que les membres que nous avons ne font partie de notre corps et de nous-mêmes[6].

f) C'est ainsi que la réflexion sur le corps mystique accomplit et porte à son comble les thèses bérulliennes sur l'abnégation : il faut regarder le Christ « comme vie et comme notre vie » – d'où l'impératif que Bérulle ne cesse de répéter : « Ne nous regardons pas nous-mêmes »[7]. La subsistence dans le corps mystique du Christ se veut une désappropriation radicale, un refus de tout *moi* qui ambitionne à se constituer en propre : « Chaque homme ne fait que partie dont Jésus est le Tout. Et il ne suffit à l'homme d'être subordonné, mais il doit être désapproprié et anéanti et approprié à Jésus, subsistant en Jésus, enté en Jésus, vivant en Jésus »[8].

1. *CB* III, p. 551. Voir *CB* II, p. 342 (= *OC B* IV 10, p. 457) ; III, p. 528.
2. J. Orcibal, *Le cardinal de Bérulle*, *op. cit.*, p. 149.
3. *OC B* I, 4, p. 331.
4. *Ibid.*, p. 336.
5. Le deuxième discours des *Grandeurs* fait suivre le constat de l'indigence de l'étant créé (*OC B* III, 7, p. 96) par la thèse du Christ subsistence du corps mystique (p. 98), dans un mouvement argumentatif qui s'achève avec une longue citation de *Jn* XVII, 21 (p. 98-99).
6. *OC B* I, 3, p. 70-71.
7. *Ibid.*, p. 107. Voir aussi *OC B* I, 4, p. 344.
8. *OC B* I, 4, p. 181.

« UN CORPS, UNE ÉGLISE, ET UN MÊME JÉSUS-CHRIST » : ÉGLISE ET CORPS MYSTIQUE CHEZ SAINT-CYRAN

Par sa richesse et la multiplicité d'enjeux qu'elle mobilise, la réflexion de Bérulle sur l'idée de corps mystique marque une discontinuité majeure dans l'histoire de la spiritualité de l'époque moderne. Cependant, elle relève moins d'une ecclésiologie que d'une méditation sur l'union individuelle à Dieu, voire sur les modes et les limites de la divinisation. Il est souvent question de l'incorporation au Christ; il l'est beaucoup moins du corps qu'est l'Église. De fait, l'ecclésiologie élaborée par Bérulle semble se constituer à partir d'autres éléments de sa théologie[1]. Ainsi, pour rendre compte de la constitution de la communauté ecclésiale, Bérulle s'adresse surtout à l'Eucharistie[2] : elle constitue le « vrai ciment » qui réunit les âmes en donnant lieu à une « société » terrestre qui « n'a d'autre lien que celui de la charité » et pour cela, imite « l'union ou plutôt l'unité des Personnes divines en la Très Sainte Trinité »[3]. Bref, si Jésus-Christ « est l'idée de l'Église » et que les hommes « s'y doivent conformer comme membres qu'ils sont », l'*unitas spiritus* et l'*unum* de saint Paul et de saint Jean signifient « l'union perpétuelle de notre esprit à l'Esprit de Dieu », l'union « d'une âme parfaitement unie à Dieu »[4], plus encore que l'unité qui *fait* le corps mystique et le rend un « tout », comme dira plus tard Pascal. Il reviendra au contraire à Saint-Cyran d'insister sur cette « dimension sociale du corps mystique »[5], passablement absente des pages de Bérulle. C'est donc à la doctrine de l'Église de cette figure séminale pour l'histoire de Port-Royal qu'il faudra consacrer les pages conclusives de ce chapitre. Cette analyse permettra de montrer comment Saint-Cyran prolonge l'effort de Bérulle pour remettre au centre de la spiritualité chrétienne le théologoumène paulinien, tout en nous fournissant des éléments essentiels pour notre lecture des fragments sur les « membres pensants », car c'est sans doute grâce à la médiation de Saint-Cyran que Pascal put apprécier la redécouverte du corps mystique opérée par le fondateur de l'Oratoire.

1. Voir S.-M. Morgain, *La théologie politique de Pierre de Bérulle* (*1598-1629*), Paris, Publisud, 2001, p. 379-386.

2. Voir notamment le troisième discours des *Grandeurs* (*OC B* III, 7, p. 145-149), où la méditation sur l'Eucharistie comme « extension de l'Incarnation » débouche sur l'évocation de *Jn* XVII, 11.

3. *OC B* II, 6, p. 333; I, 4, p. 403; II, 6, p. 336.

4. *OC B* I, 5, p. 481 ; I, 4, p. 360, 534.

5. Orcibal, *Origines*, V, p. 20. Voir R. Bellemare, *Le sens de la créature*, *op. cit.*, p. 112-116.

L'ecclésiologie constitue l'un des meilleurs exemples pour illustrer les difficultés que l'on rencontre lorsqu'on cherche à retrouver l'unité profonde de ceux que Jean Orcibal a justement nommés « les deux Saint-Cyran »[1]. L'abbé n'a-t-il pas affirmé en effet que « depuis six cents ans il n'y a plus d'Église »[2], tout en ajoutant ailleurs, sans crainte de se contredire, que si « les fleuves [...] se rendent quelques fois invisibles, en se cachant pour un temps sous la terre [...] l'Église, depuis qu'elle a commencé à paraître dans le monde, a toujours paru, et paraîtra toujours visible jusqu'à la fin des siècles »[3] ? D'autre part, comment peut-on accorder les thèses « hiérarchiques », voire ultra-hiérarchiques, des œuvres publiées sous le pseudonyme de Petrus Aurelius avec le vitalisme exclusif dont témoignent certaines pages de la *Théologie familière*[4] ? Enfin, quelle valeur faut-il attribuer aux multiples attestations de la vénération de Saint-Cyran pour la hiérarchie ecclésiastique qui, comme il l'écrit, « tient sur terre la place de Dieu »[5], alors qu'il exalte si souvent l'importance des signes sensibles et des « vocations » octroyées par la volonté divine aux âmes en tant qu'expression d'une *lex privata* propre à chacun des fidèles[6] ? Ces contrariétés, que les adversaires de Saint-Cyran ont souvent vues comme les marques d'une contradiction essentielle de sa pensée, voire les symptômes d'un esprit troublé, rendent d'autant plus regrettable la perte d'un long ouvrage en latin qui aurait figuré parmi les papiers de l'abbé, lors de son arrestation en 1638. Dans cet « excellent traité de l'Église » – comme le définit Antoine Arnauld – Saint-Cyran « en expliquait toutes les marques : Antiquité, Universalité, Infaillibilité, Perpétuité, et enfin son Unité, qu'il prouvait par un livre entier où [...] contre les hérétiques qui feignaient une Église visible et une invisible [...] il montrait, par l'Écriture et les Pères, qu'il n'y a qu'une seule Église »[7]. En l'absence d'une telle synthèse et confrontés à un auteur qui n'hésite pas à cultiver une certaine

1. Orcibal, *Origines*, II, chap. XII.

2. Voir *ibid.*, p. 604, 578 ; III, p. 30 ; V, p. 99-100. Il s'agit d'un argument classique des controversistes catholiques (*Cf.* Grabka, *Cardinalis Hosii doctrina*, *op. cit.*, p. 19).

3. A. Arnauld, *Œuvres*, *op. cit.*, t. XXIX, p. 298 ; t. XXX, p. 193. Voir A. Frigo, « Nouveauté et tradition à l'origine de la *Querelle* », *in* C. Bahier-Porte, C. Poulouin (dir.), *Écrire et penser en Moderne*, Paris, Champion, 2015, p. 185-200.

4. Voir J. Orcibal, « L'idée d'Église », in *Études d'histoire et de littérature religieuses*, *op. cit.*, p. 343-344 et l'entrée « Saint-Cyran » (Bernard Chédozeau) du *Dictionnaire de spiritualité ascétique et mystique* (Paris, Beauchesne, t. XIV, 1989, col. 146-147).

5. Petrus Aurelius, *In octo causas Spongia*, cité par Orcibal, *Origines*, II, p. 623 n. 6.

6. Voir Orcibal, *Origines*, II, p. 605 ; *Origines*, V, p. 50-60, 131-132 et J. Laporte, *Saint-Cyran*, Paris, P.U.F., 1922, chap. II ; III.

7. A. Arnauld, *Œuvres*, *op. cit.*, t. XXIX, p. 295.

forme d'ambiguïté dans ses propos, la question se pose de savoir comment en aborder l'ecclésiologie. Une voie majeure et privilégiée est précisément celle qu'ouvre et que dessine la notion de « corps mystique ». De fait, l'attention accordée au thème du corps mystique semble constituer un élément caractéristique de la réflexion ecclésiologique de Saint-Cyran. Il s'agit d'une constante dans sa pensée, qui révèle sa dette profonde envers Bérulle, mais qui se configure aussi comme un jalon de la postérité de la notion paulinienne à Port-Royal, notamment chez Arnauld[1].

On a rappelé dans le premier chapitre le chassé-croisé entre politique et ecclésiologie qui s'opère autour du syntagme de *corpus mysticum*. Le jeune Saint-Cyran ne sera pas complètement à l'abri des risques inhérents à cet usage ambivalent de la notion. En effet, le « chanoine bel esprit »[2] qui publie en 1615 l'*Apologie de la Roche Posay* peut encore affirmer que l'Église constitue, selon saint Paul, « un corps politique », en ajoutant sans trop y songer qu'elle est « l'épouse [de Jésus Christ] et *un* corps mystique composé d'hommes de naturels fort différents »[3]. C'est sans doute à Bérulle que Saint-Cyran est redevable de sa prise de conscience de la signification technique de la notion. Ce n'est pas un hasard, en effet, si l'une des premières méditations de Saint-Cyran sur le thème du corps mystique fait son apparition dans le cadre de la polémique du *Chapelet secret*. En prenant la défense de l'écrit de la Mère Agnès Arnauld, Saint-Cyran s'attarde à éclairer l'« incorporation » des fidèles au Christ :

> Ils sont les membres de son corps, unis à lui plus étroitement que ceux du corps humain, puisque ceux-ci ne le sont que par l'âme humaine, de qui la vertu d'unir est finie; au lieu que les membres du corps de Jésus-Christ, sont conjoints par l'esprit même de Jésus-Christ, qui a une force d'unir, sans comparaison, plus grande et infinie, et qui est l'unité même, et le lien des personnes de la Sainte Trinité[4].

De peu postérieure[5], la *Théologie familière* reprendra presque à la lettre ces mots, dans le cadre d'une catéchèse sur la charité et le corps mystique

1. Voir J. Grès-Gayer, « Le gallicanisme d'Antoine Arnauld : éléments d'une enquête », *op. cit.*

2. Voir Orcibal, *Origines*, II, chap. III.

3. *Apologie pour Messire H. L. Chastaigner de la Roche-Pozay*, s. l., 1615, p. 138; voir aussi p. 4, nous soulignons.

4. *Examen d'une apologie qui a été faite pour servir de défense à un petit livre intitulé, Le Chapelet secret du très-saint Sacrement* [...], Paris, s. n. e., 1634, p. 288. Il s'agit de la réplique du Père Binet à la première *Apologie* de Saint-Cyran dont il cite des extraits. Une *Réfutation* de Saint-Cyran fera suite la même année. Voir Orcibal, *Origines*, II, p. 320-321.

5. Voir Orcibal, *Origines*, V, p. 139-140.

qu'est l'Église, dont l'unité, affirme l'abbé, « se fait par le Saint-Esprit, qui est partout, lequel est le lien et l'âme de ce corps, unissant tous ces membres plus étroitement que notre âme n'unit les nôtres »[1]. Dieu « nous a fait non seulement Chrétiens, mais Christs[2], et une même chose avec lui »[3]. C'est pourquoi « cette compagnie et tout ce peuple ne tient lieu que d'une même personne et d'un même homme. Tous les Élus ne font qu'un même esprit et un même corps de Jésus-Christ; et comme ils ne seront qu'une même personne dans le ciel, ils ne sont aussi, selon le langage de Saints Pères, et particulièrement de saint Augustin et de saint Grégoire[4], qu'une même personne sur la terre »[5]. À la suite de Bérulle, Saint-Cyran peut alors exalter « cette union, ou plutôt [...] cette unité que nous avons avec Jésus-Christ » qui se rapproche de celle de la Trinité, en s'accomplissant par l'opération du Saint-Esprit. Si, en effet, ce dernier « est le lien du Père et du Fils, il l'est aussi de tous les vrais Chrétiens avec Jésus-Christ », car « nous sommes unis par le Saint-Esprit à Jésus-Christ ressuscité, glorifié et déifié en sa nature humaine, comme les membres d'un corps le sont à leur chef »[6]. Bref, Saint-Cyran ne se lasse pas de rappeler à ses lecteurs cette vérité fondamentale : « Qu'ils étaient une même chose avec Jésus-Christ et Jésus-Christ même; et qu'ils ne pouvaient être ses Disciples, qu'en tant qu'ils étaient ses membres, et les parties de son propre corps »[7].

Saint-Cyran accorde donc une valeur conceptuelle majeure à la notion de « corps mystique ». Un point de détail confirme ce constat, et en fournit un exemple très révélateur. L'abbé semble affectionner tout particulièrement la reformulation du thème telle qu'elle apparaît chez saint Grégoire le Grand. Dans la *Lettre à Guillebert sur la vocation*, on lit par exemple que « l'Église est un corps divin, puisque c'est le Corps de Jésus-Christ, que saint Grégoire appelle dans ses *Morales*[8] : *Corpus*

1. *Théologie familière*, leçon IX, § 24, in *Œuvres chrétiennes et spirituelles*, t. IV, Lyon, chez Laurent Aubin, 1679, p. 28 (le texte est conforme à l'édition de 1642).

2. La formule se trouve déjà chez saint Augustin, même si elle n'apparaît qu'assez rarement sous sa plume. Voir *In Evangelium Ioannis tractatus*, XXI, 8; *In psalmum 26, enarratio* II, 2.

3. *Considérations sur les dimanches et les fêtes des Mystères et sur les fêtes de la Vierge et des Saints. Partie Été*, Paris, chez la veuve Charles Savreux, Libraire Juré, 1671, 2e éd., I, p. 220.

4. Les références patristiques sont explicitées par la *Théologie familière*, *op. cit.*, leçon IX, 26, p. 29.

5. *Considérations* [...]. *Partie Été*, *op. cit.*, I, p. 244.

6. *Ibid.*, I, p. 40-41. Nous suivons ici Orcibal, *Origines*, V, p. 18-19.

7. *Ibid.*, I, p. 97.

8. Voir *Moralia in Job*, XIII, XI, 14 (*Morales sur Job*. (*Livres XI-XIV*), éd. A. Bocognano, « Sources chrétiennes » 212, Paris, Cerf, 1974, p. 266-267).

spirituale»[1]. La référence à saint Grégoire revient dans l'une des *Lettres chrétiennes et spirituelles*, où Saint-Cyran, en développant le thème de l'*imitatio Christi*, rappelle que l'Église est le corps du Christ « non artificiel, ni naturel, ni moral, mais spirituel, comme l'appelle saint Grégoire le Grand »[2]. Ici, la formule de saint Grégoire le Grand, *corpus spirituale*, se trouve éclairée par une série de négations qui en définissent la portée exacte. Or, ce texte est repris dans les *Maximes saintes et chrétiennes*, recueil d'extraits des textes de Saint-Cyran, paru en 1653 et souvent réimprimé au cours du siècle. Mais dans ce volume l'adjectif « mortel » se substitue au qualificatif « moral » (« l'Église (qui est son corps non artificiel, ni naturel, ni mortel, mais spirituel)... »)[3]. La correction, bien que minimale, est extrêmement instructive, car elle pointe de façon paradoxale, c'est-à-dire en le cachant, ce qui est peut-être l'élément essentiel de la thèse de Saint-Cyran à propos de l'Église en tant que corps mystique. La formule *corpus spirituale* que l'abbé emprunte à saint Grégoire impose en effet de rejeter toute confusion entre l'unité ecclésiale et l'unité morale ou juridique des corps politiques. L'Église n'est pas *un* corps mystique parmi les autres, mais le seul corps mystique dont l'unité soit plus que morale : un corps qui n'est donc ni artificiel, ni naturel, *ni moral*, mais *spirituel*, parce que fondé dans l'union qu'établit le Saint-Esprit. Si Suárez définissait comme « morale » l'unité des corps (mystiques) politiques pour la distinguer de celle dont bénéficient les individus qui les composent (« *unum corpus mysticum quod moraliter dici potest per se unum* »)[4], Saint-Cyran s'efforce d'attribuer au concept de corps mystique un sens fort, qui en limite l'usage à la seule définition de l'Église, véritable corps spirituel, et permet ainsi de conjurer d'avance tout empiétement du politique sur l'ecclésiologique.

La correction des *Maximes saintes et chrétiennes* vaut ainsi comme l'indice d'une prise de conscience de la radicalité des thèses ecclésiologiques de l'abbé. On ne peut dès lors qu'être sensible à l'originalité et à la valeur quasi polémique de la définition de l'Église que Saint-Cyran propose dans sa *Théologie familière*. L'Église est ce corps dont l'âme est le

1. *Lettres chrétiennes et spirituelles de messire Jean du Verger de Hauranne*, [...], s. l., 1744, t. I, p. 13.

2. *Lettres chrétiennes et spirituelles de Messire Jean Du Verger de Hauranne, Abbé de St Cyran. Seconde partie*, Paris, Jean Le Mire, 1647, p. 559 (= 1648, 2ᵉ éd., p. 494).

3. *Maximes saintes et chrétiennes, tirées des Lettres de Messire Jean du Verger de Hauranne* [...], Paris, chez la veuve J. Le Mire, 1678, p. 316. Les *Œuvres chrétiennes et spirituelles*, t. III, Lyon, chez Laurent Aubin, 1674, p. 240, rétablissent « moral ».

4. Suárez, *De legibus*, III, 2, in *Opera Omnia*, t. V, *op. cit.*, p. 181.

Saint-Esprit et dont « tous les catholiques sont les membres, et Jésus-Christ le chef. Tellement que de Jésus-Christ et de tous les catholiques, il ne se fait qu'un corps, une Église, et un même Jésus-Christ. » Elle se laisse définir dès lors comme « la compagnie de ceux qui servent Dieu dans la lumière et dans la profession de la vraie Foi, et dans l'union de la Charité »[1]. Or, malgré sa proximité avec le *Catéchisme du Concile de Trente*, la formule de Saint-Cyran n'est pas anodine, car une absence majeure la caractérise : Saint-Cyran y passe sous silence la soumission à l'autorité du pape. En cela, une page des *Controverses* de Bellarmin que nous avons déjà évoquée dans le premier chapitre fait autorité, ainsi que sa définition de l'Église comme « une communauté des hommes reliée par la profession de la même foi chrétienne et la communion des mêmes sacrements, sous le gouvernement des pasteurs légitimes et principalement d'un seul vicaire du Christ sur terre, le pontife romain »[2]. « L'Église est une – écrit encore Bellarmin – parce qu'elle a un seul chef, c'est-à-dire le Christ et à sa place, ici sur terre, le pontife Romain »[3]. La décision de Saint-Cyran peut donc se lire sous le signe d'une réaction, voire d'une critique visant à garder la plus grande distance possible entre l'unité garantie par la charité et celle qui serait fondée sur la relation d'ordre *sub uno*. Certes, Saint-Cyran n'oublie pas dans sa *Théologie familière* les devoirs d'obéissance que les chrétiens doivent « aux Évêques, aux Curés et à ceux » qu'ils chargent « de nous instruire ». Un contemporain affirme même qu'« homme de monde ne parut jamais plus respectueux envers le Saint-Siège, ni plus persuadé que lui de la toute-puissance de Rome »[4]. Son choix polémique ne passera pourtant pas inaperçu. Il suffit d'évoquer deux textes, la *Deffense des religieuses de Port-Royal* de Sainte-Marthe ainsi qu'une longue lettre de Jean de Launoy, écrite en 1673. Le premier s'engage précisément à laver Saint-Cyran de l'accusation « de n'avoir point parlé du Pape » dans sa définition de la *Théologie familière*[5]. Le second rejette comme illégitime la référence au pape introduite dans l'essence de l'Église par Canisius et Bellarmin, en soulignant qu'elle ne peut valoir que pour le *Status Ecclesiae*, l'État ecclésiastique, et non pas pour l'Église elle-même[6].

1. *Théologie familière*, *op. cit.*, leçon IX, § 25 ; VI, § 4, p. 28 ; 15.
2. Y. Congar, *Sainte Église*, *op. cit.*, p. 451.
3. *Christianae doctrinae copiosa explicatio*, Cologne, apud Ioannem Crithium, 1609, p. 49.
4. Voir Orcibal, *Origines*, II, p. 623 et *id.*, « L'idée d'Église », in *Études d'histoire et de littérature religieuses*, *op. cit.*, p. 344 n. 40.
5. *Deffense des religieuses de Port-Royal et de leurs directeurs*, s. l., 1667, p. 35-42.
6. *Joannis Launoii Opera Omnia*, t. V, 2e partie, Genève, Barrillot et Bousquet, 1731, p. 665-696.

On peut donc affirmer que non seulement Saint-Cyran, en s'inspirant de Bérulle, réassigne au théologoumène paulinien une valeur centrale dans sa synthèse spirituelle, mais aussi – et surtout – qu'il en fait, pour ainsi dire, le nom propre de l'Église. Contre toute assimilation de l'Église à une *societas perfecta* analogue aux royaumes et aux républiques profanes, contre toute continuité entre le corps mystique du Christ qu'est l'Église et la multiplicité des corps mystiques politiques, Saint-Cyran réaffirme l'unité *spirituale* de la communauté ecclésiale. L'exclusion de la mention du pape de la définition de la *Théologie familière* ainsi que son insistance sur le Saint-Esprit en tant que « lien et âme de l'Église » confirment la volonté de l'abbé d'assigner à l'expression « corps mystique » un sens bien plus profond que celui vaguement allégorique que lui reconnaissaient souvent les théologiens de son temps. Si cela est vrai, on pourrait prendre en bonne part l'échange entre Saint-Cyran et saint Vincent de Paul, dont les détails nous sont rapportés par Lancelot dans ses *Mémoires* :

> Un grand Directeur, qui avait plus de réputation que de science, fit entendre à M. de S. Cyran que sa doctrine sur l'Église lui était suspecte ; sur quoi M. de S. Cyran lui demanda : Mais vous-même, Monsieur, savez vous bien ce que c'est que l'Église ? Cet Ecclésiastique se contenta de dire que c'était la congrégation des fidèles sous Notre Saint Père le Pape ; et M. de S. Cyran, sans s'expliquer davantage sur ce qui manquait aux lumières de cet ami, lui répliqua d'une manière grave et pleine d'autorité : Vous n'y entendez que le haut Allemand[1].

Mise à part la boutade finale, la réaction de Saint-Cyran n'est, nous semble-t-il, que l'effet de son approche de la nature de l'Église. Saint Vincent de Paul, en faisant sienne la définition commune, c'est-à-dire bellarminienne, échoue précisément à définir l'Église en ce qui fait sa véritable essence. « Bien savoir ce que c'est que l'Église » signifie, aux yeux de l'abbé, comprendre vraiment ce qu'on dit lorsqu'on en parle comme d'un corps mystique, voire d'un *corpus spirituale*, selon la formule de saint Grégoire le Grand.

Mais si, par le biais d'une réflexion extrêmement poussée autour de la notion de corps mystique, Saint-Cyran parvient à rejeter d'avance tout chassé-croisé entre l'ecclésiologique et le politique, l'origine profonde de sa position semble à chercher ailleurs. Finalement, ce qui gouverne les vues de Saint-Cyran n'est pas tant la menace de ce qu'on appellera plus tard le

1. *Mémoires touchant la vie de monsieur de S. Cyran*, Cologne, s. n. e., 1738, t. II, p. 301.

« théologico-politique »[1], mais bien plutôt une thèse qui relève non pas de l'ecclésiologie, mais de la doctrine de la grâce et qui confirme sa dette à l'égard de Bérulle. Comme on l'a rappelé, Saint-Cyran revient à maintes reprises sur le rôle du Saint-Esprit qui « est le lien du Père et du Fils » en l'étant aussi de « de tous les vrais Chrétiens avec Jésus-Christ ». À ce propos, Bérulle avait déjà risqué des formules assez énergiques, quitte même à contredire l'autorité thomiste[2] :

> Comme l'âme est la vie du corps, ainsi l'Esprit de Dieu est la vie de l'âme. Et comme cette âme est tirée d'ailleurs que du corps et vient de Dieu immédiatement [...] ainsi cet Esprit vient d'ailleurs en cette âme et est non seulement infus de Dieu, mais Dieu même [...] qui se communique à l'âme comme esprit. [...] L'esprit [...] vivifie les âmes immédiatement et par lui-même, et non seulement par ses effets et ses dons, tant en l'état de grâce qu'en l'état de gloire[3].

Or, en prolongeant les intuitions bérulliennes, Saint-Cyran n'hésite pas à identifier la troisième personne de la Trinité à la grâce. « La grâce de Dieu est la même chose que son Esprit » ou « la Sainte Trinité habitante dans l'âme », lit-on dans ses *Lettres*[4]. « L'amour divin répandu dans l'âme des chrétiens » est donc « une dérivation *ou plutôt le même amour* qui embrasse et réduit à une unité ineffable les personnes de la Sainte-Trinité. *Ut dilectio qua dilexisti me in ipsis sit, et ego in ipsis* »[5]. Cette précision, introduite par la formule « ou plutôt » ne va toutefois pas de soi, comme Saint-Cyran semble l'assumer. En avançant une telle thèse, l'abbé se range en effet aux côtés de Pierre Lombard qui dans le premier livre de ses *Sentences* avait théorisé l'identité du Saint-Esprit et de la charité « par laquelle nous aimons Dieu et le prochain »[6]. La charité qui est en nous n'est point une qualité

1. Voir S. H. De Franceschi, « Ambiguïtés historiographiques du théologico-politique. Genèse et fortune d'un concept », *Revue historique*, 309, 2007/3, p. 653-685.

2. Cf. *ST*, Ia IIae, q. 110, a. 4, ad 2 et *OC B* I, 3, p. 434. Voir aussi M. Dupuy, *Bérulle, une spiritualité de l'adoration*, *op. cit.*, p. 143. Sans doute conscient de la difficulté du thème, Bérulle se réclame de « l'opinion de plusieurs théologiens scolastiques, selon laquelle l'Esprit saint habite personnellement en nous » (*OC B* I, 1, p. 41). Voir Orcibal, « Une formule de l'amour extatique », *op. cit.*, p. 521-524.

3. *OC B* I, 4, p. 51-52. Cf. *OC B* I, 5, p. 416-417 et *OC B* I, 1, p. 20.

4. *Lettres chrétiennes et spirituelles*, t. I, Lyon, chez J. B. Boulier et L. Aubin, 1674, p. 450. Voir aussi p. 541 et Orcibal, *Origines*, V, p. 88.

5. *Considérations sur les dimanches et les fêtes des Mystères et sur les fêtes de la Vierge et des Saints. Partie Hiver*, Paris, chez la veuve Charles Savreux, Libraire Juré, 1671, 2e éd., II, p. 19 (nous soulignons).

6. En s'inspirant de saint Augustin, la distinction XVII du premier livre énonce la thèse suivante : « *His autem addendum est quod ipse idem Spiritus Sanctus est amor sive caritas,*

créée, mais le Saint-Esprit lui-même, agissant directement en nous et avec nous, sans la médiation d'aucun *habitus*. Cette thèse n'avait presque pas eu de postérité chez les théologiens après la critique serrée dont elle avait fait l'objet de la part de saint Thomas[1]. Les docteurs modernes[2] considéreront l'affirmation «*Idem quod charitas per quam formaliter diligimus Deum est Spiritus Sanctus*» comme «*falsa in rei veritate*», bien que non hérétique. Néanmoins, elle ne disparaîtra pas totalement. On la retrouvera en effet sous la plume de grands maîtres spirituels tels que Marguerite Porete ou Saint Jean de la Croix[3] et chez des auteurs aussi différents que Baius[4] et Spinoza[5]. Mais elle sera aussi condamnée chez les *alumbrados*[6]. C'est sans doute en raison de sa nature suspecte, sinon hétérodoxe, que les adversaires de Saint-Cyran ne manqueront pas de la reprocher à l'abbé: «Enquis, s'il lui a oui dire, et tenir que la grâce n'est point une qualité créée, mais Dieu même et le S. Esprit», Nicolas Le Tardif, ancien domestique de Saint-Cyran, aurait dit «qu'il n'est mémoratif de l'avoir entendu parler en ces termes, mais qu'il lui a oui dire et tenir, que le même lien qui lie le Père avec le Fils en la très sainte Trinité, lie aussi l'âme avec Dieu»[7].

Si donc Saint-Cyran fait sienne la thèse de Pierre Lombard et croit, comme le disait déjà saint Augustin, que « la dilection fraternelle n'est pas

qua nos diligimus Deum et proximum.» Voir l'article capital de Y. Congar « Aimer Dieu et les hommes par l'amour dont Dieu aime?», *Revue des Études Augustiniennes*, 28, 1982/1-2, p. 86-99 et plus récemment, P. W. Rosemann, « *Fraterna dilectio est Deus* : Peter Lombard's Thesis on Charity as the Holy Spirit», *in* T. A. F. Kelly et P. W. Rosemann (éd.), *Amor Amicitiae : On the Love that is Friendship*, Louvain, Peeters, 2004, p. 408-436 et R. Saarinen, « Ipsa dilectio Deus est. Zur Wirkungsgeschichte von 1. Sent. dist. 17 des Petrus Lombardus beim Martin Luther», in *Thesaurus Lutheri. Auf der Suche nach neuen Paradigmen der Luther-Forschung*, Veroffentlichungen der finnischen theologischen Litteraturgeseleschaft 153/ Luther Agricola Geselleschaft, A 24, 1987, p. 185-204.

1. Voir Y. Congar, « L'amour dont Dieu aime », *op. cit.*, p. 92, 94-95.

2. Voir Suárez, *Opera Omnia*, t. IX, Paris, Vivès, 1858, p. 12 et Cornelius a Lapide, *Commentaria, op. cit.*, p. 73-74.

3. Voir J. Orcibal, « Le "Miroir des simples âmes" », in *Études d'histoire et de littérature religieuses, op. cit.*, p. 733-768; en part. p. 752-753 et A. Combes, *Essai sur la critique*, t. II, *op. cit.*, p. 271-275.

4. Voir F.-X. Jensen, *Baius et le baianisme. Essai théologique*, Louvain, Museum Lessianum, 1927, p. 92.

5. Voir *Ethica*, V, § 36, trad. fr. B. Pautrat, Paris, Seuil, 1999, p. 529.

6. Voir J. Orcibal, *Saint Jean de la Croix et les Mystiques Rhéno-flamands*, Paris, Desclée de Brouwer, 1966, p. 161-162 et S. Houdard, *Les invasions mystiques, op. cit.*, p. 53 et plus en général pour la publication en France de l'édit de Séville en 1623, p. 27-78.

7. *Le Progrez du Janssenisme descouvert, à monsieur le Chancelier par le sieur de Preville*, Avignon, Pierre Thomas, 1655, p. 5-6.

seulement "*ex Deo*", mais elle *est* Dieu »[1], son approche du mystère de l'unité ecclésiale devient beaucoup plus claire. Comment admettre en effet une forme quelconque d'analogie, fût-elle très imparfaite, entre l'Église et les autres *corpora mystica*, dès que l'on a affirmé que le lien de charité qui unit les chrétiens sur terre est aussi étroit, voire *le même*, que celui qui fait l'unité ineffable de la Trinité ? Autrement dit, comment pourrait-on réduire l'Église à une *societas* comparable aux communautés humaines et civiles, lorsqu'on s'est aperçu que l'unité qui la caractérise est celle de la Trinité elle-même ? En s'aimant les uns les autres, les chrétiens *font corps* parce que leur amour est l'âme même du corps mystique et *spirituale* du Christ, c'est-à-dire la troisième personne de la Trinité : « Le Fils de Dieu s'est fait un corps de tous les Chrétiens qui sont animés de son Esprit »[2]. On pourra alors rendre compte de la forte insistance de Saint-Cyran sur l'aspect social de la doctrine du corps mystique, élément qui restait « voilé chez le cardinal [de Bérulle] par les préoccupations théocentriques »[3]. Tout est commun, les joies autant que les souffrances « entre ceux qui sont membres et parties vivantes du Corps de Dieu »[4]. Et Saint-Cyran d'admirer « l'industrie incompréhensible » de la charité du Christ, qui « s'est substitué à la place de tous nos frères ; de sorte que nous les devons regarder tous en lui »[5] et « Jésus-Christ n'aime pas les âmes séparément, mais [...] il les aime comme si elles n'étaient ensemble qu'un même cœur et une même âme »[6]. Ainsi « tous les Chrétiens sont membres les uns des autres »[7] « de sorte que, ce qui est peut-être incroyable, nous sommes tous membres et mutuellement la chair non plus humaine, mais divine les uns des autres »[8]. C'est là sans doute la raison pour laquelle l'abbé s'attarde plutôt sur l'identité du Christ et de la totalité du corps mystique que sur sa fonction de chef. Certes, comme on l'a rappelé plus haut, le *corpus spirituale* est « l'Église, de laquelle tous les catholiques sont les membres, et Jésus-Christ le chef ». Mais l'abbé ne manque pas d'ajouter une explicitation insistant sur l'unité de ce corps plus encore que sur la différence entre *caput* et *membra* : « Tellement que de Jésus-Christ et de tous les catholiques, il ne se fait qu'un corps, une Église, et *un même Jésus-Christ*. » On sera alors sensible aux

1. Y. Congar, « L'amour dont Dieu aime », *op. cit.*, p. 89.
2. *Considérations* [...]. *Partie Hiver*, *op. cit.*, I, p. 333.
3. Orcibal, *Origines*, V, p. 131.
4. *Lettres chrétiennes et spirituelles*, t. II, *op. cit.*, p. 104.
5. *Considérations* [...]. *Partie Été*, *op. cit.*, I, p. 251.
6. *Lettres chrétiennes et spirituelles*, t. I, *op. cit.*, p. 186.
7. *Le Cœur nouveau*, in *Œuvres chrétiennes et spirituelles*, t. IV, *op. cit.*, p. 8.
8. *Origines*, IV, p. 281.

formules de la *Théologie familière*, où Saint-Cyran semble presque systématiquement passer sous silence l'opposition entre le chef et les membres pour répéter que les autres fidèles « sont nos membres, et composent avec nous *un même Corps, qui est Jésus-Christ* » et qu'« il faut donc aimer les Catholiques comme les membres de Jésus-Christ et aussi *comme Jésus-Christ même, puisqu'ils ne font qu'un même Corps et une même Personne* »[1]. Les quelques éléments de l'ecclésiologie de Saint-Cyran que nous venons de repérer font donc système. L'Église est véritablement un corps mystique, mieux : le corps mystique du Christ, car elle fait un tout *spirituale* en raison du Saint-Esprit qui unit les membres. Et cette unité qui n'admet aucune comparaison avec celle des communautés politiques se fonde sur l'amour réciproque des fidèles, qui est « une dérivation ou plutôt le même amour qui embrasse et réduit à une unité ineffable les personnes de la Sainte-Trinité ». D'où cette vision d'un « même Corps, qui est Jésus-Christ », où la contemplation de l'union l'emporte sur la distance ou la différence qui séparent nécessairement le *caput* de ses *membra*.

Avec cette longue reconstitution des doctrines de Bérulle et de Saint-Cyran, nous disposons désormais d'un panorama assez détaillé à l'intérieur duquel inscrire les fragments sur les « membres pensants ». À partir de cette mise en perspective, le choix de Pascal d'élaborer une « morale chrétienne » fondée sur la figure d'un « corps plein de membres pensants » trouve sa place dans l'histoire de la spiritualité moderne en tant que corollaire et prolongement de la « renaissance » du corps mystique prônée par le courant bérullien. Ayant ainsi retracé le contexte spirituel et théologique de la réflexion pascalienne, il nous reste à en définir les sources philosophiques. Car si Pascal médite à partir du théologoumène paulinien, le travail conceptuel auquel il le soumet dans les fragments des « membres pensants » révèle sa dette envers la définition cartésienne de l'amour.

1. *Théologie familière*, *op. cit.*, leçon IX, § 25, p. 28; § 22, p. 28; § 26, p. 29, nous soulignons.

CHAPITRE III

DESCARTES ET L'AMOUR

La réflexion pascalienne sur les « membres pensants » trouve son point de départ dans les épîtres de saint Paul, dont la doctrine de l'Église en tant que corps mystique avait été remise au jour, comme on l'a vu, par les méditations de Bérulle et de Saint-Cyran. La paternité paulinienne des fragments de la liasse « Morale chrétienne » fait d'autant moins de doute que Pascal y cite à deux reprises un verset de la *première lettre aux Corinthiens* (VI, 17) et y fait résonner l'écho d'autres passages des *lettres aux Colossiens* (I, 16) et *aux Romains* (XII, 12-27), ainsi que du discours tenu par l'*Apôtre des gentils* à l'Aréopage (*Actes*, XVII, 28). On ne saurait cependant pas limiter les sources de ces *pensées* à saint Paul car, comme le remarque Jean Mesnard, « ce symbole de l'union harmonieuse et heureuse de l'homme et de Dieu » n'est pas moins « issu de l'apologue antique des membres et de l'estomac »[1]. De fait, les reprises de l'apologue de Menenius Agrippa sont innombrables dans la littérature et la philosophie de la première modernité, ainsi que les usages et les interprétations auxquels il est soumis[2]. À tel point qu'avec l'image du corps et des membres (pensants) on aurait « un thème trop répandu pour qu'on puisse lui attribuer une origine précise »[3]. Mais la figure du « corps plein de membres pensants » se laisse-t-elle effectivement réduire à une énième

1. *Les Pensées de Pascal*, Paris, SEDES, 1976 (3e éd. 1993), p. 245-246.

2. Voir D. Peil, *Der Streit der Glieder mit dem Magen : Studien zur Überlieferungs- und Deutungsgeschichte der Fabel des Menenius Agrippa von der Antike bis ins 20. Jahrhundert*, Francfort, Peter Lang, 1985 et N. Charbonnel, *Comme un seul homme. Corps Politique et Corps Mystique*, 2 tomes, Lons-le Saunier, Aréopage, 2010.

3. *OC Le Guern* II, p. 1439.

variation sur l'apologue ancien qui file l'analogie entre les sociétés politiques et l'organisme humain? Ou elle ne présente pas, plutôt, des éléments d'une originalité si marquée qu'ils imposent tout au contraire de définir une occasion conceptuelle précise, qui en a rendu possible l'élaboration? Trois exemples, tirés d'ouvrages que Pascal a sans doute feuilletés, nous permettront d'étayer cette hypothèse. Finalement, les « membres pensants » relèvent moins du long héritage de l'allocution de Menenius Agrippa que d'une confrontation avec la pensée de ce « contemporain capital » [1] que fut Descartes.

L'APOLOGUE DE MENENIUS AGRIPPA

a) Soit d'abord les *Entretiens* d'Épictète, consultés par Pascal dans l'édition de Goulu (*alias* Jean de Saint-François)[2]. En prêchant un bon usage des choses extérieures qui nous sont indifférentes parce qu'elles ne dépendent pas de nous, Épictète rappelle à son lecteur qu'« à cause de la liaison que nous avons avec le reste il convient que nous souffrions beaucoup de choses contre notre nature ». Et d'illustrer son propos à l'aide d'une « belle similitude » : « Comme si nous étions seuls à part sans avoir de liaison ni de conjonction avec autre chose, car il est bien naturel au pied d'être net : mais si vous le prenez comme pied, et comme ayant de la conjonction et dépendance avec le reste du corps, il lui sera convenable de cheminer dans la fange, de marcher sur les épines, et parfois d'être coupé pour sauver le reste, autrement il ne serait plus pied. Il en faut estimer tout de même de nous autres. Qu'êtes-vous? Un homme. Si vous le prenez à part sans dépendance ni liaison à autre chose, il est bien naturel de vivre jusqu'à la vieillesse, d'être riche, de se porter bien. Que si vous le considérez comme homme, et comme partie du tout, tantôt il vous conviendra d'être malade, tantôt de naviguer et de courir fortune, tantôt d'être pauvre, et parfois de mourir avant le temps. Pourquoi donc vous fâchez-vous? Ne savez-vous pas que comme le pied séparé n'est plus pied, ainsi vous séparé n'êtes plus homme? Car qu'est-ce qu'un homme? Une partie de la ville, de celle premièrement qui consiste des Dieux et des hommes. » La prise de conscience du fait que « l'homme est une partie de l'univers » permet d'assurer la tranquillité de l'âme et d'imposer la

1. H. Gouhier, *Blaise Pascal. Conversion et apologétique*, Paris, Vrin, 1986, chap. X.

2. Voir P. Courcelle, *L'Entretien de Pascal et Sacy, ses sources et ses énigmes*, Paris, Vrin, 1960 (réimpression 1981) et *OC* III, p. 99-121.

« patience sans espérance »[1] en tant que posture fondamentale de l'existence du sage stoïcien. Mais si nous sommes membres du grand corps qu'est le monde, notre devoir sera celui de nous comporter vis-à-vis de l'univers comme la partie vis-à-vis de son tout :

> Davantage, vous êtes bourgeois et citoyen du monde, et partie d'icelui. [...] Quelle est donc la profession du citoyen ? De ne préférer point son intérêt particulier, de ne délibérer de rien, comme étant abstrait et séparé du reste, mais ni plus ni moins que si la main et le pied avaient de la raison, et pouvaient entendre à quoi la nature les a préparés, jamais ne se voudraient mouvoir autrement, ni désirer, sinon ayant égard, et rapportant tout à la commodité de tout le corps. Aussi les Philosophes disent fort à propos, que si l'homme de bien prévoyait l'advenir, il coopérerait à être malade à mourir, et à être mutilé, comme ayant connaissance que telle chose lui est distribuée par l'ordonnance de l'univers[2].

La vertu de la patience se double donc d'une parénèse au sacrifice pour le bien public qui apparaît toujours « préférable au particulier ». Il faut accepter ce qu'on ne peut pas choisir, et cela non seulement parce qu'il s'agit d'événements qui vont au-delà de notre juridiction, mais aussi parce que l'intérêt du tout prime toujours sur celui des parties qui le composent.

b) Le thème des membres et du tout revient sous la plume de Guillaume du Vair, auteur dont, aux dires de Méré, Pascal « admirait l'esprit et l'éloquence »[3]. Un long passage du traité *De la sainte philosophie* consacré à l'analyse des vertus s'achève sur quelques pages consacrées à la charité et à la foi :

> Quand cette vertu [*sc.* la justice] est arrivée à sa perfection, elle passe aisément jusques à la charité, et en peut justement usurper le nom, parce que nous ayant unis et conjoints ensemble, elle nous apprend à nous estimer la chair l'un de l'autre, comme étant membres d'un même corps, ou plutôt faisant le corps d'un même chef, et nous laisse une charitable affection, qui est la soudure et liaison de nos âmes. Car comme nous voyons en la constitution de notre personne nos parties tellement composées, que la plus éloignée se meut incontinent à l'affection de l'autre, et si nous sommes offensés au pied, nous jetons l'œil dessus, et y portons incontinent la main et ployons tout le corps pour y subvenir; ainsi en la conjonction du corps

1. Voir G. Olivo, « Une patience sans espérance ? Descartes et le stoïcisme », in *Le Stoïcisme aux XVIe et XVIIe siècles*, *Cahiers de philosophie politique et juridique*, Caen, Presses universitaires de Caen, 25, 1994, p. 131-146.

2. *Les propos d'Épictète*, trad. fr. J. Goulu, Paris, J. de Heuqueville, 1630, p. 170-171, 192.

3. *OC* I, p. 828.

> mystique et en la sainte congrégation des fidèles, dont nous sommes tous les membres, l'esprit de Dieu qui nous régit et nous gouverne, nous apprend que pour notre conservation, il faut que nous nous chérissions les uns les autres, et estimions nos maux et nos biens communs pour contribuer aux nécessités les uns des autres. Car notre Justice chrétienne ne nous astreint pas seulement à acquitter les obligations civiles et politiques qui peuvent être entre nous, mais aussi cette obligation naturelle, qui lie l'homme envers l'homme de bienveillance, et charité mutuelle[1].

Le modèle du corps et des membres ne débouche pas ici sur un changement de perspective qui invite à relativiser les maux individuels et à poursuivre l'intérêt général. Du Vair, en s'appuyant autant sur des réminiscences pauliniennes (*Rm* XII, 5) que sur un passage du *De officiis* (III, 5) de Cicéron[2], déduit de la considération du corps mystique la nécessité d'une solidarité et d'une indispensable collaboration des parties. La connexion entre les membres alimente un sentiment de coappartenance qui permet à tout homme de s'approprier des biens et des maux d'autrui, d'en faire « nos maux et nos biens communs ». Si Épictète invitait son lecteur à la patience et au sacrifice, Du Vair prêche une bienveillance qui se fonde sur la conscience d'être « la chair l'un de l'autre ».

c) Un troisième exemple nous permettra de souligner un dernier trait de cette image dont l'usage, chez les auteurs du XVIIe siècle, est, comme on le voit, aussi fréquent que varié. Il s'agit d'une page de *L'Homme chrétien* de Jean-François Senault[3] qui discute les « devoirs des chrétiens comme membres vers Jésus-Christ comme leur chef »[4] :

> La principale obligation qu'exige de nous la qualité de membre du Fils de Dieu est d'exposer notre vie pour sa gloire, comme il a exposé la sienne pour notre salut. La Nature et la Politique nous enseigne[nt] la justice de ce devoir, et il ne faut que considérer comme les membres se comportent au regard de la Tête, et les sujets à l'endroit de leur Souverain, pour savoir ce que nous devons à Jésus-Christ. Quoi que chaque partie du corps humain aime sa conservation, qu'elle évite avec soin tout ce qui lui est contraire,

1. *La sainte philosophie*, in Guillaume du Vair, *Premières œuvres de piété*, éd. B. Petey-Girard, Paris, Champion, 2002, p. 163-165.

2. Voir G. Chinard, *En lisant Pascal*, Genève/Lille, Droz/Giard, 1948, p. 58-82.

3. Voir P. Stella, « Pascal, Senault e Giansenio. Derivazioni o coincidenze ? », *Salesianum*, 33, 1971/2, p. 263-334 ; P. Sellier, *Port-Royal et la littérature. Pascal. Deuxième édition augmentée de douze études*, Paris, Champion, 2010, p. 587-593 et J.-C. de Nadaï, *Jésus selon Pascal*, Paris, Desclée, 2008, p. 51-52.

4. *L'homme chrétien ou la réparation de la nature par la grâce*, Paris, chez la veuve de Jean Camusat et Pierre le Petit, 1648, traité III, discours IX, p. 289-299.

> et que par une providence naturelle elle ait horreur de toutes les choses qui lui peuvent nuire, elle ne laisse pas de savoir par un principe plus élevé, que sa vie dépend de son Chef, et qu'elle est obligée de s'exposer pour la défendre. De là vient que les mains parent le coup qu'on porte à la tète, qu'elles s'opposent avec plaisir à l'orage que la menace, et qu'oubliant leurs propres intérêts, elles se sacrifient pour la conserver. De là vient que les soldats se jettent dans les dangers pour la querelle de leur Souverain, qu'ils méprisent la grêle de mousquets, la pointe des piques, et la foudre des canons pour augmenter sa gloire ou pour agrandir son État. Ils ne sont jamais plus vaillants que quand sa personne est menacée de quelque péril, la grandeur du hasard accroît leur courage, et l'opinion ou la Nature, leur persuade, que vivant plus en lui qu'en eux-mêmes, leur mort est moins dangereuse que la sienne.

Dans cette page Senault mélange adroitement les réminiscences stoïciennes, tirées du *De clementia* (I, 4-5) de Sénèque, et la doctrine du corps mystique dont le Christ est le chef. L'élément nouveau, par rapport aux exemples précédents, est la tentative de l'Oratorien pour articuler le sacrifice pour le bien du tout et l'intérêt personnel. On relèvera en particulier la formule qui clôt l'extrait : le paradoxe formulé par Senault, qui n'est pas sans rappeler celui risqué déjà par Aristote au début de l'*Éthique à Nicomaque*, fait du sacrifice de soi une forme plus éclairée et « élevée » d'amour de soi : « Parce qu'ils savent qu'il [*sc.* le roi] est l'âme de l'État, et le chef de ses sujets, ils croient se conserver en mourant pour sa défense, et s'imaginent que comme les pères revivent en leurs enfants, les membres ressuscitent en leur Chef. » Le membre agit en suivant la logique du tout non seulement parce qu'il en dépend et il ne peut pas subsister sans lui ni s'en exempter, mais aussi parce qu'il vit plus en lui qu'en soi-même. Le paradoxe reste certes incompréhensible si on se tient au niveau de la nature, mais il s'éclaire et s'explique à la lumière de la grâce : les morts pour la patrie sont alors remplacés par les martyrs de la foi qui, ne voulant pas « abandonner la vérité pour conserver leur vie, recouvraient dans le ciel ce qu'ils perdaient sur la terre, et vivaient là haut éternellement en mourant ici bas pour la vérité ».

Face à ces trois textes qui ne constituent qu'un échantillon des nombreux ouvrages mobilisant l'image du corps et des membres dont Pascal aurait pu avoir connaissance, une double remarque s'impose. D'une part, il faut souligner la proximité textuelle et thématique entre ces pages et les fragments consacrés aux « membres pensants ». On pourrait multiplier les rapprochements (« qualité de membre » (§ 373 et Senault) ; « se laisserait-il gouverner à la volonté qui régit le corps, jusqu'à consentir à être retranché s'il le faut » (§ 373) ; « il coopérerait à être malade à mourir, et à être mutilé, comme ayant connaissance que telle chose lui est distribuée par l'ordonnance de l'univers » (Épictète); « l'esprit de Dieu, qui nous régit et nous gouverne » (Du Vair); etc). Les thèmes des devoirs du membre envers le tout, de l'union réciproque des parties entre elles et du rapport entre amour de soi et amour du bien commun articulent autant la réflexion d'Épictète, Du Vair et Senault que celle de Pascal. D'autre part, cette liste de rapprochements, justement en raison de l'excès de richesse dont elle fait état, finit par passer à côté de l'essentiel, en se révélant insuffisante pour rendre compte de ce qui est véritablement au cœur de la démarche conceptuelle pascalienne. Pour s'en apercevoir, il suffit de lire le fragment 368 qui s'ouvre avec la note : « Membres. Commencer par là. » Il s'agit sinon de l'origine même, du moins de ce que Pascal a jugé, sans doute après coup, être le point de départ de sa réflexion sur ce thème. « Pour régler l'amour qu'on se doit à soi-même il faut s'imaginer un corps plein de membres pensants, car nous sommes membres du tout, et voir comment chaque membre devrait s'aimer, etc. » Or, on notera qu'aucun de termes présents dans ce fragment n'est annoncé par les sources que nous venons d'analyser : c'est la nécessité d'une règle, sinon d'un réglage de l'amour (« *comment* s'aimer… »), fondée sur un bon usage de l'imagination, c'est-à-dire sur une image vraie (« car nous sommes membres… ») qui constitue l'exigence primaire à laquelle Pascal répond par sa méditation sur les membres pensants. Ce constat lexical souligne l'originalité profonde de la réflexion pascalienne sur un thème commun, sinon banal, c'est-à-dire la volonté de penser un « corps plein de membres *pensants* ». Nulle part, à notre connaissance, on ne trouve en effet avant Pascal l'idée d'un membre *pensant*. Être un membre pensant signifie se saisir par la pensée de sa position dans le tout, se connaître et se vouloir en conformité avec une telle position ; bref, « s'imaginer » ou plus simplement encore « se voir » comme Pascal le répète à plusieurs reprises dans la liasse « Morale chrétienne ». Mais aussi, pouvoir ignorer une telle condition, être dans « l'incertitude de son être » et dans l'égarement, qui est précisément une manière de regarder sans voir (« ne fait que s'égarer et s'étonne dans l'incertitude de son être, *sentant bien* qu'il n'est pas corps, et cependant *ne voyant point* qu'il soit membre d'un corps » § 372). L'image organiciste, héritière de l'apologue de Menenius Agrippa, n'admet que deux postures : *hors* ou *dans* le corps, membre ou non de l'organisme. Pascal au contraire s'efforce de penser un « membre séparé » qui doit s'approprier sa condition par la pensée et qui donc n'est membre qu'en pensant, selon les deux modes de l'entendement et de la volonté. Finalement, le corps humain n'est un modèle d'unité que par ses défauts : ses membres, rappelle Pascal, ne sentent point « le bonheur de leur union », ils subissent une union qui ne leur appartient pas, qui n'est pas, véritablement, *leur* union[1]. Mais pour accomplir leur union, pour être membres au sens fort et plein du terme, il faudrait « qu'ils eussent intelligence pour le connaître, et bonne volonté pour consentir à celle de l'âme universelle » (§ 360).

Nous reviendrons plus bas sur tous ces points[2]. Quant à notre question de départ concernant les sources des « membres pensants », il suffira de se borner ici à un simple constat : qu'il faille (se) penser « pour régler l'amour qu'on se doit à soi-même s'aimer » et qu'aimer soit au fond une question d'entendement et de volonté : telle est l'exigence qui, aux yeux de Pascal, gît au fond des fragments de la liasse « Morale chrétienne ». Or, cette exigence n'est en aucun sens suggérée, nous semble-t-il, par les textes d'Épictète, de Du Vair ou de Senault que nous avons cités. La dette se révèle au contraire beaucoup plus profonde à l'égard d'une autre source qui n'a pas manqué d'attirer l'attention des commentateurs[3], c'est-à-dire les définitions de l'amour et de la haine fournies par Descartes dans les *Passions de l'âme* (art. 79-84). Pour expliquer l'acte de « se joindre ou se séparer de volonté » qui est au cœur de sa conception de ces deux passions, Descartes évoque la double posture de l'homme qui « imagine un tout duquel [il] pense être seulement une partie, et que la chose aimée en est une autre », ou bien qui « se considère seul comme un tout entièrement séparé de la chose pour laquelle on a de l'aversion ». Or, c'est en se réclamant de ces articles des *Passions* (et des lettres à Élisabeth et Chanut qui portent sur le thème de l'amour) que Pascal invite ses lecteurs à « s'imaginer un corps plein de membres pensants » et qu'il décrit la position intenable d'un membre qui hait le corps et veut s'en séparer parce qu'il « croit être un

1. On notera que Pascal contredit strictement les thèses d'Épictète qui d'une part avait rejeté l'idée même d'un « membre séparé » (« le pied séparé n'est plus pied »), et de l'autre affirmait que « si la main et le pied avaient de la raison, et pouvaient entendre à quoi la nature les a préparés, jamais ne se voudraient mouvoir autrement, ni désirer, sinon ayant égard, et rapportant tout à la commodité de tout le corps », là où, au contraire, Pascal envisage le cas d'un « pied » qui, bien que capable de penser, a « toujours ignoré » qu'il appartient au corps. Autrement dit, le membre séparé pour Pascal n'est pas un membre qui a été expulsé du corps, mais un membre qui se pense en tant que séparé et donc qui vit dans l'indifférence à son union.

2. Voir chap. V.

3. Voir E. Martineau, « Deux clés de la chronologie des discours pascaliens », *op. cit.*, p. 721-722 ; A. Mckenna, « Pascal et le cœur », *Courrier international Blaise Pascal*, 16, 1994, p. 9-12 et *id.*, « Descartes et Pascal : la définition de l'amour », *in* B. Yon (éd.), *La Peinture des passions de la Renaissance à l'âge classique*, Saint-Étienne, Université de Saint-Étienne, 1995, p. 373-378 ; V. Carraud, *Pascal : des connaissances naturelles à l'étude de l'homme*, *op. cit.*, p. 205-233 ; Ch.-O. Stiker-Métral, *Narcisse contrarié*, *op. cit.*, p. 184-191.

tout». Plus généralement, autant chez Descartes que chez Pascal, une même exigence, celle de penser l'amour et sa logique, impose d'imaginer un tout dont on est des parties, voire des «membres pensants» qui, ayant intelligence et volonté (§ 360), considèrent leur condition et y consentent (*Passions de l'âme*, art. 80). Une analyse détaillée de la doctrine cartésienne de l'amour s'impose donc. Cela nous permettra de mieux apprécier les raisons de la reprise que Pascal en propose dans les fragments de la liasse «Morale chrétienne» et de mesurer les enjeux conceptuels qui font de la définition cartésienne sinon l'unique source, sans doute la véritable *occasion* qui gouverne l'élaboration des «membres pensants».

UNE DÉFINITION PAR PROVOCATION : SYNTHÈSE THOMISTE, RÉACTION CARTÉSIENNE

«Il faudrait écrire un gros volume pour traiter de toutes les choses qui appartiennent à cette passion»[1], avoue Descartes en 1647 en répondant à Chanut qui l'interrogeait «au sujet de l'amour». Une *excusatio non petita*, dira-t-on, derrière laquelle le philosophe se cache pour se débarrasser avec une formule de politesse d'une question qui ne l'intéresse pas. Il suffit cependant d'observer la longueur de la lettre («de huit feuilles»)[2] et de se souvenir des articles 79-83 des *Passions de l'âme*, pour en douter et se demander si, dans ces lignes, on n'aurait pas plutôt affaire à un aveu sincère, sinon à l'esquisse d'un projet de travail. Une vingtaine d'années à peine séparent Descartes de la synthèse spirituelle de saint François de Sales fondée sur l'amour en tant que «source et racine» unique de toute vertu chrétienne. D'autre part, malgré la diversité des *auctoritates* dont se réclament les différents auteurs (ici saint Augustin, là Galien ou Sénèque), l'amour ne cesse d'être l'objet premier et principal de tous les traités sur les passions publiés pendant la première moitié du XVIIe siècle[3]. Rien d'étonnant donc, ni d'invraisemblable, dans les propos que Descartes

1. AT IV, p. 606. Voir, F. Heidsieck, «L'amour selon Descartes, d'après la lettre à Chanut du 1er février 1647 (Commentaire)», *Revue Philosophique de la France et de l'Étranger*, 162, 1972, p. 421-436 et l'édition et le commentaire par D. Kambouchner de René Descartes, Pierre Chanut, *Lettres sur l'amour*, Paris, Mille et une nuits, 2013.

2. AT X, p. 618.

3. Voir C. Talon-Hugon, *Descartes ou les passions rêvées par la raison*, Paris, Vrin, 2002, chap. I et G. Rodis-Lewis, «Les Traités des Passions dans la première moitié du XVIIe siècle et l'Amour», in *Prémices et Floraison de l'Âge classique. Mélanges en l'honneur de Jean Jehasse réunis par B. Yon*, Saint-Étienne, Publications de l'Université de Saint-Étienne, 1995, p. 305-323.

adresse à son ami ambassadeur, et cela d'autant plus que ses remarques sur l'amour débouchent sur des « pensées métaphysiques » et sur des questions que le philosophe se dit incapable d'« entièrement résoudre » en raison de leur difficulté[1]. D'où un sentiment de disproportion qui s'impose à tout lecteur qui ait pratiqué le corpus cartésien : disproportion entre l'importance et la centralité de l'amour si explicitement affirmées par Descartes et l'exiguïté des pages que le philosophe, *de facto*, lui consacre. Les analyses risquées dans la lettre à Chanut, avec le *caveat* final qu'on a vu, ainsi que les quelques pages des *Passions*, ne font qu'annoncer une synthèse qui fait défaut et dont elles soulignent, par leur brièveté et discrétion, la nécessité et l'urgence[2].

De surcroît, cette disproportion se double du caractère non seulement très original, mais aussi fort élusif des propos cartésiens, dont l'opacité semble résister à tout effort d'interprétation. C'est le cas en particulier de la définition de l'amour et de la haine proposée par les *Passions de l'âme*. Dans la troisième partie de de l'*Éthique*, après avoir défini l'amour comme « une Joie qu'accompagne l'idée d'une cause extérieure », Spinoza précise :

> Cette définition explique suffisamment clairement l'essence de l'amour; quant à celle des auteurs qui définissent l'*amour* comme la *volonté de l'amant de se joindre à la chose aimée* [*voluntatem amantis se jungendi rei amatae*], ce n'est pas l'essence de l'amour, mais une de ses propriétés qu'elle exprime, et à cause que l'essence de l'amour n'a pas été assez bien vue par ces auteurs, ils n'ont pas pu non plus avoir de concept clair de cette propriété, et de là vient que tout le monde estima tout à fait obscure leur définition[3].

1. AT IV, p. 613 (où « métaphysiques » s'oppose à fondées sur la « présence des objets sensibles ») et p. 601.

2. Voir J.-L. Marion, « L'*ego* altère-t-il autrui ? », in *Questions cartésiennes. Méthode et métaphysique*, Paris, P.U.F., 1991, p. 189-219; D. Kambouchner, « La subjectivité cartésienne et l'amour », *in* P.-F. Moreau (dir.), *Les passions à l'âge classique. Théories et critiques des passions*, II, Paris, P.U.F., 2006, p. 77-97 (repris avec additions dans *Descartes et la philosophie morale*, Paris, Hermann, 2008, p. 115-147) et P. R. Frierson, « Learning to Love : From Egoism to Generosity in Descartes », *Journal of the History of Philosophy*, 40, 2002/3, p. 313-338. A. Pessel, « Descartes et la passion de générosité », *in* É. Tassin, P. Vermeren (dir.), *Le partage des passions*, Paris, Répliques contemporaines, 1992, p. 129-137 et M. Nowersztern, « Ne pas être sujet ? *Similitudo Dei* : la liberté et son usage, des *Méditations* aux *Passions de l'âme* », *Les Études philosophiques*, 2011/1, p. 71-83, soulignent la marginalisation de la question de l'amour et, en particulier, de l'amour de soi opérée par Descartes au profit du concept d'estime.

3. *Ethica*, III, « *Affectuum definitiones* », VI, *op. cit.*, p. 309-310.

En glosant ces lignes, les éditeurs renvoient presque systématiquement aux articles 79-83 des *Passions de l'âme*[1]. Or, si le jugement de Spinoza relève d'une démarche critique complexe, *anticartésienne* dans son esprit et pourtant *ultra-cartésienne* dans sa lettre[2], il ne constitue pas moins l'expression d'un simple constat que l'auteur de l'*Éthique* estime (ou fait semblant d'estimer) partagé par la plupart de ses contemporains. De fait, la définition de l'amour proposée par les *Passions de l'âme* est très rarement citée par les auteurs du XVIIe et du XVIIIe siècle[3], qui lui préfèrent presque toujours des formules plus traditionnelles[4]. Et on pourrait même ajouter que si cette définition semblait obscure aux yeux de premiers lecteurs de Descartes, elle ne l'est pas moins à ceux des commentateurs d'aujourd'hui, qui ne cessent d'en pointer les apories[5].

Or, il se peut que le caractère fort original et maintes difficultés de l'approche cartésienne de la passion de l'amour trouvent leur raison d'être, sinon leur justification ultime, dans la nature strictement polémique des thèses avancées par Descartes. Dans les lettres à Élisabeth et les *Passions*, Descartes formule en effet sa définition de l'amour et de la haine au fil

1. Pour une autre source voir C. Jacquet, « L'essence de l'amour dans les *Dialogues d'amour* de Léon l'Hébreu et dans le *Court traité* », *in* S. Ansaldi (dir.), *Spinoza et la Renaissance*, Paris, P.U.P.S., 2007, p. 41-56. Le rapprochement avec Léon l'Hébreu ne permet pas, nous semble-t-il, de faire l'économie de la comparaison avec Descartes qu'imposent la formule « *se voluntate jungere* » et le concept de « consentement ».

2. Voir P. Séverac, « Joie, amour et satisfaction chez Descartes et Spinoza », *in* C. Jacquet, P. Séverac, A. Suhamy (dir.), *Spinoza, philosophe de l'amour*, Saint-Étienne, Publications de l'Université de Saint-Étienne, 2005, p. 55-67.

3. Voir Malebranche, *Traité de morale*, I, III, 2, éd. J.-P. Osier, Paris, Flammarion, 1995, p. 81, qui soumet pour autant la définition cartésienne à une réécriture qui mériterait d'être analysée en détail.

4. Nous en avons vérifié l'absence chez les auteurs analysés par R. Ariew, « Ethics in Descartes and Seventeenth Century Cartesian Textbooks », *in* C. Fraenkel, D. Perinetti, J. E. H. Smith (dir.), *The Rationalists: Between Tradition and Innovation*, Dordrecht/Heidelberg/Londres/New York, Springer, 2011, p. 67-75. L'explication de l'article 80 des *Passions* n'est pas reprise par Jacques Du Roure dans son *Abrégé de la vraye philosophie* (1665). On la trouve évoquée, bien que d'une façon assez discrète, par Antoine Legrand dans son *Institutio philosophiae, secundum principia Renati Descartes, nova methodo adornata et explicata in usum juventutis academicae* (Londres, Martyn, 1672, p. 356). Voir aussi C. Ameline, Traité de la volonté, *précédé de* L'Art de vivre heureux, *attribué à C. Ameline*, éd. par S. Charles, Paris, Vrin, 2009, p. 119.

5. Voir Descartes, *Œuvres philosophiques*, éd. F. Alquié, Paris, Garnier, t. III (1643-1650), 1973, p. 1015 n. 2; A. Matheron, « Amour, digestion et puissance selon Descartes », *Revue philosophique de la France et de l'étranger*, 178, 1998/4, p. 433-445; D. Kambouchner, « La subjectivité cartésienne et l'amour », *op. cit.*, p. 86 et P. d'Arcy, introduction de l'édition des *Passions de l'âme*, Paris, Flammarion, 1996, p. 33.

d'une complexe stratégie argumentative qui consiste dans une série de *démarquages* par rapport à la tradition précédente – démarquages d'autant plus nets qu'ils se fondent sur une reprise exacte des formules qu'elle a imposées. On pourrait presque parler d'une définition *par provocation*, c'est-à-dire d'une définition qui se constitue à partir d'une reprise critique et d'une réaction face aux données de la tradition, et plus particulièrement de la tradition thomiste qui se révèle dominante dans les manuels scolaires dont le philosophe a eu connaissance[1]. L'analyse thomasienne de l'amour *provoque* l'invention de la définition cartésienne, qui à son tour (se) constitue (à partir de) un infléchissement provocateur de ses éléments. En bon élève de Suárez, Descartes articule sa confrontation avec saint Thomas en mélangeant adroitement la reprise fidèle et le détournement théorique des formules et des concepts consacrés par les commentaires du « traité des passions » de la *Prima Secundae*. Une telle stratégie, qui caractérisait déjà plusieurs pages des *Méditations*[2], gouverne aussi de nombreux articles des *Passions de l'âme*, et tout particulièrement ceux qui portent sur la passion de l'amour. Si la définition cartésienne de l'amour trouve sa raison d'être dans un acte de réaction, si Descartes pense l'amour *à partir de* et *contre* saint Thomas, il faudra alors examiner en détail l'approche polémique qui gouverne sa démarche théorique et en repérer la logique.

Nous nous intéresserons donc tout d'abord à deux questions qui font leur apparition dans les pages des *Passions* consacrées à l'amour, c'est-à-dire celle de la position de l'amour dans la série des passions primitives et celle de la distinction entre *amor concupiscentiae* et *amor amicitiae*. Cela nous permettra de comprendre comment Descartes travaille à partir d'un palimpseste thomiste et dans quelle mesure l'originalité de sa position se révèle d'autant plus marquée qu'elle semble s'autoriser d'une reprise littérale du texte de la *Summa theologiae*. Nous analyserons ensuite le texte de l'article 80 en essayant de comprendre le sens que Descartes assigne aux formules « se considére[r] dès à présent comme joint avec ce qu'on aime » et « imaginer un tout ». L'hypothèse d'un *corps à corps* théorique avec saint Thomas sera validée par la généalogie de ces deux expressions et en

1. Voir Suárez, *De actibus, qui vocantur passiones*, [...], *Disputatio I*, « *De passionibus* », in *Opera Omnia*, t. IV, Paris, Vivès, 1856, p. 456-474; Eustache de Saint-Paul, *Summa philosophiae quadripartita*, Leyde, apud F. Moyardum, 1647, *Ethica, pars tertia*, « *De passionibus animae* », p. 52-69; Abra de Raconis, *Summa totius philosophiae*, Cologne, ex Officina Choliniana, 1629, II, *Ethica*, « *De passionibus, seu perturbationibus animae* », p. 52-64.

2. *Cf.* E. Scribano, *Angeli e beati. Modelli di conoscenza da Tommaso a Spinoza*, Bari, Laterza, 2006, p. 129-140.

soulignera, en même temps, le caractère tout à fait inédit. Cette lecture « à la loupe » des pages de *Passions de l'âme* nous permettra enfin de mieux définir les exigences théoriques qui gouvernent la définition cartésienne de l'amour et aussi, selon l'hypothèse formulée en ouverture de ce chapitre, la justesse de la reprise que Pascal en propose dans les fragments sur les « membres pensants ».

L'admiration, « la première de toutes les passions »

Les « abrégé[s] de la Philosophie de l'École »[1] d'Eustache de Saint-Paul et d'Abra de Raconis, que Descartes a sans doute feuilletés, reprennent très fidèlement les analyses thomistes de la *Prima Secundae* de la *Somme* (q. 22-48), et cela vaut aussi, même si avec des éléments d'autonomie plus marqués, pour les commentaires de Suárez ou Medina[2] et pour les ouvrages destinés au grand public (Cureau de la Chambre ; Jean-Pierre Camus, etc)[3]. On ne saura donc nier que la synthèse thomiste constitue un palimpseste implicite des *Passions de l'âme*[4]. Or, cela est tout particulièrement vrai dans le cas de l'amour. Saint Thomas assigne à l'amour un rôle majeur dans son analyse des affects. Si la passion est définie comme un mouvement de l'appétit sensitif qui « se fait ou pour suivre ce que l'âme pense lui être bon, ou pour fuir ce qu'elle pense lui être mauvais »[5], l'amour ne peut qu'être la première des passions, car il est l'expression de l'*essence même* de la passion en tant qu'« *immutatio appetitus ab appetibili* » : « La première modification de l'appétit par son objet est appelée amour, ce qui n'est rien d'autre que la complaisance dans l'objet du désir : de cette complaisance dérive le mouvement vers l'objet,

1. AT III, p. 259.

2. Voir J.-R. Armogathe, « Le teorie delle passioni nella prima metà del XVII secolo », *in* F. Bonicalzi et C. Stancati (éd.), *Passioni e linguaggio nel XVII secolo*, Lecce, Milella, 2001, p. 23-32.

3. Parmi les sources de Descartes, on rappellera aussi le *De anima et vita* de Joan Lluis Vivès (Bruges, per Ioannem Operinum, 1538). Pour l'amour, voir p. 153-183. Voir G. Rodis-Lewis, « Introduction » aux *Passions de l'âme*, *op. cit.*, p. 42-49.

4. Voir P. Mesnard, *Essai sur la morale de Descartes*, Paris, Boivin, 1936, p. 109-120 ; G. Rodis-Lewis, *La morale de Descartes*, Paris, P.U.F., 1998 et *id.*, « Introduction » de *Les passions de l'âme*, éd. G. Rodis-Lewis, avant-propos par D. Kambouchner, Paris, Vrin, 2010, p. 17-63.

5. Charron, cité par J. Deprun, « Qu'est-ce qu'une passion de l'âme ? Descartes et ses précurseurs », *Revue philosophique de la France et de l'étranger*, 178, 1988/4, p. 407-413, en part. p. 407 ; voir *ST*, Ia IIae, q. 23, a. 4 ; Abra de Raconis, *Summa totius philosophiae*, *op. cit.*, p. 52 et Eustache de Saint-Paul, *Summa philosophiae quadripartita*, *Ethica*, *op. cit.*, p. 54.

qui est désir, et enfin le repos, qui est joie »[1]. Il faut donc dire « que toutes les passions de l'âme dérivent d'un seul principe, c'est-à-dire l'amour par lequel elles sont toutes reliées »[2]. L'ordre des passions se trouve ainsi axé sur l'amour autant d'un point de vue généalogique qu'axiologique[3]. Sans revenir ici sur l'articulation entre l'énumération des passions[4] et la définition de leur ordre[5] que saint Thomas propose, bornons-nous à rappeler que les contemporains de Descartes ne se lassent pas de lui faire écho, en réaffirmant ce primat de l'*amor*, « chef de toutes nos passions » et leur « premier Moteur », jusqu'aux excès augustiniens d'un Senault pour qui il n'y a finalement qu'une seule passion « qui est l'amour et toutes les autres ne sont que des effets »[6].

Or, les commentateurs ont souvent souligné le fait que Descartes soumet l'*ordo passionum* thomiste à un double critique[7] : d'une part, il fait passer le nombre des passions simples et primitives de onze à six, dont seulement cinq correspondent à celles indiquées par le *Docteur Angélique*; de l'autre, il envisage moins un ordre des passions, c'est-à-dire un « ordre de toutes les passions dans le processus de leur génération »[8], qu'une réduction des passions à l'ordre, leur « mise en ordre » (art. 57), réalisée, conformément aux principes de la méthode, après coup, « par une revue sur toutes celles [...] dénombrées » (art. 69)[9]. Le principe qui gouverne cette nouvelle approche cartésienne est formulé à l'article 52 :

> Je remarque, outre cela, que les objets qui meuvent les sens n'excitent pas en nous diverses passions à raison de toutes les diversités qui sont en eux, mais seulement à raison des diverses façons qu'ils nous peuvent nuire ou profiter, ou bien en général être importants [...]. C'est pourquoi, afin de les dénombrer, il faut seulement examiner par ordre en combien de diverses façons qui nous importent nos sens peuvent être mus par leurs objets. Et je ferai ici le dénombrement de toutes les principales passions selon l'ordre qu'elles peuvent ainsi être trouvées.

1. *ST*, Ia IIae, q. 26, a. 1 ; 2.
2. *Ibid.*, q. 41, a. 2 ; q. 27, a. 4.
3. *Ibid.*, q. 25, a. 2.
4. *Ibid.*, q. 23, a. 4.
5. *Ibid.*, q. 25, a. 3.
6. Cités par G. Rodis-Lewis, « Les Traités des Passions », *op. cit.*, p. 311. Voir Abra de Raconis, *Summa totius philosophiae*, *op. cit.*, p. 54-55.
7. Voir notamment L. Renault, *Descartes ou la félicité volontaire*, Paris, P.U.F., 2000, p. 160-173.
8. *ST*, Ia IIae, q. 25, a. 3.
9. Voir J.-M. Beyssade, « La classification cartésienne des passions », in *Études sur Descartes. L'histoire d'un esprit*, Paris, Seuil, 2001, p. 323-335.

Descartes propose ici un dénombrement des passions qui en garantit, malgré leur nombre *a priori* « indéfini » (art. 68), une analyse exhaustive, ne s'appuyant que sur la considération des « diverses façons » selon lesquelles les objets « nous peuvent nuire ou profiter, ou bien en général être importants », ce que l'article précédent nommait, d'une façon plus ambiguë, « tous les effets de ces objets » (art. 51). La mise en ordre des passions se fonde donc sur l'examen du rapport des objets « à nous » : la « diversité » des manières selon lesquelles les « objets qui meuvent les sens » s'imposent à l'âme remplace les « diversités qui sont en eux », c'est-à-dire leurs qualités intrinsèques.

Cet article a fait l'objet de nombreux commentaires, qui en ont pointé les difficultés, sinon même les apories[1]. On aurait pu toutefois remarquer aussi que la décision théorique de Descartes se fonde sur une approche qui avait déjà été celle de saint Thomas et que l'auteur des *Passions* reprend ici, bien que dans un but critique[2]. Saint Thomas avait en effet articulé son dénombrement des passions selon leurs principes actifs ou moteurs, qui sont leurs objets (« *secundum activa, quae sunt obiecta passionum animae* »)[3]. La déduction des onze passions s'opère dans la *Summa* à partir d'une comparaison avec les mouvements des agents naturels et aboutit à la distinction des passions qui relèvent du concupiscible et celles qui appartiennent à l'irascible – distinction que Descartes rejettera à l'article 68[4]. Le principe qui gouverne le dénombrement de Thomas est cependant le même que celui proposé par le traité cartésien : non pas la nature des objets qui excitent les passions, mais seulement « les diverses façons » selon lesquelles ils nous affectent. On peut presque reconnaître dans ces mots une citation exacte de la *Summa* : « La différence des moteurs peut être considérée à un double point de vue : au point de vue de l'espèce ou de la nature des moteurs eux-mêmes, comme lorsque l'on distingue le feu de l'eau, ou bien au point de vue de leur puissance active »[5]. Mais si Descartes

1. Voir D. Kambouchner, *L'homme des passions. Commentaires sur Descartes*, Paris, Albin Michel, 1995, t. I, Analytique, p. 461 n. 4. Descartes signale à Élisabeth « la difficulté » qu'il trouve à « dénombrer » les passions (AT IV, p. 313).

2. Voir L. Renault, *Descartes ou la félicité volontaire*, *op. cit.*, p. 161-162.

3. *ST*, Ia IIae, q. 23, a. 4.

4. Voir P. King, « Late Scholastic Theories of the Passions : Controversies in the Thomistic Tradition », *in* H. Lagerlund, M. Yrjönsuuri (dir.), *Emotions and Choice from Boethius to Descartes*, Boston, Kluver, 2002, p. 229-258.

5. *ST*, Ia IIae, q. 23, a. 4. Cela est d'autant plus vrai que ni Abra de Raconis ni Eustache de Saint-Paul ne reprennent le principe mis en avant par saint Thomas, en se limitant à articuler l'*ordo passionum* à partir de la distinction de l'irascible et du concupiscible. Rien non plus

fait sien le principe thomiste, ce n'est que pour en proposer une application sensiblement plus rigoureuse. De fait, la *virtus activa* des objets ne se réduit pas chez Descartes à leur capacité de nous attirer (*virtus attractiva*) ou de nous repousser (*virtus repulsiva*)[1]. Il s'agit plutôt de considérer d'abord de quelle façon les objets peuvent « en général être importants » ou, comme on le lit dans la traduction latine du traité, « *in genere ad nos spectare* »[2]. Il ne faut pas sous-estimer l'importance de cette clause finale[3] qui vaut rectification (car « ou bien » signifie ici *aut*, « *vel prodesse vel nocere, aut in genere ad nos spectare* »)[4]. Si la mise en ordre des passions dépend de l'évaluation des rapports entre les objets et l'âme, des « façons qui nous importent » selon lesquelles « nos sens peuvent être mus », l'élément premier sur lequel il faudra, en toute rigueur, se fonder comme point de départ sera précisément la perception de ce rapport, le fait pur d'« importer », qui est antécédent à la considération de la capacité qu'ont les choses de nous nuire ou profiter.

Le corollaire évident de cette décision théorique est le rôle assigné par Descartes à l'admiration, qui devient sous sa plume la « première de toutes les passions »[5] et prend ainsi la place auparavant réservée à l'amour. L'admiration est première parce qu'elle nous touche « avant que nous ne connaissions aucunement si cet objet nous est convenable ou s'il ne l'est pas » (art. 53)[6]. Autrement dit, elle ouvre tout simplement l'horizon des choses « qui nous importent », c'est-à-dire l'homme lui-même, « une seule personne, qui a ensemble un corps et une pensée »[7], en tant que sujet de passions, et cela avant toute distinction entre l'utile et le nuisible. Dès lors il s'agit d'une passion qui n'a pas de contraire : elle ne s'oppose qu'à l'absence de passion, au domaine de ce qui n'est pas « émouvant » : car « si l'objet qui se présente n'a rien en soi qui nous surprenne, nous n'en sommes aucunement émus et nous le considérons sans passion » (art. 53). Si donc la mise en ordre des passions est gouvernée par la seule

chez J. L. Vivès, *De anima et vita*, *op. cit.*, p. 151. Voir au contraire la paraphrase de l'article 52 de *Passions* proposée par A. Legrand, *Institutio philosophiae*, *op. cit.*, p. 351-352.

1. *ST*, Ia IIae, q. 23, a. 4.

2. Descartes, *Passiones animae*, 1650, reprint, Lecce, Conte, 1997, p. 28.

3. Voir G. Rodis-Lewis, « Introduction », in *Passions de l'âme*, *op. cit.*, p. 27 n. 2 ; p. 45 n. 1 et « Les Traités des Passions », *op. cit.*, p. 312 n. 28 ; C. Talon-Hugon, *Descartes ou les passions rêvées par la raison*, *op. cit.*, p. 159-160.

4. *Passiones animae*, *op. cit.*, p. 28.

5. L'hypothèse avait déjà été avancée par G. Rodis-Lewis et d'une façon plus prudente par D. Kambouchner, *L'homme des passions*. t. I., p. 462 n. 5.

6. Voir D. Kambouchner, *L'homme des passions*, *op. cit.*, t. I, p. 237.

7. AT III, p. 694.

considération de la façon dont les objets peuvent « nous importer », la première passion primitive, « la plus primitive de nos passions primitives »[1], la *passion des passions* ne peut être que l'admiration, qui témoigne de la passibilité même de l'homme. Son caractère primitif ou, si l'on préfère, *préliminaire*[2] consiste dans le fait de pointer « la faculté » propre à l'âme « de recevoir en soi chacune des autres passions » (art. 68). Deux remarques confirmeront ce statut privilégié accordé par Descartes à l'admiration. D'une part, en tant qu'affect qui ouvre l'horizon de la troisième notion primitive, l'admiration ne figure pas dans les deux autres classifications ordonnées des passions, esquissées dans la lettre à Chanut du 1er février 1647. L'analyse des passions n'y est pas élaborée à la lumière de l'union des deux *res*, mais en privilégiant respectivement le point de vue de la *mens* (pour les émotions intérieures)[3], et celui la chose étendue (« les premières dispositions du corps » qui dominent la vie prénatale du fœtus)[4]. Pour cette raison le point de départ du dénombrement est dans un cas l'amour intellectuel, dans l'autre la joie corporelle, et l'admiration disparaît tout simplement de la liste des passions primitives[5]. D'autre part, en tant que manifestation de la possibilité en général d'être émus, donc de recevoir en soi chacune des autres passions, l'admiration devrait les accompagner toutes. Or, c'est précisément ce que semble affirmer Descartes à l'article 72 de son traité : l'admiration a « beaucoup de force à cause de la surprise, c'est-à-dire de l'arrivement subit et inopiné de l'impression qui change le mouvement des esprits, laquelle surprise est propre et particulière à cette passion ; en sorte que lorsqu'elle se rencontre en d'autres, comme elle a coutume de se rencontrer presque en toutes et de les augmenter, c'est que l'admiration est jointe avec elles ». S'il faut reconnaître une composante de surprise (presque) dans toute passion, c'est parce que l'admiration manifeste la capacité originaire qu'ont les objets de « nous importer », c'est-à-dire de devenir causes de passions. En tant qu'expression fondamentale de la passivité ou de la *passibilité* de l'être humain, corps et âme, l'admiration doit pouvoir accompagne la totalité des phénomènes passionnels, et de fait elle contribue à la constitution de (presque) toute passion de l'âme.

Un mélange de fidélité et de critique à l'égard de sa source permet donc à Descartes de minimiser le primat thomiste de l'amour parmi les passions.

1. L. Renault, *Descartes ou la félicité volontaire*, *op. cit.*, p. 173.
2. Voir D. Kambouchner, *L'homme des passions*, *op. cit.*, t. I, p. 238, 295.
3. AT IV, p. 601-602.
4. *Ibid.*, p. 604-606.
5. Voir J.-M. Beyssade, « La classification cartésienne des passions », *op. cit.*, p. 331-334.

Descartes, comme saint Thomas, veut « examiner par ordre » les *passiones animi* non pas en s'appuyant sur la *differentia* des causes, « les diversités qui sont » dans les objets, mais en déterminant « en combien de diverses façons qui nous importent nos sens peuvent [en] être mus ». Or, la première et générale manière par laquelle une chose « nous importe » est celle de faire ainsi que nous en sommes tout simplement émus; il faut qu'elle devienne pour nous non seulement un objet de connaissance, mais une cause de passion. D'où le statut originaire de l'admiration : la « première de toutes les passions » semble en effet rendre visible le caractère propre aux émotions en tant qu'opposées au « naturel » et à « l'humeur », c'est-à-dire le fait d'être des « pensées qui viennent de quelque particulière agitation des esprits » qui brise, par sa nouveauté et surprise, « [leur] cours ordinaire »[1].

Amour de bienveillance et amour de convoitise

Cette stratégie de répétition d'une thèse scolaire qui vise à creuser un écart théorique d'autant plus profond qu'il s'autorise de la reprise des catégories traditionnelles gouverne aussi les pages des *Passions* où Descartes s'intéresse à la distinction entre *amor amicitiae* et *amor concupiscentiae*. L'article 81 rejette « la distinction qu'on a coutume de faire entre l'amour de concupiscence et de bienveillance », en précisant qu'elle ne vaut que pour les effets de l'amour, non pas pour son essence. Il n'y va donc pas de deux espèces d'amour, mais plutôt de deux corollaires d'une même passion qui pousse, dans un cas, à souhaiter le bien de l'objet aimé, dans l'autre, à en désirer la possession. Or, si on ressaisit la série des articles 81-83 dans son unité, force est de constater que le rejet de Descartes s'insère dans le cadre d'une stratégie argumentative plus complexe dont l'article 81 n'est que le premier moment, et qui s'articule au fil d'un double mouvement, mis en avant par les premières lignes de deux articles suivants : « Il n'est pas besoin aussi de distinguer... » (art. 82), « on peut, ce me semble, avec meilleure raison, distinguer... » (art. 83). Il faut, d'une part, associer la distinction entre l'amour de bienveillance et l'amour de convoitise à une autre, elle aussi communément admise, et de l'autre, récuser les deux pour faire place à une articulation plus légitime, car fondée sur un principe qui permette de définir les espèces de l'amour « avec meilleure raison ». Ainsi, l'article 82 déclare illégitime toute tentative pour « distinguer l'amour » à partir de la nature des objets aimés : « Il n'est pas besoin aussi de distinguer autant d'espèces d'amour qu'il y a de divers objets qu'on peut

1. AT IV, p. 311.

aimer. » En lieu et place, Descartes théorise l'univocité radicale de l'amour, passion qui comprend autant l'instinct d'un « brutal pour une femme qu'il veut violer » que la passion « si pure » d'un bon père pour ses enfants. La distance entre les passions en apparence « fort différentes » qui conviennent en ce qu'elles « participent de l'Amour » s'expliquera alors non pas en distinguant l'*amor concupiscentiae* de l'*amor amicitiae*, mais en opposant l'amour de la possession des choses et l'amour des choses elles-mêmes (art. 82)[1]. D'autre part, ce ne seront pas les objets, mais le rapport que le sujet amant entretient avec eux qui permettra de définir les différentes formes de l'amour, les modes et les figures multiples de cette passion qui reste une dans son essence : « On peut, ce me semble, avec meilleure raison, distinguer l'amour par l'estime qu'on fait de ce qu'on aime, à comparaison de soi-même. Car lorsqu'on estime l'objet de son amour moins que soi, on n'a pour lui qu'une simple affection ; lorsqu'on l'estime à l'égal de soi, cela se nomme amitié ; et lorsqu'on l'estime davantage, la passion qu'on a peut être nommée dévotion » (art. 83).

À propos de cette « doctrine de l'amour univoque », on a pu parler d'une transposition « du domaine théorique au domaine éthique » de la « doctrine de l'unité de la science » et en conclure que « l'unité des figures [...] de l'amour repose encore sur le primat représentatif de l'*ego* »[2]. Cependant, il ne faut pas oublier la stratégie argumentative qui gouverne ces articles : c'est le rejet d'une thèse communément admise, c'est-à-dire scolaire, qui prépare et rend possible une nouvelle distinction des formes d'amour, articulée avec « meilleure raison ». Si Descartes parvient à assigner à l'*ego* la fonction de fondement non seulement dans le cadre de la métaphysique, mais aussi *in ethicis*, c'est donc par le biais d'une polémique contre la vulgate thomiste. Il conviendra alors de revenir aux pages du *Docteur Angelique* et des commentaires de la *Summa*, en s'arrêtant notamment sur les analyses consacrées à la notion d'*ordo caritatis* (*Summa theologiae*, IIa IIae, q. 26)[3]. Saint Thomas s'interroge à plusieurs reprises sur la nature objective ou bien subjective de cet ordre[4].

1. Sur les difficultés suscitées par cette distinction voir J.-L. Marion, « L'*ego* altère-t-il autrui ? », *op. cit.* ; A. Matheron, « Amour, digestion et puissance selon Descartes », *op. cit.* et D. Kambouchner, « La subjectivité cartésienne et l'amour », *op. cit.*, p. 87-88.

2. J.-L. Marion, « L'*ego* altère-t-il autrui ? », *op. cit.*, p. 213.

3. Sur ce thème, nous renvoyons à l'article capital de Friederich Ohly, « Goethes Ehrfurchten – ein *ordo caritatis*, *Euphorion*, 55, 1961, p. 113-145, 405-448 et à notre étude « Charité bien ordonnée commence par soi-même. Notes sur la genèse d'un adage », *Freiburger Zeitschrift für Philosophie und Theologie*, 59, 2012/1, p. 234-248 où l'on trouvera aussi une mise au point bibliographique.

4. Voir par exemple *ST*, IIa IIae, q. 26, a. 4, ad. 1 ; art. 7.

Il semble en effet qu'à l'ordre défini par les objets aimés s'oppose, voir se superpose un ordre fondé sur les exigences du sujet amant. On le voit bien dans le cas de l'amour entre les pères et les enfants. À la question : « Est-ce que, en charité, faut-il aimer son père plus que ses enfants ou le contraire ? » saint Thomas répond rappelant que « le degré de l'amour peut s'apprécier de deux manières. Premièrement, par rapport à l'objet [*ex parte objecti*] : et, à ce point de vue, on doit aimer davantage ce qui représente un bien plus excellent et ce qui a le plus de ressemblance avec Dieu. De la sorte, le père doit être aimé plus que le fils, parce que nous aimons notre père au titre de principe, et que le principe représente un bien plus éminent et plus semblable à Dieu. Deuxièmement, les degrés de l'amour se prennent du côté de celui qui aime [*ex parte ipsius diligentis*], et, sous ce rapport, on aime davantage celui auquel on est plus uni. Dans ce sens, le fils doit être plus aimé que le père »[1]. Or, nous semble-t-il, c'est l'écho de ces questions thomistes qui résonne dans les articles 82 et 83 des *Passions de l'âme*. Un écho vague, qu'on relève dans le cadre d'une problématique qui n'est plus celle de l'ordre, c'est-à-dire de la gradation ordonnée des amours ou, plus exactement, des objets de la charité. Mais qui pourtant témoigne d'une reprise des thèses scolaires de la part de Descartes. Tout se passe en effet comme si Descartes cherchait à mélanger ce que saint Thomas avait voulu distinguer. Dans les articles de *Passions* la structure qui articulait l'ordre fondé sur les rapports entre les objets à aimer (« *gradus diligibilis ad diligibile* ») trouve en effet son lieu d'application dans la définition d'un ordre relevant du rapport entre le sujet aimant et ce qu'il aime (« *gradus diligentis ad diligibile* »)[2].

Voyons de près comment s'opère ce détournement de la source thomiste. Sous la plume de saint Thomas et de la grande majorité des auteurs médiévaux, l'ordre des objets de la charité est celui exposé pour la première fois par saint Augustin dans son *De doctrina christiana* (I, 23, 22) : « Saint Augustin écrit : "Il y a quatre choses à aimer : une qui est au-dessus de nous", c'est-à-dire Dieu ; "une autre qui est nous-mêmes ; une troisième qui est près de nous", c'est-à-dire notre prochain ; "une quatrième qui est au-dessous de nous", c'est-à-dire notre propre corps »[3]. Cette mise en ordre des *amabilia* débouche sur une hiérarchie qui recoupe un ordre cosmique : il faut aimer ce qui est *supra nos* plus que nous-mêmes et *nos* plus que ce qui est *infra nos* ; de même, il est nécessaire de *diligere* ce qui est *juxta nos* comme nous, mais plus que notre corps, etc. D'où toute une

1. *ST*, IIa IIae, q. 26, a. 9.
2. *In III Sent.*, d. 29, q. 1, a. 1, ad 1.
3. *ST*, IIa IIae, q. 25, a. 12.

série de cas de figure, longuement analysés par saint Thomas et par les commentateurs de la *Somme*[1]. Descartes semble donc se rallier à cette tradition lorsqu'il distingue les différentes formes de l'amour dans l'article 83 « par l'estime qu'on fait de ce qu'on aime à comparaison de soi-même », les trois cas de ce qu'on estime « moins que soi », « à l'égal de soi » et « davantage » correspondant aux trois directrices de la charité (*supra nos*, *juxta nos*, *infra nos*) définies par saint Augustin et saint Thomas[2]. Mais cette proximité apparente ne saurait dissimuler les écarts majeurs qui opposent Descartes à sa source thomiste. L'articulation de l'amour fondée sur l'estime de soi et de toute chose par rapport à soi ne relève pas d'une gradation ni d'une hiérarchie objectives. Il s'agit d'une *mise en ordre*, non pas d'un ordre entre les objets aimés ou aimables. En effet, comme on l'annonçait, Descartes semble superposer le principe qui gouvernait l'ordre des objets aimés, l'« *ordo diligibilis ad diligibile* », c'est-à-dire les catégories d'*au-dessus de nous*, *près de nous* et *au-dessous de nous* au rapport entre amant et aimé (« *ordo diligentis ad diligibile* »). Par conséquent, si saint Thomas avait à coordonner la coprésence de deux hiérarchies dont les gradations pouvaient s'opposer (par exemple dans le cas de l'amour entre les parents et les enfants)[3], chez Descartes les « trois sortes d'amour » ne s'articulent qu'au fil de la « comparaison de soi-même ». L'amour n'est pas susceptible d'un ordre fondé sur la nature « de divers objets qu'on peut aimer » (art. 82), mais plutôt d'une mise en ordre qui s'appuie sur le sujet aimant et sur son jugement, un jugement « à l'estime » porté sur soi-même et ce qu'il chérit[4]. Bref, ce ne sont pas les objets à *spécifier* l'amour, mais la représentation qu'en a le sujet lorsqu'il les compare à soi-même (ou à l'estime qu'il se porte).

La tripartition augustinienne et thomiste du *quod supra*, *quod juxta*, *quod infra* débouchait sur une gradation des étants dont la nature humaine, et en particulier l'âme de l'homme, constituait le point de repère central.

1. Voir les titres des articles de la *quaestio* 26 de la *Secunda Secundae*. Pour la postérité du débat médiéval, voir notre étude « Charité bien ordonnée commence par soi-même : de la théologie à la raison d'État », *in* M. N. Fouligny, M. Roig Miranda (dir.), *Les proverbes dans l'Europe des XVIe et XVIIe siècles : réalités et représentations*, Nancy, Europe XVI-XVII, n° 18, 2013, p. 268-279.

2. Les maîtres de l'École de Saint-Victor se limitaient à énumérer trois objets de l'*ordo caritatis*, en passant sous silence l'amour pour nous-mêmes (F. Ohly, « Goethes Ehrfurchten », *op. cit.*, p. 123). *Cf.* J.-F. Senault, *De l'usage des passions*, Paris, Fayard, 1987, p. 179, 186.

3. Voir aussi *ST*, IIa IIae, q. 26, a. 4, ad 1.

4. Nous assumons que le terme « estime » renvoie ici aux « opinions qu'on a sans passion de la valeur de chaque chose » (art. 149) plutôt qu'à la passion qui peut en dériver.

Ce sur quoi Descartes s'appuie pour « distinguer l'amour » est au contraire le sujet qui juge de soi et de toute chose en la comparant à soi. D'où deux corollaires qui représentent des écarts majeurs à l'égard du palimpseste thomiste. D'une part, la distinction de « ces trois sortes d'amour » n'impose aucune gradation ni aucune priorité de l'une sur les autres. L'ordre de la charité thomiste est le remède à l'amour déréglé qui est l'essence même du vice, en tant que tendance dépravée parce que contraire à la nature des choses et visant à préférer l'inférieur au supérieur[1]. Chez Descartes au contraire, l'unique erreur qui s'oppose à la mise en ordre des différentes espèces d'amour est l'interversion des ordres : il ne s'agit pas de choisir l'amour moins parfait au détriment du celui plus parfait, mais tout simplement de confondre ce qu'il faut distinguer. On a affaire à un jugement faux, causé par une maladie de l'esprit (« l'esprit fort déréglé » de ceux qui se déclarent « amis » des fleurs et des bêtes, art. 83) ou par une attitude d'esprit maladive (c'est le cas du « dédain », c'est-à-dire « l'inclination qu'a l'âme à mépriser une cause libre en jugeant que, bien que de sa nature elle soit capable de faire du bien et du mal, elle est néanmoins si fort au-dessous de nous qu'elle ne nous peut faire ni l'un ni l'autre » (art. 163), ce qui revient à juger un homme trop « imparfait » pour mériter notre amitié, art. 83). La question de l'ordre des amours le cède à celle de *différents ordres* d'amours. D'autre part, l'affection, l'amitié et la dévotion ne s'adressent plus à trois objets, mais ils définissent d'eux-mêmes, en tant que formes différentes du rapport du sujet aimant avec ses *amabilia*, trois genres de choses aimables. Ainsi la dévotion, visant ce que nous jugeons être *supra nos*, peut s'adresser à Dieu (la « souveraine Divinité »), mais aussi à une ville, à un pays (ne parle-t-on pas d'une *caritas patriae*)[2] ?, à un Prince et même à un homme particulier, voire à une maîtresse (art. 82)[3]. Il suffit que le sujet « estime beaucoup plus que soi » tel objet, à tort ou à raison, bien évidemment, pour qu'il l'approche avec un sentiment de dévotion. Dieu n'est pas l'unique réalité *supra nos* : bien que la dévotion lui revienne comme un privilège que tout esprit raisonnable doit lui reconnaître[4], rien n'interdit aux hommes de s'exposer à la mort « pour des

1. Voir saint Augustin, *De libero arbitrio*, III, 1.

2. Voir A. Frigo, « *Caritas patriae* : l'ordre de la charité et le martyre civil au XIIIe siècle », *Revue des sciences religieuses*, 87, 2013/1, p. 21-40.

3. Ce que semble nier Pierre-Sylvain Régis (*L'usage de la raison et de la foi*, Paris, J. Cusson, 1704, p. 395) : « D'où il s'ensuit qu'à parler philosophiquement, on a de l'affection, pour une fleur, pour un oiseau, pour un cheval, mais on ne peut avoir de l'amitié que pour les hommes, *ni de la dévotion que pour Dieu* » (nous soulignons).

4. Voir sur ce point, J.-L. Marion, *Sur la pensée passive de Descartes*, Paris, P.U.F., 2013, p. 244-260.

personnes particulières » auxquelles ils seraient « dévoués » (art. 83). Autrement dit, Descartes établit son articulation de la passion de l'amour en transformant l'ordre subjectif thomiste (« *diligentis ad diligibilis* ») dans une mise en ordre fondée sur le sujet. Et ce faisant il s'approprie et retravaille profondément les catégories de l'ordre objectif traditionnel, c'est-à-dire de l'*ordo caritatis* structuré par le rapport « *diligibilis ad diligibile* ». « Distinguer l'amour par l'estime qu'on fait de ce qu'on aime » revient, du moins dans le cas de la dévotion, à pluraliser les ordres, en ouvrant l'ordre unique à la pluralité des idiosyncrasies.

Ansi comprend-on mieux pour quelle raison Descartes peut se débarrasser de la distinction scolaire entre amour de bienveillance et amour de concupiscence, en la reléguant au niveau des « effets de l'amour ». L'article 81 n'a qu'une fonction critique et prépare la nouvelle typologie avancée par Descartes, c'est-à-dire la nouvelle distinction de « trois sortes d'amour » que sont l'affection, l'amitié et la dévotion. Cette tripartition, qui s'appuie sur la primauté de l'*ego* dans la figure de l'estime de soi, se réclame implicitement du précédent thomiste constitué par les pages de la *Summa* consacrées à l'ordre de la charité, notamment en tant qu'ordre « *diligentis ad diligibile* ». Mais la proximité des formules n'est là que pour masquer un changement profond de l'approche théorique. Pour Descartes l'amour s'articule au fil de la comparaison entre sujet aimant et objet aimé, entre l'idée de soi et le jugement porté sur la chose aimée en tant que comparée à soi. Ordre objectif et ordre subjectif collapsent l'un sur l'autre : l'ordre ne relève pas d'une gradation ontologique (il faut préférer ce qui est au-dessus de nous, c'est-à-dire Dieu et dès lors aimer plus son père que ses enfants, parce que le père ressemble plus à Dieu que les enfants). Il ne s'agit plus de considérer la nature de la chose aimée mais de s'en « représenter la valeur » (art. 149) en la rapportant à l'estime qu'on se porte. Comme dans le cas du dénombrement des passions, l'originalité de Descartes s'éclaire donc à la lumière de sa confrontation avec la source thomiste : la reprise et la répétition sont d'autant plus précises et fidèles qu'elles se trouvent mises au service d'une subversion des concepts et des catégories jadis élaborées par l'auteur de la *Summa theologiae*.

RÉGLER L'AMOUR

Présent et praesentia *de l'amour*

Étant donnés les décrochages théoriques opérés par Descartes en ce qui concerne la position de l'amour parmi les passions et le rejet de l'opposition entre amour de concupiscence et amour de bienveillance au profit d'une typologie de « trois sortes d'amour », on pourra bien s'attendre à retrouver des échos des formules traditionnelles, et en particulier thomistes, dans la définition avancée par l'article 79 : « L'amour est une émotion de l'âme causée par le mouvement des esprits, qui l'incite à se joindre de volonté aux objets qui paraissent lui être convenables. » Si toute doctrine de l'amour, depuis l'antiquité, accorde un espace majeur à la vertu unitive propre à cette passion qui s'exprime dans la complémentarité – sinon la confusion – de l'amant et de l'aimé, Descartes fait ici preuve d'un souci de fidélité aux sources thomistes qui va jusqu'au scrupule, c'est-à-dire jusque à contredire les systématisations scolaires le plus récentes. Soit par exemple la décision cartésienne d'inclure l'union de volonté dans la définition de l'amour plutôt que la reléguer, comme le faisaient la plupart de ses contemporains, sous la rubrique des *effectus amoris*[1]. Ici Descartes ne fait que suivre saint Thomas pour qui l'*unio* affective de l'amant et de l'aimé constitue l'essence même de l'amour et se distingue de l'*unio realis*, l'union effective, qui n'en est qu'un effet et un corollaire[2]. De même, on remarquera, dans la liste hétérogène des passions « fort différentes » qui « conviennent en ce qu'elles participent de l'Amour » proposée par l'article 82, la présence assez troublante de l'amour d'un ivrogne pour le vin. Descartes semble chercher ici l'effet rhétorique d'un *climax* par l'absurde, en mettant l'un à côté de l'autre l'amour d'un « brutal pour une femme qu'il veut violer » et celui « d'un homme d'honneur pour son ami ou pour sa maîtresse ». Faudra-t-il reconnaître dans ces lignes un reste de cette analyse des passions « en orateur » à laquelle Descartes a précisément voulu renoncer ? Or, il suffit de rappeler ce que saint Thomas s'était objecté dans un *sed contra* de la *Summa* (Ia IIae, q. 26, a. 4) pour comprendre les raisons du choix de Descartes. On y lit en effet : « On nous attribue l'amour de certaines choses parce que nous les convoitons ; d'après le Philosophe, "on dit de quelqu'un qu'il aime le vin quand il en convoite la douceur" » (la question est toujours celle de l'amour de concupiscence et de l'*amor*

1. Voir Abra de Raconis, *Summa totius philosophiae*, *op. cit.*, p. 56 et Eustache de Saint-Paul, *Summa philosophiae quadripartita*, *Ethica*, *op. cit.*, p. 58-61.

2. *ST*, Ia IIae, q. 28, a. 1.

amicitiae)[1]. La référence cartésienne à l'ivrogne n'a donc rien de provocateur ni d'audacieux : elle s'insère plutôt dans le cadre d'un dialogue serré avec saint Thomas et, par son biais, avec Aristote.

En ce qui concerne la définition de l'amour et la description de ses formes et de ses modes, Descartes semble donc se tenir au plus près des formulations thomistes, quitte à s'éloigner dans certains cas des simplifications et des atténuations théoriques des compilateurs. Cependant, et sans doute pour démentir cette fidélité apparente, il ajoute à la définition de l'article 79 l'explication suivante : « Au reste, par le mot de volonté, je n'entends pas ici parler du désir, qui est une passion à part et se rapporte à l'avenir ; mais du consentement par lequel on se considère dès à présent comme joint avec ce qu'on aime, en sorte qu'on imagine un tout duquel on pense être seulement une partie, et que la chose aimée en est une autre » (art. 80)[2]. Comme le remarquait déjà Alquié, « en employant l'expression *se joindre de volonté*, Descartes n'entend pas reprendre l'idée, que l'on trouve chez Aristote et saint Thomas, selon laquelle l'amour consisterait dans la communauté de volonté entre deux êtres conscients. [...] Se joindre de volonté n'est pas se joindre à la volonté » de quelqu'un[3]. L'éclaircissement de l'article 80 s'articule ainsi au travers d'un double mouvement argumentatif, d'abord de négation (« je n'entends pas ici... ») et après d'explicitation du sens exact (« mais... »), qu'il conviendra d'analyser ici en détail.

Premièrement, Descartes invite à bien distinguer volonté et désir. Le thème apparaît à de nombreuses reprises dans la correspondance avec Élisabeth[4] et il fait aussi l'objet d'un long commentaire dans la lettre à Chanut du 1er février 1647. Confondre amour et désir est un vice qui, aux yeux du philosophe, affecte la plupart des traités de ses contemporains tout comme les discours communs sur cette passion[5]. Le fait qu'amour et désir se présentent « quasi toujours » ensemble explique qu'« on prend si ordinairement » le désir « pour l'amour » et aussi qu'on distingue (à tort) « deux sortes d'amours ; l'une qu'on nomme amour de bienveillance, en laquelle ce désir ne paraît pas tant, et l'autre qu'on nomme amour de

1. Cf. *ST*, IIa IIae, q. 23, a. 1 et *In librum B. Dionysii* De divinis nominibus *expositio*, chap. IV, l. 9.

2. Voir aussi AT IV, p. 601 et 603.

3. F. Alquié, *Le cartésianisme de Malebranche*, Paris, Vrin, 1974, p. 363 n. 17.

4. Voir sur cette correspondance D. Kolesnik-Antoine, M.-F. Pellegrin (dir.), *Élisabeth de Bohême face à Descartes : deux philosophes ?*, Paris, Vrin, 2014.

5. Voir A. F. Beavers, « Desire and Love in Descartes's Late Philosophy », *History of Philosophy Quarterly*, 6, 1989/3, p. 279-294.

concupiscence, laquelle n'est qu'un désir fort violent, fondé sur un amour qui souvent est faible »[1]. Bref, « se joindre de volonté » peut bien conduire l'homme à désirer la chose ou la personne aimée, mais les deux notions ne se recoupent pas[2]. On serait alors tenté de lire la formule « dès à présent » (« [le] consentement par lequel on se considère *dès à présent* comme joint avec ce qu'on aime ») comme l'expression de cette volonté cartésienne d'écarter toute confusion entre amour et désir : ce dernier « se rapporte à l'avenir » alors que l'union par la volonté s'appuie sur une considération qui est mise en œuvre « dès à présent ». Cette distinction axée sur l'opposition des temporalités semble être validée par le dénombrement des passions : après l'admiration, l'amour et la haine, c'est le critère temporel qui permet d'introduire le désir : « De la même considération du bien et du mal naissent toutes les autres passions ; mais afin de les mettre par ordre, je distingue les temps, et considérant qu'elles nous portent bien plus à regarder l'avenir que le présent ou le passé, je commence par le désir » (art. 57). Pourtant, ce recours à la temporalité comme élément discriminant ne va pas sans problèmes. Deux raisons s'opposent à qu'on fasse du présent le propre de l'amour, comme semble pourtant le suggérer la formule « dès à présent ». D'une part, dans le dénombrement des passions, à relever du présent sont le remord qui « ne regarde pas le temps à venir, comme les passions précédentes [*sc.* celles dérivées du désir], mais le présent ou le passé » (art. 60), et surtout la joie et de la tristesse, excitées par la considération du bien et du mal présents (art. 61). S'il faut bien distinguer les « passions qui se rapportent aux biens ou aux maux présents » de celles qui visent des objets « à venir » (art. 62), ce critère gouvernera la distinction entre joie et désir, non pas pour autant celle entre désir et amour. D'autre part, le désir n'est pas confiné uniquement au temps futur, mais il admet aussi une application au présent, car « on ne désire pas seulement la présence du bien absent, mais aussi la conservation du présent » (art. 86)[3]. Le désir « regarde toujours l'avenir », mais il ne se limite pas au seul possible « à venir » en visant aussi la perpétuation du présent. De cette double remarque on conclura donc à l'invalidité de toute distinction entre amour et désir qui se fonde uniquement sur des critères d'ordre temporel. Et Jean-Marie Beyssade d'observer que la passion de l'amour apparaît

1. AT IV, p. 408 et 606.

2. Rien n'est dès lors moins cartésien que la réécriture des articles 79-80 proposée par Régis, *L'usage de la raison et de la foi*, *op. cit.*, p. 393.

3. Descartes se souvient peut-être de la définition de J. L. Vivès, *De anima et vita*, *op. cit.*, p. 181.

« non qualifiée par rapport au temps », le consentement qui la constitue étant en lui-même « intemporel »[1].

Quel sens et quel rôle attribuer alors à la formule « dès à présent » ? Une fois de plus, la difficulté de l'expression semble s'expliquer ou, du moins, se justifier, à la lumière de la source thomiste dont Descartes s'inspire. Qu'on ouvre le commentaire de saint Thomas au *De divinis nominibus* et qu'on lise les lignes où le *Docteur Angélique* s'interroge à propos de ce qui distingue l'objet du désir (*desiderabilis*) et l'objet de l'amour (*amabilis*) :

> On dit que quelqu'un est aimé si l'appétit de l'amant l'envisage en tant que son propre bien. Le rapport lui-même ou l'adaptation [*habitudo vel coaptatio*] de l'appétit à l'égard de quelque chose comme vers son bien s'appelle donc l'amour. Or, tout ce qui est ordonné vers quelque chose comme son bien possède d'une certaine manière celui-ci présent à soi et uni [*quodammodo illud sibi praesens et unitum*] selon une certaine similitude, au moins de proportion, comme la forme est d'une certaine manière dans la matière, en tant que la matière a une aptitude et un ordre vers la forme. Mais il arrive toutefois que le bien-aimé soit totalement absent de l'aimant [*totaliter est absens*]; et ainsi, le désir de l'aimé est causé dans l'aimant; mais parfois il lui est totalement présent [*totaliter praesens*]; et ainsi est causée en lui la délectation ou la joie au sujet de l'aimé ; au contraire, en son absence sont causées la crainte et la tristesse à son sujet; et, par voie de conséquence, les autres affections qui sont dérivées de celles-ci[2].

Saint Thomas définit l'amour à partir de l' « *habitudo vel coaptatio* » de l'appétit avec son objet propre, le bien. Cette *ordinatio* ou *proportio* s'appuie sur une affinité (une *connaturalitas*) qui est à l'origine du mouvement des corps animés et inanimés. La force et la réalité de cette tension de l'appétit sont telles que saint Thomas n'hésite pas à parler d'une union qui rend l'aimé *praesens* à l'amant. « *Secundus amoris affectus est, quod rem amatam faciat esse praesentem perpetuo amanti* », résumera Abra de Raconis[3]. Si pourtant ce recours au lexique de la présence exalte la *virtus unitiva* de l'amour, il rend aussi plus complexe la distinction entre l'*amor*, le désir et la joie. D'où le recours aux formules *totaliter absens* pour décrire la condition de l'objet du désir et *totaliter praesens* pour celle

1. J.-M. Beyssade, « La classification cartésienne des passions », *op. cit.*, p. 328, 332. *Cf.* F. Alquié *in* Descartes, *Œuvres philosophiques*, *op. cit.*, t. III, p. 1014 n. 1.

2. *In librum B. Dionysii* De divinis nominibus *expositio*, chap. IV, l. 9. Nous citons la traduction donnée par E. Durand, « Au principe de l'amour : *formatio* ou *proportio* ? Un déplacement revisité dans l'analyse thomasienne de la *voluntas* », *Revue thomiste*, 104, 2004/4, p. 551-578, en part. p. 562.

3. *Summa totius philosophiae*, *op. cit.*, p. 57.

de celui qui produit la joie et le plaisir. La *praesentia* de ce qui est *amabilis* s'apparente de la forme qui est *quodammodo* présente *in materia* – une *praesentia* intentionnelle qui ne recoupe pourtant pas l'effectivité de l'objet qui cause la joie. On remarque déjà l'analogie entre les positions de Descartes et du *Docteur Angélique* : dans les deux cas, la référence au présent de la présence ne semble pas suffire pour dire le propre de l'amour en tant que passion qui unit les amants sans besoin de les réunir.

Saint Thomas fait état d'un même effort de clarification lexicale et conceptuelle dans une page de la *Summa theologiae*[1]. Le thème est toujours celui de la vertu unissant de l'amour et la source d'inspiration toujours le Pseudo-Denys : « Il y a deux formes d'union de l'amant à l'objet aimé. La première se fait dans la réalité, lorsque l'aimé est présent à l'amant [*praesentialiter adest amanti*]. L'autre est une union affective [*secundum affectum*] »[2]. Ici le terme *praesentialiter* décrit l'union effective de l'amant et de la chose aimée qui trouve son accomplissement dans la « *delectatio vel gaudium de amato* ». D'où la nécessité de distinguer cette présence de l'objet de la jouissance de la « *praesentia secundum affectum* » qui caractérise l'amour : « La première espèce d'union, l'amour la produit par manière de cause efficiente [*effective*], car il pousse à désirer et à rechercher la présence de l'aimé en tant qu'il lui convient et lui appartient. La seconde espèce d'union est causée par l'amour selon une causalité formelle [*formaliter*], car l'amour lui-même est cette union ou ce lien. » Dans la suite de l'article, saint Thomas est encore plus explicite : « L'objection se rapporte à l'union réelle. C'est elle que le plaisir requiert, comme sa cause. Le désir, au contraire, implique l'absence réelle de l'aimé ; quant à l'amour, il existe et dans l'absence et dans la présence. » Le bien réellement possédé (« *bonum praesentialiter adeptum* ») est « *causa delectationis* »[3] ; au contraire, « *in reali absentia amati* » le désir surgit ; « *et in absentia et in praesentia* », c'est-à-dire dans la présence « *secundum affectum* », en dépit de la présence ou de l'absence réelle de la chose aimée, naît l'amour.

Or, c'est précisément à partir de ces pages de la *Summa* et à la lumière des difficultés théoriques dont elles font état qu'il faut lire, nous semble-t-il, le début de l'article 80 des *Passions de l'âme*. Lorsque Descartes parle d'un « consentement par lequel on se considère dès à présent comme joint avec ce qu'on aime », il cherche de fait à éclairer l'énigme de la présence

1. Voir R. Miner, *Thomas Aquinas on the Passions : A Study of* Summa Theologiae *Ia2ae 22-48*, Cambridge, Cambridge University Press, 2009, p. 60-61, 115-122, 132-135.

2. *ST*, Ia IIae, q. 28, a. 1.

3. *ST*, Ia IIae, q. 32, a. 2.

amoureuse déjà pointée par saint Thomas. Ce dernier pensait la *praesentia* de l'objet aimé à partir de la «*coaptatio appetitus ad bonum*» qui rend possible une «*unio secundum affectum*». Chez Descartes, la *coaptatio* s'estompe au profit de la «considération» («on se considère») et la *praesentia* devient un «dès à présent», formule qui, comme on l'a montré, s'accorde mal avec la grille temporelle qui gouverne le dénombrement des passions primitives. Descartes cherche à faire sienne la pensée thomiste de l'unité amoureuse, c'est-à-dire de concevoir le fait que l'amant ait son aimé «*quodammodo sibi praesens et unitum*»: dans le *Traité des passions*, l'*unio formaliter* thomiste se donne donc à concevoir comme la présence de l'objet aimé en tant que joint à soi dans le présent de la pensée et au moyen de l'idée d'un tout, dont chacun des amants est une partie. Saint Thomas mobilisait la logique des appétits et l'*aptitudo* de la matière pour la forme; pour Descartes la *praesentia* de la chose aimée chez l'amant coïncide avec la pensée d'un tout dont amant et aimé sont des composantes. Aimer, tenir l'autre *dans la présence* par l'amour revient à le penser comme autre de notre tout commun. Ainsi la détermination apparemment temporelle, «dès à présent», se laisse comprendre comme une réécriture détournée du *praesens* thomiste. D'une part, on a une *unio secundum affectum* qui se réalise «*et in absentia et in praesentia*», de l'autre, une *unio realis*: pour aimer, glose Descartes, il suffit de «se joindre de volonté» à «quelque bien, soit présent, soit absent» que l'âme «juge lui être convenable», alors que la joie impose d'y être joint «non seulement par la volonté, mais aussi réellement et de fait»[1]. Aux yeux des Descartes, la présence de l'aimé n'est que l'effet d'une idée à la lumière de laquelle l'amant se considère et (se) veut. Et la formule «dès à présent» de constituer un des éléments de cette définition *par provocation* de l'amour – définition issue d'une réaction aux formules thomistes, qui mélange la plus grande fidélité aux questions soulevées par la tradition et la volonté d'en tenter une réponse inédite.

«*On pense être seulement une partie*»

Si les premières lignes de l'article 80 des *Passions*, c'est-à-dire la *pars destruens* de l'éclaircissement fourni par Descartes, sont à lire en contrepoint de la synthèse thomiste, la suite de l'article ne semble poser aucune difficulté en ce qui concerne ses sources: «Mais [par le mot de volonté j'entends parler] du consentement par lequel on se considère dès à présent comme joint avec ce qu'on aime, en sorte qu'on imagine un tout duquel on

1. AT IV, p. 601-602.

pense être seulement une partie, et que la chose aimée en est une autre.» Descartes mobilise ici une image dont la tradition remonte aux pages célèbres du *Banquet* de Platon (189d-193d), le mythe des androgynes étant d'ailleurs explicitement évoqué par l'article 90 : « Mais le principal [désir qui naît de l'agrément] est celui qui vient des perfections qu'on imagine en une personne qu'on pense pouvoir devenir un autre soi-même car, avec la différence du sexe, que la nature a mise dans les hommes ainsi que dans les animaux sans raison, elle a mis aussi certaines impressions dans le cerveau qui font qu'en certain âge et en certain temps on se considère comme défectueux et comme si on n'était que la moitié d'un tout dont une personne de l'autre sexe doit être l'autre moitié, en sorte que l'acquisition de cette moitié est confusément représentée par la nature comme le plus grand de tous les biens imaginables.» Dans son explication de la formule « se joindre de volonté », Descartes ne ferait donc que reprendre l'idée ancienne qui voit dans l'amant un *symbolon* à la recherche de l'autre moitié qui seule constitue l'*alter seipsum*[1]. Deux raisons invitent pourtant à rejeter une assimilation trop hâtive de la formule de l'article 80 (« qu'on imagine un tout duquel on pense être seulement une partie ») et du mythe d'Aristophane repris par l'article 90 (« on se considère comme défectueux et comme si on n'était que la moitié d'un tout »). Premièrement, Descartes applique le modèle platonicien au désir qui naît de l'agrément et il souligne, une fois de plus, la distance qu'il faut garder entre cette passion et l'amour : « Ce désir qui naît ainsi de l'agrément est appelé du nom d'amour plus ordinairement que la passion d'amour qui a ci-dessus été décrite » (art. 90). Ce discours ordinaire et confus est le propre des « faiseurs de romans » et des « poètes » et on ne peut que le rejeter lorsqu'on s'engage à traiter des passions selon un dénombrement méthodique. Deuxièmement, dans l'article 80 Descartes a recours à l'« imagination d'un tout » pour définir non seulement l'amour, mais aussi la haine : « En la haine on se considère seul comme un tout entièrement séparé de la chose pour laquelle on a de l'aversion.» Or, ce choix est tout à fait original : on n'a pas de précédent, à notre connaissance, pour une telle caractérisation de la haine qui préfère l'idée d'une totalité séparée à celle de la séparation de deux composantes d'un tout et, plus généralement, comme le remarquait Alquié, « il est curieux de voir Descartes définir la haine, non par le désir de détruire ce que l'on hait, mais seulement par la volonté d'en être séparé »[2].

1. Descartes comme déjà saint Thomas parle d'un *alter seipsum*, un « autre soi-même » plutôt que d'un *alter ego*.

2. F. Alquié, in Descartes, *Œuvres philosophiques*, *op. cit.* p. 1014 n. 2.

Il conviendra donc de se méfier de l'assonance par trop évidente qui semble relier la définition cartésienne de l'amour et le mythe du *Banquet*. En effet, si l'ancienne formule qui décrit les amants comme deux portions d'un tout était mobilisée pour commenter leur *mutua inhaesio*[1], chez Descartes une telle fonction de l'image est réservée à l'analyse du désir. Pour ce qui est de l'amour, au contraire, « l'imagination d'un tout » a plutôt le rôle de rendre raison de différentes figures que cette passion peut prendre et de diverses postures que l'amant peut assumer dans son rapport à la chose aimée. Autrement dit, il ne s'agit pas de concevoir l'union presque fusionnelle des parties qui retrouvent leur complémentaire et font de nouveau *un* tout, mais de comprendre ce que signifie « être *seulement* une partie » et se penser en tant que partie qui est en même temps distincte et jointe à ce qu'elle aime, autonome et pourtant capable d'accueillir dans l'idée (ou l'imagination) de soi la présence de l'objet aimé. On distinguera donc, d'une part, un usage (traditionnel) de l'image du tout et des parties qui vise à décrire les effets du désir (art. 90) et, de l'autre, la fonction nouvelle que Descartes lui assigne pour penser l'essence même de l'amour (art. 80). On pourra peut-être s'étonner de ces subtilités herméneutiques. Il suffit pourtant de revenir à la définition de la haine pour s'apercevoir que les formulations cartésiennes n'ont rien d'anodin. Si en effet l'« imagination d'un tout » définit le sujet amant en tant qu'il « pense être seulement une partie » et non pas l'union presque fusionnelle des amants, la haine ne pourra que prendre la forme d'un « ne-pas-penser être-seulement-une-partie » – c'est-à-dire, comme l'écrit Descartes, « se considère[r] seul comme un tout ». Bref, désirer signifie chercher l'autre pour retrouver le tout vers lequel la nature nous achemine par une représentation confuse (art. 90). Lorsqu'on l'aime il s'agit au contraire de faire espace à l'autre en se pensant soi-même et en se voulant en tant que partie d'un tout. Et, ajoute Descartes, la haine correspond précisément au refus d'ouvrir cet espace, en se considérant non pas *seulement* comme une partie du tout, mais « *seul* comme un tout ».

La lettre à Chanut du 1er février 1647 valide cette lecture de la définition cartésienne, en la faisant suivre d'une sorte de *mode d'emploi* :

> La nature de l'amour est de faire qu'on se considère avec l'objet aimé comme un tout dont on n'est qu'une partie, et qu'on transfère tellement les soins qu'on a coutume d'avoir pour soi-même à la conservation de ce tout,

1. *ST*, Ia IIae, q. 28, a. 1. Voir Aristote, *Politiques*, 1262b, 8-10 et Platon, *Banquet*, 191a-b. *Cf.* N. Coeffeteau, *Tableau des Passions humaines, de leurs causes, et de leurs effets*, Paris, Traboulliet, 1631, p. 149-151 et J.-P. Camus, *Diversitez* [...]. *Livre XXXI, traitant des Passions de l'Âme*, t. IX, Paris, C. Chappelet, 1614, p. 165-176.

qu'on n'en retienne pour soi en particulier qu'une partie aussi grande ou aussi petite qu'on croit être une grande ou petite partie du tout auquel on a donné son affection[1].

« Penser qu'on n'est qu'une partie » ne signifie pas aspirer à l'unité, désirer de recomposer le tout avec l'autre moitié qui nous fait défaut, mais régler les soins que l'amant doit avoir pour lui-même et pour l'aimé à la lumière de son affection pour le tout qu'ils composent ensemble. En jouant sur les mots, on pourrait dire que se penser *comme une partie* implique comprendre quelle *partie*, quelle portion, grande ou petite d'amour revient à chacun des objets qu'on affecte. Il s'agit alors de définir les rôles respectifs des deux composantes du tout : le thème est celui des degrés, de l'ordre de l'amour, et des formes auxquelles il donne lieu, non pas celui de l'*unio*. À ce titre, la définition métonymique de l'amour par le biais du couple *tout/partie* exprime la nécessité d'un règlement de l'amour, ou plutôt, comme l'écrit Descartes toujours dans la lettre à Chanut, de « son vrai usage ».

Le « vrai usage » de l'amour

C'est pourtant à la lumière d'un palimpseste thomiste qu'il convient d'aborder cette idée d'un « vrai usage » de l'amour pour en apprécier la signification profonde et retracer les exigences qui pussent Descartes à intégrer la relation entre tout et parties à l'intérieur de la définition des articles 79 et 80. Car ici comme ailleurs les *Passions de l'âme* trouvent la voie de leurs propos les plus originaux en pensant *à partir de* et *contre* saint Thomas. Revenons alors aux pages de la *Summa theologiae* consacrées à l'ordre de la charité que nous avons déjà évoquées plus haut. Lorsqu'on se demande pourquoi « l'homme doit-il en charité aimer Dieu plus que lui-même » (IIa IIae, q. 26, a. 3) et qu'on répond par l'affirmative, la raison en est, explique saint Thomas, « que dans un tout, chaque partie aime naturellement le bien commun de ce tout plus que son bien propre et particulier ». Il s'agit d'un principe naturel, dont témoignent même nos actes irréfléchis (« nous voyons en effet que naturellement la partie s'expose pour la conservation du tout : la main s'expose aux coups, sans délibération, pour préserver le corps »). Et comme « la raison imite la nature, nous retrouvons cette même inclination dans le cas des vertus politiques : le citoyen vertueux s'expose à la mort pour le salut de tout l'État ; et si l'homme était partie naturelle de la Cité, cette inclination serait naturelle en lui »[2]. Le thème est

1. AT IV, p. 611-612.
2. *ST*, Ia, q. 60, a. 5.

celui de la vertu surnaturelle de la charité – abordée ici pourtant à partir de son affinité avec l'amour naturel[1] – et des rapports de l'amour de soi avec l'amour de Dieu. On peut déjà reconnaître une certaine proximité, du moins lexicale, entre Descartes et saint Thomas. Ce dernier semble assigner en effet à la considération du tout et de la partie le rôle d'un dispositif théorique capable de fournir une règle à l'amour, c'est-à-dire, dans ce cas, de justifier à la fois l'*ordo caritatis* et un amour de soi légitime parce que non tyrannique : « La partie aime le bien du tout parce que cela lui convient; elle ne l'aime pas de telle façon qu'elle rapporte à elle-même le bien du tout, mais plutôt de telle façon qu'elle se rapporte elle-même au bien du tout »[2]. De surcroît, le cas du sacrifice des *virtuosi cives* et l'image du tout et de la partie mobilisés ici par Thomas font l'objet d'un vaste débat chez les premiers disciples du *Docteur Angélique* – un débat qui prend origine des *quaestiones* sur la charité, mais qui bientôt se développe en pleine autonomie[3]. À partir du XIVe siècle, sans doute en raison de la redécouverte par les premiers humanistes des idéaux civiques de l'antiquité grecque et romaine, on arrive même à intégrer la *caritas patriae*, c'est-à-dire la charité qui relève de l'amour pour la chose publique et qui justifie le sacrifice pour le bien de la communauté politique, aux argumentations strictement théologiques[4]. Le thème du *pro patria mori* devient ainsi de plus en plus central, jusqu'à imposer une modification de l'*ordo caritatis* que saint Augustin avait jadis articulé selon quatre objets (Dieu, soi-même, le prochain et le corps) et qu'il faudra désormais élargir à la patrie, au bien commun, et bientôt à l'État. Scipion Dupleix, au livre VII de son *Éthique*[5], traitera par exemple des « Divers degrés de la charité », dont le premier est

1. Voir *ST*, IIa IIae, q. 26, a. 3 : « À bien plus forte raison le vérifie-t-on dans l'amitié de charité qui est fondée sur la communication des dons de la grâce ». Cf. *ST*, Ia IIae, q. 109, a. 3.

2. *ST*, IIa IIae, q. 26, a. 3. Cf. *In III Sent.*, d. 29, q. 1, a. 3.

3. Voir M. S. Kempshall, *The Common Good in Late Medieval Political Thought : Moral Goodness and Material Benefit*, Oxford, Oxford University Press, 1999; T. M. Osborne Jr., *Love of Self and the Love of God in Thirteenth-Century Ethics*, Notre Dame, IN, Notre Dame University Press, 2005 et notre étude « *Caritas patriae* : l'ordre de la charité et le martyre civil au XIIIe siècle », art. cit.

4. On le voit très bien chez Suárez, qui dans la *disputatio* IX de son *De caritate* (voir *Opera Omnia*, t. XII, *op. cit.*, p. 712) se demande si, concernant les biens temporels, il faut s'aimer soi-même plus qu'on n'aime le prochain et il répond en s'appuyant non seulement sur le passage de la *Summa* qu'on vient de citer, mais aussi sur l'autorité des « *veteres philosophi* », c'est-à-dire de Cicéron et de Valère Maxime, pour rapporter des *exempla* d'hommes charitables « *qui vitam pro amicorum incolumitate, ponere non dubitarunt* ». Voir aussi Grégoire de Valence, *Commentariorum theologicorum tomus tertius*, Lyon, Horace Cardon, 1603, p. 547-549.

5. *L'Éthique ou philosophie morale*, éd. R. Ariew, Paris, Fayard, 1994, p. 473-477.

la charité « du Prince envers ses sujets et des sujets envers leur Prince » et le second celui de la charité « envers son pays natal ». En même temps, entre la moitié du XVIe et la moitié du XVIIe siècle, on assiste à une mutation profonde de la notion théologique de charité dont les artisans sont les maîtres de l'École de Salamanque qui animent une véritable querelle « *de ordine caritatis* ». À l'issue de ce débat, on verra s'affirmer des thèses qu'on aurait du mal à retrouver dans les pages de saint Thomas, et qui annoncent déjà les paradoxes du *pur amour*[1].

Certes, si le lexique du *tout* et de la *partie* est largement exploité par les auteurs qu'on vient d'évoquer, rien ne suggère que Descartes ait pu connaître l'enjeu de ces disputes[2], d'autant plus que le terme « charité » n'apparaît pas dans les pages des *Passions*. Pourtant, il suffit de s'adresser à la correspondance avec Élisabeth[3] qui, comme on le sait, annonce et accompagne la rédaction du traité, pour s'apercevoir du poids que des interrogations assez proches de ces débats scolastiques ont pu avoir sur l'élaboration de la définition cartésienne de l'amour et, plus en particulier, sur la nécessité d'imaginer un tout pour régler l'amour qu'on se doit et

1. Voir S. K. Knebel, « Casuistry and the Early Modern Paradigm Shift in the Notion of Charity », *in* J. Kraye, R. Saarinen (dir.), *Moral Philosophy on the Threshold of Modernity*, Dordrecht, Springer, 2005, p. 115-139, en particulier les textes de Domingo de Soto, Juan Martínez de Ripalda et Francesco Amico sur la possibilité de sacrifier non seulement sa vie matérielle, mais aussi son salut et sa vie spirituelle pour le salut d'un autre, cités p. 129 n. 58 ; p. 125 n. 41 ; p. 132 n. 70-71. Cf. *La première Vie de Pascal* à propos de la distinction de « divers degrés dans l'exercice de cette vertu [de la charité] » (*OC* I, p. 589).

2. On pourrait néanmoins avancer l'hypothèse d'une lecture attentive du traité thomiste « *de caritate* » de la part de Descartes entre 1643 et 1647. Les difficultés concernant l'amour de Dieu, son caractère naturel ou surnaturel, et sa priorité sur l'amour de soi (*ST*, IIa IIae, q. 23 ; 26 ; 27) sont abordées dans la lettre à Chanut du 1er février 1647, suite à la question avancée par Christine de Suède (« Si la seule lumière naturelle nous enseigne à aimer Dieu », AT IV, p. 601). La question si « cet amour soit méritoire sans la grâce », que Descartes laisse « démêler [...] aux théologiens » (AT IV, p. 608), faisait justement l'objet d'un débat entre Scot et Occam et saint Thomas à propos de la nécessité d'une vertu surnaturelle pour aimer Dieu par-dessus toutes choses (voir *ST*, IIa IIae, q. 26, a. 3 ; F. Suárez, *De caritate*, *op. cit.*, p. 644-645, 664-665). En outre, les questions « *de ordine circa personas servando in praecepto caritatis* » (*ST*, IIa IIae, q. 26) sont reprises, comme on le verra, dans les lettres à Élisabeth et dans les articles 82 et 83 des *Passions*. Enfin, parmi les effets de la charité étudiés par saint Thomas, Descartes s'intéresse tout particulièrement à la correction fraternelle dont il propose dans l'*Epistola ad Voetium* une doctrine qui est proche de celle exposée par la *Summa theologiae* (IIa IIae, q. 33) et qui s'éloigne au contraire des commentaires les plus récents (voir V. Carraud, « Descartes : le droit de la charité », *in* G. Canziani, Y.-C. Zarka (dir.), *L'interpretazione nei secoli XVII e XVIII*, Milan, Franco Angeli, 1993, p. 513-516, 535).

3. Voir D. Kolesnik-Antoine, *Descartes. Une politique des passions*, Paris, P.U.F., 2011, p. 55-81.

qu'on doit à ce qu'on affectionne[1]. Dans un passage célèbre de la lettre du 15 septembre 1645, Descartes énumère les vérités « qui sont plus à notre usage », c'est-à-dire celles dont nous devons nous assurer « pour être toujours disposé à bien juger » et « pour savoir comment nous devons vivre »[2]. Les trois premières coïncident avec les trois objets de la métaphysique spéciale, c'est-à-dire Dieu, l'âme et le monde. Pourtant, dans la liste proposée à Élisabeth une quatrième « vérité dont la connaissance [...] semble fort utile » s'ajoute aux vérités métaphysiques :

> Bien que chacun de nous soit une personne séparée des autres, et dont, par conséquent, les intérêts sont en quelque façons distincts de ceux du reste du monde, on doit toutefois penser qu'on ne saurait subsister seul, et qu'on est, en effet, l'une des parties de l'univers, et plus particulièrement encore l'une des parties de cette terre, l'une des parties de cet État, de cette société, de cette famille, à laquelle on est joint par sa demeure, par son serment, par sa naissance[3].

Le passage à ce qu'on a défini une « morale sociale »[4] peut étonner, mais de fait il se trouve déjà annoncé par la *Meditatio IV*, lorsque le méditant, dans le cadre d'une stratégie (augustinienne) de théodicée fondée sur l'impossibilité d'un regard total sur la création, renonçait à affirmer : « Je me considère tout seul, comme s'il n'y avait que moi au monde »[5], pour reconnaître que l'« on ne doit pas considérer une seule créature séparément »[6]. La nécessité d'intégrer l'*ego* aux multiples totalités auxquelles il appartient impose un changement d'attitude qui est d'ordre spéculatif dans les *Méditations*, mais que la lettre à Élisabeth applique à la morale. En repoussant la perspective de celui qui se considère « *rationem totius cujusdam* », Descartes conclut, en métaphysique, à l'interdiction de parler d'une imperfection humaine à propos de l'erreur. Dans la lettre à Élisabeth, la quatrième vérité débouche au contraire sur une prescription : « Il faut toujours préférer les intérêts du tout, dont on est partie, à ceux de sa personne en particulier »[7]. Ce faisant Descartes souscrit à l'axiome souvent répété par saint Thomas dans ses pages sur l'ordre de la charité : « Le bien commun est toujours plus aimable que son bien propre : c'est ainsi que, pour la partie, le bien du tout est plus aimable que le bien

1. Voir G. Rodis-Lewis, *La morale de Descartes*, *op. cit.*, p. 54-55, 95-101.
2. AT IV, p. 441.
3. *Ibid.*, p. 293.
4. Voir G. Rodis-Lewis, *La morale de Descartes*, *op. cit.*, p. 95.
5. AT IX-1, p. 49.
6. *Ibid.*, p. 44.
7. AT IV, p. 293.

partiel qui est le sien »[1]. Mais, comme on vient de le rappeler, ce principe et les limites de son application étaient au cœur des réflexions des théologiens de la première modernité, qui s'interrogeaient justement sur la légitimité d'un sacrifice de la vie imposé par un tel ordre. Le jésuite Grégoire de Valence, évoqué par Descartes dans l'*Epistola ad Voetium*[2], affirmait par exemple, en s'opposant à Soto et Capreolus, que l'homme doit veiller à son intérêt autant dans la recherche de son salut que dans celle de la félicité sur terre, c'est-à-dire dans la poursuite des *bona temporalia*. Si cela n'était pas le cas, la charité irait vers la destruction, non pas vers le perfectionnement de soi, ce qui est tout à fait déraisonnable[3]. Après tout, comme le disait déjà saint Augustin, « sacrifier sa propre vie temporelle pour sauver une vie temporelle, ce n'est déjà plus aimer son prochain comme soi-même, mais plus que soi-même : ce qui outrepasse les règles de la saine doctrine »[4].

On comprend alors pourquoi, juste après avoir affirmé qu'il faut « toujours préférer les intérêts du tout », Descartes corrige le caractère absolu de son propos par la glose « toutefois avec mesure et discrétion, car on aurait tort de s'exposer à un grand mal, pour procurer seulement un petit bien à ses parents ou à son pays; et si un homme vaut plus lui seul, que tout le reste da sa ville, il n'aurait pas raison de se vouloir perdre pour la sauver »[5]. La *lex caritatis* n'admet pas une application immédiate, il faut une règle qui permet d'évaluer la « grandeur et petitesse », apparente ou réelle, de la cause pour laquelle on s'immole et donc qui rend raison du sacrifice. C'est précisément ce qu'affirmaient déjà Suárez et Grégoire de Valence, lorsqu'ils distinguaient le sacrifice « *in eodem genere bonorum, et necessitatum* » des situations où les biens qu'on perd et qu'on gagne sont « *diversis ordinis* » et la personne pour qui nous mettons en danger notre vie est « égale à nous, par exemple s'il s'agit d'une personne privée, ou bien inégale, comme dans le cas d'une personne publique, ou d'un privé qui est

1. *ST*, IIa IIae, q. 26, a. 4.

2. Voir René Descartes, Martin Schoock, *La Querelle d'Utrecht*, Paris, Les impressions nouvelles, 1988, p. 391.

3. Grégoire de Valence, *Commentariorum theologicorum*, *op. cit.*, p. 552-553.

4. *De mendacio*, I, VI (voir saint Augustin, *Opuscules*, *II : Problèmes moraux*, « Bibliothèque augustinienne » 2, Paris, Desclée de Brouwer, 1948, p. 264-265). Pour les biens spirituels au contraire « *temporalem vitam suam pro aeterna vita proximi non dubitabit Christianus amittere* ». La thèse avait été reprise par Durand de Saint-Pourçain et Pierre de La Palu, voir T. Jeschke, « Über natürliche und übernatürliche Gottesliebe. Durandus und einige Dominikaner gegen Jakob von Viterbo (Mit einer Textedition von In III Sententiarum, D. 29, Q. 2 des Petrus de Palude) », *Recherches de Théologie et Philosophie Médiévales*, 76, 2009/1, p. 111-198.

5. AT IV, p. 293.

d'un grand bénéfice pour son pays »[1]. La conscience « qu'on ne saurait subsister seul » impose la vérité de la règle générale et première de l'*ordo caritatis* : « *Pars debet praeferre bonum totius proprio bono* »[2]. Toutefois, le sacrifice irréfléchi et à tout prix ne saurait être qu'un signe de manque de « discrétion ». La considération qu'on est « une partie du public » est « la source et l'origine de toutes les plus héroïques actions que fassent les hommes », même si elle ne se trouve que « confusément »[3] en la pensée de ceux qui les accomplissent. Mais la remarque de Descartes à propos de la nécessité d'en user « avec mesure et discrétion » semble suggérer qu'une telle considération doit s'adapter à la variété des formes de la vie réelle, en multipliant les articulations et en élaborant des exemples paradigmatiques. Il faut distinguer les « *multi casus* » que, comme nous le rappelle Grégoire de Valence, « *prolixe* [...] *disputari solet* »[4] dans les traités « *de caritate* »[5]. En l'absence d'un tel déploiement de *quaestiones* et de *casus*, on risque en effet d'avancer des thèses extrêmes et irrecevables, telle que celle glissée par Descartes en conclusion de son raisonnement : « En se considérant comme une partie du public, on prend plaisir à faire du bien à tout le monde, et même on ne craint pas d'exposer sa vie pour le service d'autrui, lorsque l'occasion s'en présente; *voire on voudrait perdre son âme, s'il se pouvait, pour sauver les autres* »[6]. Or, en bonne théologie, comme le rappelle le jésuite Arriaga, si « j'ai à choisir entre être sauvé et laisser aller à l'enfer cent autres personnes ou le contraire, je dois choisir mon salut plutôt que celui des autres »[7].

Face à cette page de Descartes si proche des traités de morale des scolastiques, Élisabeth, dans sa réponse, pointe justement le caractère trop

1. Suárez, *De caritate*, *op. cit.*, p. 712; Grégoire de Valence, *Commentariorum theologicorum*, *op. cit.*, p. 550.

2. *Ibid.*, p. 712.

3. *Ibid.*, p. 293-294.

4. Grégoire de Valence, *Commentariorum theologicorum*, *op. cit.*, p. 550.

5. Descartes semble télescoper deux questions que les auteurs scolastiques analysent séparément : celle de la mort pour le bien commun et celle du sacrifice pour le prochain. Le premier cas ne fait pas difficulté, sinon en ce qui concerne la différence entre « *extrema* » et « *gravis necessitas Reipublicae* » (Suárez, *De caritate*, *op. cit.*, p. 712). Voir Grégoire de Valence, *Commentariorum theologicorum*, *op. cit.*, p. 555. La mesure et la discrétion envisagées par Descartes n'étaient réclamées que pour les multiples cas des rapports entre des particuliers.

6. AT IV, p. 293, nous soulignons.

7. Cité par S. Knebel, « Casuistry and the Early Modern Paradigm Shift in the Notion of Charity », *op. cit.*, p. 124 n. 40. *Cf.* Petrus Tartaretus, *Lucidissima Commentaria* [...] *in tertium librum Sententiarum Ioannis Duns Scoti*, Venise, apud haeredes Simonis Galignani de Karera, 1583, 195b.

vague de l'invitation à la mesure et à la discrétion : « La considération que nous sommes une partie du tout, dont nous devons chercher l'avantage, est bien la source de toutes les actions généreuses; mais je trouve beaucoup de difficultés aux conditions que vous leur prescrivez. » Aux yeux de la princesse, le philosophe ne prêche pas l'héroïsme farouche du *pro patria mori*, mais réfléchit sur les conditions des actions généreuses et désintéressées. Mais, « *comment mesurer* les maux qu'on se donne pour le public, contre le bien qui en arrivera, sans qu'ils nous paraissent plus grands, d'autant que leur idée est plus distincte? Et *quelle règle* aurons-nous pour la comparaison des choses qui ne nous sont point également connues, comme notre mérite propre et celui de ceux avec qui nous vivons? »[1]. Dans sa réponse, Descartes ne cache pas son embarras. Certes, « quelque tristesse ou quelque peine que nous ayons », lorsque nous nous donnons du mal pour autrui, elle « ne saurait être si grande qu'est la satisfaction intérieure qui accompagne toujours les bonnes actions, et principalement celles qui procèdent d'une pure affection pour autrui qu'on ne rapporte point à soi-même, c'est-à-dire de la vertu chrétienne qu'on nomme charité »[2]. Il n'en reste pas moins vrai « qu'il est difficile de mesurer exactement jusques où la raison ordonne que nous nous intéressions pour le public »[3]. Mais si la mesure exacte de la valeur d'une cause pour laquelle on se sacrifie est impossible à déterminer, il « suffit de satisfaire sa conscience » et d'estimer que « Dieu a tellement établi l'ordre des choses, et conjoint les hommes ensemble d'une si étroite société, qu'encore que chacun rapportât tout à soi-même, et n'eût aucune charité pour les autres, il ne laisserait pas de s'employer ordinairement pour eux en tout ce qui serait de son pouvoir, pourvu qu'il usât de prudence »[4]. Bien évidemment, il ne s'agit que d'une fin de non-recevoir : Descartes propose de remplacer la règle qu'Élisabeth réclame par la confiance à l'action conjointe de la providence divine et de la prudence humaine. Une sorte d'harmonie préétablie qui gouvernerait la vie politique et morale des hommes, en accordant l'intérêt privé et le primat du tout sur la partie. Descartes a beau opposer « les plus grandes âmes » qui « ont le plus d'inclination » à agir d'une façon altruiste parce qu'elles « font le moins d'état des biens qu'elles possèdent » et celles « faibles et basses qui s'estiment plus qu'elles ne doivent » et « qu'on ne peut inciter [...] à prendre de la peine pour autrui, qu'en leur faisant voir qu'ils en retireront quelque profit pour eux-

1. AT IV, p. 303, nous soulignons.
2. *Ibid.*, p. 308-309.
3. *Ibid.*, p. 316.
4. *Ibid.*, p. 316-317.

mêmes »[1]. Le point n'est pas là : la princesse s'interrogeait non pas sur le privilège qu'il faut accorder au bien commun, mais sur la mesure et la « discrétion » par rapport auxquelles Descartes invitait à le décliner. On ne s'étonnera donc pas de voir Élisabeth réagir avec un certain dépit, en s'exclamant, dans sa lettre du 28 octobre : « Vous ne croyez pas qu'on a besoin d'une connaissance exacte, jusqu'où la raison ordonne que nous nous intéressions pour le public, à cause qu'encore qu'un chacun rapportât tout à soi, il travaillerait aussi pour les autres, s'il se servait de prudence. Et cette prudence est le tout, dont je ne vous demande qu'une partie »[2].

De fait, Descartes cherchera à répliquer une dernière fois, avant que l'échange épistolaire ne quitte ce sujet au profit du thème des passions. Mais il s'agira presque d'une palinodie, sinon d'un constat de défaite. Pour rendre compte de « la règle de la prudence » qu'exigeait la princesse, Descartes se limitera à remarquer « qu'on voit ordinairement arriver que ceux qui sont estimés officieux et prompts à faire plaisir, reçoivent aussi quantité de bons offices des autres, même de ceux qu'ils n'ont jamais obligés ». Rien de plus que l'affirmation d'un état de fait, qui rend sans doute raison du pourquoi « ceux qui ne font rien que pour leur utilité particulière, doivent aussi bien que les autres travailler pour autrui »[3], mais qui n'offre pas une norme concrète – et ce qui plus est, derrière laquelle l'œil plus cynique d'un moraliste pourrait facilement déceler le jeu d'entretromperie propre à toute société humaine. Bref, l'ordre de la charité se trouve remplacé par l'échange mondain des politesses gouverné par la recherche de l'intérêt personnel. Descartes a beau s'appuyer sur la vulgate aristotélicienne (« la règle de la prudence, [...] ne se rapporte qu'aux choses qui arrivent le plus souvent ») : l'analyse qu'il propose ne relève que de l'observation des mœurs ordinaires des hommes et n'avance en aucun cas une règle qui puisse valoir comme norme. En conclusion, Descartes n'a qu'une maxime à proposer à Élisabeth : celle qui impose de « suivre seulement le grand chemin ». « Les lois communes de la société »[4] suffiront à nous garantir le bien commun *et* le bien privé, comme si une main invisible et gracieuse gouvernait nos actes et nous indiquait *quand* et *jusqu'où* se sacrifier pour les autres.

1. AT IV, p. 317.
2. *Ibid.*, p. 324. La formule n'est pas dépourvue d'ironie à l'égard de la considération du tout et des parties proposée par Descartes.
3. *Ibid.*, p. 356.
4. *Ibid.*, p. 456-457.

Dans l'espace de trois lettres, Descartes s'est fort éloigné de sa simple prescription initiale selon laquelle « il faut toujours préférer les intérêts du tout ». Les remarques de la princesse lui imposent d'évaluer la validité de sa quatrième « vérité générale » en la passant à l'aune d'une question qu'il juge typique de toute interrogation concernant « la morale », c'est-à-dire « jusqu'où nous devons aimer la vie? »[1]. L'énonciation du principe de la priorité du tout sur la partie aurait pu imposer à Descartes la construction d'une casuistique articulée et la formulation des *leges caritatis*, en s'inspirant des traités des théologiens contemporains. C'est précisément ce qu'Élisabeth demandait lorsqu'elle réclamait une « règle » pour le sacrifice pour autrui[2]. Cependant, dans les réponses de Descartes, une telle règle, ainsi qu'une analyse poussée de différents cas de figure de l'*ordo caritatis* est tout à fait absente. D'où l'échec final, qui renvoie l'interlocutrice aux principes de la morale politique de Montaigne (suivre la coutume et les lois reçues). Ou, si l'on préfère, à l'exemple des « âmes généreuses » qui, lira-t-on dans les *Passions de l'âme*, ont « l'inclination à rendre à chacun ce qui lui appartient »; et ainsi n'ont « pas seulement une très profonde humilité au regard de Dieu, mais aussi » rendent « sans répugnance tout l'honneur et le respect qui est dû aux hommes, à chacun selon le rang et l'autorité qu'il a dans le monde » (art. 164).

Tout se passe alors comme si la définition de l'amour fournie par les *Passions de l'âme* venait combler l'exigence théorique laissée inaccomplie par la correspondance avec Élisabeth. Si la considération d'un tout est finalisée chez Descartes à la prise de conscience du rôle de partie qui revient à chaque amant et des devoirs qui en découlent, on pourrait reconnaître en effet dans l'article 80 des *Passions* cette règle de l'amour qui permettrait enfin d'articuler une sorte d'*ordo caritatis*, ou mieux d'*ordo amoris*. Reprenons d'abord la lettre à Chanut de février 1647. Après avoir rappelé la définition de l'amour, Descartes ajoute :

> En sorte que, si on s'est joint de volonté avec un objet qu'on estime moindre que soi, par exemple si nous aimons une fleur, un oiseau, un bâtiment, ou chose semblable, la plus haute perfection où cette amour puisse atteindre, selon son vrai usage, ne peut faire que nous mettions notre vie en aucun hasard pour la conservation de ces choses, parce qu'elles ne sont pas des parties plus nobles du tout qu'elles composent avec nous, que nos ongles et nous cheveux sont de notre corps; et ce serait une extravagance de mettre tout le corps au hasard pour la conservation des cheveux. Mais quand deux

1. *Ibid.*, p. 537.

2. Voir G. Rodis-Lewis, « Le dernier fruit de la métaphysique cartésienne : la générosité », *Les Études philosophiques*, 1987/1, p. 43-54, en part. p. 51 n. 28.

> hommes s'entraiment, la charité veut que chacun d'eux estime son ami plus que soi-même; c'est pourquoi leur amitié n'est point parfaite s'ils ne sont prêts de dire, en faveur l'un de l'autre; *Meme adsum qui feci, in me convertite ferrum, etc.* Tout de même, quand un particulier se joint de volonté à son prince, ou à son pays, si son amour est parfaite, il ne se doit estimer que comme une fort petite partie du tout qu'il compose avec eux, et ainsi ne craindrait pas plus d'aller à une mort assurée pour leur service, qu'on craint de tirer un peu de sang de son bras, pour faire que le reste du corps se porte mieux[1].

Comme on le voit, la réflexion sur l'amour débouche tout naturellement sur la question: «jusqu'où nous devons aimer la vie»? D'autre part, le « vrai usage » de l'amour dont parle ici Descartes est assez proche de la «règle de prudence» dont Élisabeth exigeait une formulation exacte dans ses lettres. La quatrième des vérités « qui sont plus à notre usage » (on ne peut pas subsister seuls, on est une partie d'un tout) est reconnue désormais comme l'essence même de l'amour et ainsi elle devient le principe qui permet de le régler et d'en distinguer les différentes figures. Descartes l'explicite à l'article 83, lorsqu'il remarque que

> d'autant qu'en toutes [sortes d'amour] on se considère comme joint et uni à la chose aimée, on est toujours prêt d'abandonner la moindre partie du tout qu'on compose avec elle pour conserver l'autre; ce qui fait qu'en la simple affection l'on se préfère toujours à ce qu'on aime, et qu'au contraire en la dévotion l'on préfère tellement la chose aimée à soi-même qu'on ne craint pas de mourir pour la conserver.

Une fois de plus, Descartes formule donc ses thèses nouvelles à partir d'une question traditionnelle, longuement analysée par saint Thomas et ses commentateurs: celle des limites et des exigences de l'amour de charité[2]

1. AT IV, p. 612.

2. Descartes ne manque pas de distinguer l'amour de la « vertu chrétienne qu'on nomme charité » (AT IV, p. 309 et IX-1, p. 231). Pourtant sous sa plume, comme chez beaucoup de ses contemporains, le terme n'indique pas seulement la troisième des vertus théologales, mais aussi toute forme d'acte qui «procède d'une pure affection pour autrui» (AT IV, p. 309; *cf.* AT IV, p. 316 : « encore que chacun rapportât tout à soi-même, et n'eût aucune charité pour les autres… »). On a vu par ailleurs que Suárez n'hésitait pas à évoquer des exemples de nobles amitiés entre païens au cœur de son traité *De caritate*, de même que Descartes reconnaît dans l'épisode de Nisus et Éuryale tiré de l'*Énéide* un exemple de ce que « la charité veut » (AT IV, p. 612). À propos de ces lignes de la lettre à Chanut, Alquié affirme que l'usage du terme «charité» indiquerait le passage à «une autre conception de l'amour, celle qui estime qu'on l'on aime d'autant plus que l'on s'oublie davantage soi-même» et qui, seule, explique « pourquoi je devrais nécessairement préférer à moi-même un ami qui peut ne pas me valoir » (*Œuvres philosophiques*, *op. cit.*, p. 720 n. 1). Pourtant Descartes souligne bien que

dans le cas du sacrifice de la vie. Évoquée par l'opposition *tout/partie* qui était au cœur de la quatrième vérité proposée dans la lettre à Élisabeth du 15 septembre 1645, une telle question n'avait pas eu de réponse, sinon par des escamotages, dans l'échange avec la princesse qui à plusieurs reprises avait sollicité Descartes sur ce point. Le thème et la difficulté font pourtant une nouvelle apparition dans le traité des *Passions*, dans le cadre de l'analyse des formes de l'amour. En définissant l'amant et l'aimé comme deux composantes d'un tout imaginaire, Descartes peut en effet articuler la priorité abstraite du tout sur la partie (il faut toujours préférer les intérêts du tout) et en fournir une règle d'application. Le rapport et la proportion entre les deux parties, ou, du moins, le jugement que l'amant en a, permet d'estimer avec « discrétion » « jusqu'où nous devons aimer la vie ». Pour « mesurer les maux

dans le cas des « amitiés parfaites » chacun des amis estime l'autre « plus que soi-même » (AT IV, p. 612), ce qui permet d'appliquer le dispositif du *tout* et de la *partie* pour justifier le sacrifice. Le terme « charité » signifie donc une amitié qui se rapproche de la dévotion en raison de l'estime pour l'ami qu'elle implique et des effets qu'elle suscite (voir G. Rodis-Lewis, *La morale de Descartes*, *op. cit.*, p. 96). La logique profonde de la position cartésienne est suggérée par un passage de la lettre à Chanut : « Et tant s'en faut que l'amour que nous avons pour les objets qui sont au-dessus de nous soit moindre que celle que nous avons pour les autres ; je crois que, de sa nature, elle est plus parfaite, et qu'elle fait qu'on embrasse avec plus d'ardeur les intérêts de ce qu'on aime » (AT IV, p. 611). La dévotion incarne la perfection de l'amour, plus encore qu'une de ses formes. Dès lors, « l'amour qu'un bon père a pour ses enfants », qui en droit relève de l'amitié et demande qu'en « les considérant comme d'autres soi-même, il recherche leur bien comme le sien propre », peut atteindre sa perfection lorsque, « se représentant que lui et eux font un tout dont il n'est pas la meilleure partie, il préfère [...] leurs intérêts aux siens et ne craint pas de se perdre pour les sauver », et le même vaut aussi pour « l'affection que les gens d'honneur ont pour leurs amis », dans les rares occasions où elle est « parfaite », c'est-à-dire elle frôle la figure de la dévotion (art. 82). Le fait que Descartes passe sous silence l'amitié lorsqu'il s'agit des « effets », en conclusion de l'article suivant, vaut d'ailleurs confirmation de son statut ambigu. Sur l'affinité entre la vertu chrétienne de la charité et l'amitié portée à sa perfection, voir AT VIII-2, p. 112 : « *Cum autem haec Caritas, hoc est, sancta amicitia, qua Deum prosequimur, et Dei causa etiam omnes homines, quatenus scimus ipsos a Deo amari, magnam habet affinitatem cum honesta illa humana amicitia, quae inter viros familiaritate conjunctos esse solet.* » On évitera aussi d'assimiler trop l'amour qui caractérise les généreux et la charité dont saint Paul chante l'hymne dans I *Cor* XIII (voir G. Rodis-Lewis, *La morale de Descartes*, *op. cit.*, p. 99-100) : pour Descartes « une amitié très-parfaite » exige qu'on ait « l'âme véritablement noble et généreuse », mais aussi « qu'on pense qu'on [...] est aimé » (art. 83) par celui qu'on aime. Le généreux peut estimer tout homme, tant « imparfait » qu'il soit, mais pour l'aimer il doit en être aimé en retour (voir aussi pour l'exigence de la réciprocité, AT V, p. 58). Ce sera plutôt l'amour de Dieu qui permet « *per redundantiam* » non seulement d'estimer, mais aussi d'aimer « *Dei causa etiam omnes homines* » (cf. *ST*, IIa IIae, q. 27, a. 4). Pascal résumera : « Il [le chrétien ? le Christ ?] aime ses proches, mais sa charité ne se renferme pas dans ces bornes et se répand sur ses ennemis et puis sur ceux de Dieu » (§ 355).

qu'on se donne pour le public, contre le bien qui en arrivera», on n'a qu'à bien méditer la définition de l'article 79 des *Passions* :

> Car la nature de l'amour est de faire qu'on se considère avec l'objet aimé comme un tout dont on n'est qu'une partie, et qu'on transfère *tellement* les soins qu'on a coutume d'avoir pour soi-même à la conservation de ce tout, qu'on n'en retienne pour soi en particulier qu'une partie *aussi grande ou aussi petite* qu'on croit être une grande ou petite partie du tout auquel on a donné son affection[1].

La formule « se joindre de volonté » et l'explication que Descartes en donne à l'article 80 se laissent alors comprendre au fil de cette généalogie suggérée par la correspondance avec Élisabeth[2]. Descartes répond avec la

1. AT IV, p. 611, nous soulignons.

2. Une telle généalogie rend raison des difficultés qu'on a à appliquer l'imagination d'un tout (art. 80) aux deux cas extrêmes constitués par a) l'amour de Dieu et b) l'amour de soi. a) Comment peut-on accorder l'infinité de la nature divine, qui échappe aux prises de l'imagination, et le statut de partie d'un tout? Descartes n'ignore pas la question et dans la lettre à Chanut du 1er février 1647 évite soigneusement le terme « imagination » lorsqu'il reprend le texte de l'article 83 des *Passions* (AT IV, p. 610). De plus, il joue sur le mot « convenable », qui dans la définition de l'amour indique ce qui est jugé utile ou bon pour nous, mais qui se voit mobilisé, quelques pages plus bas, pour dire la communauté entre Dieu et l'homme fondée sur la commune nature spirituelle (AT IV, p. 608). Ce qui n'est pas sans évoquer le paradoxe de la liberté qui « nous rend en quelque façon pareils à Dieu et semble nous exempter de lui être sujets » (AT V, p. 85). Mais si l'imagination d'un tout dont l'homme et Dieu seraient les parties est strictement inconcevable, on parlera plutôt d'un amour qui « consiste en ce que nous voulons nous unir a quelque objet, c'est-à-dire, au regard de Dieu, nous considérer comme une très-petite partie de toute l'immensité des choses qu'il a créées; pource que, selon que les objets sont divers, on se peut unir avec eux, ou les joindre à soi en diverses façons » (AT IV, p. 610). Pour appliquer à l'amour de Dieu le dispositif conceptuel de l'article 83 des *Passions* il est nécessaire d'opérer un double décrochage : non seulement il faudra aimer l'amour plutôt que Dieu (voir J.-L. Marion, « L'*ego* altère-t-il autrui ? », *op. cit.*), mais aussi aimer Dieu par le biais de l'immensité de ses créatures. La « souveraine divinité » excède par sa nature infinie et inimaginable le champ des objets de l'amour qui peuvent être évalués par la figure du tout et de la partie, sinon en étant remplacée par l'immensité imaginable de sa création. À moins qu'on ne doive accorder ce privilège au Christ, comme Descartes lui-même le suggère (AT IV, p. 607). Bref, d'une part, la formule de l'article 83 passe sous silence un problème que Descartes n'ignore pas (comment imaginer un tout dont la « souveraine divinité » est une partie ?) ; d'autre part, tout se passe comme si les propos de la lettre à Chanut cherchaient vainement à accorder une description traditionnelle de l'amour de Dieu (« en se joignant entièrement à lui [*sc.* Dieu] de volonté, il l'aime si parfaitement qu'il ne désire plus rien au monde, sinon que la volonté de Dieu soit faite », AT, IV, p. 609) et la définition nouvelle avancée par les *Passions*. Voir sur ce « tour de force », D. Kambouchner, « La distance cartésienne », *in* Descartes, Chanut, *Lettres sur l'amour*, *op. cit.*, en particulier p. 100-103 et L. Devillairs, *Descartes et la connaissance de Dieu*, Paris, Vrin, 2004, p. 312-326. b) Si l'idée de l'imagination d'un tout trouve son origine dans la nécessité de

clarté d'une idée (ou d'une imagination claire et distincte) à la question : comment peut-on régler l'amour pour les autres et pour soi-même en rapport aux autres ? Les scolastiques accordaient à cette problématique une *disputatio* entière consacrée à l'ordre à garder « *in praecepto charitatis* » comme le dit Suárez, ou aux « divers degrés de la charité », comme l'écrit Scipion Dupleix. Leur solution passait toutefois par une litanie de distinctions logiques : on se demanda « *an in spiritualibus teneatur homo magis sibi, quam alteri providere* », « *an homo debeat proximo potius in spiritualibus subvenire, quam sibi in corporalibus* », « *an in temporalibus teneatur homo magis sibi potius, quam proximo subvenire* »[1]. Descartes renonce à ce fatras de subtilités qui « attristent et ennuient » (§ 780) et les remplace par l'imagination d'un tout. Le dispositif conceptuel n'a rien de nouveau, ni l'analogie du corps et des membres qui lui est associée dans la lettre à Chanut et qui depuis toujours valait comme un exemple de la priorité du bien commun sur les intérêts du particulier. La nouveauté réside plutôt dans le choix de l'intégrer à la définition elle-même de l'amour pour la mettre au service de l'articulation de son « vrai usage ». La règle, l'ordre de l'amour, le « comment » de ses modes et ses figures ne s'appuient pas sur une hiérarchie des biens ou des choses à aimer, mais découlent d'un acte de la pensée qui imagine, c'est-à-dire qui « use de la volonté pour se déterminer à quelque pensée »[2], le cas échéant sous la forme d'un « consentement par lequel on se considère » partie d'un tout avec la chose aimée. Régler l'amour sera alors une question d'intelligence et de volonté, de consentement et de considération. L'unique manière pour définir l'ordre propre à cette passion et à ses effets consiste dans le fait de l'amener à la clarté d'une idée : « bien penser voilà le principe de la morale » (§ 200) car pour « régler l'amour », celui qu'on a « pour la vie » et qu'on porte aux

commensurer ce que nous devons à nous-mêmes et ce que nous devons aux autres objets d'amour, on ne s'étonnera pas que le dispositif conceptuel dénonce ses limites dans l'explication de l'amour de soi où une telle pondération n'a pas lieu d'être (voir M. Nowersztern, « Ne pas être sujet ? », *op. cit.*, p. 72). Il en est en quelque sorte le point aveugle. Alors que l'estime de soi et des autres choses aimables comparées à soi fonde la hiérarchie de l'art. 83, l'amour de soi n'apparaît de fait que dans la lettre à Chanut, sous la figure « des soins qu'on a coutume d'avoir pour soi-même » qu'on « transfère » à la « conservation du tout » et dont on garde une « partie » plus ou moins grande (AT IV, p. 611-612). Comme on l'a souvent remarqué, la question de l'amour de soi brille plus en général par son absence dans le traité des *Passions*, car bien que la notion soit évoquée à plusieurs reprises, jamais Descartes ne semble s'interroger sur sa nature (voir art. 117, 139, 186, 204, 205).

1. Distinctions et questions qui, malgré leur technicité, ne manquaient pas d'être reprises et vulgarisées. Voir le long passage de la *Théologie affective* de Louis Bail cité par E. Jovy, *Études pascaliennes*, VIII, Paris, Vrin, 1932, p. 120-133.

2. AT IV, p. 313.

autres, dont traite principalement Descartes, mais aussi celui « qu'on se doit à soi-même », « il faut s'imaginer » (§ 368).

Notre point de départ était le constat de l'embarras des critiques, mais aussi des contemporains, face à la définition cartésienne de l'amour. La difficulté qui caractérise les articles 79-83 des *Passions de l'âme* se justifie par la présence d'un barycentre caché qui les gouverne, tantôt comme un modèle, plus souvent comme une cible polémique, et que nous avons proposé d'identifier avec les thèses de saint Thomas et de ses commentateurs. Descartes propose une définition par provocation, dont la nouveauté est d'autant plus marquée qu'elle se constitue à partir d'une reprise fidèle et d'une critique radicale des thèses thomistes. C'est en reprenant le principe qui gouverne l'ordre thomiste des passions que Descartes parvient à le subvertir, en imposant un dénombrement où l'admiration précède l'amour en tant que passion primitive par excellence. C'est en proposant une application inédite du « *gradus diligentis ad diligibile* » que Descartes valide son rejet de la distinction entre *amor amicitiae* et *amor concupiscentiae* au profit de l'articulation de « trois sortes d'amour ». C'est encore pour sauvegarder l'idée thomiste d'une présence affective de la chose aimée chez l'amant qui fait que l'union relève de l'essence et non pas seulement des effets de l'amour, que Descartes décrit l'amour comme un consentement qui s'accomplit « dès à présent ». C'est enfin pour régler l'amour, c'est-à-dire pour répéter un geste qui était propre aux questions « *de ordine* » de tout traité « *de caritate* », et ainsi répondre implicitement aux requêtes de la princesse Élisabeth, que Descartes intègre l'imagination d'un tout et de ses parties à la définition de l'article 79. Cette multiplicité d'écarts constitue une des raisons, sinon même la raison ultime, de l'originalité radicale des définitions de l'amour et de la haine risquées par Descartes dans les *Passions de l'âme* – une originalité qui les imposera à l'attention de Pascal. Car reconnaître qu'on est des « membres pensants » revient précisément à comprendre que pour régler l'amour il faut « s'imaginer » un tout dont on est partie et vouloir l'union de soi-même et des choses qu'on aime à partir de cette pensée.

CHAPITRE IV

PARADIGMES DE L'UNITÉ

Nous avons replacé les fragments des « membres pensants » dans le contexte de l'ecclésiologie moderne et de la spiritualité française de la première moitié du XVIIe siècle. Reléguée dans une position marginale dont l'indistinction entre *corpora mystica* et *corpora politica* est un symptôme flagrant, l'idée de la communauté des fidèles comme membres du Christ retrouve toute sa signification sous la plume de Bérulle et Saint-Cyran, qui en font l'outil conceptuel pour penser respectivement l'union à Dieu et l'unité de charité qui rassemble les chrétiens dans un *tout* incomparablement plus *un* que n'importe quelle communauté humaine. Mais c'est finalement « pour régler l'amour » que Pascal demande de « s'imaginer un corps plein de membres pensants ». Et une telle exigence s'autorise de la définition cartésienne de l'amour et des questions qui en gouvernent la formulation dans les *Passions de l'âme*. Lecteur de Saint-Cyran et de Descartes, Pascal parvient ainsi à élaborer une « morale chrétienne » qui trouve son fondement dans la nécessité de « se joindre de volonté » aux autres « membres » du corps ecclésial. Telles sont donc, pour ainsi dire, les conditions externes qui ont rendu possible l'essor des fragments des « membres pensants ». Ces derniers répondent toutefois en même temps à une nécessité dont on peut retracer la présence à l'intérieur même de la pensée pascalienne. Car, tout au long de ses écrits, quoique le plus souvent de façon implicite, Pascal ne cesse de s'interroger sur l'unité qui caractérise l'Église et en fait un « tout ». De cette interrogation il faudra donc reconstituer ici les moments les plus marquants et les enjeux conceptuels, avant d'aborder dans le chapitre suivant les *pensées* de la liasse « Morale chrétienne » qui en constituent en quelque sorte l'accomplissent.

« Le petit zèle [...] pour l'union avec le pape » : éléments d'une ecclésiologie pascalienne

« *Une étrange tyrannie* »

Pascal proclame à deux reprises sa « créance [...] en l'Église » (§ 186) et dans un cas comme dans l'autre son attention se concentre tout particulièrement sur la première des *notae*[1], c'est-à-dire des traits distinctifs qui la caractérisent : l'unité. « Je n'ai d'attaches sur la terre qu'à la seule Église catholique, apostolique et romaine, dans laquelle je veux vivre et mourir, et dans la communion avec le pape son souverain chef, hors de laquelle je suis très persuadé qu'il n'y a point de salut »[2], lit-on dans la *Dix-septième Provinciale*. Quelques mois auparavant, Charlotte de Roannez avait été la destinataire d'une « espèce de profession de foi » de la part de son directeur de conscience :

> Je loue de tout mon cœur le petit zèle que j'ai reconnu dans votre lettre pour l'union avec le pape. Le corps n'est non plus vivant sans le chef, que le chef sans le corps. Quiconque se sépare de l'un ou de l'autre n'est plus du corps, et n'appartient plus à Jésus-Christ. Je ne sais s'il y a des personnes dans l'Église plus attachées à cette unité du corps que ceux que vous appelez nôtres. Nous savons que toutes les vertus, le martyre, les austérités et toutes les bonnes œuvres sont inutiles hors de l'Église, et de la communion du chef de l'Église, qui est le pape. Je ne me séparerai jamais de sa communion, au moins je prie Dieu de m'en faire la grâce; sans quoi je serais perdu pour jamais[3].

La question de l'unité de l'Église s'impose en effet aux yeux de Pascal sous la figure d'un paradoxe douloureusement actuel : il faut expliquer comment « nos divisions », celles qui opposent les défenseurs de Jansénius

1. Voir G. Thils, *Les Notes de l'Église dans l'apologétique catholique depuis la Réforme*, *op. cit.*, p. 154-211.

2. *OC Sell.*, p. 571.

3. *OC* III, p. 1033-1034. J. Mesnard date la lettre de la mi-octobre 1656. Si Pascal n'évoque ici que le chef qu'est le pape, Arnauld distinguera plus soigneusement le « chef essentiel de l'Église », Jésus-Christ, de son « chef ministériel », l'évêque de Rome (*cf.* J. Laporte, *La doctrine de Port-Royal. La Morale*, II, *op. cit.*, p. 359 n. 1). L'évêque d'Olonne pointera cette déclaration de Pascal dans son approbation pour la première édition des *Pensées* (voir *Armogathe*, p. 721 ; l'extrait de la lettre à Mlle de Roannez figurait au chap. XXVIII). La remarque aurait fait l'objet d'un débat, si l'on croit à un des propos enregistrés par le *Recueil de choses diverses* : « M. de Launoy trouve à redire à ce qu'a dit M. d'Olonne dans les *Pensées* de M. Pascal touchant le pape, parce que le corps de l'Église peut être sans chef et M. Pascal et ceux qui ont vu son ouvrage regardent le corps de l'Église comme un corps physique et non moral » (*OC* I, p. 890).

aux jésuites et à la « Cour de Rome », « ne nous séparent pas de l'unité » (§ 986). Pascal et Port-Royal prolongent en cela l'enseignement de Saint-Cyran qui voyait dans le schisme « le plus grand péché d'un chrétien »[1] et « aimait l'unité autant que l'Église »[2]. Comme l'abbé le rappelle à maintes reprises dans ses lettres et ses écrits, la séparation de l'Église est en fait « le plus grand de tous les maux ». Dès lors, « il faut supporter, non seulement tous les plus grands désordres, mais la mort même, plutôt que de se séparer », peu importe si « les opinions qu'on voit avoir vogue dans les Écoles publiques de l'Église [...] sont contraires à la tradition »[3]. Le *Cinquième Écrit des Curés de Paris* résumera : « Le schisme est un si grand mal, que non seulement il est le plus grand des maux, mais qu'il ne peut y avoir aucun bien où il se trouve, selon tous les Pères de l'Église »[4].

Nul, du côté de Port-Royal, ne saura donc nier « les véritables et solides prééminences du Saint-Siège »[5]. Au contraire, explique Arnauld, « les Disciples de saint Augustin » sont tout particulièrement obligés à « rendre un profond respect à celui qui est assis sur le Trône Apostolique » le considérant « comme le Souverain Vicaire du Sauveur en terre, comme le centre de l'unité, et comme le Chef visible de l'Église », car « c'est l'Église Romaine qui nous a appris, par la bouche de tant de Papes » que Dieu a choisi saint Augustin « pour enseigner les mystères de la Loi nouvelle ». « Ainsi, honorer aujourd'hui saint Augustin, c'est honorer les Papes, c'est honorer l'Église Romaine »[6]. D'où un refus qui ne pourrait être plus net : « Il n'y a jamais de juste nécessité de se séparer de l'unité de l'Église », « il n'est jamais permis de faire schisme. » C'est pour cette raison que Pascal peut contester « l'avantage que les hérétiques prennent contre l'Église, de la morale des casuistes et des jésuites »[7]. Si la doctrine de ces derniers mérite d'être condamnée en tant que « séditieuse » et, en un certain sens « schismatique », car elle « essaye de jeter la division entre le peuple et ses

1. Orcibal, *Origines*, II, p. 526.

2. *Ibid.*, p. 623 n. 4.

3. Cité par J. Laporte, *Saint-Cyran*, *op. cit.*, p. 41. Cf. *id.*, *La doctrine de Port-Royal. La Morale*, II, *op. cit.*, p. 315. Les professions de soumission à l'autorité papale émaillent l'*Augustinus* (voir Jansénius, *Augustinus*, Louvain, J. Zeger, 1640, t. II, col. 65-66, 681-682 et t. III, col. 776-777, 1070-1071).

4. *Cinquième écrit des curés de Paris*, *OC Sell.*, p. 665.

5. *Lettre CCCCI, à M. du Vaucel*, cité par G. Ferreyrolles, *Pascal et la raison du politique*, *op. cit.*, p. 212-213. Dans les pages qui suivent, nous reprenons les conclusions du cinquième chapitre de cette étude (« L'Église et l'État », p. 203-248).

6. A. Arnauld, *Œuvres complètes*, *op. cit.*, t. XVII, p. 697.

7. *Cinquième écrit des curés*, *OC Sell.*, p. 666, 658.

pasteurs légitimes»[1], les jésuites restent néanmoins «dans l'unité de l'Église, [...] ils sont membres de notre corps, et ainsi [...] nous avons intérêt à les conserver»[2]. Si on peut trouver du « bon » dans la Compagnie, c'est parce qu'elle a «gardé l'unité». Au contraire, chez Luther il peut y avoir «tout, hors le vrai» (§ 956 (954)): «Il n'y a aucun bien dans les hérétiques, quelque vertu qui y paraisse, puisqu'ils ont rompu l'unité»[3]. Pascal met à profit le lexique des articles «*de membris*» des traités d'ecclésiologie: les hérétiques «sont des membres retranchés qui composent un corps ennemi du nôtre» et cela les relègue « hors de l'unité », c'est-à-dire «hors de la charité». Les excès des casuistes relèvent plutôt des égarements des «membres malades, dont nous devons éviter la contagion; et observer en même temps, et de ne les pas retrancher d'avec nous, puisque ce serait nous blesser nous-mêmes, et de point prendre part à leur corruption, puisque ce serait nous rendre des membres corrompus et inutiles»[4]. Mais, objectera-t-on, il s'agit bien de «la plus puissante Compagnie et la plus nombreuse de l'Église»[5]! Cela est vrai, et pourtant il faut distinguer ce grand corps, du « corps de la hiérarchie en quoi consiste proprement l'Église»[6]: il s'agit des «pasteurs ordinaires», des membres du clergé dont Saint-Cyran à la suite de Bérulle exaltait les prérogatives et dans lesquels Pascal reconnaît le remède le plus efficace contre l'infection des *membra* gangreneux. Et le *Cinquième Écrit* de conclure : « Peut-on dire après cela que l'Église consent à ces erreurs, et ne faut-il pas avoir toute la malice des hérétiques pour l'avancer, sous le seul prétexte qu'un corps qui n'est point de la hiérarchie demeure opiniâtrement dans quelques sentiments particuliers condamnés par ceux qui ont autorité dans le corps de la hiérarchie ?»[7].

Cet amour de l'unité si clairement affirmé par les auteurs de Port-Royal doit pourtant s'accorder avec un caractère majeur de l'ecclésiologique moderne, que la condamnation de l'*Augustinus* et la querelle autour de la signature du formulaire ne feront que rendre trop évident[8]. L'unité en tant

1. *Factum pour les curés de Paris*, *OC Sell.*, p. 645.

2. *Cinquième écrit des curés*, *OC Sell.*, p. 665.

3. *Ibid.*, p. 667. *Cf.* § 733 : «Elle [*sc.* l'Église] se plaint des deux [*sc.* erreurs], mais bien plus des calvinistes à cause du schisme. »

4. *Ibid.*, p. 665, 667-668.

5. *Second écrit des curés*, *OC Sell.*, p. 655; voir p. 660.

6. *Projet de mandement contre l'Apologie pour les casuistes*, *OC Sell.*, p. 684; *cf.* § 967 (965).

7. *OC Sell.*, p. 663.

8. Voir J.-L. Quantin, « Ces autres qui nous font ce que nous sommes : les jansénistes face à leurs adversaires », *Revue de l'histoire des religions*, 212, 1995/4, p. 397-417.

que *nota* de l'Église est principalement analysée et comprise par les apologistes et par les théologiens modernes à partir de la primauté de l'évêque de Rome. À l'aube du XVIIe siècle la *via notarum* et la *via primatus* semblent encore être mal distinguées[1]. De sorte que, si l'unité se fonde sur « l'identité actuelle des institutions et de la doctrine », c'est finalement l'autorité infaillible du pape qui l'assure et la sauvegarde, en en étant en quelque sorte le principe et la source. Comme l'écrit Bellarmin, il y a unité doctrinale « *cum omnes subijciant sensum suum sensui unius et ejusdem summi Pastoris ex cathedra Petri* ». Et Gustave Thils de gloser : « le *cum* marque bien qu'il n'entend pas établir l'identité de croyance par une démonstration directe, mais par une preuve indirecte, savoir, la reconnaissance du même magistère ». L'unité « ne vient pas de ce que tous sont d'accord *actu*, mais surtout ("*imprimis*") de ce que tous admettent le même principe de la foi, le même fondement de la doctrine », c'est-à-dire le magistère du souverain pontife. « C'est donc la source de l'unité [...] qui est, *proprie*, la note d'unité »[2]. L'unité de l'Église relève ainsi de la fonction d'unification qu'accomplit l'évêque de Rome[3]. « *Una est, quia Cathedra Petri nostra est, quae ex divina supremi Pastoris lege origo et centrum est Ecclesiasticae unitatis* », écrit Arnauld[4]. Pascal résume : « Le pape est premier. Quel autre est connu de tous, quel autre est reconnu de tous, ayant pouvoir d'insinuer dans tout le corps parce qu'il tient la maîtresse branche qui s'insinue partout » (§ 569). C'est finalement parce qu'« on aime la sûreté, [qu'] on aime que le pape soit infaillible en la foi » (§ 516).

1. G. Thils, *Les Notes de l'Église dans l'apologétique catholique*, *op. cit.*, p. 158. Pour ces deux notions, voir p. X : « La *via primatus* [...] se contente, pour établir la vérité de l'Église romaine, de prouver que son chef est le seul qui puisse se dire légitimement le successeur de Pierre. [...] La *via notarum* se développe suivant le syllogisme que voici : le Christ a doté son Église de quatre traits distinctifs, l'unité, la sainteté, la catholicité et l'apostolicité ; or, l'Église catholique romaine est la seule qui possède ces quatre notes : c'est donc elle qui est la véritable Église du Christ. »

2. *Ibid.*, p. 165, 158.

3. Sur la notion de romanité, voir l'article capital d'Y. Congar, « Romanité et catholicité. Histoire de la conjonction changeante de deux dimensions de l'Église », *Revue des Sciences Philosophiques et Théologiques*, 71, 1987/1, p. 161-190; B. Neveu, *Érudition et religion aux XVIIe et XVIIIe siècles*, Paris, Albin Michel, 1994, p. 385-450 et S. H. De Franceschi, « Approches de la romanité ecclésiale du concile de Trente au *Syllabus*. L'idée romaine dans la définition de l'Église : parcours d'une interrogation critique », *in* H. Multon et C. Sorrel (dir.), *L'idée de Rome : pouvoirs, représentations, conflits*, Chambéry, Éditions de l'Université de Savoie, 2006, p. 47-65.

4. *Theses pro minore ordinaria*, in *Œuvres complètes*, t. X, *op. cit.*, p. 17.

Mais penser l'unité de l'Église *imprimis* à partir du rôle éminent de l'autorité pontificale ouvre la voie à un risque majeur : celui de faire « dégénérer » cette dernière « en tyrannie » (§ 569). Or, voilà précisément ce à quoi l'on a assisté lors de la condamnation de Jansénius : « Ne serait-ce donc pas une étrange *tyrannie* de les [*sc.* les docteurs] mettre dans cette malheureuse nécessité, ou de se rendre coupables devant Dieu, s'ils signaient cette condamnation contre leur conscience, ou d'être traités d'hérétiques, s'ils refusaient de le faire ? », s'exclame Montalte[1]. La définition de tyrannie comme désir de domination universel et hors de son ordre (§ 58)[2] se trouve pleinement validée par la nature du *Bref* d'Innocent X. Trancher « dans les choses de fait » reste le privilège des sens et de la raison : en ces matières, on accordera au pape « une autorité qui est grande », sans pourtant oublier qu'elle « n'est pas infaillible »[3]. Mais le risque est plus général et il a été stigmatisé par le Christ lui-même lorsqu'il « a posé » à ses futurs vicaires sur terre « ce précepte » : « [*Reges gentium dominantur eorum ; et qui potestatem habent super eos, benefici vocantur*]. *Vos autem non sic* [*Lc* XXII, 25-26 ; cf. *Mt* XX, 25-26] » (§ 579). Tyranniser implique toujours exercer une forme de domination, se vouloir maîtres d'un « *dominium* ». Mais si « les rois disposent de leur empire », « les papes ne peuvent disposer du leur » (§ 798). Les vicaires du Christ ont en charge les brebis du Seigneur, non les leurs propres (« *pasce oves meas*, non *tuas* », § 67) et « ils n'usent pas de domination comme disent saint Pierre et saint Paul après Jésus-Christ »[4] (I *Pe* V, 2-3 : « *neque ut dominantes* » ; II *Cor* 1, 23-23 : « *non qui dominamur* »)[5]. D'où le corollaire virulemment polémique déduit par la *Lettre d'un avocat au Parlement* : « Il n'y a point de différence entre dire que le pape est infaillible, et dire que nous sommes ses sujets. » Qu'il s'agisse de nier l'autorité du concile universel, de mettre en danger les « libertés de l'Église gallicane », ou de s'immiscer tyranniquement dans l'ordre du pouvoir temporel, on assiste

1. *17ᵉ Provinciale*, *OC Sell.*, p. 590, nous soulignons. *Cf.* § 955 (953).

2. Voir aussi § 103, 149, 525, 540, 569 et P. Sellier, *Port-Royal et la littérature. Pascal*, *op. cit.*, p. 399-409. Le terme est souvent employé par Calvin (voir J. Laporte, *La doctrine de Port-Royal. La Morale*, t. II, *op. cit.*, p. 268) et on rappellera aussi la remarque de Cajetan : « *Potest persona Papae tyrannice gubernare ; et tanto facilius quanto potentior est et neminem in terris timet ultorem* » (voir *supra*, p. 59-60).

3. *OC Sell.*, p. 583.

4. *Ibid.*, p. 613.

5. *Cf.* Calvin, *Institution chrétienne*, XV, cité par J. Laporte, *La doctrine de Port-Royal. La Morale*, II, *op. cit.*, p. 268 n. 1 et Arnauld, *Œuvres complètes*, *op. cit.*, t. XXIII, p. 402-403.

toujours à l'exercice d'une « souveraine domination » de la part de l'Église de Rome, laquelle risque de transformer les fidèles en « esclaves »[1].

« *Unité – multitude* »

Contre cette tentation de la *dominatio*, l'ecclésiologie élaborée par Port-Royal s'articule autour de trois options qui mélangent un « épiscopalisme » s'inspirant de la communauté chrétienne des premiers siècles et une sorte de « conciliarisme abstrait »[2]. Premièrement, on réaffirmera la dignité de « l'ordre sacré et suprême de l'épiscopat » : l'évêque prend sa juridiction directement de Jésus-Christ (il est *sacerdos Dei*, écrivait Cyprien de Carthage, § 604) et le pape n'a pas le droit de s'adresser à lui, en l'appelant « *son fils* au lieu de [...] son frère », sans « préjudice de la société qui est entre lui et tous les évêques du monde dans l'épiscopat »[3].

Deuxièmement, on soulignera avec force que « l'infaillibilité n'est pas concentrée dans la personne du pape »[4]. « Dieu ne fait point de miracles dans la conduite ordinaire de son Église » et « c'en serait un étrange si l'infaillibilité était dans un. Mais d'être dans la multitude[5] cela paraît si naturel, que la conduite de Dieu est cachée sous la nature, comme en tous ses autres ouvrages » (§ 726). Dans le cas contraire, l'Église serait exposée au risque d'une aberration insupportable, car « toutes les fois que les Jésuites surprendront le pape on rendra toute la chrétienté parjure » (§ 914). Comme tout autre discours théologique, l'ecclésiologie professe conjointement des « vérités qui semblent se contredire » (§ 733). Cela vaut aussi, et de façon exemplaire, pour la première des *notae* de l'Église, l'unité : « Église, pape ; unité – multitude. En considérant l'Église comme unité le pape qui en est le chef est comme un tout ; en la considérant comme multitude, le pape n'en est qu'une partie. Les Pères l'ont considérée tantôt en une manière, tantôt en l'autre. Et ainsi ont parlé diversement du pape. [...] Mais en établissant une de ces deux vérités ils n'ont pas exclu l'autre » (§ 604). Les contrariétés apparentes trouvent leur fondement dans l'Écriture elle-

1. *OC Sell.*, p. 633, 631.

2. Voir J. Grès-Gayer, « Le gallicanisme d'Antoine Arnauld », *op. cit.*

3. *OC Sell.*, p. 630.

4. G. Ferreyrolles, *Pascal et la raison du politique*, *op. cit.*, p. 209.

5. F. Gabriel (« Politique, christologie et ecclésiologie dans les *Pensées* de Pascal », *Kriterion*, 114, 2006, p. 273-301, en part. p. 293) rappelle que « la "multitude" est un terme qui comporte à l'époque une coloration directement richériste ». Mais la notion appartient aussi au lexique des auteurs protestants (*cf.* J. Laporte, *La doctrine de Port-Royal. La Morale*, II, *op. cit.*, p. 272).

même qui affirme, sans crainte de contradiction, l'unité *et* la multitude[1]. Dès lors, l'hérésie se présente sous la forme d'un discours vrai, mais partiel (§ 733). En voulant « exclure l'un des deux, comme font les papistes qui excluent la multitude, ou les huguenots qui excluent l'unité », on tombe nécessairement dans l'erreur. On retrouve ainsi le risque de la tyrannie, comprise non seulement comme « désir de domination hors de son ordre », mais, plus en général, comme refus d'une des deux vérités qui, par leur paradoxale coexistence, font le mystère de l'unité de l'Église : « La multitude qui ne se réduit pas à l'unité est confusion. L'unité qui ne dépend pas de la multitude est tyrannie » (§ 604). La *pensée* se clôt sur une remarque de nature moins abstraite, qui explicite l'option conciliariste adoptée par Pascal : « Il n'y a presque plus que la France où il soit permis de dire que le concile est au-dessus du pape. » Ainsi, l'autorité du pape est naturellement et utilement contrebalancée par celle de l'Église dans sa totalité, s'exprimant dans le concile œcuménique (lui-même faillible lorsqu'il se prononce sur des questions *de fait*) : « Il n'y a que les conciles qui puissent obliger à croire » et « jamais l'Église n'a reconnu cette infaillibilité dans le pape, mais seulement dans le concile universel auquel on a toujours appelé des jugements injustes des papes »[2].

Troisième et dernière option caractérisant l'ecclésiologie port-royaliste de l'unité : la « souveraine domination » du pape est limitée dans son exercice par une autre source d'autorité qui constitue le fondement ultime de la cohésion du corps ecclésial, c'est-à-dire une « tradition sans interruption de 12 000 [ans] : papes, conciles, etc. » (§ 956 (954)). Il faut, encore une fois, tenir les deux bouts de la chaîne, en prenant conscience du caractère *central* de tout discours théologique. Les jésuites cherchent à oblitérer la nécessaire coexistence de ces deux instances, parfois discordantes, que sont la voix du pape et celle de la tradition : « Pape. Il y a contradiction, car d'un côté ils disent qu'il faut suivre la tradition et n'oseraient désavouer cela, et de l'autre ils diront ce qu'il leur plaira. On croira toujours ce premier, puisqu'aussi bien ce serait leur être contraire que de ne le pas croire » (§ 714). Et Pascal de leur rétorquer : « Le pape serait-il déshonoré pour tenir de Dieu et de la tradition ses lumières? Et n'est-ce pas le déshonorer de le séparer de cette sainte union? » (§ 867). La tradition constitue « la vraie source de la vérité » et le pape « en est le dépositaire » (§ 865). Ces deux voix parlent le plus souvent à l'unisson, et s'il y a

1. Voir H. U. von Balthasar, *Le complexe antiromain : essai sur les structures ecclésiales*, Paris/Montréal, Apostolat des Éditions/Éditions Paulines, 1976, p. 19-20 et Y. Congar, *Sainte Église*, *op. cit.*, p. 124.

2. *Lettre d'un avocat*, *OC Sell.*, p. 631-632.

dissonance, elle est heureuse, en leur permettant de se corriger mutuellement. La tradition offre donc la « véritable règle » qui assure un fondement inébranlable à l'unité de l'Église : « Le canal de la tradition [...] nous distingue de tous les hérétiques du monde, et nous préserve de toutes les erreurs qui naissent dans l'Église même »[1].

Le rôle reconnu à l'épiscopat, au concile universel et à la tradition constituent autant de repoussoirs contre les excès d'une ecclésiologie qui risque de rabattre la question de l'unité ecclésiale sur celle de la primauté et de l'infaillibilité de l'évêque de Rome. Pour autant, comment concevoir cette unité sans faire de l'unicité du chef la principale raison d'être de l'union du corps ? La réponse n'a rien d'anodin et il ne sera pas inutile de revenir ici sur une page qui synthétise remarquablement les difficultés auxquelles se trouvent confrontés les « disciples de saint Augustin ». Il s'agit de la lettre de Jacqueline Pascal à Angélique de Saint-Jean du 23 juin 1661 que nous avons déjà évoquée en conclusion du premier chapitre[2]. En faisant état de sa résistance à une signature du formulaire qui, à ses yeux, ne distinguait pas suffisamment le « fait » du « droit », Jacqueline rappelle que seule la volonté de rupture et séparation fait le schisme. L'excommunication peut nous priver « des marques extérieures » de notre appartenance à l'Église, c'est-à-dire de la participation aux sacrements et à la communion des fidèles. Mais si elle est prononcée par erreur contre un innocent, l'excommunication « *injusta ex causa* » ne saura ôter à celui-ci, comme l'écrit saint Thomas, « le plus grand des biens, la charité, qu'on ne peut élever à personne contre son gré »[3]. Ainsi, « personne ne peut être retranché malgré soi, et [...] l'Esprit de Jésus-Christ étant le lien qui unit ses membres à lui et entre eux, nous [ne] pouvons [...] jamais [manquer] de l'effet de cette union, tant que nous conserverons la charité, sans laquelle nul n'est un membre vivant de ce saint corps ». Un passage célèbre du *De vera religione* de saint Augustin justifie cette attitude et suggère de réagir à l'affront immérité « avec une patience extraordinaire », qui supporte toute ignominie ou injure « pour conserver la paix de l'Église »[4]. Qui n'érige pas « autel contre autel » et

1. *Cinquième écrit*, *OC Sell.*, p. 662.

2. Voir *supra*, p. 60.

3. *In IV Sent.*, dist. 18, q. 2, a. 1.

4. *Le livre de saint Augustin de la véritable religion, traduit en françois* [...] *par M. Antoine Arnauld*, Paris, Antoine Vitré, 1647, chap. VI, p. 22-25, texte déjà sollicité par Saint-Cyran, *Considérations sur les dimanches et les fêtes des Mystères et sur les fêtes de la Vierge et des Saints. Partie Été*, *op. cit.*, I, p. 372. Voir Orcibal, *Origines*, V, p. 489 et *id.*, « L'idée d'Église », *op. cit.*, p. 348.

renonce à « faire un chef et une Église séparée », mais se tient, au contraire, « dans les termes du simple gémissement », fait preuve d'une charité qui lui permet « d'embrasser » même ses ennemis. C'est précisément cette charité, conclut Jacqueline, qui « nous attachera inviolablement à l'Église, et [...] il n'y aura qu'eux [*sc.* les ennemis] qui en seront séparés »[1].

Cette conclusion constitue une constante de l'ecclésiologie de Port-Royal : déjà Saint-Cyran, dans une note au ton sans doute autobiographique, rappelait que « si on n'est plus en état de communier, ou par défaut de prêtre, ou par quelque autre empêchement, on ne perd rien si on est bien à Dieu, parce que la charité et l'Esprit de Dieu qu'on a dans soi fait qu'on communie au corps du Fils de Dieu d'une autre manière très parfaite »[2]. Certes, celui de l'excommunication injuste reste un cas extrême, qui témoigne d'une Église plongée dans un état de souffrance et de trouble. Il exhibe pourtant avec la dernière des nettetés comment, « pour échapper à l'antagonisme d'une autorité et d'une liberté exclusives (incarnées [...] dans jésuites et protestants) », les hommes de Port-Royal ont eu « recours à la charité qui, circulant partout », rend « le commandement léger et l'obéissance facile »[3]. Bien entendu, la charité n'est pas une condition nécessaire pour être membre de l'Église – dans ce cas, elle ne comprendrait que les saints et il faudra la déclarer « invisible [...] n'y ayant rien de plus caché que cet amour divin que le Saint-Esprit répand dans le cœur des hommes »[4]. Mais tout en étant une communauté visible et *permixta* de saints et pécheurs, l'Église ne trouve pas moins son principe de vie et d'unité dans la charité, qui lui « est essentielle » parce que, observe Arnauld, « il lui est essentiel d'être la Communion des Saints »[5]. À ce titre, en revenant sur la question de l'excommunication injuste, Nicole distinguera, dans la *Cinquième Imaginaire*, deux formes d'union à l'Église visible : « L'une extérieure et sensible, qui consiste dans la participation actuelle des mêmes Sacrements ; et l'autre intérieure et spirituelle, qui consiste dans la participation du même esprit, et dans la volonté de s'unir extérieurement à l'Église, si les empêchements extérieurs auxquels on n'a point de part étaient ôtés. » L'union extérieure se révèle « inutile pour le salut, lorsqu'elle est séparée de l'intérieure », mais cette dernière suffit

1. *OC* IV, p. 1083.

2. Orcibal, *Origines*, V, p. 509 ; *cf.* p. 375.

3. J. Orcibal, « L'idée d'Église », in *Études d'histoire et de littérature religieuse*, *op. cit.*, p. 345.

4. *Œuvres complètes*, *op. cit.*, t. VII, p. 801.

5. *Nouvelle Défense de la Traduction de Mons*, cité par J. Laporte, *La doctrine de Port-Royal. La Morale*, II, *op. cit.*, p. 282, 285.

pour sauver le croyant lorsque l'excommunication qu'il subit est estimée injuste. Cette différence n'est que le corollaire du principe qui fait l'unité ecclésiale: « [L']union avec l'Église se fait par le Saint-Esprit, c'est-à-dire par cet esprit d'adoption qui nous rend [...] membres vivants de ce divin Corps dont il est l'âme. » Dès lors, on peut « nous retrancher de l'union visible avec les Fidèles », mais on ne peut pas « nous séparer de l'union invisible que le Saint-Esprit forme entre tous les Fidèles et avec Jésus-Christ même » [1].

Être invisiblement uni à l'Église visible, telle est la condition paradoxale qui définit l'état des chrétiens accablés par une excommunication injuste: tout supporter, même d'être retranchés de l'Église, pour en conserver l'unité qu'on aime, qu'on veut et qu'on respecte plus que toute autre chose. Une position d'inconfort, certes, mais aussi et surtout une position qui permet aux hommes de Port-Royal de se réclamer du lien le plus fondamental du corps ecclésial, la charité qui devrait « animer et les dépositaires de l'autorité et ceux qui leur sont subordonnés » [2]. Jacqueline dira tout simplement que « l'Esprit de Jésus-Christ » est « le lien qui unit ses membres à lui et entre eux »: c'est « le lien de la charité » qui les rend « membres de son corps » [3]. Ainsi, rejeter « l'infaillibilité prétendue de ce *Jupiter Capitolinus* à qui les loyolites servent de janissaires » [4] n'implique en rien renoncer au respect pour la « première Église » de Rome (§ 324) ou au « petit zèle [...] pour l'union avec le pape ». La défense contre l'accusation de « faire un chef et une Église séparée » impose plutôt de rappeler que l'unité de l'Église ne saurait être rabattue sur la primauté de Pierre sans oublier que c'est précisément l'*unitas vinculi caritatis* qui rend possible l'*unio sub uno*. Le vrai lien réside dans cette union d'amour et de charité dont le Saint-Esprit est le principe, qui fait de la communauté des fidèles moins une *société* qu'un « tout » et un corps véritablement un [5].

1. *Les Imaginaires, ou lettres sur l'hérésie imaginaire*, vol. I, Liège, Adolphe Beyers, 1667, p. 149-150.

2. J. Laporte, *La doctrine de Port-Royal. La Morale*, II, *op. cit.*, p. 451.

3. *OC* IV, p. 1083. On retrouvera l'argument sous la plume de Leibniz dans une lettre à Mme de Brinon (1691) (voir J. Le Brun, *La jouissance et le trouble. Recherches sur la littérature chrétienne de l'âge classique*, Genève, Droz, 2004, p. 152). Voir aussi Leibniz, *Allgemeiner Politischer und Historischer Briefwechsel*, IV, 1684-1687, Berlin, Akademie Verlag, 1990, p. 320 et A. Pilcher, *Die Theologie des Leibniz* [...], t. II, Munich, Cotta, 1869, p. 52-59.

4. *OC* III, p. 983. *Cf. OC* IV, p. 1090.

5. L'unité assurée par la charité, même dans une condition d'excommunication, trouve son modèle dans celle que réalise l'Eucharistie. Voir F. Accardi, *Port-Royal. La preghiera e*

Si le thème de l'excommunication injuste suggère à Jacqueline de recourir à une telle unité de charité pour réagir aux abus d'une « souveraine domination », il reviendra à Pascal et aux fragments consacrés aux « membres pensants » d'en élaborer la doctrine et de mettre en lumière les corollaires et les paradoxes. Avant d'aborder cette synthèse conceptuelle ultime, il faudra pourtant rappeler comment Pascal cherche à cerner la nature de l'unité ecclésiale à partir de deux notions bibliques qui s'offrent tout spontanément à son esprit comme des outils conceptuels pour penser la communauté des chrétiens. C'est donc à la réflexion que Pascal élabore, souvent en sourdine, autour des idées de « monde » et d'« unanimité » que nous consacrerons les pages suivantes. L'impasse sur laquelle ces deux concepts semblent déboucher lorsqu'il s'agit de dire l'unité de l'Église viendra confirmer la difficulté du défi conceptuel auquel Pascal s'attaque dans les *pensées* de la liasse « Morale chrétienne ».

« DEUX MONDES RÉPANDUS SUR TOUTE LA TERRE »

« *Comme enfants du nouveau monde* »

La Bible et la tradition chrétienne suggèrent à Pascal un terme, somme toute assez banal, pour nommer la communauté ecclésiale : celui de « monde ». Dès la lettre écrite avec sa sœur Jacqueline et adressée à Gilberte le 1er avril 1648[1], Blaise distingue en effet très nettement le « monde terrestre » du « nouveau monde » auquel la foi donne accès. Le thème qui gouverne les propos pascaliens est celui des relations entre les réalités matérielles et les vérités spirituelles, articulé au fil d'une méditation sur la nature et le sens du sacrement du baptême[2]. Pascal rappelle la pensée « si générale et si utile » de saint Paul (*Rm* I, 20) selon laquelle « les choses corporelles ne sont qu'une image des spirituelles, et Dieu a représenté les choses invisibles dans les visibles »[3]. Or,

la liturgia (*1609-1669*). *I percorsi di spiritualità e l'elaborazione della resistenza*, thèse de doctorat en Histoire du Christianisme et des Églises, Université de Padoue, 2012, p. 251-342.

1. *OC* II, p. 581-563.

2. Voir T. Shiokawa, *Pascal et les miracles*, Paris, Vrin, 1977, p. 68-73 et H. Gouhier, *Blaise Pascal. Commentaires*, *op. cit.*, p. 121-125.

3. Pour l'exégèse pascalienne de *Rm* I, 20 voir H. Gouhier, *Blaise Pascal. Commentaires*, *op. cit.*, p. 190-191 ; P. Magnard, *Nature et histoire dans l'apologétique de Pascal* [1975], Paris, Les Belles Lettres, 1980[2] (rééd. en 1991 sous le titre : *La clé du chiffre*), p. 354-364 ; E. Martineau, « Deux clés de la chronologie des discours pascaliens », *op. cit.*, p. 704-705 et A. Frigo, « L'evidenza del Dio nascosto », *Rivista di Filosofia*, 102, 2011/2, p. 193-216.

l'« alliance » qui, dans l'ordre naturel, unit Blaise, Jacqueline, Gilberte et leur père, constitue une image vraie de l'union dans la foi qui les rend « frères » dans l'ordre de la grâce. « C'est en quoi », résume Pascal, « nous devons admirer que Dieu nous ait donné et la figure et la réalité de cette alliance ». Il faudra alors parler de deux mondes, dont l'un est la figure de l'autre – deux mondes qu'on distingue grâce à l'herméneutique des « choses visibles » imposée par le verset paulinien : « Il a plu à Dieu de nous joindre aussi bien dans son nouveau monde par l'esprit, comme il avait fait dans le terrestre par la chair. » Pascal s'inspire sans doute ici des écrits de Saint-Cyran[1] qui, à maintes reprises, rappelle que « par le baptême nous recevons la vraie vie de grâce, et renaissons de Jésus-Christ dans son Église comme enfants du nouveau monde »[2]. Le thème n'est pas non plus sans rappeler les pages consacrées par Bérulle à l'idée d'une nouvelle création du fidèle en Jésus-Christ : une création qui répète et double la première, en définissant ainsi « deux entrées en deux mondes bien divers »[3]. Quoi qu'il en soit, toutefois, des sources dont Pascal pouvait se réclamer pour mobiliser ce lieu commun de la spiritualité chrétienne, il faudra surtout remarquer sa volonté de distinguer l'acception la plus immédiate du terme « monde », en tant que synonyme de l'ensemble des choses qui composent l'univers, de ce « nouveau monde » qu'est « l'universalité »[4] des chrétiens que la foi (ou l'Esprit Saint)[5] réunit.

Une telle distinction trouve son bien fondé dans le travail de resémantisation accompli par le Nouveau Testament à partir du terme grec *kosmos*[6]. Sous la plume de saint Paul et dans l'*Évangile* et les *lettres* saint

1. « Nous avons ici la lettre de M. de Saint-Cyran, *De la vocation*, imprimée depuis peu sans approbation ni privilège », écrit Pascal au début de la lettre : il s'agit de la *Lettre de Messire Jean Du Vergier de Hauranne, abbé de Saint-Cyran, à un ecclésiastique de ses amis touchant les dispositions à la prêtrise* (1647).

2. *Petite instruction pour disposer des enfants à recevoir le sacrement de confirmation*, in *Œuvres chrétiennes et spirituelles*, t. IV, *op. cit.*, p. 56 (voir *OC* I, p. 663-664). *Cf.* T. Shiokawa, *Pascal et les miracles*, *op. cit.*, p. 69 et *OC Le Guern* II, p. 1100-1101.

3. *OC B* I, 4, p. 30.

4. Voir les *Écrits sur la grâce* (*OC* IV, p. 794). *Cf.* saint Augustin, *In Evangelium Ioannis tractatus*, LII, 10.

5. Voir Saint-Cyran, *Lettres chrétiennes et spirituelles*, t. I, Lyon, chez J.-B. Boulier et L. Aubin, 1674, p. 134.

6. Voir Á. P. Orban, *Les dénominations du monde chez les premiers auteurs chrétiens*, Nimègue, Dekker – Van de Vegt, 1970 ; H. Schlier, *Essais sur le Nouveau Testament*, Paris, Cerf, 1968, chap. XVII et R. Brague, *La Sagesse du monde. Histoire de l'expérience humaine de l'univers*, Paris, Fayard, 1999, p. 80-86 et p. 332. Pour le XVIIe siècle et notamment pour les auteurs de Port-Royal, voir B. Guion, *Pierre Nicole moraliste*, Paris, Champion, 2002,

Jean, *kosmos* vient en effet signifier le monde aliéné de son créateur et hostile à Dieu. Dans la *première lettre aux Corinthiens* (I, 20; III, 19) l'« esprit du monde » nomme par conséquent le mode d'être de l'homme qui a rejeté « l'esprit de Dieu » et les apôtres sont décrits par l'évangéliste Jean comme étant dans le monde (*in mundo*) sans pourtant lui appartenir (*de mundo*), car le monde n'est constitué que par ceux qui n'ont pas connu le Christ (*Jn* XVII, 11-14)[1]. La « sagesse du monde » n'est d'ailleurs convoquée par saint Paul que pour être convaincue de folie (I *Cor* I, 27-28; II, 6; III, 18-19). Une coupure s'impose : les chrétiens sont morts avec le Christ et cette mort les arrache « *ab elementis hujus mundi* » : ils n'ont donc plus aucun droit de se conduire « *tamquam viventes in mundo* » (*Col* II, 20-21). Loin d'envisager une totalité qui exclut toute extériorité, le *kosmos* se trouve ainsi pris dans une opposition qui en fait l'*autre* de la communauté des croyants. On rappellera la netteté de la rupture instituée par la pensée chrétienne, en relisant quelques lignes de saint Augustin qui, plus que tout autre, a contribué à la rendre explicite :

> Que veut dire : *Le monde a été fait par lui* ? Le ciel, la terre, la mer et tout ce qu'ils renferment, voilà ce qu'on appelle le monde. Mais dans un autre sens le monde désigne encore ceux qui aiment le monde. *Le monde a été fait par lui, et le monde ne l'a pas connu.* [...] Quels sont alors ceux qui ne l'ont pas connu ? Ceux que leur amour du monde a fait appeler le monde. Aimer, en effet, c'est habiter par le cœur et, à cause de leur amour, ils ont mérité de recevoir le nom de ce monde qu'ils habitaient. [...] Nous appelons le monde ceux qui habitent le monde par leur amour. Quels sont-ils ? Ce sont ceux qui aiment le monde, car par leur cœur ils ont leur habitation dans le monde. Ceux qui n'aiment pas le monde, en effet, ont bien leur corps dans le monde, mais par leur cœur ils habitent le ciel[2].

L'univers créé ne se confond pas avec le *mundus* constitué par les hommes déchus. Si celui qui décide de notre identité c'est l'amour qui nous gouverne (« *talis est quisque, qualis eius dilectio est* »), les *dilectores mundi*, qui habitent le monde en l'aimant (qui « lèchent la terre, c'est-à-dire

p. 313-336 et L. Cognet, « Le mépris du monde à Port-Royal et dans le jansénisme », *Revue d'ascétique et de mystique*, XLI, 163, 1965, p. 387-402.

1. La préface de l'*Abrégé de la vie de Jésus-Christ* (*OC* III, p. 248) fait écho à la polysémie du terme « monde » articulée par *Jn* I, 1-5.

2. *In Evangelium Ioannis tractatus*, II, 11, trad. fr. M.-F. Berrouard, « Bibliothèque augustinienne » 71, Paris, Desclée de Brouwer, 1969, p. 195-197. *Cf.* Saint-Cyran, *Lettres chrétiennes et spirituelles de messire Jean du Verger de Hauranne, abbé de S. Cyran, qui n'ont point encore été imprimées jusqu'à présent*, s. l., 1744, t. I, p. 494.

aiment les plaisirs terrestres», dira Pascal, § 801), font un monde en devenant, justement, « mondains »[1].

Alors que le cosmos grec était un tout ordonné qui précédait et assignait sa place à chaque étant, dans le lexique chrétien le monde n'existe que *par* et *pour* celui qui choisit la terre à la place du ciel, et ainsi fait de la terre son monde. Dès lors, il sera possible de penser l'Église elle-même comme un « nouveau monde », c'est-à-dire comme la communauté des chrétiens qui vivent dans le monde, mais qui « font un monde à part » par leur choix. En renonçant à devenir « terrestres », ils vivent *in mundo* sans pourtant être *de mundo*, ils habitent le monde sans pourtant ne jamais s'y conformer. Et ce faisant, ils bâtissent un nouveau monde sur terre, justement en raison de leur commun rejet des choses d'ici-bas. En trouvant son origine dans le refus de Dieu ou dans le choix pour le Christ, le monde est donc moins un lieu ouvert à l'habitation qu'une totalité d'individus réunis par la tension d'une volonté commune. D'où, aussi, la caractérisation de la vanité du monde comme *vanitas vanitantium*, « vanité des hommes vains », plus encore que *vanitas vanitatum*, « vanité des choses vaines » : la vanité n'affecte pas les étants et leur existence, mais, plus essentiellement, ce monde qui est composé par les *dilectores mundi*[2].

C'est donc cet écart entre l'acception banale du terme « monde » et le sens que lui attribue depuis toujours la tradition chrétienne qui offre à Pascal l'occasion de souligner la nature paradoxale du baptême, un sacrement qui marque le « commencement de la vie » spirituelle et impose par conséquent de « venir au monde » une deuxième fois. Jacqueline, Blaise et Gilberte doivent s'unir pour « reconnaître » la parenté spirituelle qui est venue doubler leur parenté corporelle, car « c'est proprement depuis ce temps [...] que nous devons considérer comme véritablement parentes ».

1. Voir R. Brague, *La Sagesse du monde*, *op. cit.*, p. 82.

2. Les auteurs chrétiens se sont depuis toujours heurtés à la difficulté de définir la nature du « tout » (*omnia*) dont il est question dans l'*Ecclésiaste* (I, 2). Saint Augustin s'appuie sur des manuscrits qui proposent la variante *vanitas vanitantium* pour réaffirmer la distinction entre l'univers, bon parce que créé par Dieu, et ce *mundus* que les *dilectores mundi* constituent sur terre (*De la véritable religion*, chap. XXI, *op. cit.*, p. 80-81). Dans sa traduction, Arnauld renvoie à un passage des *Retractationes* (I, VII, 3) où saint Augustin accorde finalement sa préférence à la variante *vanitas vanitatum*, sans pourtant rejeter les analyses précedentes. La formule revient d'ailleurs à maintes reprises sous sa plume (*De quantitate animae*, XXXIII, 76; *De diversis quaestionibus octaginta tribus*, LXVII, 3; *Expositio quarumdam propositionum ex Epistola ad Romanos*, XLV, 53 et *De moribus Ecclesiae catholicae*, I, XXI, 39). Voir D. Leduc-Fayette, *Pascal et le mystère du mal. La clef de Job*, Paris, Cerf, 1996, p. 113-137 et A. Frigo, *L'évidence du Dieu caché. Introduction à la lecture des* Pensées *de Pascal*, Mont-Saint-Aignan, Presses Universitaires de Rouen et du Havre, 2015, p. 91-98.

Le revers de ce même paradoxe sera magistralement orchestré par Pascal dans la lettre du 17 octobre 1651, en affirmant que si l'Église est « le monde des fidèles et particulièrement des élus », « nous n'avons pas perdu mon père au moment de sa mort. Nous l'avions perdu pour ainsi dire dès qu'il entra dans l'Église par le baptême »[1].

Une distinction essentielle

La notion de « monde », évoquée dans la lettre de 1648 à partir des souvenirs de la spiritualité de Saint-Cyran, gouverne aussi, une dizaine d'années plus tard, la *Comparaison des chrétiens des premiers temps avec ceux d'aujourd'hui*[2]. Dans cet opuscule Pascal s'interroge sur les différences entre la discipline du baptême en vigueur à son époque et celle qui en réglait l'administration dans l'Église des premiers siècles. Pourtant, il s'agit moins de vérifier l'unité et la perpétuité de la tradition catholique que de réfléchir, comme c'était déjà le cas dans la lettre de 1648, sur la signification du baptême et sur la condition du baptisé[3]. La comparaison des modes d'administration du sacrement impose en effet de constater que dans l'Église « des premiers temps » les fidèles accédaient plus tard au baptême[4]. Mais cette différence n'est en rien le symptôme d'une mutation : l'Église « n'a pas changé d'esprit, quoiqu'elle ait changé de conduite ». Que le baptisé soit pleinement conscient de la signification du sacrement et qu'il renonce au péché, voilà ce qui est exigé aujourd'hui non moins qu'au temps de « l'Église naissante ». Or, si cela était autrefois le résultat de l'instruction et de la réformation des mœurs qui marquaient la longue préparation des catéchumènes, l'Église préfère désormais renoncer à cette « dilation du baptême » pour sauver les nouveau-nés de la « malédiction d'Adam ». Par contre, elle réclame un engagement non moins sérieux en ce qui concerne la connaissance des vérités de la foi et la pratique de la pénitence de la part des baptisés une fois qu'ils ont atteint l'âge de la raison. Le rôle des parrains est précisément celui de veiller à cette prise de conscience plus tardive, mais non moins indispensable.

1. *OC* II, p. 856.

2. *OC* IV, p. 45-60. J. Mesnard date l'opuscule de 1657 ; E. Martineau (« Deux clés de la chronologie des discours pascaliens », *op. cit.*, p. 707 n. 29) le faire remonter à l'époque des *Écrits sur la grâce* (début 1656) et M. Le Guern (*OC Le Guern* II, p. 1168) émet l'hypothèse d'une rédaction en 1655.

3. Voir *OC* IV, p. 51.

4. Voir pourtant *OC Le Guern* II, p. 1169.

On pourrait alors se demander pourquoi, si rien n'a changé au fond dans l'esprit du sacrement, « l'Église des saints se trouve maintenant toute souillée par le mélange des méchants ». Aux yeux de Pascal, « la nonchalance » « et le peu d'instruction des chrétiens d'aujourd'hui » n'ont pour cause qu'un manque d'attention à l'égard de ce que signifie et implique la condition de baptisé. Il s'agit d'une négligence coupable qui conduit le fidèle à méconnaître cette vérité que la lettre du 1er avril 1648 avait si fortement soulignée, c'est-à-dire le fait que le baptême crée un « monde nouveau » sur terre. Le choix de baptiser si tôt les enfants et la « négligence des parents » conspirent, en effet, à brouiller toute distinction entre le « monde terrestre » et cet autre « monde » qu'est l'Église : « Et ainsi, au lieu qu'autrefois on voyait une distinction essentielle entre l'un et l'autre, on les voit maintenant confondus et mêlés, en sorte qu'on ne les discerne quasi plus. » Les conditions d'administration du sacrement amènent les fidèles à télescoper les deux « commencements » et la « distinction essentielle » perd son évidence : « On se trouve maintenant presque au même temps dans l'un et dans l'autre ; et le même moment qui nous fait naître au monde nous fait renaître dans l'Église. De sorte que la raison survenant ne fait plus de distinction de ces deux mondes si contraires. » Ainsi, on croit qu'« on a été fait chrétien » de la même manière « on a été fait homme ». En réalité, loin de se confondre avec l'univers, le « monde » des croyants s'y oppose en raison d'une « différence épouvantable ». Mieux : l'univers est le théâtre d'un affrontement entre deux mondes, c'est-à-dire entre deux modes d'être dans le monde, l'un en l'aimant, l'autre en y séjournant : « On connaissait alors par ce procédé une distinction essentielle du monde avec l'Église. On les considérait comme deux contraires, comme deux ennemis irréconciliables, dont l'un persécute l'autre sans discontinuation, et dont le plus faible en apparence doit un jour triompher du plus fort. En sorte que de ces deux partis contraires on quittait l'un pour entrer dans l'autre ; on abandonnait les maximes de l'un pour embrasser les maximes de l'autre ; on se dévêtait des sentiments de l'un pour se revêtir des sentiments de l'autre. » Le lexique et les thèses sont ceux de Saint-Cyran et de Bérulle : l'appartenance à la communauté des fidèles impose une sorte de nouvelle naissance qui marque une discontinuité radicale dans l'existence humaine : « On abjurait le monde où l'on avait reçu sa première naissance pour se vouer totalement à l'Église, où l'on prenait comme sa seconde naissance »[1]. C'est donc faute d'avoir compris en quoi l'Église est *un nouveau monde dans le monde* que les chrétiens d'aujourd'hui ont perdu « le véritable esprit » du

1. Cf. *OC* IV, p. 55, § 4, note d.

sacrement du baptême : « Il fallait autrefois sortir du monde pour être reçu dans l'Église », alors qu'« on entre aujourd'hui dans l'Église au même temps que dans le monde » et « le même moment qui nous fait naître au monde, nous fait renaître dans l'Église. » Il devient donc presque inévitable d'oublier la distance qui sépare notre condition d'hommes de notre état de chrétiens, un état qu'il s'agit non seulement de constater, mais de vouloir et de renouveler incessamment par le rejet des tentations du monde : « On ne se souvient pas de s'être obligé par vœu. »

Cette « distinction essentielle » ou plutôt « la différence épouvantable » dont la *Comparaison des chrétiens* cherche à souligner l'évidence – trop souvent escamotée par les fidèles – n'est pas sans rappeler une page beaucoup plus célèbre de la *Quatorzième Provinciale*, qui confirme la centralité de l'opposition des « deux mondes » (§ 733) :

> On ne peut être que d'un parti ou de l'autre, il n'y a point de milieu. *Qui n'est point avec Jésus-Christ est contre lui.* Ces deux genres d'hommes partagent tous les hommes. Il y a deux peuples et deux mondes répandus sur toute la terre, selon saint Augustin : le monde des enfants de Dieu, qui forme un corps dont Jésus-Christ est le Chef et le Roi ; et le monde ennemi de Dieu, dont le diable est le Chef et le Roi. Et c'est pourquoi Jésus-Christ est appelé le Roi et le Dieu du monde, parce qu'il a partout des sujets et des adorateurs, et que le diable est aussi appelé dans l'Écriture le Prince du monde et le Dieu de ce siècle, parce qu'il a partout des suppôts et des esclaves[1].

Une logique d'exclusion réciproque gouverne ce morceau de bravoure, selon l'*aut aut* formulé en ouverture du paragraphe (« il n'y a point de milieu »). Dès lors, on gagnerait à rapprocher cette page non seulement du livre XIV de la *Cité de Dieu*[2], mais aussi de la méditation de saint Ignace sur les deux étendards, où l'opposition des amours prend la forme d'un affrontement sanglant entre des milices ennemies[3]. Mais pour ce qui est de notre thème, il faut surtout souligner l'absence du mot « cité » qui devrait presque s'imposer dans une reprise des *civitates* augustiniennes, et qui ne semble réapparaître que quelques lignes plus bas, où il est question de « la

1. *OC Sell.*, p. 514.

2. *De civitate Dei*, XIV, 28. Voir G. Ferreyrolles, « L'âge d'or de La *Cité de Dieu* ? », *in* L. Devillairs (éd.), *Augustin au XVIIe siècle*, Florence, Olschki, 2007, p. 79-100. Cf. *Enarrationes in Psalmos*, In ps. CXLI, 15 ; In ps. LXI, 6 et In ps. LXIV, 2 ; *De civitate Dei*, XII, 1 ; XVI, 1.

3. *Exercices spirituels*, § 136-148. Voir P. Sellier, *Port-Royal et la littérature. Pascal*, *op. cit.*, p. 332 n. 9.

ville de paix qui s'appelle la Jérusalem mystique »[1]. Tout se passe comme si la polysémie du terme « monde » et « la différence épouvantable » entre le *monde mondain* et ce monde céleste sur terre qu'est l'Église l'emportaient sur l'opposition traditionnelle des deux cités. De surcroît, Pascal se réjouit de cette ambiguïté foncière du terme qui permet de dire, en même temps, l'« universalité » des chrétiens (« Jésus-Christ est appelé le Roi et le Dieu *du monde*, parce qu'il a *partout* des sujets et des adorateurs ») et la nature de l'Église composée d'hommes qui sont *in mundo* sans être *de mundo*. Bref, il faut discerner « deux mondes répandus sur toute la terre » et concevoir l'appartenance à l'Église comme le résultat d'une décision incessamment renouvelée, une conversion perpétuelle qui arrache l'homme au « monde mondain » auquel il risque toujours de s'identifier[2].

Mais le concept de « monde » permet-il de penser véritablement l'unité de cette communauté dans laquelle on entre par le baptême? Tout en pointant la distance entre la condition d'homme et l'état de chrétien, la notion de « monde » est-elle capable d'exprimer la nature de l'Église et l'union qui relie ses membres? Pour répondre à ces interrogatifs, et mesurer ainsi la portée effective de l'usage que Pascal fait de cette expression scripturaire stéréotypée, sinon banale, il faut revenir à la lettre à Gilberte d'avril 1648. Après avoir longuement dénoncé les risques de l'idolâtrie, cet amour qui chérit « souverainement » ce qui n'est pourtant pas la « dernière fin », Pascal consacre un long alinéa final à expliciter les logiques opposées qui gouvernent l'ordre de la nature et l'ordre de la

1. E. Martineau (« Deux clés de la chronologie des discours pascaliens », *op. cit.* p. 726-727) a souligné avec force cette absence, en parlant d'un Pascal « furieusement allergique » au mot « cité ». Voir aussi V. Carraud, *Pascal : des connaissances naturelles à l'étude de l'homme*, *op. cit.*, p. 74-77 et *contra* P. Sellier, *Port-Royal et la littérature. Pascal*, *op. cit.*, p. 520.

2. Michel Le Guern a proposé de rapprocher l'opuscule pascalien du chapitre VI du livre III de *Le Chrétien du temps* (Paris, chez la veuve M. Durand, 1655) du P. François Bonal (A. Frigo et M. Le Guern, « Sur quelques sources inédites de Pascal », *op. cit.*, p. 749-752). Le thème est en effet le même (« Par quels degrés de décadence la force de l'esprit chrétien et du baptême s'affaiblit dans le christianisme », p. 90-107) et l'affinité avec les pages de Pascal semble indéniable. Cela permet en même temps de souligner l'originalité de Pascal qui se justifie précisément par l'usage de la notion de « monde ». Si Bonal cherche à élucider la cause de la décadence des mœurs, en rappelant que jadis les chrétiens « étaient des chrétiens volontaires; et, pour parler ainsi, des contractants émancipés, et des religieux qui s'étaient obligés de leur propre mouvement », il manque à sa démonstration un concept opératoire capable de rendre raison de la négligence des fidèles d'aujourd'hui. D'où, chez Bonal (p. 94), l'accumulation des métaphores dont Pascal fera l'économie en soulignant le télescopage abusif des deux « commencements ».

grâce[1]. Si les hommes ont été « retirés gratuitement du néant au point de leur création », ils se trouvent « retirés gratuitement du péché (qui est le véritable néant, parce qu'il est contraire à Dieu qui est le véritable être) » « par la régénération ». De ce double « commencement » il s'ensuit une « double obligation » envers Dieu, concernant l'honneur et le service qu'il faut lui rendre. D'une part, « en tant que créatures », les hommes « doivent se tenir dans l'ordre des créatures et ne pas profaner le lieu qu'ils remplissent ». L'homme a un rôle, un lieu propre, qui est défini par l'ordonnance et la hiérarchie de l'univers et, comme le rappelait déjà saint Augustin, c'est le propre de l'*homo ordinatissimus* de savoir à quel point est indigne pour une partie de ne pas s'accorder avec le tout auquel elle appartient (« *turpis pars suo universo non congruens* »)[2]. Ainsi, l'ordre des créatures trouve son accomplissement lorsque chaque être garde la position qui lui a été assignée par le Créateur : « on se tiendra en repos, chacun dans l'état où la nature l'a placé » (§ 199, *cf.* I *Cor* VII, 24).

Mais si les créatures qui le composent « s'acquittent de leur obligation se tenant dans une perfection bornée », ce n'est que parce « la perfection du monde est aussi bornée ». En renonçant à franchir les limites du « lieu qu'ils remplissent », les hommes, « en tant que créatures », composent une totalité cohérente mais limitée, l'être fini n'aspirant qu'à des biens finis. Il en va tout autrement pour les chrétiens auxquels Dieu assigne « une place dans son Église qui est son véritable temple ». Si la perfection des créatures de l'univers est « bornée », car celle du monde l'est aussi, « les enfants de Dieu ne doivent point mettre de limites à leur pureté et leur perfection ». Pour justifier son propos, Pascal risque une exégèse fort originale de *Mt* V, 48 : « Jésus-Christ ne limite point les commandements de la perfection, et [...] il nous en propose un modèle où elle se trouve infinie, quand il dit : "Soyez donc parfaits comme votre père céleste est parfait". » Le « comme » qui articule la comparaison du Christ doit être pris au pied de la lettre : tout en gardant la conscience de la distance infinie qui nous sépare du Créateur, il faut s'efforcer d'être parfaits *comme* Dieu l'est, c'est-à-dire aspirer à une perfection qui n'a pas de « bornes »[3]. Pascal n'ignore sans doute pas

1. *OC* II, p. 583. Voir H. Gouhier, *Conversion et apologétique*, *op. cit.*, p. 45-46.

2. *Confessiones*, III, 8, 5.

3. Voir L. M. Heller, « La perfection chrétienne dans la spiritualité de Pascal », *in* L. M. Heller, I. M. Richmond (dir.), *Pascal. Thématique des* Pensées, Paris, Vrin, 1988, p. 93-104.

l'audace de son propos[1]. Mais la vérité de celui-ci s'impose comme d'autant plus nécessaire qu'elle vient contrecarrer « une erreur bien préjudiciable et bien ordinaire », très répandue « parmi les chrétiens, et parmi ceux-là mêmes qui font profession de piété » : celle « de se persuader qu'il y a un certain degré de perfection dans lequel on soit en assurance, et qu'il ne soit pas nécessaire de passer ». Une fois de plus, il s'agit de comprendre la « distinction essentielle » qui sépare l'existence de la créature de l'état du chrétien. On croit entrer dans l'Église comme on entre dans le monde, lisions-nous dans la *Comparaison des chrétiens des premiers temps avec ceux d'aujourd'hui*; on croit aussi pouvoir rester dans l'un comme on reste dans l'autre, en estimant qu'il y a « un certain degré de perfection dans lequel on soit en assurance ». Pourtant, dans un cas, il s'agit seulement de ne pas « profaner le lieu » qui nous a été assigné; dans l'autre, au contraire, aucun lieu ne peut ni ne doit être considéré comme définitif, l'homme étant « produit pour l'infinité »[2]. Le désir de fixer un lieu propre est le symptôme d'une ignorance qui confond l'ordre de la nature et l'ordre de la grâce. En vérité, rappellent les dernières lignes de ce fragment de lettre, il n'y a point de « lieu » ou de « degré de perfection » « qui ne soit pas mauvais si on s'y arrête, et dont on [ne] puisse éviter de tomber qu'en montant plus haut »[3].

On pourra alors émettre une hypothèse : si le terme « monde » revient tout spontanément sous la plume de Pascal pour indiquer la communauté ecclésiale, sa fonction était surtout de pointer l'affinité apparente qui

1. H. U. von Balthasar, *La gloire et la croix*, 2. *Styles*, II, « De Jean de la Croix à Péguy », Paris, Aubier-Montaigne, 1972, p. 122. Nous reviendrons ailleurs sur cette exégèse pascalienne et sur le rôle de *Mt* V, 48 dans l'histoire de la spiritualité moderne.

2. « La nature n'ayant pour objet que de maintenir les animaux *dans un ordre de perfection bornée*, elle leur inspire cette science nécessaire toujours égale, de peur qu'ils ne tombent dans le dépérissement, et ne permet pas qu'ils y ajoutent, de peur *qu'ils ne passent les limites* qu'elle leur a prescrites. Il n'en est pas de même de l'homme, *qui n'est produit que pour l'infinité* », *Préface pour un* Traité du vide (*OC* II, p. 782, nous soulignons). La logique du perfectionnement indéfini vaut donc autant pour le progrès scientifique de l'humanité que pour celui spirituel de chacun des hommes. L'affinité lexicale entre les deux textes se prolonge dans le recours à l'idée d'un corps composé de « toute la suite des hommes, pendant le cours de tous les siècles » et des chrétiens qui « font partie d'un corps tout divin et infiniment parfait ».

3. Voir aussi *OC* III, p. 1038 : « Ce sont assurément des choses nouvelles, mais qu'il faut sans cesse renouveler, car cette nouveauté, qui ne peut déplaire à Dieu, comme le vieil homme ne lui peut plaire, est différente des nouveautés de la terre, en ce que les choses du monde, quelque nouvelles qu'elles soient, vieillissent en durant, au lieu que cet esprit nouveau se renouvelle d'autant plus qu'il dure davantage. *Notre vieil homme périt*, dit saint Paul [*Col* III, 9], et se renouvelle de jour en jour, et ne sera parfaitement nouveau que dans l'éternité. »

couvre la « distinction essentielle » entre l'Église et le « monde terrestre ». Pascal réfléchit à ce qu'est mourir ou quitter le monde et naître ou venir au monde pour illustrer le paradoxe du chrétien qui entre dans « le monde des fidèles » en quittant le monde des hommes et des créatures. Il faut voir « deux mondes répandus sur toute la terre », il faut discerner un autre monde dans le monde, un monde qui se définit par le mode d'existence de ses membres qui sont *in mundo* sans être *de mundo*. Pourtant, lorsqu'il s'agit de penser l'Église en tant que telle, et non pas d'en contraster la réalité avec l'univers créé ou avec l'autre « monde sur terre » qu'est la *civitas diaboli*, la notion de « monde » exhibe ses limites. Les chrétiens ne constituent pas un monde où la perfection du tout est non moins bornée que celle de chaque élément qui le compose, mais « ils font partie d'un corps tout divin et infiniment parfait ». Il s'agit bien évidemment du « Corps de Jésus-Christ », c'est-à-dire de ce tout auquel les fidèles ne cessent de s'incorporer par un mouvement infini vers une perfection dont le modèle est celle infinie de Dieu. Dès lors, penser l'Église à partir de l'idée de monde risquerait de la réduire à une totalité dont les parties n'ont qu'à prendre conscience de leur « lieu » et de leur rôle pour s'y intégrer. La réflexion pascalienne sur la nature du baptême avançait déjà, bien que d'une manière seulement implicite, la nécessité de renouveler incessamment l'acte de volonté qui permet aux fidèles de bâtir un « monde nouveau » en entrant dans l'Église. Cette exigence devient centrale dans la dernière page de la lettre à Gilberte d'avril 1648 : les chrétiens doivent « sans cesse aspirer à se rendre *dignes* de faire partie du Corps de Jésus-Christ » (nous soulignons). Les deux « obligations » réalisent deux totalités aux caractères distincts. Il ne suffit pas de s'acquitter de l'obligation que le corps nous impose, en qualité de ses membres ; le corps n'est *un* que si les membres aspirent sans cesse à se rendre dignes d'en faire partie. Comme l'expliqueront les fragments de la liasse « Morale chrétienne », ils doivent vouloir ce que le corps veut, tout en voulant leur union réciproque. Il s'agit moins de se tenir à ce qu'on est (« se tenir dans l'ordre des créatures » « en se tenant dans une perfection bornée ») que de *vouloir* l'être : l'univers nous *assigne* une place, l'Église exige qu'on se tienne dans la volonté d'en *faire* partie. Bref, les différentes acceptions du terme « monde » permettent à Pascal d'opposer deux mondes contraires, celui de la création, habité par l'homme qui « jouit des plaisirs de ce monde »[1], et celui de la régénération. Mais la distance qui sépare la perfection bornée de l'univers composé par les créatures de la perfection illimitée à laquelle aspirent les fidèles dans

1. *OC* IV, p. 55.

l'Église impose d'opposer le monde au « Corps de Jésus-Christ ». Finalement, la notion de « monde » ne suffit pas pour dire l'unité de l'Église, car elle ne peut pas en être le modèle. Seul le corps – mieux : un « corps plein de membres pensants » – permet de « s'imaginer » ce tout qu'est, aux yeux de Pascal, l'Église catholique, dont les membres *veulent* et *font* l'unité.

« ET PERSÉVÉRAIENT D'UN ACCORD »

Unanimité et uniformité apparente

La deuxième notion à partir de laquelle Pascal cherche à saisir la nature de l'unité de la communauté ecclésiale est celle d'« unanimité ». La source est néotestamentaire, l'adverbe *unianimiter* étant utilisé à plusieurs reprises dans les *Actes* et chez saint Paul lorsqu'il s'agit de définir l'union des premiers chrétiens rassemblés autour des apôtres et progressivement répandus dans les différents centres d'évangélisation[1]. Ainsi, l'incipit des *Actes* (I, 14) nous montre les disciples « tous, d'un même cœur, assidus [*perseverantes unianimiter*] à la prière avec quelques femmes, dont Marie mère de Jésus, et avec ses frères ». L'adverbe *unianimiter* réapparaît juste après le récit de la Pentecôte : « Environ trois mille âmes s'adjoignirent ce jour-là », ils « mettaient tout en commun », mais surtout ils restaient sans défaillir « tous les jours dans le temple, unis de cœur et d'esprit entre eux [*cotidie perdurantes unianimiter in templo*] » (*Ac* II, 41-46)[2]. Le terme se lit assez souvent aussi sous la plume de saint Paul, surtout dans le contexte des salutations ou des exhortations. En écrivant aux Philippiens, l'apôtre leur souhaite par exemple de tenir « ferme dans un même esprit, luttant de concert [*conlaborantes*] et d'un cœur unanime [*uno spiritu unianimes*] pour la foi de l'Évangile » (I, 27). Il s'agit ici non seulement de persévérer, mais de lutter, de *perdurare* contre et en dépit de ce qui menace l'existence de la communauté des fidèles. Son unité est donc le résultat d'une résistance partagée, d'un effort commun de patience dans le martyre. Saint Paul se réjouit ainsi de « l'accord des sentiments » de membres de l'Église de Philippes : « Ayez le même amour, une seule âme, un seul sentiment [*unianimes id ipsum sentientes*] » (II, 2). Cette « communion dans l'Esprit » est l'expression de la « tendresse compatissante » (II, 1) qui lie dans l'unanimité ceux qui souffrent pour la même cause : l'unanimité dit

1. Voir H. Pétré, Caritas. *Étude sur le vocabulaire latin de la charité chrétienne*, Louvain, Spicilegium Sacrum Lovaniense, 1948, p. 320.

2. Cf. *Ac* IV, 24 ; V, 12 ; VIII, 6 et XV, 25.

l'union des fidèles issue d'un *con-laborare*, d'un « travailler ensemble », en étant pour cela soumis à un *labor* et à une souffrance communs [1].

Si le terme d'« unanimité » n'apparaît jamais sous la plume de Pascal[2], une lecture attentive de l'*Abrégé de la vie de Jésus-Christ* témoigne d'une attention privilégiée accordée aux textes du Nouveau Testament que nous venons d'évoquer. L'opuscule prétend situer les narrations des *Évangiles* dans une séquence chronologique rigoureuse, Pascal s'inspirant en cela d'une série des tentatives analogues, identifiées et minutieusement confrontées au texte pascalien par Jean Mesnard[3]. Or, un élément qui différencie l'*Abrégé* des *Historiae evangelicae* qui en constituent la source est l'attention accordée au récit des *Actes des Apôtres*[4]. Dans la plupart de cas, le récit de la vie du Christ s'arrêtait en effet avec l'Ascension[5]. Pascal franchit ce seuil : il renonce à la tentation d'un final « ouvert » (« et une nuée le soulevant, ils le perdirent de vue ») et, après avoir illustré la signification théologique de la position du Christ qui « sied maintenant à la droite du Père », il poursuit la narration : « Les Apôtres s'en retournent en Jérusalem en grande joie, et étaient toujours au Temple, louant Dieu. [...] Et persévéraient d'un accord avec Marie, mère de Jésus, en l'oraison, en attendant le Saint-Esprit promis »[6]. Les versets des *Actes* que nous avons évoqués plus haut sont donc traduits par Pascal presque mot pour mot, l'adverbe *unianimiter* étant ici rendu par la formule « d'un accord »[7].

Mais l'attention qu'il porte à cette description des premiers instants de vie de la communauté ecclésiale doit être comprise à la lumière des dernières lignes de l'opuscule, où le thème du retour du Christ dans la gloire le jour du jugement se trouve doublé par celui de sa présence actuelle « avec l'Église ». Pascal rapporte l'« économie » de la vie de l'Église à « la session à la droite du Père » du Christ : « De là il régit et conduit son Église avec pleine puissance et providence »[8]. La tradition avait associé l'office sacerdotal du Christ, c'est-à-dire son rôle d'intercession pour les hommes (« *interpellatio pro nobis* ») à l'Ascension, en renvoyant, pour sa « session » à la droite du Père, à la thématique de sa gloire et de son « égalité

1. Cf. *Ph* II, 1 et I *P* III, 8.

2. Un usage banal d'« unanime » dans les *Écrits sur la grâce* (« l'avis unanime de tous ses docteurs ») et une occurrence de l'adverbe « unanimement » dans la *pensée* inédite II (« c'est que ce livre a été embrassé unanimement et sans aucune contradiction »).

3. *OC* III, p. 185-201.

4. Nous suivons ici J.-C. de Nadaï, *Jésus selon Pascal*, *op. cit.*, p. 177-185.

5. Voir le texte de Jansénius et celui d'Arnauld cités dans *OC* III, p. 331, 347.

6. *OC* III, p. 317.

7. *Ibid.*, note d pour la conjecture de G. Michaut qui lit « commun accord ».

8. *Ibid.*, p. 317.

parfaite au Père »[1]. Et Pascal d'évoquer, au tout début de son opuscule, le *Credo* : « Et enfin étant monté des Enfers au-dessus de tous les Cieux, afin qu'il remplît toutes choses, il sied à la droite du Père, d'où il viendra juger les vivants et les morts, et ramener les élus incorporés en lui dans le sein de Dieu »[2]. L'Église n'est pourtant pas envisagée par Pascal uniquement sous la figure de la « Jérusalem céleste » et du « Royaume » des « élus incorporés en lui dans le sein de Dieu ». Tout au contraire, c'est son « économie » terrestre qui gouverne et domine les pages finales de l'*Abrégé* : le Christ est désormais « dans le sein de Dieu » et pourtant il ne cesse de « régir et conduire » « de là » la communauté des fidèles, ce qui garantit que « jamais l'Église ne périra et ne sera destituée de pasteurs » et « jamais elle ne sera destituée de la connaissance de la vérité »[3]. Bref, le Christ « demeure avec l'Église jusqu'à la consommation du siècle »[4]. Bien évidemment, il n'y a là que des formules traditionnelles de liturgie chrétienne ; force est pourtant de constater qu'en liant la « session à la droite du Père » à la « providence » que le Christ exerce sur son Église, Pascal invite le lecteur à prolonger le récit de l'existence de Jésus-Christ avec une méditation sur sa nouvelle vie qu'est celle de la communauté des croyants. Mais cette vie, du moins dans son commencement, ne se dit que par l'adverbe *unianimiter*. Régie par le Christ au Ciel, et bientôt animée par le Saint-Esprit, l'Église des origines brille par son unanimité : son unité est celle d'un « commun accord ».

Si l'intérêt de ce « nom » de l'unité ecclésiale n'est que discrètement suggéré par les pages conclusives de l'*Abrégé*, la campagne des *Provinciales* sera pour Pascal l'occasion de revenir sur l'importance de cet esprit d'unanimité dont témoignent les premiers disciples du Christ. Dans ce cas, ce seront toutefois les *Lettres* de saint Paul plus encore que le début des *Actes* à gouverner sa réflexion. Pascal semble en effet se rappeler de l'idée paulinienne d'une unanimité qui relève d'un *conlaborare* et d'un endurer ensemble la souffrance, en faisant face à une attaque qui rassemble les victimes. Dès sa première lettre, Montalte oppose unité à unité : l'unité de la doctrine de la grâce dont il se porte défenseur et l'unité, stratégique, de ses ennemis :

> Mais, étant tous unis dans le dessein de perdre M. Arnauld, ils se sont avisés de s'accorder de ce terme de *prochain*, que les uns et les autres diraient ensemble, quoiqu'ils l'entendissent diversement, afin de parler un même

1. *Ibid.*, p. 316. Voir les textes de saint Thomas et du *Catéchisme du concile de Trente* cités par J.-C. de Nadaï, *Jésus selon Pascal*, *op. cit.*, p. 178-179.

2. *Ibid.*, p. 249.

3. *OC* III, p. 315.

4. *Ibid.*, p. 315.

> langage, et que, par cette conformité apparente, ils pussent former un corps considérable, et composer le plus grand nombre, pour l'opprimer avec assurance[1].

L'unanimité des « amis de saint Augustin » s'oppose ici à la « conformité apparente » du front jésuite. L'unité de la Compagnie dérive d'un « dessein » commun qui est celui du « corps entier », car « un si grand corps ne subsisterait pas dans une conduite téméraire, et sans une âme qui le gouverne et qui règle tous ses mouvements »[2]. Mais cette âme n'a comme « principal objet » que « de maintenir le crédit et la gloire » de l'Ordre[3]. Est-ce dire qu'on a là « un même corps [...] n'agissant que par un même esprit »[4]? Est-ce qu'ils sentent et agissent *unianimiter*? Rien n'est moins sûr: chez les théologiens jésuites, « la diversité des jugements est si grande »[5], et cela vaut autant pour les thèses sur la grâce que pour les maximes de la morale fondée sur la doctrine de la probabilité. Pour les adversaires de Montalte, « former un corps considérable » équivaut à faire masse, à « composer le plus grand nombre », quoi qu'il en soit de l'union effective des membres de ce tout qui se prétend unitaire.

Gérard Ferreyrolles a très bien montré le caractère paradoxal de cette politique des jésuites, qui finalement travaillent à leur ruine : aux yeux des Pascal, la Compagnie « ne représente plus guère qu'un royaume divisé contre lui-même »[6]. Or, malgré cela, la « conformité apparente » des pères ne cesse de se réclamer de l'unité d'un dessein principal qui gouvernerait l'« esprit de la Compagnie »: celui d'atteindre « la domination »[7], en écrasant tout ce qui s'y opposera. Il s'agit donc d'une « conformité » stratégique, provisoire et extrinsèque, telle que celle imposée uniquement par la présence d'un ennemi commun : « Je vous admire, mon Père », remarque Pascal en rejetant toute logique de parti qui le voudrait « attaché [...] à quelque communauté, [...] à quelque particulier »[8], « de considérer ainsi tous ceux qui vous sont contraires comme une seule personne. Votre haine les embrasse tous ensemble, et en forme comme un corps de réprouvés »[9].

1. *1re Provinciale*, *OC Sell.*, p. 273.
2. *5e Provinciale*, *OC Sell.*, p. 329.
3. *12e Provinciale*, *OC Sell.*, p. 466.
4. *1re Provinciale*, *OC Sell.*, p. 273.
5. *5e Provinciale*, *OC Sell.*, p. 340.
6. G. Ferreyrolles, *Pascal et la raison du politique*, *op. cit.*, p. 83; voir, plus en général, le chap. II, p. 51-91.
7. *5e Provinciale*, *OC Sell.*, p. 330.
8. *17e Provinciale*, *OC Sell.*, p. 571.
9. *Ibid.*, p. 573.

La « peinture de l'Église »[1] que Pascal esquisse dans la *Deuxième Provinciale* permet d'interpréter dans le même sens la position des « Dominicains » : ces derniers « s'unissent aux Jésuites » et « ils font par cette union le plus grand nombre ». Ainsi, dans la « parabole » célèbre, les deux derniers médecins « se liguent contre le premier et le chassent honteusement », le troisième s'étant « uni au second, à qu'il était contraire de sentiment et avec lequel il n'avait qu'une conformité apparente ». L'union, autant celle interne entre les différents maîtres jésuites, que celle externe de la Compagnie avec les thomistes, n'est qu'une « union de parti » qui trouve son fondement dans le « dessein [...] de perdre » le « premier médecin ». Le cas des « nouveaux thomistes » est d'autant plus exemplaire que les dominicains cherchent à séparer le ralliement, politiquement inévitable, au parti des jésuites, ces « maîtres de la créance des peuples », de l'uniformité doctrinale. Vain effort, rétorque Montalte[2] : « L'uniformité de vos expressions, jointe à cette union de parti, n'est-elle pas une interprétation manifeste et une confirmation de l'uniformité de vos sentiments ? »

Les jésuites se réclament donc d'une uniformité apparente, qui n'est qu'une parodie grotesque de la véritable unanimité. À cela, Pascal oppose l'« union de sentiments » (§ 954 (952)) dont parlaient originairement les *Constitutiones Societatis Jesu* et, plus en général, l'espoir, confié à l'action miséricordieuse de Dieu (§ 962 (960)), de voir les partis opposés s'« unir sincèrement dans les saintes règles de l'Évangile »[3]. La politique jésuite prétend accorder diversité et uniformité : « L'uniformité sans diversité inutile aux autres, la diversité sans uniformité ruineuse pour nous. » La logique des hommes de la Compagnie ne craint pas les contradictions qui découlent de cette volonté de conciliation de l'inconciliable : « Nous avons fait l'uniformité de la diversité, car nous sommes tous uniformes, en ce que nous sommes tous devenus uniformes » (§ 982). Néanmoins, rappelle la *Treizième Provinciale*, « il n'y a rien de plus contraire aux ordres exprès de saint Ignace et de vos premiers généraux que ce mélange confus de toutes sortes d'opinions »[4]. En glosant les *Constitutiones Societatis Jesu cum earum Declarationibus*[5], Pascal souligne en effet à

1. Voir sur cela J. Deprun, « La parabole de la seconde *Provinciale* », in *Méthodes chez Pascal*, Paris, P.U.F., 1979, p. 241-252.

2. *2e Provinciale*, *OC Sell.*, p. 287-289, 291. Voir S. H. De Franceschi, *Entre saint Augustin et saint Thomas. Les jansénistes et le refuge thomiste (1653-1663) : à propos des 1re, 2e et 18e* Provinciales, Paris, Nolin, 2009.

3. *12e Provinciale*, *OC Sell.*, p. 469.

4. *13e Provinciale*, *OC Sell.*, p. 497.

5. Pascal renvoie aux pages de l'édition parue en 1570 à Rome, « *apud Victorium Haelianum* ».

quel point les *Constitutions* rédigées par saint Ignace et Laynez résultent dénaturées par les *Déclarations* qui « gâtent tout » (§ 954 (952)). À première vue, ces dernières ne visent qu'à « particulariser » (« *magis descendendo ad particularia* ») les maximes trop générales des *Constitutiones*. Mais, rappelle la première page des *Déclarations*, il faut aussi trouver les moyens pour « accommoder » les normes « à la diversité des temps, des lieux et des personnes, toujours en gardant le plus possible la plus grande uniformité »[1]. En cela l'unique règle est celle qu'impose l'obéissance à la volonté des supérieurs. Dans la *pensée* 954 (952), sous la rubrique « union de sentiments », Pascal peut alors expliciter les corollaires paradoxaux de cet appel à l'uniformité : « Union de sentiments. *Déclarations* : soumettre à la Société, et ainsi garder l'uniformité. Or aujourd'hui cette uniformité est en la diversité, car la Société le veut »[2]. Le dessein commun de la Compagnie est celui de « plaire au monde » (§ 981). Par conséquent son uniformité doit impliquer la diversité, en accordant cette dernière, qui est utile « au-dehors », avec la première qui profite « au-dedans » (§ 982).

Ce que « la Société veut » n'est rien d'autre qu'agrandir son pouvoir, et pour cela l'unique norme qu'elle impose aux choix théoriques et pratiques de ses membres est, pour ainsi dire, celle de n'avoir pas de normes. Dans une autre note de lecture, toujours conservée par le fragment 954 (952), Pascal rappelle que les *Constitutions* ne « veulent pas troupe » ; on y lit en effet : « *Magnam turbam hominum ad professionem non admitti.* » Or, les *Déclarations* sacrifient les exigences de la sélection et de la qualité des membres à la force du nombre. Le terme « troupe » demande, dès lors, à être « interprété » : même si le nombre de ceux qui se rapprochent de la Société est grand (« *tametsi magna ea esset* »)[3], cela n'est en rien un signe de laxisme. Voici « un corps universel et immortel », résume Pascal en conclusion du fragment avec une formule qu'il faudra sans doute interpréter comme ironique : le « *corpus universae Societatis* »[4] est désormais une parodie grotesque de celui dont les *Constitutions* avaient jadis cherché à définir le « bon régime ». Ce dernier aurait dû fonder son unité « sur le lien

1. *Constitutiones Societatis Jesu*, *op. cit.*, p. 4.

2. Voir *Constitutiones Societatis Jesu*, *op. cit.*, p. 51-52 : « Idem sapiamus, idem, quoad eius fieri possit, dicamus omnes, iuxta Apostolum. [...] unio vero et conformitas mutua diligentissime curanda est » (*Constitutions*) ; « Novae opiniones admittendae non sunt ; et siquis aliquid sentiret, quod discreparet ab eo, quod Ecclesia et eius Doctores communiter sentiunt ; suum sensum definitioni ipsius Societatis debet subijcere » (*Déclarations*).

3. *Ibid.*, p. 190.

4. *Ibid.*, p. 5.

de la charité et de l'amour mutuel, qui promeut une communication ininterrompue, une connaissance réciproque, une même doctrine et, autant que possible, une uniformité entre tous les membres »[1]. Au contraire, le corps dont les *Déclarations* cherchent à justifier l'existence est « universel » parce qu'ouvert à tout le monde par sa « religion [...] douce », et « immortel » parce composé d'hommes « qui périront l'un pour l'autre » pour « défendre ce qu'un des leurs a mis une fois dans ses livres »[2]. « Comme les Juifs qui portent les livres, qui ne sont point suspects aux gentils », les Jésuites « nous portent leurs *Constitutions* » qui les condamnent en exhibant leur « décadence » (§ 966 (964)). Il ne s'agit plus d'un corps, mais d'une masse et d'une « troupe » : à la place de l'« union de sentiments », on trouve cette fausse image de l'unanimité qu'est la conformité apparente, ou ce que les jésuites ne cessent d'appeler, sans crainte des contradictions, leur « uniformité ».

« *La force de la vérité* »

L'être-ensemble d'un « commun accord » constitue donc, pour Pascal, le critère de l'unité à partir duquel juger et dénoncer la perversion jésuite. L'uniformité devrait être l'expression d'une unanimité foncière, d'une « union de sentiments » : les pères jésuites en faussent la fonction, en associant l'uniformité apparente et le « mélange confus de toutes sortes d'opinions ». Mais comment concevoir l'unanimité dont il est question dans la campagne des *Provinciales* – celle d'un groupe qui se voit attaqué par un front commun d'adversaires et qu'on accuse de s'installer opiniâtrement hors de l'unité ecclésiale comme un « membre hérétique » (§ 956 (954)) ? Ouvrons la première des lettres à Charlotte de Roannez[3] : sa dirigée ayant mentionné un « commencement de douleur », Pascal y reconnaît l'écho d'un verset de l'*Évangile de Marc* (XIII, 8) et il en profite pour suggérer une méditation sur le « grand discours » que « Jésus y fait [...] sur son dernier avènement ». En bon directeur, Pascal applique le principe souvent rappelé par saint Augustin selon lequel « ce qui arrive à l'Église arrive aussi à chaque chrétien en particulier ». Ainsi « la ruine du Temple réprouvé » (*Mc* XIII, 2) « figure la ruine de l'homme réprouvé qui est en chacun de nous » et les « effroyables guerres civiles et domestiques » (*Mc* XIII, 7-8 ; 12) représentent « le trouble intérieur que sentent ceux qui se donnent à Dieu ». Une parole « étonnante » suscite néanmoins un

1. *Ibid.*, p. 256-257.
2. § 956 (954) et *Sixième écrit des curés de Paris*, *OC Sell.*, p. 677.
3. La lettre est datée par J. Mesnard vers le 10 septembre 1656 (*OC* III, p. 1029-1031).

commentaire qui ne relève plus de la vie intérieure, mais qui porte au contraire sur l'état actuel de l'Église : « Mais cette parole est étonnante : *Quand vous verrez l'abomination dans le lieu où elle ne doit pas être, alors que chacun s'enfuie sans rentrer dans sa maison pour reprendre quoi que ce soit.* Il me semble que cela prédit parfaitement le temps où nous sommes, où la corruption de la morale est aux maisons de sainteté et dans les livres des théologiens et des religieux, où elle ne devrait pas être. » L'*abominatio desolationis* décrite par le récit apocalyptique de Marc préfigure celle que Pascal est en train de vivre et à laquelle il réagit en s'opposant aux thèses des jésuites, ces « théologiens et religieux » dont les « livres » justifient et valident l'universelle corruption des mœurs[1]. Or, après avoir évoqué les « guerres civiles et domestiques » (XIII, 7-8) et avant d'esquisser la fresque de l'*abominatio* généralisée, l'évangéliste rappelle l'exhortation de Jésus à ses disciples pour ces temps de tribulation : « Et quand on vous emmènera pour vous livrer, ne vous préoccupez pas de ce que vous direz, mais dites ce qui vous sera donné sur le moment : car ce n'est pas vous qui parlerez, mais l'Esprit Saint. [...] Et vous serez haïs de tous à cause de mon nom, mais celui qui aura tenu bon jusqu'au bout, celui-là sera sauvé » (*Mc* XIII, 11 ; 13). Aux *pseudochristi* (XIII, 22) qui chercheront à troubler et tromper les fidèles, le Christ oppose la véritable Église, celle des apôtres animés par le Saint-Esprit. Cette dernière est caractérisée par le témoignage de la vérité, qui la fait persévérer dans l'unité. Autrement dit, à la haine universelle et généralisée (*odio omnibus*) s'oppose l'union des fidèles qui proclament le « nom du Christ » jusqu'à la fin des temps. Si donc Pascal n'hésite pas à rapporter aux « temps où nous sommes » la vision eschatologique du Christ, il pourra d'autant plus s'identifier à ces fidèles qui ne cessent de témoigner de leur foi en dépit de la « haine généralisée » qui les accable.

Mais que signifie témoigner de la vérité ? La question est essentielle pour comprendre la nature de l'unanimité qui doit animer les « amis de saint Augustin » et il convient de s'y arrêter, avant de continuer notre lecture de la lettre à Charlotte de Roannez. La posture du témoin implique en effet une approche singulière de la vérité qui lui impose de s'effacer au profit du vrai qu'il annonce. C'est la vérité elle-même qui fait du témoin ce qu'il est, qui le constitue en tant que porteur d'une révélation. D'où son unique devoir, celui de tendre à la transparence absolue : la vérité dont il se trouve être le coryphée lui interdit, en même temps, toute forme d'autonomie dans la transmission du témoignage. Moins le témoin réfléchit à la vérité qu'il doit transmettre, moins il cherche à la dominer en disant « je »,

1. Cf. *OC Sell.*, p. 551.

mieux il en propage le reflet, en devenant le prisme qui diffracte ou bien la trace qui indique ce qu'il manifeste. Les « témoins irréprochables » (§ 488) sont ceux qui « porte[nt] » et « aime[nt] » les vérités, tout en « ne les entend[ant] point » (§ 495), écrit Pascal à propos de Juifs. Et le modèle des Juifs vaut aussi, paradoxalement, pour le « dépôt de la doctrine »[1] que perpétue la tradition chrétienne, du moins si on se réfère à la définition qu'en propose le *Liber proemialis* du second tome de l'*Augustinus* dont Pascal s'inspire, comme on le sait, pour sa *Préface pour un* Traité du vide. Le principe paulinien « *fide ex audito* » fait l'objet d'une exégèse singulièrement réductrice de la part de Jansénius : « L'ouïe par laquelle sont reçues les vérités prêchées et transmises, quoique l'intelligence ne les pénètre en rien, est un sens plus propre à la doctrine ecclésiastique qu'à la philosophie »[2]. Ainsi, la tradition se définit comme une pure transmission sans transition : les témoignages n'ont qu'à assurer la perpétuité, en évitant soigneusement toute nouveauté. En cela, conclut Jansénius, les théologiens imitent les apôtres qui « répètent que, ce qu'ils ont eux-mêmes entendu, ils l'annoncent de même à leurs disciples »[3]. Rendre témoignage signifie donc exhiber une vérité dont on est si peu maître qu'on renonce à la maîtriser pour s'en faire le simple indice. Lorsque le témoin accomplit sa tâche, il détourne le regard qui s'adresse à lui pour le refléter ailleurs : il ne *veut* pas des disciples, mais il *fait* de disciples – des disciples de la vérité : « Le lendemain, il [*sc*. Jean] répète le même témoignage, et lors André et un autre des disciples de Jean, ayant ouï ce témoignage, suivent Jésus »[4].

On comprendra alors pourquoi la contrepartie de cette figure du rapport au vrai qu'est le témoignage ne peut qu'avoir les traits d'une haine de la vérité que le témoin incarne. La vérité et la fausseté en tant que propriétés des propositions n'admettent que deux approches : la connaissance et l'ignorance. La vérité ne devient éventuellement aimable ou haïssable qu'après coup, dans la mesure où elle apparaît convenable ou non au sujet qui la connaît. Pourtant, lorsqu'une vérité nous blesse, on hait celui qui

1. Voir Y. Congar, *La tradition et les traditions*, 2 vol., Paris, Cerf, 1960 et 1963 (repr. 2010) ; G. Tavard, *La tradition au XVII*e *siècle en France et en Angleterre*, Paris, Cerf, 1969 et N. Piqué, *De la tradition à l'histoire. Éléments pour une généalogie du concept d'histoire à partir des controverses religieuses en France (1669-1704)*, Paris, Champion, 2009.

2. Nous citons de la traduction de J.-L. Quantin (« La philosophie corruptrice de la théologie selon Jansénius », *in* P. Capelle-Dumont (dir.), *Philosophie et théologie à l'époque moderne. Anthologie, t. III*, vol. dir. par J.-C. Bardout, Paris, Cerf, 2010, p. 187-188). Voir V. Carraud, *Pascal et la philosophie*, *op. cit.*, p. 67-70.

3. Cf. *OC Sell.*, p. 662.

4. *Abrégé de la vie de Jésus-Christ*, § 21, *OC* III, p. 255.

nous l'annonce. Pascal a fortement souligné ce paradoxe : si les autres « ne nous découvrent que des imperfections et des vices que nous avons en effet, il est visible qu'ils ne nous font point de tort, puisque ce ne sont pas eux qui en sont cause ». Néanmoins, « dire la vérité est utile à celui à qui on la dit, mais désavantageux à ceux qui la disent, parce qu'ils se font haïr » (§ 978). La haine de la vérité se laisse donc concevoir comme une haine de celui qui s'en fait porte-parole. Mais, comme on l'a vu, le témoin prétend s'effacer pour mieux manifester la vérité qu'il annonce. Face à un témoin, je me décide donc pour ou contre la vérité elle-même, de la même manière qu'il s'est lui-même décidé pour elle lorsqu'il a choisi de n'en être que le signe. Par conséquent, haïr la vérité ne signifiera pas tant l'ignorer ou en nier l'évidence, mais plutôt en couvrir le témoignage, alors que l'aimer reviendra, au contraire, à lui laisser « la liberté de paraître » (§ 860), quoi qu'il en soit de son contenu et des effets qu'il produira sur nous. Pascal esquisse une description des vicissitudes du témoignage dans la *pensée* 739 : « La vérité est si obscurcie en ce temps, et le mensonge si établi, qu'à moins que d'aimer la vérité, on ne saurait la connaître. » La vérité est recouverte par le mensonge, c'est-à-dire par la haine qui en constate l'évidence, mais en empêche le témoignage[1]. C'est là la raison pour laquelle, en tuant le témoin, en faisant de lui un martyr, on finit par lui accorder le statut auquel il ambitionne, car celui qu'on tue et qu'on réduit au silence est presque la vérité en personne. *Presque* : car une distance infinie sépare néanmoins le témoin le plus parfait du Christ lui-même qui, seul, incarne la vérité et, au lieu de la montrer du doigt, affirme : « Je *suis* la voie, la vérité et la vie » (*Jn* XIV, 6)[2].

Revenons à la première lettre à Charlotte de Roannez : aux yeux de Pascal, le « temps où nous sommes » correspond à l'« abomination » généralisée prophétisée jadis par Jésus dans l'*Évangile de Marc*. Contre « la corruption de la morale aux maisons de sainteté et dans les livres des théologiens et des religieux », les vrais chrétiens seront appelés à

1. Il faudra souligner plus qu'on ne le fait d'habitude la nature contingente de cette injonction à aimer la vérité pour la connaître : il s'agit d'une maxime valable pour une condition d'urgence (« en ce temps ») et de perversion de l'ordre naturel (« mensonge si établi »). Dans d'autres circonstances, et selon le régime normal des rapports entre évidence et vérité, « en montrant la vérité, on la fait croire » (§ 847). Voir V. Carraud, *Pascal : des connaissances naturelles à l'étude de l'homme*, *op. cit.*, p. 217 et P. Sellier, « Pascal et le *Contre Fauste* », *in* I. Bochet (dir.), *Augustin, philosophe et prédicateur. Hommage à Goulven Madec*, Paris, Institut d'Études Augustiniennes, 2012, p. 523-536.

2. Dans les nombreuses *pensées* qu'il consacre au thème des miracles, Pascal reprend et confirme cette analyse des rapports entre témoignage et haine de la vérité. Pour ce thème, nous nous permettons de renvoyer à notre étude *L'évidence du Dieu caché*, *op. cit.*, p. 73-85.

persévérer, unis dans le témoignage du Christ. Mais, comme nous venons de le rappeler, le risque pour tout témoin est celui de se voir exposé à une haine qui cherche à nier la vérité qu'il incarne. Or, lit-on dans une autre lettre à Charlotte de Roannez, « c'est une chose qui fait trembler ceux qui ont de vrais mouvements de Dieu de voir la persécution qui se prépare non seulement contre les personnes (ce serait peu), mais contre la vérité. Sans mentir, Dieu est bien abandonné. Il me semble que c'est un temps où le service qu'on lui rend lui est bien agréable »[1]. Les adversaires de Montalte et les critiques de Jansénius et d'Arnauld, sont des « ennemis de la vérité » qui ont « le pouvoir et la volonté de l'opprimer »[2]. Les dernières *Provinciales* développeront longuement ce thème, en reconnaissant dans l'amour de la vérité, la *caritas veritatis* (II *Thess* II, 10)[3] « la plus grande des vertus chrétiennes » (§ 979). On comprendra alors la position de Pascal, telle qu'elle est décrite par la *Dix-septième Provinciale*, comme l'aveu d'un témoin qui a fait de cette vertu éminente sa posture. Il n'est pas le porte-parole d'un parti, fût-il celui de Port-Royal, mais un « seul » qui, « n'étant attaché ni à quelque communauté, ni à quelque particulier que ce soit », n'a « d'attaches sur la terre qu'à la seule Église catholique, apostolique et romaine »[4], c'est-à-dire à la vérité qui réside indéfectiblement en elle et qui s'exprime dans son « histoire » (§ 776), ou plus précisément dans la continuité de sa tradition. Contre les « médisances » des adversaires, Pascal ne revendique pas l'autorité de sa parole (« Je ne mérite pas de défendre la religion », § 962 (960)), mais l'action d'une « main invisible » : « la force de la vérité »[5], pour amour de laquelle Pascal écrit et dont il se veut tout simplement le témoin. D'une part, on a la foule des « ennemis de la vérité », de l'autre les « amis de saint Augustin » qui disent : « nous sommes les témoins » (§ 966 (964)) et, par la bouche de Pascal, proclament : « J'espère que Dieu [...] nous fera à tous la grâce que la vérité ne succombera pas entre mes mains » (§ 962 (960)). Pour les premiers, l'unique force est celle du nombre et du « corps considérable » qu'ils composent en vertu de leur « uniformité apparente ». Au contraire, s'explique Pascal, « plus ils marquent de faiblesse en ma personne, plus ils autorisent ma cause » (§ 962 (960)). Ce n'est pas le témoin qui assure la

1. *OC* III, p. 1046.
2. *Ibid.*, p. 1033.
3. *Cf.* § 176, 834, 949 (950). On pourrait se demander si sous la plume de Pascal « aimer la vérité » ne coïncide pas le plus souvent avec « aimer l'Église » qui en est le lieu.
4. *OC Sell.*, p. 571.
5. *Ibid.*, p. 571, 572.

force de la vérité, mais la vérité qui fortifie le témoin[1] : « Vous en êtes [*sc.* des impostures] plus suspects que moi ; car il n'est pas vraisemblable qu'étant seul comme je suis, sans force et sans aucun appui humain contre un si grand corps, et n'étant soutenu que par la vérité et la sincérité, je me sois exposé à tout perdre, en m'exposant à être convaincu d'imposture »[2].

En confirmant les analyses précédentes sur la notion d'uniformité, l'idée d'une union fondée sur la volonté de se porter témoins du vrai permet donc de contraster l'unicité de la vérité dont Montalte est le porte-parole et l'universalité disparate du front jésuite. Comme les disciples décrits par le Christ dans l'*Évangile de Marc*, Pascal est victime d'une haine universelle (« *odio omnibus* ») et se trouve confronté à une « foule » d'adversaires qui font corps en faisant masse. Un abîme sépare toutefois leur uniformité apparente de l'unanimité réelle qui ne prétend autoriser sa voix qu'en faisant écho à la voix unique de la tradition. La politique jésuite vise à rendre les membres de la Compagnie « redoutables et hors d'atteinte en faisant sentir que ce qui en attaque un, les attaque tous »[3]. Une stratégie destinée à s'effondrer, car elle ne s'appuie que sur une association extérieure et tactique, qui couvre, mais n'enlève pas, la diversité des opinions. D'où la conclusion, aux tons prophétiques : « Je suis seul contre trente mille ? [...]. Vous l'imposture, moi la vérité. C'est toute ma force. Si je la perds je suis perdu, je ne manquerai pas d'accusateurs et de punisseurs. Mais j'ai la vérité et nous verrons qui l'emportera » (§ 962 (960)).

UNE GÉNÉROSITÉ HUMBLE ET RESPECTUEUSE ENVERS L'ÉGLISE

Uniformité divine et bon usage des obstacles

L'idée d'un témoignage animé par la *caritas veritatis* permet donc de démasquer *a contrario* le caractère factice de l'uniformité jésuite dont les *Provinciales* dénoncent les leurres. Or, de cela s'ensuit une doctrine de l'uniformité véritable, fondée sur l'unanimité qui permet aux témoins de « persévérer d'un seul cœur ». Il convient donc d'analyser ici ce dernier corollaire de la réflexion pascalienne sur l'unanimité, avant de rappeler les critiques que l'auteur des *Pensées* adresse à cette notion en tant que concept

1. Voir *Sixième écrit des curés des Paris*, *OC Sell.*, p. 679 : « Selon un grand Père de l'Église, et grand martyr lui-même, ce n'est pas la peine, mais la cause pour laquelle on endure qui fait les martyrs, *non poena, sed causa*, saint Cypr. », ce qui impose de nuancer la critique de J.-L. Chrétien, *Augustin et les actes de parole*, Paris, P.U.F., 2002, p. 146.

2. *12e Provinciale*, *OC Sell.*, p. 462.

3. *Sixième écrit*, *OC Sell.*, p. 673.

opératoire pour penser l'unité de l'Église. En février 1657 Pascal écrit à Charlotte de Roannez :

> J'essaie autant que je puis de ne m'affliger de rien, et de prendre tout ce qui arrive pour le meilleur. Et je crois que c'est un devoir, et qu'on pèche en ne le faisant pas. Car enfin, la raison pour laquelle les péchés sont péchés est seulement parce qu'ils sont contraires à la volonté de Dieu; et ainsi l'essence du péché consistant à avoir une volonté opposée à celle que nous connaissons en Dieu, il est visible, ce me semble, que quand il nous découvre sa volonté par les événements, ce serait un péché de ne s'y pas accommoder[1].

Le thème est celui de l'attitude à tenir face aux adversités : la patience est un devoir qui s'oppose au risque de pécher en ayant « une volonté opposée à celle que nous connaissons en Dieu ». Au lieu de s'« accommoder » à « ce qui arrive », « tout le monde fait le dieu en jugeant : "cela est bon ou mauvais", et s'affligeant ou se réjouissant trop des événements » (§ 919). Or, dans le fragment d'une lettre adressée aux Périer, qu'on peut dater de fin avril ou début mai 1657, Pascal revient sur ce « devoir » du fidèle dans son rapport aux événements et il le pense à partir de la notion d'uniformité[2]. On ignore les circonstances qui poussèrent Pascal à écrire; il y trouva en tout cas l'occasion d'esquisser une réflexion d'ordre général sur ce qu'on pourrait définir *le bon usage des obstacles.* « Je m'imagine », lit-on au début de la lettre, « que vous n'imitez pas nos frondeurs de ce pays-ci, qui usent si mal, au moins à ce qui m'en paraît, de l'avantage que Dieu leur offre de souffrir quelque chose pour l'établissement de ses vérités. » Comme en toute autre action, lorsque l'on souffre pour la vérité et l'on est persécuté en tant que son témoin, la « manière » est « aussi importante que la chose » (§ 928). On peut en effet faire un mauvais usage de cet engagement pour la vérité en agissant pour Dieu *comme si* l'on agissait pour soi-même : « Car, quand ce serait pour l'établissement de leurs vérités, ils n'agiraient pas autrement. » Ainsi, « ils ignorent que la même Providence, qui a inspiré les lumières aux uns, les refuse aux autres; et il semble qu'en travaillant à les persuader, ils servent un autre Dieu que celui qui permet que des obstacles s'opposent à leur progrès ». Même s'ils s'engagent pour les vérités de Dieu, ces « frondeurs » finissent par servir « une idole », c'est-à-dire une image fausse de Dieu et de son « ordre » (§ 926).

1. *OC* III, p. 1045-1046.

2. *OC* III, p. 1202-1207. Voir H. U. von Balthasar, *La gloire et la croix*, 2. *Styles*, II, *op. cit.*, p. 121-122.

Comment faire dès lors un bon usage de la condition de témoin, voire de cet « avantage » qui consiste dans la souffrance pour la vérité jusqu'au martyr ? La réponse passe par une herméneutique des obstacles qui interdit d'y voir autre chose que l'action du même Dieu qui permet le triomphe de la vérité : « Ils croient rendre service à Dieu en murmurant contre les empêchements, comme si c'était une autre puissance qui excitât leur piété, et une autre qui donnât vigueur à ceux qui s'y opposent. » Aux yeux des « frondeurs », la souffrance dont ils sont accablés est l'effet d'un affrontement entre deux forces adversaires, l'une qui soutient, l'autre qui entrave. Cependant, « quand Dieu fait agir véritablement, nous ne sentons jamais rien au-dehors qui ne vienne du même principe qui nous fait agir ». Le vrai témoin n'a jamais à se plaindre d'une résistance qui s'opposerait à son témoignage : cela impliquerait en effet « faire le dieu en jugeant » et, au lieu de se laisser gouverner par la vérité elle-même, vouloir juger des vicissitudes de la vérité « séparée de l'ordre de Dieu » (§ 926)[1]. On l'a rappelé plus haut, le témoin ne se propose que de manifester ce qu'il annonce, de faire signe, et la vérité qu'il veut propager n'admet aucune forme de manipulation, fût-elle justifiée par le désir de la faire triompher sur les erreurs et le mensonge. Dans ce cas, ce qui s'exprimerait ne serait pas la *caritas veritatis*, mais les exigences de « l'esprit propre » : « Quand nous voulons par notre propre mouvement que quelque chose réussisse, nous nous irritons contre les obstacles, parce que nous sentons dans ces empêchements ce que le motif qui nous fait agir n'y a pas mis, et nous y trouvons des choses que l'esprit propre qui nous fait agir n'y a pas formées. »

La difficulté que ressentent les « frondeurs » à « s'accommoder » aux obstacles, à en faire un bon usage, découle donc d'une considération excessive de la « dignité de la causalité » (§ 930) : ils aspirent à être la cause efficiente et totale de leurs actions, de sorte que dans l'effet on ne retrouve rien de plus que l'intention et la volonté de celui qui l'a produit. Affirmer la vérité reviendrait alors à *s'affirmer dans* la vérité et faire triompher soi-même en tant que cause de la vérité qu'on témoigne : mais témoigner ainsi de la vérité de Dieu signifie « tire[r] le mal du bien », car on croit

1. Cf. *Prière pour le bon usage des maladies*, § XIII, XIV : « Je me dispose à recevoir les *ordres* de votre providence éternelle, et que j'adore également tout ce qui vient de vous. Que dans une *uniformité d'esprit toujours égale* je reçoive toute sorte d'*événements*, puisque nous ne savons ce que nous devons demander, et que je n'en puis souhaiter l'un plutôt que l'autre sans présomption, et sans *me rendre juge* des suites qu'il aurait, que je ne saurais prévoir » (*OC* IV, p. 1010, nous soulignons).

« rechercher la gloire de Dieu en cherchant en effet la sienne »[1]. Pour celui qui prétend « former » sa propre action dans un régime d'autonomie totale, « les obstacles » ne peuvent apparaître que comme des « empêchements ». Mais, rétorque Pascal, lorsque l'on suit comme unique « règle » « la volonté de Dieu », on ne sent « jamais rien au-dehors qui ne vienne du même principe qui nous fait agir ; il n'y a point d'opposition au motif qui nous presse ; le même moteur qui nous porte à agir en porte d'autres à nous résister, au moins il le permet ». Les obstacles, loin de constituer des « empêchements », redeviennent alors des « événements » qui, tout en semblant « étrangers », n'expriment pas moins l'action divine. L'« irritation » des « frondeurs » se trouve alors remplacée par la « patience » avec laquelle les vrais témoins souffrent « les empêchements extérieurs ».

C'est justement pour définir cette identité entre le principe qui produit l'action et celui qui permet qu'elle soit entravée, que dans la lettre aux Périer Pascal mobilise la notion d'uniformité. L'« esprit propre » fonde sa logique sur le constat d'une « différence » et d'une distance entre ce qu'il veut et ce qui s'oppose à sa volonté, alors qu'en prenant pour règle la volonté de Dieu, « comme nous n'y trouvons point de différence et que ce n'est pas notre esprit qui combat les événements étrangers, mais un même esprit qui produit le bien et qui permet le mal, cette uniformité ne trouble point la paix d'une âme et est une des meilleures marques[2] qu'on agit par l'esprit de Dieu, puisqu'il est bien plus certain que Dieu permet le mal, quelque grand qu'il soit, que non pas que Dieu fait le bien en nous (et non pas quelque autre motif secret), quelque grand qu'il nous paraisse. » L'« uniformité » des jésuites confirme en cela son statut d'image inversée de la véritable uniformité, dont l'agir divin constitue le modèle le plus accompli. Si les membres de la Compagnie cachent derrière une uniformité apparente leur diversité essentielle, l'uniformité de l'action divine justifie la nature contradictoire de ses manifestations, en rendant possibles autant

1. Voir *Prière pour le bon usage des maladies*, § XIII : « Otez donc de moi, Seigneur, la tristesse de l'amour propre me pourrait donner de mes propres douleurs, et des choses du monde qui ne réussissent pas au gré des inclinations de mon cœur, *qui ne regardent pas votre gloire*. [...] Je ne vous demande ni santé, ni maladie, ni vie, ni mort ; mais que vous disposiez de ma santé et de ma maladie, de ma vie et de ma mort, *pour votre gloire, pour mon salut et pour l'utilité de l'Église et de vos saints, dont je fais une portion* » (*OC* IV, p. 1010, nous soulignons).

2. Voir § 884,926. Une telle marque n'a rien d'une indication certaine (cf. *OC* IV, p. 1011-1012). L'examen des « comportements au-dehors », et notamment la patience dans les souffrances, vaut en tout cas comme un indice plus sûr, car dans ce cas, « on a droit d'espérer humblement que c'est Dieu qui produit » autant « nos passions » que « les résistances à nos passions » (*OC* IV, p. 1206).

les obstacles que les progrès. De même, alors que le « désir de vaincre » est l'unique mobile de l'accord factice entre les pères jésuites, c'est seulement en renonçant à la volonté de faire « triompher » par soi-même la vérité à tout prix qu'on peut, selon Pascal, accorder la « paix de l'âme » et le combat pour la vérité. La méditation pascalienne sur le « bon usage des obstacles » débouche ainsi sur la nécessité de garder « l'égalité d'esprit ». « Agir par l'esprit de Dieu », renoncer à « l'esprit propre », c'est prendre conscience de « l'uniformité » du mouvement du premier principe qui ôte toute opposition entre la promotion de ses vérités et les obstacles qui en entravent l'affirmation. L'uniformité de l'action divine trouve son reflet dans l'égalité d'esprit de celui qui se veut témoin de la vérité :

> Si nous ne voulons que l'ordre de Dieu, il est sans doute que nous souhaiterons autant le triomphe de sa justice que celui de sa miséricorde, et que, quand il n'y aura point de notre négligence, nous serons dans une égalité d'esprit, soit que la vérité soit connue, soit qu'elle soit combattue, puisqu'en l'un la miséricorde de Dieu triomphe et en l'autre sa justice[1].

Les « vrais défenseurs de l'Église »

Les remarques adressées aux Périer que nous venons d'analyser trouvent une correspondance assez exacte dans l'ébauche d'une *Dix-neuvième Provinciale* qui en confirme le sens et la portée[2]. En reprenant la critique de l'« esprit propre », Pascal y dénonce « une générosité philosophique »[3] et « cette fermeté irrespectueuse qui fait faire impérieusement ce qu'on croit être de son devoir », excès opposé mais non moins dangereux que la « lâcheté molle et timide qui empêche, ou de voir la vérité, ou de la suivre ». À Port-Royal on contemple au contraire le spectacle d'hommes et femmes qui vivent

1. Ces réflexions pascaliennes ne manquent pas de rappeler la doctrine de la vocation élaborée par Saint-Cyran. Voir, pour la notion de « uniformité », *Considérations sur les dimanches et les fêtes des Mystères et sur les fêtes de la Vierge et des Saints. Partie Hiver*, *op. cit.*, II, p. 90 ; *Partie Été*, *op. cit.*, II, p. 11 et Orcibal, *Origines*, V, *op. cit.*, p. 56, 59, 96.

2. *OC Sell.*, p. 1308-1309. Voir T. Shiokawa, *Entre foi et raison : l'autorité. Études pascaliennes*, Paris, Champion, 2012, p. 177-200. Sur le rapport entre la lettre aux Périer et les *Provinciales*, voir E. Martineau, « Deux clés de la chronologie des discours pascaliens », *op. cit.*, p. 712 et V. Carraud, « Le dessein de Pascal : *De la vraie religion*, ou une apologétique de la douceur », *Chroniques de Port-Royal*, 63, 2013, p. 45-66.

3. Une telle formule appelle une confrontation avec la détermination cartésienne du concept de générosité, notamment dans les *Passions de l'âme*, que nous ne pouvons pas développer ici.

dans une piété douce et solide, pleins de défiance d'eux-mêmes, de respect pour les puissances de l'Église, d'amour pour la paix, de tendresse et de zèle pour la vérité, de désir da la connaître et de la défendre, de crainte pour leur infirmité, de regret d'être mis dans ces épreuves, et d'espérance néanmoins que Dieu daignera les y soutenir par sa lumière et par sa force, et que la grâce de Jésus-Christ qu'ils soutiennent et pour laquelle ils souffrent, sera elle-même leur lumière et leur force.

Dans les notes qui préparent et accompagnent l'élaboration des *Écrits des Curés*[1], Pascal reviendra longuement sur les difficultés auxquelles se heurte cet espoir d'une « piété douce et solide » capable de « conserver tout ensemble [...] la paix et la vérité », notamment à la lumière de la nouvelle condamnation de l'*Augustinus* par la bulle d'Alexandre VII en 1656. À ses yeux, la paix véritable se rapproche moins d'une pacification[2] que du « repos » dans la « recherche sincère de la vérité » (§ 599) qui constitue toujours « la première règle et la dernière fin des choses » (§ 974). La *caritas veritatis* impose en effet de rejeter comme inadmissible une paix fondée sur le mensonge : « c'est une fausse piété de conserver la paix au préjudice de la vérité » (§ 950 (949)) car « l'intérêt de la vérité » discerne les temps où « la paix est juste » et ceux où « la guerre [...] devient et juste et nécessaire » (§ 974). Mais ce combat et cette nécessité de « crier » « après que Rome a parlé » (§ 916) ne demandent pas moins dans leur déploiement une « égalité d'esprit » qui accorde le « zèle » et la « défiance » de soi-même, l'audace et la patience, et le rejet de toute « générosité philosophique ». Accomplir « impérieusement ce qu'on croit être de son devoir » revient en effet à confondre « le désir de faire triompher la vérité » et celui « de vaincre ». De sa réflexion sur l'uniformité de l'action divine et sur l'« égalité d'esprit » qui est l'unique marque d'un témoignage humain conforme à « l'ordre de Dieu », Pascal déduit au contraire la maxime suivante : « Prions et travaillons et réjouissons-nous de tout, comme dit saint Paul », un mélange hardi de plusieurs versets pauliniens (II *Cor* XIII, 11 et I *Thess* V, 16-18) qui dit la nécessité d'agir, mais aussi de faire un bon usage des obstacles et de souffrances qui s'opposent à l'action.

Ainsi l'unanimité et l'union de sentiments qui font l'unité de la communauté de Port-Royal s'enracinent dans la volonté de témoigner de la vérité perpétuée par la tradition chrétienne. Et cela en gardant sans cesse une « égalité d'esprit » qui fait écho à « l'uniformité » paradoxale de l'action divine. Pourtant, comme déjà dans le cas de la notion de « monde », une

1. Voir, outre la fin de la *18e Provinciale*, § 906, 974.

2. Cf. *OC Sell.*, p. 653-654; § 950 (949) (préparatoire au *Sixième écrit des curés*) et T. Shiokawa, *Entre foi et raison*, *op. cit.*, p. 79-89.

question s'impose. Est-ce que les analyses, récurrentes mais toujours passablement élusives, que Pascal consacre aux rapports entre « uniformité apparente » et unanimité véritable permettent finalement d'élaborer une pensée de l'unité de l'Église? L'union entre les témoins de la vérité qui souffrent et luttent sans séparer leurs intentions et leurs actions de « l'ordre de Dieu » peut-elle valoir comme modèle de l'unité des fidèles qui composent un corps plus encore qu'un monde? Rien n'est moins sûr. Tout d'abord, comme on l'a vu, l'unanimité à laquelle Pascal songe se rapproche moins de celle de premiers apôtres et des « trois milles âmes » dont parlent les *Actes* que de l'unité dans le combat prêchée par saint Paul aux Philippiens, « *conlaborantes uno spiritu unianimes* » pour la foi de l'Évangile (I, 27). Élaborés en marge du feu de la polémique ou dans les pages des lettres dans lesquelles Pascal dévoile ses arrière-pensées, les quelques propos sur la fausse uniformité des Jésuites et la véritable unanimité des « amis de saint Augustin » qu'on vient d'évoquer se limitent à proposer le diagnostic d'une « Église en clameurs » (§ 916). On se gardera d'aller plus loin et d'y reconnaître l'ébauche d'une méditation sur l'union ecclésiale et ses exigences. Pascal dénonce un abus et pour ce faire il se réclame d'un modèle : le spectacle de l'hypocrisie jésuite et la volonté d'en démasquer les dangers restent l'enjeu prioritaire. Au fond, il s'agit plus de chercher les « marques » d'une union véritable que de la concevoir et la décrire : les témoins véritables participent de la même « égalité d'esprit », mais cela suffit-il pour penser la communauté à laquelle ils appartiennent ou qu'ils composent? D'autre part – et surtout –, cette « égalité d'esprit » dont jouissent les témoins de la vérité et qui permet d'accepter les persécutions comme des grâces n'est pas sans risques, précisément aux égards de l'unité ecclésiale. Les « disputes internes » à Port-Royal suscitées par l'*Écrit sur la signature* le montrent d'une manière on ne pourrait plus évidente et c'est sur cela qu'il conviendra de s'arrêter en conclusion de ce chapitre.

Si les enjeux des affrontements qui opposèrent Arnauld et Nicole à Pascal et Domat sont multiples et complexes, comme l'ont montré les analyses d'H. Gouhier et J. Mesnard[1], la dimension ecclésiologique est sans aucun doute au cœur du différent. Elle se résume dans la tension entre les intérêts de la vérité et ceux de l'Église, qui se cristallise autour du rejet des excès de cette « générosité philosophique » dont il est question dans l'ébauche de la *Dix-neuvième Provinciale*. Arnauld s'en explique dans une lettre à Angélique de Saint-Jean : il faut « avoir égard à deux choses : l'une

1. Voir H. Gouhier, *Blaise Pascal. Commentaires*, *op. cit.*, p. 307-365 et *OC* IV, p. 1176-1203.

de ne point blesser votre conscience par aucun mensonge; l'autre, de faire (votre conscience sauve) ce qui est de plus avantageux à l'Église et à la vérité, et non pas simplement ce qui paraîtrait de plus généreux ». À ce titre, « l'affectation d'une plus grande générosité » peut « apporter plus de préjudice à la vérité », car « il est avantageux à la vérité que la postérité ait des témoignages suffisants qu'il y a eu plusieurs personnes en ce siècle qui n'ont point consenti à la condamnation de Jansénius; mais [...] cet avantage diminuerait s'il se trouvait que tous ceux qui seraient opposés à cette condamnation auraient été opprimés et condamnés par l'Église »[1]. Les devoirs de la « sincérité chrétienne » ne sont pas exempts de « mauvaises suites », notamment lorsqu'on s'aventure à « parler un peu trop librement de ceux pour qui nous devons avoir toute sorte de respect »[2], sinon à oublier le fondement théologique de l'autorité papale, en la confondant avec une des « puissances de la terre »[3].

Or, en assumant comme inséparables la condamnation de Jansénius et celle de saint Augustin (« c'est un fait qui emporte un droit »)[4], dans l'*Écrit sur la signature* Pascal « risque de mettre en cause non seulement l'infaillibilité contestée du Pape, mais l'infaillibilité incontestable de l'Église »[5]. Le texte de la restriction qu'on a proposé d'apporter à la signature du formulaire constitue une manière de préserver la vérité « si peu nette et si timide qu'elle ne paraît pas digne de vrais défenseurs de l'Église ». Il s'agit d'une « voie moyenne, qui est abominable devant Dieu, méprisable devant les hommes, et entièrement inutile à ceux qu'on veut perdre personnellement »[6]. Bref, on se limite à sous-entendre ce qu'il faudrait au contraire proclamer haut et fort. Toutefois, par ce rejet d'une « lâcheté molle et timide », Pascal se rapproche dangereusement de la « générosité philosophique » qu'il a lui-même décriée. C'est l'objection de Nicole, dans son *Examen d'un écrit sur la signature* : « la conduite qu'on a tenue n'est timide qu'en apparence », ou plutôt « on a dû [la] couvrir de cette apparence de timidité, qui n'est en effet qu'une générosité humble et respectueuse envers l'Église »[7]. La fin du petit écrit revient longuement sur le thème, et Nicole invite Pascal à bien remarquer « la différence extrême qu'il y a entre souffrir pour la vérité de la part des ministres de l'Église, et souffrir pour la

1. *OC* IV, p. 1167.
2. *Ibid.*, p. 1095.
3. Florin Périer, cité par H. Gouhier, *Blaise Pascal. Commentaires*, *op. cit.*, p. 343.
4. *OC* IV, p. 1205.
5. H. Gouhier, *Blaise Pascal. Commentaires*, *op. cit.*, p. 325 (cf. *OC* IV, p. 1353).
6. *OC* IV, p. 1204, 1207.
7. *Ibid.*, p. 1215.

vérité de la part des ennemis déclarés de l'Église». Dans le second cas, les souffrances et les martyres vont infailliblement au profit de l'Église, la vérité en gagnant un surplus d'éclat et de certitude. Mais « quand on souffre de la part de l'Église même, le témoignage qu'on rend par la souffrance est souvent plus contraire à la vérité qu'il ne lui est avantageux ; parce qu'au lieu d'en conclure qu'il faut bien qu'une opinion qu'on a soutenue au péril de tant de souffrances soit véritable, on en conclut au contraire qu'il faut bien qu'elle soit fausse, puisque l'Église a tant fait souffrir ceux qui la soutenaient ». Il est certes nécessaire de « défendre la vérité » « sans appréhender les persécutions », lorsqu'on est confrontés aux ennemis de l'Église. Pourtant, « quand il s'agit de la défendre contre les ministres de l'Église », il convient de couvrir « la générosité d'une apparence de timidité, si cette timidité est en effet utile à la vérité, en prenant pour devise cette parole de saint Paul, *cum infirmor, tunc potens sum* [*Cor* XII, 10] »[1].

Si, comme on l'a rappelé plus haut, rien n'est plus abominable aux yeux de Pascal que l'idée d'une rupture de l'unité ecclésiale ou la tentation du schisme, les exemples de l'Église des premiers siècles (§ 598 ; 964 (962))[2] et l'autorité de saint Bernard[3] (§ 916) montrent toutefois que, parmi les épreuves auxquelles sont confrontés les fidèles, il y a celle de souffrir non seulement *pour* l'Église, mais *par* l'Église[4] – et c'est peut-être là l'épreuve ultime et la plus sublime. Toute la difficulté réside dans cette tension qui fait des exclus le cœur même de la communauté dont ils sont bannis : aux marges et pourtant (ou *partant*?) plus au centre du centre lui-même. Le témoignage de la vérité qui impose de souffrir avec une « égalité d'esprit » des persécutions qui sont elles-mêmes des grâces définit bien une communauté. Mais il ne s'agit que de ce « très petit nombre de personnes » que sont les « amis de Port-Royal » dont Pascal parle non sans ironie dans son *Écrit*[5]. Autrement dit, malgré son fondement biblique, la notion d'unanimité n'admet finalement qu'un usage polémique. « Ceux qui n'aiment pas la vérité prennent le prétexte de la contestation et de la multitude de ceux qui la nient, et ainsi leur erreur ne vient que de ce qu'ils n'aiment pas la vérité ou la charité » (§ 176) : en réfléchissant sur l'unanimité et

1. *OC* IV, p. 1228. La conclusion du fragment d'une *19e Provinciale* Pascal semblait se réclamer du même verset paulinien (« Et j'ai vu enfin en eux le caractère de la piété chrétienne qui fait paraître une force… »).

2. Cf. *OC Sell.*, p. 654-655.

3. Voir S. Icard, *Port-Royal et saint Bernard de Clairvaux (1608-1709) : Saint-Cyran, Jansénius, Arnauld, Pascal, Nicole, Angélique de Saint-Jean*, Paris, Champion, 2010.

4. Voir H. Gouhier, *Blaise Pascal. Commentaires*, *op. cit.*, p. 329.

5. *OC* IV, p. 1205.

l'uniformité, Pascal ne vise qu'à montrer comment ces deux instances, la vérité et la charité, trouvent leur difficile équilibre dans l'amour de l'Église, lieu de l'indéfectibilité de l'une comme de l'autre. Une véritable pensée de l'unité ecclésiale demande, au contraire, d'oublier « l'Église en clameur » pour méditer ce que, pour Pascal comme déjà pour Saint-Cyran, constitue le lien qui rassemble les fidèles dans le corps du Christ. Les fragments sur les « membres pensants » constitueront précisément cette méditation transie par une « paix profonde » et éprise « de fidélité à l'Église »[1], que les commentateurs ont tantôt jugée comme relevant de l'utopie[2].

Les remarques esquissées dans les pages qui précèdent débouchent sur un constat d'impuissance. Une fois écartée la voie la plus commune dans l'ecclésiologie de son temps, en renonçant à fonder l'unité ecclésiale sur l'unicité et la primauté de l'évêque de Rome, de quels modèles Pascal dispose-t-il pour la penser ? Les notions de « monde » et d' « unanimité » ne permettent d'indiquer qu'assez indirectement ce qui caractérise l'union entre les fidèles. On *est* des parties du monde, on doit *vouloir être* membres du « corps tout divin et infiniment parfait » de Jésus-Christ, quitte à s'égarer et devenir des « membres séparés ». Il s'agira donc, tout d'abord, d'une union de volontés, qui n'est jamais donnée ou acquise comme en état ou une condition indéfectible, mais toujours et infiniment une tâche à accomplir. D'autre part, l'union doit se fonder sur une véritable unanimité, qui ne ressemble en rien à l'uniformité apparente dont se targuent les jésuites, ni à une convergence d'intérêts disparates en vue d'un but commun. Elle se rapproche au contraire de l'*unitas spiritus* qui anime ceux qui, pour témoigner du vrai, renoncent à l'« esprit propre » et se conforment au vouloir divin. Or, la condition que ces méditations pascaliennes sur l'unanimité et le monde décrivent en creux, par leurs limites encore plus que par leurs apports, est bien celle d'un fidèle pour qui, le fait d' « être membre » signifie « n'avoir de vie, d'être et de mouvement que par l'esprit du corps et pour le corps » (§ 372). Le moment est donc venu de conclure cette longue approximation aux « membres pensants » et d'aborder enfin ces quelques fragments, dont les nombreuses pages qui précèdent constituaient l'indispensable introduction.

1. *Discours sur la religion*, *op. cit.*, p. 256.

2. Voir G. Ferreyrolles, *Pascal et la raison du politique*, *op. cit.*, p. 246-248.

CHAPITRE V

« UN CORPS PLEIN DE MEMBRES PENSANTS »

Nous avons jusqu'ici replacé les fragments sur les « membres pensants » dans leur contexte théologique et philosophique : il est désormais temps d'étudier de près les thèses que Pascal y avance. Le long travail de mise en perspective que nous avons tenté dans les chapitres précédents gouvernera notre lecture des textes de la liasse « Morale chrétienne ». À ce titre, nous ne nous attarderons pas dans les pages qui suivent sur la question, capitale et fort difficile, de la place que les *pensées* consacrées aux « membres pensants » auraient pu occuper à l'intérieur du projet apologétique envisagé par Pascal, l'enjeu principal de notre analyse étant moins celui de définir la fonction du discours développé par ces fragments dans le mouvement argumentatif de la séquence des liasses à titres que celui de rendre compte de sa complexité interne[1]. Une fois ressaisie à la lumière des débats ecclésiologiques (chap. premier), des doctrines du corps mystique élaborées par Bérulle et Saint-Cyran (chap. II), tout aussi bien que dans le sillage de la définition cartésienne de l'amour (chap. III) et d'un effort pour repenser la nature de l'*unitas Ecclesiae* (chap. IV), la réflexion pascalienne sur « le corps plein de membres pensants » brille en effet par sa cohérence foncière et son originalité. Et les *pensées* de la liasse « Morale chrétienne » d'apparaître comme une synthèse magistrale sur les rapports entre amour et unité.

1. Nous avons abordé la question dans notre étude « Morale chrétienne et apologétique » (*Chroniques de Port-Royal*, 63, 2013, p. 183-198) à laquelle nous nous permettons de renvoyer.

L'UNITÉ D'UN DISCOURS, UNE SYNTHÈSE ULTIME

L'unité et l'autonomie « objectale »[1] de l'ensemble de fragments consacrés aux « membres pensants » ne font pas de doutes. La totalité des *pensées* portant sur ce thème se lit en effet dans la liasse « Morale chrétienne » (§ 360 ; 368-374) et cette identité de classement s'accompagne d'une remarquable homogénéité des textes qui se caractérisent presque tous par un état de rédaction très achevé[2] et un style d'écriture extrêmement soigné[3]. De surcroît, au début du fragment 368, Pascal note : « Membres. Commencer par là. Pour régler l'amour qu'on se doit à soi-même il faut s'imaginer un corps plein de membres pensants, car nous sommes membres du tout, et voir comment chaque membre devrait s'aimer, etc. » Et si la remarque témoigne d'une volonté d'instituer un ordre à l'intérieur d'une séquence de *pensées* relevant d'un même sujet, elle suggère aussi, implicitement, que ces textes constituent un tout unitaire, quelque chose comme un « chapitre »[4] ou un discours des « membres pensants », dont Pascal pointe ce que'il a jugé, sans doute après coup, être le point de départ et la question directrice.

L'unité des « membres pensants » semble d'autre part s'être imposée comme une évidence déjà aux yeux de premiers lecteurs de Pascal, et notamment de ses premiers éditeurs. Certes, les *pensées* de la liasse « Morale chrétienne » ne constituent qu'une partie assez limitée du long chapitre XXIX (« Pensées morales ») de l'édition de Port-Royal ; et de fait, ce n'est qu'en 1678 que la quasi-totalité des fragments concernant les

1. Voir *Discours sur la religion*, *op. cit.*, p. 248 ; cf. *id.*, « Deux clés de la chronologie des discours pascaliens », *op. cit.*, p. 717.

2. Le manuscrit présente peu de ratures, même dans le cas des fragments assez longs (§ 360, 372, 373) et Pascal semble avoir rédigé les quelques lignes du § 370 au crayon avant de les repasser à la plume (voir *Recueil des papiers originaux des* Pensées *de Pascal*, Paris, Bibliothèque Nationale de France, fonds français 9202, p. 199-3).

3. E. Martineau (« Deux clés de la chronologie des discours pascaliens », *op. cit.*, p. 717 ; *Discours sur la religion*, *op. cit.*, p. 256) parle à juste titre d'un « lyrisme retenu » et d'une « secrète musicalité » qui caractérisent le ton « noble et simple » de l'ensemble de ces textes. *Cf.* P. Ernst, *Approches pascaliennes, l'unité et le mouvement, le sens et la fonction de chacune des vingt-sept liasses titrées*, Gembloux, Duculot, 1970, p. 484.

4. Voir P. Sellier, « L'ouverture de l'*Apologie* », in *Port-Royal et la littérature. Pascal*, *op. cit.*, p. 103-123, en part. p. 105 et pour un cas analogue et assez complèxe (§ 45 : « Il faut commencer par là [ce] le chapitre des puissances trompeuses »), notre étude à paraître, « A Necessary Error. Pascal on Imagination and Descartes' Fourth Meditation », *Early Modern French Studies*. *Cf.* § 832.

« membres pensants » y est intégrée[1]. Pourtant, des remarques conservées par la *Première Copie*[2] témoignent d'une volonté d'isoler les réflexions pascaliennes sur ce thème. Un commentaire est ajouté au-dessus de la transcription du fragment 360 : « Commencement des membres pensants, Voyez aux 4. pages suivantes » et, à la hauteur de la première ligne, en correspondance de la rubrique « Morale », on lit le rappel : « membre pensant »[3]. Cette dernière formule revient aussi quelques pages plus bas, dans l'angle supérieur de la page qui s'ouvre avec la *pensée* 367[4]. Les commentateurs attribuent ces annotations à Nicole[5] ou bien à Étienne Périer, tout en formulant l'hypothèse que ce dernier « proposait d'ajouter un chapitre intitulé *Membres pensants* dans l'édition de 1678 »[6]. En tout cas, force est de constater que le milieu port-royaliste a bien voulu mettre en vedette les textes qui méditent l'image du « corps plein de membres pensants », et même les isoler dans la liasse à l'intérieur de laquelle Pascal les avait rangés lors de sa tentative de classement.

Cette unité foncière des fragments dont nous nous occupons plaidant en faveur d'une rédaction unique, peut-on risquer quelques hypothèses de chronologie relative ? Un premier constat semble rendre une telle tâche particulièrement complexe : les *pensées* consacrées au thème des « membres pensants » constituent en effet à plus d'un égard un moment de synthèse dans la réflexion pascalienne, dont elles reprennent certaines des constantes. C'est le cas par exemple de l'axiome : « il ne faut n'aimer que Dieu et ne haïr que soi » (§ 373). Si le thème fait l'objet de maintes analyses sous la plume de Pascal (§ 564 ; 205 ; 617 ; 220), la formule revient presque à l'identique lorsqu'il s'agit de décrire la disposition intérieure des « personnes simples » qui « croient sans avoir lu les Testaments » et « sans raisonnement », et à qui Dieu donne « l'amour de soi et la haine d'eux-mêmes » (§ 380 ; 381) : « Ils ne veulent aimer que Dieu, ils ne veulent haïr qu'eux-mêmes. Ils sentent qu'ils n'en ont pas la force d'eux-mêmes, qu'ils sont incapables d'aller à Dieu et que si Dieu ne vient à eux ils sont incapables d'aucune communication avec lui, et ils entendent dire dans notre

1. Voir M. Pérouse, *L'invention des* Pensées *de Pascal. Les éditions de Port-Royal* (*1670-1678*), Paris, Champion, 2009, p. 59-60 et « Annexe IV », p. 567-568.

2. Pour le statut de ce document, voir A. Frigo, *L'évidence du Dieu caché*, *op. cit.*, p. 16-22.

3. Voir *Première Copie* (Paris, Bibliothèque Nationale de France, fonds français 9203), p. 177 v°.

4. Voir *ibid.*, p. 179 v°.

5. Voir *OC Le Guern* II, p. 1439 ; *Armogathe*, p. 703 n. 1 ; p. 705 n. 1.

6. Voir les remarques de D. Descotes et G. Proust dans leur édition électronique, *ad locum*.

religion qu'il ne faut aimer que Dieu et ne haïr que soi-même» (§ 381). On rappellera aussi un passage de la seconde version de la *Vie de Pascal* qui, à partir de § 475 et 503, propose une réécriture de l'injonction à l'amour de Dieu, ici identifié à l'amour du Christ, en le chargeant d'une fonction herméneutique: Pascal «disait [...] que le voile qui est sur l'Écriture pour les Juifs y est aussi pour les mauvais chrétiens; et que la charité était non seulement l'objet de l'Écriture, mais qu'elle en était aussi la porte. Il allait plus loin, et disait encore que l'on était bien disposé à entendre les Saintes Écritures quand on se hait soi-même, et qu'on aimait la vie mortifiée de Jésus-Christ»[1]. La «sentence»[2] du fragment 373 représente donc un rappel d'une vérité fondamentale, dont Pascal propose une nouvelle compréhension à l'aide de l'image du corps et des membres pensants. La même conclusion s'impose aussi à propos des thèmes de l'union et de la séparation qui, tout en étant au cœur, sinon à l'origine de la spiritualité pascalienne, trouvent dans les «membres pensants» le lieu d'une formulation remarquablement articulée. Une simple comparaison avec le *Mémorial* suffira à le prouver: «Certitude, *joie*, certitude, *sentiment*, *vue*, joie. [...] *Pleurs* de joie. [...] Je m'en suis *séparé* [...]. Que je n'en sois jamais *séparé*. Il ne se *conserve* que par les voies enseignées dans l'Évangile. [...] *Soumission* totale à Jésus-Christ et à mon directeur»[3], écrit Pascal dans son parchemin. «Qu'ils [*sc.* les membres] seraient *heureux* s'ils le *sentaient*, s'ils le *voyaient*!» (§ 360) «Il [*sc.* le membre] *plaint* ses égarements passés» (§ 372) «Quel regret, quelle confusion de sa vie passée, d'avoir été inutile au corps qui lui a influé la vie, qui l'eût anéanti s'il l'eût rejeté et *séparé* de soi comme il se *séparait* de lui! Quelles *prières* d'y être *conservé*! Et avec quelle *soumission* se laisserait-il gouverner à la volonté qui régit le corps» (§ 360), lit-on dans les fragments de la liasse «Morale chrétienne».

Cependant, si les «membres pensants» proposent une véritable synthèse de la pensée pascalienne, des affinités très affichées avec un texte des années 1659-1660, la *Prière pour demander à Dieu le bon usage des maladies*, suggèrent d'en rapporter la rédaction à une date assez tardive, et d'y reconnaître par conséquent, plus encore qu'une synthèse, une sorte d'approfondissement *définitif*. Nous nous bornerons ici à reprendre et

1. *OC* I, p. 616.

2. On rappellera «le petit livre des sentences» dont il est question dans une lettre de Pascal du mars 1649 (*OC* II, p. 706).

3. *OC* III, p. 51, nous soulignons.

compléter les quelques parallèles signalés par Emmanuel Martineau[1]. Il faudra privilégier surtout deux sections de la *Prière*, le paragraphe VII et ses pages conclusives (§ XIII-XV). Dans le premier cas, c'est le rapport entre insensibilité et repentir qui permet de rapprocher le mouvement argumentatif de la *Prière* des § 360 et 372-373. Aux yeux de Pascal, « la plus grande » des maladies de l'âme « est cette insensibilité, et cette extrême faiblesse » qui lui ôte « tout sentiment de ses propres misères. » Rien n'est moins dangereux qu'un mal dont on souffre et qui pourtant ne nous fait pas souffrir. C'est en cela que les douleurs physiques révèlent leur « bon usage », car les « maux extérieurs » figurent les « ulcères » dont l'âme est « couverte », et, ce faisant, ils permettent précisément de les voir et de les « considérer » : « Les maux du corps ne sont autre chose que la figure et la punition tout ensemble des maux de l'âme. Mais, Seigneur, faites aussi qu'ils en soient le remède, en me faisant considérer, dans les douleurs que je sens, celles que je ne sentais pas dans mon âme, quoique toute malade. » Se « repentir » impliquera dès lors « laver » par « la pénitence » les offenses de la « vie passée » qu'on est finalement parvenu à « sentir vivement »[2]. Or, il en va de même pour le « membre pensant », car, s'il « plaint » enfin « ses égarements passés », c'est parce qu'il est sorti de l'indifférence et qu'il est « venu » « à se connaître » : il est « revenu chez soi » (§ 372), en se saisissant de son « soi » véritable, hors de « l'incertitude de son être » (§ 372). Le membre doit dépasser l'ignorance (« si le pied avait toujours ignoré... »), parvenir à se « connaître » pour accéder au « regret » et « à la confusion de sa vie passée » (§ 373). Il s'agit de sentir et de voir « l'admirable intelligence » du tout auquel on appartient (§ 360) et, en même temps, de reconnaître qu'on l'a oubliée depuis trop longtemps. Les souffrances du corps sont donc un « remède » contre l'insensibilité dissimulant les maux dont l'âme est affectée à son insu, car, en les figurant, elles imposent de les considérer, explique la *Prière*[3]. Et les fragments de la liasse « Morale chrétienne » de remarquer que c'est seulement en faisant un bon usage de l'intelligence qu'ils ont en tant que membres *pensants*, c'est-à-dire en entendant et en voulant, en connaissant et en consentant, que les hommes peuvent s'apercevoir de leur « égarement » (§ 372). Dans les deux cas, il s'agit de démasquer l'insensibilité à ce qui nous affecte le plus radicalement (notre âme « toute malade et couverte d'ulcères », notre union au

1. Voir E. Martineau, « Deux clés de la chronologie des discours pascaliens », *op. cit.*, p. 718-719.

2. *OC* IV, p. 1004.

3. Nous lisons « faites aussi qu'*ils* » et non « aussi qu'elles », en suivant la variante proposée par l'édition de Port-Royal (voir *OC* IV, p. 1004, § VII, n. f et *Armogathe*, p. 670).

corps en tant que membres) comme le plus grave des dangers car le plus difficile à détecter. Et cela à l'aide d'un dispositif, l'épreuve de la maladie ou l'imagination d'un corps plein de membres pensants, qui « réduit » l'homme à se penser[1].

La proximité avec les fragments des « membres » n'est pas moins évidente dans les paragraphes XIII-XV de la *Prière*, où Pascal écrit, s'adressant au Christ : « Je ne souhaite désormais de santé et de vie que pour l'employer et la finir pour vous, avec vous et en vous »[2]. Or, « être membre » revient précisément à « n'avoir de vie, d'être et de mouvement que par l'esprit du corps et pour le corps » et à « n'a[voir] d'être qu'en lui, par lui et pour lui » (§ 372). De ce fait, les membres qui ne « conforment [pas] au corps » (§ 370) leur volonté se révèlent « inutile[s] » : avec « quelle soumission » ils devraient se laisser au contraire « gouverner à la volonté qui régit le corps, jusqu'à consentir à être retranché[s] s'il le faut ! [...] car il faut que tout membre veuille bien périr pour le corps qui est le seul pour qui tout est » (§ 373). La *Prière* n'implore rien de différent du Christ : « Je ne vous demande ni santé, ni maladie, ni vie, ni mort; mais que vous disposiez de ma santé et de ma maladie, de ma vie *et de ma mort*, pour votre gloire, pour mon salut et pour l'*utilité de l'Église et de vos saints*, *dont je fais une portion*. [...] Vous êtes le souverain maître, faites suivant votre plaisir. Donnez-moi, ôtez-moi ; mais *conformez ma volonté à la vôtre* ; et que, dans une *soumission* humble et parfaite [...] je me dispose à recevoir les ordres de votre providence éternelle »[3]. Dans un cas comme dans l'autre, l'unité se dit comme une rencontre de volontés qui permet de franchir « l'opposition invincible entre Dieu et nous » (§ 378) : « je me conforme à votre volonté », « unissez ma volonté à la vôtre »[4]; jamais les membres « ne seraient dans leur ordre qu'en soumettant cette volonté particulière à la volonté première » (§ 374). Ainsi, en gardant à l'esprit cette profonde unité d'enjeux et de lexique, nul ne s'étonnera de voir la *Prière* culminer, dans ses dernières lignes, avec une évocation du « corps du Christ qui est l'Église », évocation d'ailleurs couronnée elle-même, comme dans le § 372, par une mention de la Trinité :

1. L'impuissance du divertissement face à la maladie (§ 407) relève précisément du fait que l'homme s'y trouve « réduit à se considérer » (§ 36), alors que le divertissement vise à écarter une telle considération de soi (§ 136). Nous reviendrons ailleurs sur la temporalité qu'implique la réduction au présent opérée par la maladie (§ 638).

2. *OC* IV, p. 1010. *Cf.* la doxologie finale du Canon de la messe (« *per ipsum, et cum ipso, et in ipso* ») et *Col* I, 16-17, sans doute lu dans l'original grec (voir § 371 et 372 : « en lui, par lui et *pour* lui »).

3. *Ibid.*, p. 1010, nous soulignons.

4. *Ibid.*, p. 1011.

> Entrez dans mon cœur et dans mon âme, pour y souffrir mes souffrances, et pour continuer d'endurer en moi ce qui vous reste à souffrir de votre Passion, que vous achevez dans vos membres jusqu'à la consommation parfaite de votre Corps [...] et qu'ainsi, ayant quelque petite part à vos souffrances, vous me remplissiez entièrement de votre gloire, dans laquelle vous vivez avec le Père et le Saint-Esprit, par tous les siècles des siècles [1].

Étant donné l'abondance de ces rapprochements textuels, on nous accordera donc l'hypothèse d'une datation assez tardive des fragments consacrés aux « membres pensants » qui se situeraient dès lors aux alentours des années 1659-1660[2]. L'analyse conceptuelle nous permettra

1. *Ibid.*, p. 1011-1012. Les rapprochements avec la *Prière* nous semblent plus probants que ceux qu'on pourrait instituer avec l'*Écrit sur la conversion du pécheur* (*OC* IV, p. 40-44). Dans ce brouillon d'opuscule, la « lumière de la grâce » apporte à l'âme une « connaissance et une vue » nouvelles, qui lui imposent un triple exercice de « considération » : du monde, d'elle-même et, enfin et surtout, de « Dieu dans des immensités qu'elle multiplie sans cesse ». L'âme du converti, ou, plus précisément, de l'homme qui s'engage dans les préliminaires de la conversion, doit donc méditer « l'aveuglement où elle a vécu », en « connaissant son égarement », un peu comme dans la *Prière* Pascal demandera à Dieu de devenir sensible à son insensibilité passée. Mais la « confusion » dont il est question dans l'*Écrit sur la conversion* relève moins d'un « regret » et d'un « repentir » qui surgissent une fois qu'on est « revenu chez soi » que d'une tension entre des regards ou des « vues » opposés (« la présence des objets visibles » et « l'espérance des invisibles » ; « le long temps [...] vécu sans faire ces réflexions » et le fait qu'« il est constant que l'âme [...] ne peut trouver sa félicité parmi des choses périssables »). D'autre part, l'âme « pleure » moins « ses égarements passés » que l'« aveuglement » d'autrui (« De sorte que par une sainte humilité, que Dieu relève au-dessus de la superbe, elle commence à s'élever au-dessus du commun des hommes ; elle condamne leur conduite, elle déteste leurs maximes, elle pleure leur aveuglement »). Dès lors, l'opuscule semble surtout décrire la condition d'un « pécheur » qui « commence à s'étonner », condition destinée à être dépassée et remplacée par l'expérience de l'union et le regret de la séparation dont témoignent les « membres pensants » et la *Prière*. D'où, aussi, le caractère encore tâtonnant des dernières lignes de l'opuscule où l'exigence de « conformer » la volonté propre à celle de Dieu et de « consentir » au vouloir du « tout » ne sont que trop rapidement esquissées : « Elle se résout de *conformer à ses volontés* le reste de sa vie ; [...] elle implore de sa miséricorde les moyens d'arriver à lui, de s'attacher à lui, d'y *adhérer* éternellement » (nous soulignons).

2. La composition de la *Prière* est située par J. Mesnard au « début de l'automne 1660 » (*OC* IV, p. 978) ; E. Martineau (« Deux clés de la chronologie des discours pascaliens », *op. cit.*, p. 716) plaide pour une « datation plus souple », en remontant à la période 1659-1660 (voir aussi P. Sellier, *Pascal et la liturgie*, Paris, P.U.F., 1966, p. 81-91 et H. Gouhier, *Blaise Pascal. Commentaires*, *op. cit.*, p. 359 n. 99). Lier la datation des « membres pensants » à celle de la *Prière* impose bien évidement de dissocier la rédaction des fragments classés de leur classement, alors que la quasi-totalité des commentateurs depuis Lafuma jusqu'à Philippe Sellier (*OC Sell.*, p. 768-769) et Michel Le Guern (*OC Le Guern* II, p. 1314) tiennent les deux opérations pour quasi-contemporains et réalisés à l'occasion de la conférence à Port-Royal. Aucun argument n'imposant une telle conclusion d'une façon définitive, nous suivons plutôt

d'affiner cette chronologie, en précisant en quel sens on a pu reconnaître dans ces *pensées* « une espèce de continuation ou, mieux, de rebondissement de la *Prière* »[1]. Bornons-nous pour l'instant à un double constat, issu de cette analyse des données formelles des « membres pensants » et de leur parenté avec ce « testament spirituel »[2] qu'est la *Prière* : si, par leur cohérence et leur autonomie, les quelques fragments de la liasse « Morale chrétienne » que nous allons examiner constituent une synthèse de la réflexion pascalienne, cette synthèse semble bien relever d'une méditation tardive, sinon ultime.

Régler l'amour qu'on se doit

Justice et justesse

Commençons donc par le « commencement » évoqué plus haut et arrêtons-nous sur la requête que Pascal avance comme étant l'ouverture de sa réflexion : « Pour régler l'amour qu'on se doit à soi-même il faut s'imaginer un corps plein de membres pensants, car nous sommes membres du tout, et voir comment chaque membre devrait s'aimer » (§ 368). L'énoncé appelle plusieurs remarques. Il convient en premier lieu de s'interroger sur la nature de cette exigence d'une règle : on ne peut en effet que souligner l'étrangeté du devoir d'amour qu'elle assume comme allant de soi. De même que l'anéantissement du moi n'implique jamais ni son oubli ni sa disparition (il y va toujours de « *mon* néant » § 656), de même, la haine de soi n'anéantit pas l'exigence de s'aimer. Il s'agit de régler l'amour de soi, et non de l'offrir « en holocauste » comme l'écrivait Jansénius[3]. Mais il faut

la reconstruction avancée jadis par H. Gouhier (*Blaise Pascal. Commentaires*, *op. cit.*, p. 360) et reprise plus récemment par E. Martineau (*Discours sur la religion*, *op. cit.*, p. 257), en estimant que Pascal n'a risqué son un essai de classement (ou de reclassement, car d'autres classements auraient pu précéder celui conservé par les liasses) qu'à partir, au plus tôt, de 1660, comme le suggère d'ailleurs le témoignage du père Beurrier (voir *OC* I, p. 868). Pour une discussion analytique de multiples hypothèses concernant les enjeux et la date du classement pascalien voir notre étude *L'évidence du Dieu caché*, *op. cit.*, p. 11-37.

1. E. Martineau, « Deux clés de la chronologie des discours pascaliens », *op. cit.*, p. 721.

2. *OC* IV, p. 996.

3. Voir *Augustinus*, *op. cit.*, t. III, col. 525. Pour la reprise par Jansénius de la doctrine des deux amours, qui s'inspire manifestement du traité pseudoaugustinien *De substantia dilectionis*, probablement dû à Hugues de Saint-Victor, voir t. II, col. 399-400, 424 et t. III, col. 524 et 528.

bien comprendre : *régler*[1] l'amour qu'on se doit ne signifie pas modérer ni tout simplement imposer des normes à ce qui serait déréglé. Il y va plutôt de la *justice* et de la *justesse* de cet amour.

Inutile de revenir longuement ici sur les textes très connus et souvent commentés qui décrivent la figure du « moi haïssable »[2]. Un point seulement mérite d'être souligné. Ce qu'on appelle « amour propre » n'est, selon Pascal, que l'effet d'une mauvaise foi, d'un « embarras » dans lequel se tient l'homme qui se sait non aimable et (ne) veut pourtant (que) s'aimer et se faire aimer. En effet, l'inclination à ne « considérer que soi », c'est-à-dire à vouloir « rapporter à soi »[3] le regard d'autrui, en se faisant « centre de tout » (§ 597), n'implique en rien la nécessité de « reconnaître » ce qu'on est, ni l'exigence de « voir » et de mesurer avec « équité » l'estime qu'on mérite (§ 978). Il est question, tout au contraire, d'un regard qui « considère » sans voir, ou plutôt d'une vision qui reste « aveugle » et récuse ainsi l'exigence cartésienne de se « faire justice à soi-même, en reconnaissant ses perfections aussi bien que ses défauts »[4] : « C'est sans doute un mal que d'être plein de défauts, mais c'est encore un plus grand mal que d'en être plein et de ne les vouloir pas reconnaître, puisque c'est y ajouter encore celui d'une illusion volontaire » (§ 978). À la question « est-ce par raison que vous vous aimez ? » (§ 423), on ne peut que répondre par la négative. Nous n'avons pas le droit de nous choisir comme objet premier et unique de l'amour ni d'imposer un tel choix à autrui (§ 421). Néanmoins, chacun veut s'aimer et se faire aimer par les autres, et cela au mépris non seulement des défauts dont souffrent nos corps et nos âmes, mais aussi, plus radicalement, de l'impuissance dans laquelle se trouve tout amant d'exhiber une « raison » quelconque capable de contraindre autrui à l'aimer (§ 298). La constitution du « moi humain » s'identifie donc à la revendication d'un amour nécessairement injuste, car injustifié sinon même injustifiable. Et la

1. Voir L. Thirouin, *Le hasard et les règles. Le modèle du jeu dans la pensée de Pascal*, Paris, Vrin, 1991, p. 61-77.

2. Voir § 421, 422, 432, 597, 688, 978 et J.-L. Marion, *Sur le prisme métaphysique de Descartes*, *op. cit.*, p. 293-369 ; J. Mesnard, *La Culture du XVIIe siècle*, Paris P.U.F., 1992, p. 495-413 ; L. Thirouin, « Le moi haïssable, une formule équivoque », *in* R. Behrens, A. Gipper et W. Mellinghoff-Bourgerie (dir.), *Croisements d'anthropologies : Pascals* Pensées *im Geflecht der Anthropologien*, Heidelberg, Winter, 2005, p. 217-245 ; V. Carraud, *L'invention du moi*, *op. cit.*, p. 15-41.

3. Dans une imitation perverse du privilège divin : *cf.* § 933 : « Dieu doit régner sur tout et tout se rapporter à lui. »

4. AT IV, p. 307. Voir L. Verhaeghe, « L'exemple du premier cartésien : l'intérpretation pascalienne de la générosité », *Revue philosophique de la Hongrie*, 59, 2015/2, p. 91-106. *Cf.* AT IV, p. 293.

prétention de l'homme à s'aimer en propre et à « tout se rapporter » (« le péché étant arrivé, l'homme [...] s'est aimé seul, et toutes choses pour soi »)[1] prend un caractère paradoxal, qui semble la condamner à une impossibilité strictement logique[2].

Le « moi humain » vit pourtant *de* et *dans* ce paradoxe, en faisant de cette attitude intenable d'un point de vue théorique sa posture fondamentale : « Il veut être parfait, et il se voit plein d'imperfections. Il veut être l'objet de l'amour et de l'estime des hommes, et il voit que ses défauts ne méritent que leur aversion et leur mépris. » Or, comme « il ne saurait empêcher que cet objet qu'il aime ne soit plein de défauts et de misère », l'homme « met tout son soin à couvrir ses défauts et aux autres et à soi-même » (§ 978). Une telle stratégie associant dissimulation et séduction est analysée par Pascal comme l'effet d'une « dépravation » de la volonté dont l'enjeu se mesure à la lumière de la *regula veritatis* cartésienne selon laquelle « d'une grande clarté qui était en mon entendement » suit « une grande inclination en ma volonté »[3]. Le *moi* se *sait* plein de défauts et il *veut* cependant s'accorder à lui-même un amour qu'aucune connaissance du mérite ne légitime, et que de surcroît il demande aux autres de confirmer. Pour ce faire, il occulte volontairement la vérité qu'il connaît sans pourtant vouloir la « reconnaître ». Plus il dissimulera la conscience de son démérite, plus grande sera l'illusion d'avoir du mérite; moins il se connaîtra, plus il s'aimera et il réclamera l'amour d'autrui. Jugées à l'aune de la doctrine cartésienne de l'erreur, la logique de l'amour propre et la stratégie qui permet au « moi humain » de subsister malgré son « embarras » relèvent d'une volonté illusoire plus encore que d'une « illusion volontaire » (§ 978). Ou, si l'on préfère, d'une fausse volonté qui déroge à son essence et renonce à la perfection de son libre arbitre en se déterminant non pas *à partir* de ce qui est connu par l'entendement, mais *en s'en tenant à distance*.

À ce titre, l'occultation volontaire mise en œuvre par le « moi humain » n'est ni une erreur qui ferait suite à une délibération sur ce qui n'est pas conçu avec assez de clarté et de distinction, ni le corollaire d'une montée en

1. *OC* II, p. 857-858.

2. La socialisation de l'injustice orchestrée par l'honnêteté demande d'en minimiser l'incommodité (§ 597), mais il ne s'agit finalement que d'un leurre, car « il est injuste et impossible d'y arriver, puisque tous demandent la même chose » (§ 617; *cf.* § 396). Voir J.-L. Marion, *Le Phénomène érotique. Six méditations*, Paris, Grasset, 2003, p. 75-116.

3. AT IX-1, p. 47. La condition prélapsaire décrite par le § 421 (« Si nous naissions raisonnables et indifférents, et connaissant nous et les autres, nous ne donnerions point cette inclination à notre volonté ») est aussi celle d'une humanité cartésienne, qui fait un bon usage de son entendement (« raisonnables ») et de son libre arbitre (« indifférents »).

puissance du libre arbitre lui-même qui exhiberait sa dépendance radicale à l'égard du bien clairement connu précisément au moment où il s'en excepte[1]. On dira plutôt que le *moi* est « mensonge [...] en soi-même et à l'égard des autres » (§ 978), car il revient à l'essence du mensonge de se tenir dans cette injustice radicale qui consiste à ne pas rendre justice au vrai. Celui qui ment ne nie pas en effet l'évidence de la vérité, nul « ne pouvant la détruire en elle-même » (§ 978). La vérité se dérobe moins à la prise de son intelligence en se confondant avec l'erreur, que le menteur ne se dérobe à la prise du vrai et ne s'en échappe en lui préférant ce qu'il aime. Pour le *moi* qui fait du mensonge (§ 396) sa posture, ce qu'il aime tient le lieu du vrai, il veut l'aimer comme si c'était vrai[2]. S'il ne connaissait pas le vrai « véritable », il n'y aurait pas mensonge ; s'il n'aimait pas la fausseté qu'il chérit comme si elle était « effective », sa stratégie de dissimulation et de séduction s'effriterait sous les coups de l'évidence. La fausseté qu'il aime comme vraie fait écran à la vérité « qui le reprend »[3]. Sa posture est celle d'une mauvaise foi qui croit et tient pour certain ce que son espérance voudrait voir avéré. Le menteur ne nie pas la priorité et le privilège du vrai, mais il veut en disposer en propre et conformément à l'amour propre qu'il se porte, sans s'exposer à la lumière d'une vérité qui le montrerait *autre* qu'il ne s'aime. Ainsi l'injustice foncière du mensonge trouve son accomplissement dans « la plus injuste et la plus criminelle passion qu'il soit possible de s'imaginer » : cette « haine mortelle » que le « moi humain » éprouve « contre cette vérité qui le reprend, et qui le convainc de ses défauts ». « Nous voulons être estimés d'eux autres que nous ne sommes en effet » (§ 978), mais cette « grande inclination » dans la volonté n'est possible qu'en occultant « la grande clarté » de cette vérité sur nous-mêmes qui « nous accuse », et, avec sa lumière, *accuse* nos défauts. Entretenir l'amour propre signifie, au fond, toujours vouloir en vain s'obstiner à s'aimer soi-même, malgré et contre toute évidence, se tenir dans cette

1. Voir AT IV, p. 173.

2. D'où la nécessité pour tout menteur de se mentir d'abord et surtout à soi-même : l'homme « détruit » la vérité qui le blesse « autant qu'il peut *dans sa connaissance* et dans celle des autres ; c'est-à-dire qu'il met tout son soin à couvrir ses défauts et aux autres et *à soi-même*, et qu'il ne peut souffrir qu'on *les lui fasse* voir ni qu'on les voie. [...] L'homme n'est donc que déguisement, que mensonge et hypocrisie et *en soi-même* et à l'égard des autres » (§ 978, nous soulignons).

3. C'est ce rapport (malheureux) à soi comme à « l'objet qu'il aime » qui fait toute la différence entre la stratégie du mensonge volontairement déployée par le *moi* et celle du divertissement auquel l'homme s'adonne pour ne pas être « réduit à se considérer » (§ 36) et qui consiste moins à *se* divertir qu'à « être diverti ».

injustice qui consiste à ne pas faire justice au vrai pour ne pas devoir « faire justice à soi-même ».

Revenons alors à notre question. Si l'amour propre se révèle, de par sa constitution, « opposé à la justice et à la vérité » (§ 617), l'amour de soi *juste* sera aussi le *vrai* amour de soi, l'amour d'un soi qui est *vraiment* aimable, donc le seul amour de soi effectif, le seul amour qui ne résulte pas d'un mensonge que je me raconte à moi-même. Or, écrit Pascal, s'imaginer en tant que membres pensants permet de régler l'amour de soi, donc de le rendre juste, c'est-à-dire tout simplement possible. À l'« embarras » dans lequel le *moi* ne peut se tenir que par le mensonge qui désarticule volonté et connaissance, les fragments de la liasse « Morale chrétienne » substitueront la figure d'un membre qui doit se connaître pour (s') aimer. Le « moi haïssable », qui séduit pour éviter le mépris d'autrui et en mendier l'amour, le cède au membre qui se découvre déjà aimé par le tout, et donc *aimable*[1]. De ce fait, « régler l'amour qu'on se doit à soi-même » signifiera

1. Du point de vue de la chronologie interne des *Pensées*, les fragments consacrés au « moi haïssable » et à l'amour propre relèvent sans doute d'une phase plus ancienne de la réflexion pascalienne. La critique de l'honnêteté, sinon le débat avec Mitton, qui en fournissent le point de départ, les rapprochent en effet de ce qu'on a longtemps appelé la « période mondaine » de Pascal (voir désormais *OC* II, p. 890-894), et l'on peut s'interroger sur le rôle que ces *pensées* auraient pu revêtir dans le projet final d'une apologie (dans § 427-428 qui font sans doute état d'une élaboration beaucoup plus tardive, sinon datant même de l'époque de la constitution des liasses, il y ira plutôt de la figure de l'extravagant, qui, vivant dans « l'indifférence de chercher la vérité », se révèle en tout « opposé à l'honnêteté »). Force est donc de supposer, comme le proposent E. Martineau (*Discours sur la religion*, *op. cit.*, p. 220) et J. Mesnard (« Achèvement et inachèvement dans les *Pensées* de Pascal », *Studi francesi*, 48, 2004/2, p. 300-320) un décalage chronologique assez important entre les textes que nous venons d'analyser et les « membres pensants ». Il n'en reste pas moins que l'analyse de la « *nature* de l'amour propre » et du « moi humain » dessine en creux la tâche à laquelle les « membres pensantes » s'adonnent. Régler l'amour de soi revient en effet à montrer comment un « membre pensant » peut parvenir à s'aimer hors du mensonge, tout en sachant qu'« il ne pourrait pas *par sa nature* aimer une autre chose sinon pour soi-même et pour se l'asservir, parce que chaque chose s'aime plus que tout » (§ 372). D'autre part, le diagnostic des limites de l'honnêteté annonce déjà les exigences auxquelles doit répondre la « morale chrétienne ». « Il n'y a que la religion chrétienne qui rende l'homme aimable et heureux tout ensemble. Dans l'honnêteté on ne peut être *aimable* [entendons : « aimable à ceux qui en haïssent l'injustice », § 597] et *heureux* ensemble » (§ 426) : or, « nul n'est *heureux* comme un vrai chrétien, ni raisonnable, ni vertueux, ni *aimable* » (§ 357), car les « membres pensants » trouvent dans le consentement à la volonté du tout « leur béatitude » comme aussi la condition pour cesser de se haïr « plutôt que de s'aimer » (§ 360 ; *cf.* § 362). D'où aussi la nécessité de revenir sur la question de l'« ordre » et du dérèglement de la volonté (§ 421 et § 373-374) et d'opposer à « l'union [...] entre les hommes » fondée sur une « mutuelle tromperie » (§ 978) l'unité d'un « corps plein de membres pensants ». Bref, les fragments de la liasse « Morale chrétienne » et ceux qui articulent la description du « moi humain » s'éclairent réci-

montrer la *justice* de ce devoir d'amour qui semblerait mal s'accorder avec la « tyrannie » d'un « moi humain » « injuste en soi ». Mais il est question aussi, disions-nous, de *justesse*, et on retrouve ainsi la double exigence formulée par Descartes à propos de la générosité et de la « juste raison de s'estimer » qui en est le fondement : il faut savoir non seulement « pour quelle cause » chacun doit s'aimer, mais aussi « en quelle façon »[1]. Autrement dit : penser un « devoir » de l'amour de soi n'implique pas seulement la mise en évidence d'un *soi* véritablement aimable, car constitué autrement que par une « illusion volontaire », mais aussi la nécessité de décrire la « manière » (§ 928) de cet amour. C'est là un des enjeux majeurs de la liasse « Morale chrétienne » qui vise à tenir ensemble, malgré la contradiction apparente, deux exigences opposées, l'amour de soi et l'obligation de « n'aimer que Dieu et ne haïr que soi » (§ 373). Pascal y parvient en retrouvant une vérité déjà centrale pour saint Augustin : c'est en s'aimant *mal* qu'on finit par aimer *le mal*. Il ne s'agit pas (ou pas seulement) de distinguer une affection naturelle, qui nous impose de conserver l'intégrité de notre corps (§ 29), de l'amour qui nous porte à rechercher le bien de notre âme et l'unique bonheur qu'est Dieu. Il importe, plus radicalement, de montrer « comment » on « devrait s'aimer » (§ 368) pour éviter que tout amour de soi, même celui légitime pour notre vie et notre être, ne soit « hors » de l' « ordre » (§ 374).

Or, connaître la « qualité de membre » qui nous définit revient à « se considérer » unis et dépendants d'un corps et d'un tout auquel nous appartenons. Et cette union trouve son expression dans l'amour du tout pour ses parties (« Dieu nous a aimés le premier », I *Jn* IV, 19) qui en retour, *impose un devoir* d'amour de la partie pour le tout et, en mène temps, *offre le modèle* à partir duquel mesurer la justesse d'un amour de soi bien réglé. D'une part, régler l'amour signifiera alors s'aimer comme le Christ nous aime : « Le corps aime la main, et la main, si elle avait une volonté, devrait s'aimer de la même sorte que l'âme l'aime. Tout amour qui va au-delà est injuste » (§ 372). De l'autre, l'amour de soi est inséparable de l'amour du Christ : « En ne voulant que le bien du corps, ils [*sc*. les membres] font leur

proquement à une lecture croisée. Ce qui ne minimise pourtant pas la distance tant des questions qui les gouvernent que, par conséquent, des moments de rédaction. Car dans un cas, l'analyse du *moi* et de la « vie humaine » « dans le monde » (§ 978, 792) ne débouche que sur le devoir de la correction fraternelle (§ 422) et sur l'acceptation d'être « méprisables » et méprisés (§ 978), alors que, dans l'autre, il s'agira de penser l'amour (qu'on se doit, mais aussi celui que nous devons aux autres) et d'en montrer l'économie selon les « deux lois » qui règlent « toute la république chrétienne » (§ 376).

1. *Passions de l'âme*, art. 152. Voir V. Carraud, *Pascal : des connaissances naturelles*, *op. cit.*, p. 210-213.

propre bien » (§ 374). Les deux exigences ne font qu'une et c'est pour cette raison que Pascal se contente de les juxtaposer : « On s'aime parce qu'on est membre de Jésus-Christ. On aime Jésus-Christ parce qu'il est le corps dont on est membre » (§ 372). L'homme a du mal à s'aimer, il s'aime si mal que, sans s'en apercevoir, il aime son mal. À l'inverse, dès qu'il vient à se connaître en tant que membre, il aime Dieu et se trouve en retour aimé « mieux » qu'il ne s'aime lui-même (§ 360). Nous ne pouvons donc nous aimer qu'en tant que membres d'un tout, en aimant le tout, et en nous nous aimant selon un amour qui figure celui du tout pour nous. En cela consiste la justesse paradoxale d'un amour de soi-même juste car bien réglé – un amour qui implique parfois de renoncer même à la « vie, dont l'amour paraît si fort et si naturel » (§ 29)[1].

« *S'imaginer un corps plein de membres pensants* »

La figure d'un « corps plein de membres pensants » permet donc de *régler* l'amour de soi. Or, pour ce faire, précise Pascal, « il faut s'imaginer » (§ 368; 371 : « Qu'on s'imagine un corps plein de membres pensants »). On ne saura trop souligner l'importance de ce terme, dont la présence ici pourrait étonner. L'imagination n'est pas uniquement la puissance d'aliénation dont Pascal dénonce les leurres (§ 44; 45; 48; 806) : il s'agit d'une faculté « *non vitiosa, sed vitiata* » dont rien n'interdit d'envisager un bon usage[2]. La fonction heuristique de cette « partie dominante dans l'homme » (§ 44) pourra alors être mise au service de l'élaboration d'une « morale chrétienne ». « Bien penser voilà le principe de la morale », écrit ailleurs Pascal (§ 200) : bien penser, c'est-à-dire « penser comme il faut. Or l'ordre de la pensée est de commencer par soi, et par son auteur et sa fin » (§ 620). C'est précisément à cette triple exigence d'une pensée conduite « par ordre » que répond l'imagination d'un corps plein de membres pensants : en « s'imaginant », l'homme « vient à se connaître » (§ 371), se découvre créature du même « auteur », Dieu, qui « a fait le ciel et la terre » (§ 360) et comprend la véritable nature de son « bien » et de sa

1. On pourrait dès lors suggérer à titre d'hypothèse que la conclusion de § 372 (« Le corps aime la main, et la main, si elle avait une volonté, devrait s'aimer de la même sorte que l'âme l'aime ») constitue un développement plus tardif par rapport aux § 373 et 374 dont les formules semblent relever encore d'une logique de l'inclusion du bien de la partie dans celui du tout et donc d'une dérivation par subordination de l'amour de soi par rapport à l'amour de Dieu. Ce que semble par ailleurs confirmer le manuscrit du § 372 (*Recueil des papiers originaux des* Pensées, *op. cit.* p. 149-1).

2. Voir G. Ferreyrolles, *Les reines du monde. L'imagination et la coutume chez Pascal*, Paris, Champion, 1995, p. 298.

« béatitude » (§ 360). Mais il y a plus. Car il faut assigner à cette formule (« qu'on s'imagine... ») une valeur technique, qui interdit de n'y voir qu'une fiction (eût-elle une fonction heuristique) dont la réalité serait susceptible d'être mise en cause (*cf.* § 163; 198). Tout au contraire, s' « il faut s'imaginer un corps plein de membres pensants » c'est parce que « nous *sommes* membres du tout » : rien de moins imaginaire que cette imagination qui donne à voir la vérité des choses, c'est-à-dire qui en offre une image vraie.

La référence à la source cartésienne constituée par la définition de l'amour des *Passions de l'âme* (art. 79-80) et les lettres à Élisabeth et à Chanut qui la préparent se révèle à ce titre capitale. Comme on l'a vu, pour Descartes l'union de volonté qui définit l'essence de l'amour ne se confond pas avec l'espoir d'une conjonction dont relève le désir; tout au contraire, elle est la réalité même de l'amour. Lorsqu'on « imagine un tout duquel on pense être seulement une partie, et que la chose aimée en est une autre », on ne fait donc que prendre conscience, à l'aide d'une image vraie, de la vérité de l'amour, c'est-à-dire du fait qu'on est, d'ores et déjà uni et joint « de volonté » à la chose aimée. On rappellera aussi les quelques lignes de la lettre à Élisabeth du 15 septembre 1645 qui annoncent la définition de l'article 79, où Descartes imposait de se ressaisir de la vérité de notre condition de substances, qui, tout en étant individuelles, se trouvent « placé[es] dans le monde » :

> Bien que chacun de nous soit une personne séparée des autres, et dont, par conséquent, les intérêts sont en quelque façon distincts de ceux du reste du monde, on doit toutefois *penser* qu'on ne saurait subsister seul, et qu'on est, *en effet*, l'une des parties de l'univers, et plus particulièrement encore l'une des parties de cette terre, l'une des parties de cet État, de cette société, de cette famille, à laquelle on est joint par sa demeure, par son serment, par sa naissance[1].

« Penser » à notre existence *ratio partis*[2] en se « regardant » comme « placé dans le monde » et en « se considérant comme une partie du public »[3] signifier concevoir[4] la vérité de notre appartenance à « l'universalité de tous les êtres »[5] et à des organisations sociales s'articulant selon

1. AT IV, p. 293, nous soulignons.
2. AT VII, p. 56.
3. AT IV, p. 293.
4. Pour un usage remarquable de « considérer » et « concevoir », voir AT III, p. 692. On distinguera dès lors la considération aveugle et anticartésienne de § 978 de celle qui porte à l'évidence la vérité (§ 36, 199).
5. AT IX-1, p. 43, 44.

différents degrés de généralité. De même, « imagine[r] un tout » revient à « se considere[r] dès à présent comme joint avec ce qu'on aime » et dès lors porter à l'évidence la véritable nature de la passion de l'amour, en tant que consentement accordé à une union « de volonté » qui s'accomplit en deçà de toute conjonction « en effet ».

On comprend alors que l'usage du verbe « s'imaginer » aux § 368 et 371 n'annonce en rien une fiction dépourvue de réalité. Si l'on pense l'amour avec Descartes, comme Pascal semble le faire, on n'aime qu'en imaginant un tout et en se considérant comme une de ses parties. La tournure à première vue paradoxale du § 368 (Pascal nous demanderait-il d'avoir recours à une fiction, de « [nous] imaginer », *puisqu*'elle est vraie, « car nous *sommes* membres du tout » ?) prend à ce titre tout son sens. Nous aimons et *par conséquent* nous sommes membres pensants qui s'imaginent unis et s'unissent en voulant leur jonction. Qu'il *faille* « s'imaginer », lorsqu'il y va de l'amour, est donc moins un impératif qu'une nécessité logique, sinon une tautologie, car on ne peut aimer *qu*'à partir et *en raison* de cette imagination d'un tout et de ses parties. Or, si « pour régler l'amour qu'on se doit à soi-même, il faut s'imaginer », c'est parce que, aux yeux de Pascal, un tel règlement n'implique pas de définir des normes ou des hiérarchies des objets à aimer, mais plutôt de saisir la vérité de l'amour et de se ressaisir soi-même en tant qu'aimant à la lumière d'une idée de l'amour[1]. Autrement dit, non seulement l'homme, dès qu'il aime, se pense comme membre et n'est membre qu'en pensant (c'est-à-dire en voulant son union à l'autre), mais il ne peut régler cet amour qu'en s'imaginant un corps plein de membres pensants, c'est-à-dire en s'appropriant par la pensée la vérité de l'amour[2].

C'est précisément cette décision théorique, régler l'amour à partir de son idée, qui définit la position de Pascal dans la longue tradition de la notion d'*ordre de la charité*, et qui en détermine aussi l'originalité. Un passage des *Essais* de Montaigne annonçant d'une certaine façon la difficulté à laquelle Pascal se trouvera confronté dans la liasse « Morale chrétienne » permet de le montrer. En ouverture du chapitre « De ménager

1. On rappellera que Descartes « s'imaginait » aussi la réduction de tout étant à la *prévision* de la *mathésis universalis* : voir *Discours de la méthode*, AT VI, p. 19 et E. Martineau, « L'ontologie de l'ordre », *Les Études philosophiques*, 1976/4, p. 475-494, en part. p. 481.

2. *Cf.* § 434 où Pascal demande, comme aux § 368 et 371, de « s'imaginer » pour saisir une « image », c'est-à-dire une manifestation de ce qui reste le plus souvent non vu (la vérité de la condition humaine) : « Qu'on s'imagine un nombre d'hommes dans les chaînes, et tous condamnés à la mort, dont les uns étant chaque jour égorgés à la vue des autres, ceux qui restent voient leur propre condition dans celle de leurs semblables, et, se regardant l'un l'autre avec douleur et sans espérance, attendent à leur tour. »

sa volonté », Montaigne énonce un de ses « dogmes »[1] : « Mon opinion est, qu'il se faut prester à autruy, et ne se donner qu'à soy-mesme »[2]. Or, la vie des hommes offre d'innombrables exemples d'aliénation poussée à l'extrême auxquels Montaigne oppose l'exigence de « mesnager la liberté de nostre ame, et ne l'hypothequer qu'aux occasions justes ». Les charges publiques et l'activité politique relèvent sans doute de ces « justes » occasions. D'où la nécessité pour Montaigne de revenir sur son propre engament en tant que maire de Bordeaux et de rappeler comment il a su se « mesler des charges publiques » sans se départir de lui-même « de la largeur d'une ongle », « et me donner à autruy sans m'oster à moy »[3]. Ce faisant, il se démarquait de l'exemple du père :

> Il me souvenoit de l'avoir veu vieil en mon enfance, l'ame cruellement agitée de cette tracasserie publique ; oubliant le doux air de sa maison, où la foiblesse des ans l'avoit attaché long temps avant, et son mesnage, et sa santé ; et mesprisant certes sa vie, qu'il y cuida perdre, engagé pour eux, à des longs et penibles voyages. Il estoit tel, et luy partoit cette humeur d'une grande bonté de nature. Il ne fut jamais ame plus charitable et populaire. [...] Il avoit ouy dire, qu'il se falloit oublier pour le prochain, que le particulier ne venoit en aucune consideration au pris du general. La plus part des prennent ce train de nous pousser hors de nous, et chasser en la place, à l'usage de la societé publique[4].

Âme « charitable », le père de Michel conformait son engagement aux maximes d'une morale prêchant la priorité du bien commun sur les intérêts des particuliers. Mais l'évocation du dévouement civique de Pierre Eyquem se prolonge par une réflexion plus vaste, qui cherche à décortiquer les limites des « reigles et preceptes du Monde » qui visent à limiter les excès de l'amour de soi. Montaigne s'attache alors à critiquer les « sages » qui, lorsqu'ils « nous ordonnent, d'aymer avant nous, trois, quattre, et cinquante degrez de choses, ils representent l'art des archers, qui pour arriver au poinct, vont prenant leur visée grande espace au dessus de la bute. Pour dresser un bois courbé, on le recourbe au rebours »[5]. À cette réformation de l'amour propre qui prétend guérir notre « pente » naturelle et vicieuse par un excès égal et contraire, Montaigne oppose l'idée, sinon l'idéal, d'une sagesse à laquelle on accède sans faire violence :

1. Voir A. Legros, « Qu'est-ce qu'un "dogme" pour Montaigne », *in* R. Bertrand Romão (dir.), *O Cepticismo e Montaigne*, Covilhã, Universidade da Beira Interior, 2003, p. 59-82.

2. *Essais*, III, 10, p. 1003.

3. *Ibid.*, p. 1007.

4. *Ibid.*, p. 1005-1006.

5. *Ibid.*, p. 1006.

> J'estime qu'au temple de Pallas, comme nous voyons en toutes autres religions, il y avoit des mysteres apparens, pour estre montrez au peuple, et d'autres mysteres plus secrets, et plus hauts, pour estre montrés seulement à ceux qui en estoyent profez. Il est vray-semblable que en ceux-cy se trouve le vray poinct de l'amitié que chacun se doit. Non une amitié fausse, qui nous fait embrasser la gloire, la science, la richesse, et telles choses d'une affection principale et immoderée, comme membres de nostre estre, ny une amitié molle et indiscrete, en laquelle il advient ce qui se voit au lierre, qu'il corrompt et ruine la paroy qu'il accole. Mais une amitié salutaire et reiglée, esgalement utile et plaisante. Qui en sçait les devoirs, et les exerce, il est vrayement du cabinet des muses; il a attaint le sommet de la sagesse humaine et de nostre bon heur. Cettuy-cy, sçachant exactement ce qu'il se doit, trouve dans son rolle qu'il doit appliquer à soy l'usage des autres hommes, et du Monde; et, pour ce faire, contribuer à la société publique les devoirs et offices qui le touchent. Qui ne vit aucunement à autruy, ne vit guere à soy. *Qui sibi amicus est, scito hunc amicum omnibus esse*[1].

« Trouve[r] le vray point de l'amitié que chacun se doit » : il s'agit là moins de l'énonciation d'un précepte que du rêve d'une sagesse cachée, dont les maximes, savamment orchestrées et d'un ton sereinement affirmatif assez rare dans les *Essais*, exhibent la perfection sans, pour ainsi dire, en donner la recette. Mais pour notre propos, l'essentiel n'est pas tant le sens de la solution que Montaigne propose ici en réagissant aux principes de la « sagesse » qui gouvernaient l'action politique de son père, que la question qui la suscite. Dans les « trois, quattre et cinquante degrez de choses » que les « sages » « nous ordonnent, d'aymer avant nous », on aura sans doute reconnu l'écho des hiérarchies des *amabilia* articulées par les *disputationes « de ordine caritatis »* des sommes médiévales, dont les traités de morale de l'époque de Montaigne se font si souvent l'écho[2]. Montaigne réagit en récusant une stratégie morale qui s'acharnerait à nous « destourner et distraire de nous » pour modérer « une attache trop naturelle ». Au contraire, « les devoirs et offices » qui nous imposent de « contribuer à la société publique » trouvent leur fondement dans l'« amitié salutaire et reiglée » que l'homme doit se porter. Amour de soi et amour du prochain ne font alors qu'un : en sachant « exactement ce qu'il se doit » l'homme véritablement sage sait aussi comment « appliquer à soy l'usage des autres hommes et du Monde ». Bref, à l'oubli de soi de l'âme trop « charitable et populaire » que fut son père, Montaigne oppose un « ordre de la charité » plus souple parce que capable de s'appuyer sur l'unité profonde

1. *Essais*, III, 10, p. 1006-1007.
2. Voir par exemple Bernardino Ochino, *Sermons*, s. l., 1561, p. 76-87.

de l'amour de son propre bien et de l'amour du bien public. Or, comme nous l'avons montré, c'est là la même difficulté à laquelle Descartes se confrontera, quelques décennies plus tard, dans son échange avec la princesse Élisabeth. Certes, « il faut toujours préférer les intérêts du tout, dont on est partie, à ceux de sa personne en particulier »[1] : mais cela ne signifie pas qu'il faille « [s']oublier pour le prochain, [et] que le particulier » ne soit d'« aucune considération au pris du général ». L'amour du bien commun comme aussi l'amour de soi demandent « mesure et discrétion ». Mais, justement, « comment mesurer les maux qu'on se donne pour le public ? », rétorque Élisabeth[2], « et quelle règle aurons-nous » pour opérer un juste partage entre ce que nous nous devons et ce que nous devons au public ? » Élaborée sans doute à partir de cette exigence de formuler un nouvel ordre de l'amour qui se démarque des distinctions rigides des discussions scolastiques « *de ordine caritatis* », la définition cartésienne de l'amour et la distinction de ses différentes « sortes » viennent dès lors répondre aux demandes de la Princesse, tout en prolongeant, implicitement, les souhaits de Montaigne.

Pour régler l'amour qu'on doit aux autres en fonction de l'estime qu'on en fait « à comparaison de soi-même », mais aussi, indirectement, celui qu'on se porte à soi-même, car chacun n'en retient « pour soi en particulier qu'une partie aussi grande ou aussi petite qu'on croit être une grande ou petite partie du tout auquel on a donné son affection », l'homme n'a finalement selon Descartes qu'à penser l'amour, à en concevoir l'essence, à en saisir la vérité. L'imagination d'un tout et de ses parties débouche en effet sur un « vrai usage » de l'amour qui en est aussi un règlement. Comme chez Montaigne, il n'y a rien de rigide dans l'ordre de l'amour que Descartes imagine : plutôt, « une amitié salutaire et réglée », c'est-à-dire, dans le lexique cartésien, une estime de soi-même fondée sur la considération de sa juste valeur qui permet de mesurer ce qu'on vaut et ce à quoi on est tenu à l'égard des autres. Et Pascal de s'emparer de ce dernier avatar de l'*ordo caritatis* et d'en mettre en évidence la logique. L'*ego cogitans*, dès qu'il s'éprouve en tant qu'aimant, se voit et agit comme une partie d'un tout : un membre donc et un membre pensant, car aimer vaut « se penser comme », « se considérer comme joint ». La possibilité de « régler » l'amour que l'homme se doit trouve son fondement dans cette double vérité, vérité de l'amour et vérité de soi-même en tant qu'*ego amans* : « Pour régler l'amour qu'on se doit à soi-même il faut s'imaginer un corps plein de membres

1. AT IV, p. 293.
2. *Ibid.*, p. 303.

pensants, car nous sommes membres du tout, et voir comment chaque membre devrait s'aimer, etc.»; «Qu'on s'imagine un corps plein de membres pensants». La règle de l'amour est atteinte à la lumière d'une idée de l'amour, en l'occurrence celle des *Passions de l'âme*. Ainsi, l'amour juste de soi, celui qui impose de se faire justice à soi-même et de s'aimer selon une «manière» dont la justesse dépend de la conformité à l'amour que le tout a pour ses parties, ne devient accessible que lorsque l'homme décide enfin de se penser et de penser l'amour – et, plus encore, comme on le verra, de penser l'unité qui en est l'essence[1].

« *ADHAERENS DEO* »

Un membre séparé

Nous nous sommes jusqu'ici interrogés sur la requête d'une règle de l'amour de soi qui constitue le «commencement des membres pensants», en soulignant la dépendance à l'égard de la définition des *Passions de l'âme* et, plus encore, des exigences qui en gouvernaient l'élaboration par Descartes. Mais cette nécessité d'un règlement de l'amour «qu'on se doit» ne vise qu'à en définir l'espace d'un déploiement légitime face à un autre devoir d'amour, s'énonçant apparemment comme exclusif: «Il faut n'aimer que Dieu» (§ 373). C'est en effet «en *ne* voulant *que* le bien du corps» que les «membres pensants» «font leur propre bien» (§ 374). Il faudra alors revenir sur cette articulation des deux amours et s'interroger tout d'abord sur la primauté de l'amour de Dieu et la nécessité pour le membre d'être «*adhaerens Deo*», que Pascal énonce à deux reprises à l'aide de la citation de I *Cor* VI, 17 (§ 372)[2].

1. Si les « membres pensants » esquissent une figure de l'*ordo caritatis* à l'âge cartésien, reste à analyser le rapport de cette détermination *philosophique* de l'« ordre de la charité » avec la tradition *spirituelle* et notamment bernardine qui l'annonce et la prépare en plus d'un sens (on pensera surtout au *De consideratione*; voir S. Icard, *Port-Royal et saint Bernard de Clairvaux*, *op. cit.*, p. 430-436).

2. Pascal cite I *Cor* VI, 17 en suivant le texte de l'« Italique » (« *Qui adhaeret Deo, unus spiritus est* »; « *Adhaerens Deo unus spiritus est* », § 372) plutôt que celui de la Vulgate (« *Qui adhaeret* Domino, *unus spiritus est* »). Voir J. Lhermet, *Pascal et la Bible*, Paris, Vrin, 1931, p. 217-222 et pour une source possible, Prosper d'Aquitaine, *De vocatione omnium gentium*, I, 6 cité par la *Trias* de Jean Sinnich (l. III, chap. I, § 1) un recueil souvent exploité par les *Écrits sur la grâce* (cf. *OC* III, p. 551). Il se peut dès lors que dans les « membres pensants » « Dieu » signifie le plus souvent « Christ » (sauf sans doute § 360). On rappellera à ce titre que la *Prière pour le bon usage des maladies* s'adresse d'abord à Dieu et, à partir du paragraphe IX et sans solution de continuité, à Jésus-Christ (*OC* IV, p. 994, 1005).

Pour ce faire, il conviendra de revenir à Bérulle et à sa doctrine du corps mystique. Comme nous l'avons montré, chez l'Oratorien le recours au théologoumène paulinien venait répondre à l'exigence de penser une union à Dieu qui, tout en étant la plus parfaite et intime, n'impliquait en aucun cas une confusion d'essences. Le désir d'une absorption volontaire de la volonté humaine dans la volonté divine, qui constitue le sommet de tout projet mystique, s'accompagnait d'un net souci de prudence métaphysique face aux « termes excessifs de transformation ». Ontologie et christologie convergeaient dès lors chez Bérulle pour définir l'homme comme un être relatif qui, par sa nature, est essentiellement « rapporté » et « référé » à Dieu. En entrant dans le « nouveau monde de la grâce », le fidèle se trouve « enté » en Jésus-Christ, et il adhère à lui comme à la relation substantielle au Père qu'il est. Le corps mystique permet ainsi de penser la vie unitive, l'union mystique dans laquelle le chrétien est « désapproprié et anéanti et approprié à Jésus, subsistant en Jésus »[1]. De ce fait, dans une pièce très synthétique et sans doute tardive issue des *Œuvres de piété*[2] Bérulle oppose l'indépendance du Créateur et la sujétion des créatures qui sont « tout[es] à son service ». Cette servitude « aussi ancienne que la créature » impose de penser la séparation d'avec Dieu sous la figure d'une double négligence : « Nous pouvons bien en séparer notre pensée par inconsidération et notre volonté par malice, mais nous ne pouvons pas en séparer l'état et l'effet. » D'où quatre postures possibles : « Le servir sans le connaître, c'est bassesse ; le servir sans le vouloir, c'est misère ; le servir contre sa volonté, c'est extrémité de misère ; le servir en le voulant et se complaisant en cette servitude, c'est félicité suprême. » « Adhérer à Dieu » reviendra à renoncer à l'inconsidération et à la malice pour vivre « de la vie qui convient à l'homme comme homme » : celle qui « le fait tendre à l'être incréé, et qui le rend capable de Dieu, et lui fait porter son image et semblance en plusieurs manières »[3]. La « subsistence » dans le corps mystique du Christ assure, aux yeux de Bérulle, la possibilité pour l'homme de persévérer dans ces deux « habitudes de dépendance de Dieu,

1. *OCB* I, 4, p. 181.

2. *Ibid.*, p. 38-40.

3. « La perfection porte conformité à l'être, qui doit être perfectionné. Puisque cet être procède de Dieu, puisqu'il tend à Dieu, puisque Dieu l'a fait, et l'a fait pour soi, "*propter semetipsum*", il n'y a moyen de le parfaire que dans ces deux habitudes de dépendance de Dieu et de mouvement vers Dieu. Et le vouloir accomplir et parfaire sans le référer à Dieu, c'est le défaire et non le parfaire. La misère de l'homme vient de l'homme même. Et il se rend misérable par les mêmes voies qu'il choisit pour se rendre heureux. Il veut vivre content et il ne prend pas garde que la vie, et beaucoup plus le contentement de la vie de l'homme, consiste à rechercher Dieu, à adhérer à Dieu et à porter l'image et la semblance de Dieu. »

et de mouvement vers Dieu » : en « vivant en Jésus », l'homme peut porter à la perfection le « rapport à Dieu » qu'il est.

Or, la démonstration de Bérulle dans cet opuscule n'est pas sans rappeler les fragments de la vingt-sixième liasse à titres des *Pensées*. Il y va en effet chez Pascal, comme chez Bérulle, d'une réflexion sur la création, ou plutôt sur une double création : « Dieu ayant fait le ciel et la terre qui ne sentent point le bonheur de leur être, il a voulu faire des êtres qui le connussent et qui composassent un corps de membres pensants » (§ 360). Le principe organisant cette Genèse *bifide* est moins l'opposition des corps aux esprits que la distinction entre des créatures qui jouissent du « bonheur de leur être » sans, de fait, le sentir, et d'autres qui sont capables de s'approprier ce sentiment. On notera d'autre part que l'objet de cette réécriture de premières lignes de la Bible ne sont pas les « êtres » singulièrement pris, mais les « universalités »[1] qu'ils composent. La coupure passe en effet entre la totalité des étants (« le ciel et la terre », c'est bien l'univers « suivant la façon de parler des Hébreux, comprenant toutes choses en deux mots »)[2] et cette totalité qu'est un ensemble de membres faisant (un) corps. Mais s'il fallait que les êtres qui composaient ce corps nouvellement créé « connussent » leur bonheur, il ne pouvait s'agir que de « membres pensants ». Ainsi, ce « corps plein de membres pensants » se distinguera tout autant des corps humains que du « ciel et [de] la terre », « car nos membres ne sentent point le bonheur de leur union, de leur admirable intelligence, du soin que la nature a d'y influer les esprits et de les faire croître et durer » (§ 360). Le corps humain apparaît finalement comme un corps qui se méconnaît et, à ce titre, comme une figure imparfaite de la corporéité elle-même : les membres de notre organisme, n'étant pas « pensants », ne peuvent qu'ignorer le bonheur de leur « être » en tant que membres, c'est-à-dire l'accord heureux qui en garantit l'unité. Puisqu'ils sont incapables de sentir l'intelligence de leur intelligence[3], on pourrait presque affirmer qu'ils se trouvent être (un) corps sans pourtant faire (un) corps, ou du moins sans le « *com*poser » véritablement. Bref, par un renversement admirable, le corps que nous sommes et l'union de « nos membres » qui le constitue en

1. *OC* IV, p. 794.

2. *OC* III, p. 314-315.

3. Dans § 360, Pascal tire manifestement profit de l'ambiguïté du terme « intelligence » en tant que synonyme d'« union » et « harmonie », mais aussi en tant que traduction de l'*intellectus* ou de la *facultas intelligendi* cartésiens (Voir AT IX-1, p. 48). Le point est d'autant plus remarquable que, à notre connaissance, Pascal n'utilise jamais ailleurs « intelligence » pour « entendement » (il s'agit toujours de l'intelligence *de* quelque chose).

disent moins sur ce que c'est qu'être corps que cet étrange « corps plein de membres pensants » que Pascal demande d'imaginer.

Pourtant, et c'est ici l'essentiel de l'argument pascalien, si sentir le bonheur d'« être membre » (§ 372) impose de se ressaisir de l'union, cela n'a rien d'une évidence : il s'agit au contraire d'une tâche à accomplir, et d'une tâche difficile. « Sentir » est ici synonyme de « voir » et de « connaître » et n'implique nullement une forme quelconque de passivité ou de conscience immédiate. Au contraire, le risque pour les « membres pensants » est toujours celui d'oblitérer le privilège qui les distingue de « nos membres » : ces derniers, « seraient heureux s'ils le [*sc.* le bonheur de leur union] sentaient, s'ils le voyaient, mais il faudrait pour cela qu'ils eussent intelligence pour le connaître, et bonne volonté pour consentir à celle de l'âme universelle » (§ 360). Pour sentir le bonheur de leur union dans la composition d'un corps, les membres doivent donc le penser, et cela en fonction des deux *modi cogitandi* que sont l'*intellectus* et la *voluntas*. Mieux encore : ils doivent faire un bon usage de ces deux modes de la pensée, car, le « concours » de ces deux « puissances » ouvre également l'espace au « mauvais usage du libre arbitre »[1] et donc à l'erreur qui sera ici celle d'une insensibilité à « l'admirable intelligence » qui fait le bonheur des membres unis. Le début du § 373 le confirme, en décrivant la posture d'un membre qui, tout en connaissant et en voulant, aime et connaît si mal qu'il reste enfermé dans l'indifférence à son union au corps et finit ainsi par se distinguer à peine d'un des « nos membres [qui] ne sentent point le bonheur » : « Si le pied avait toujours ignoré qu'il appartînt au corps et qu'il y eût un corps dont il dépendît, s'il n'avait eu que la connaissance et l'amour de soi… ».

On retrouve ainsi sous la plume de Pascal, « l'inconsidération » de la pensée et la « malice » de la volonté d'une créature qui se croit indépendante bien que sa « servitude » soit « fondée dans l'être, voire dans le plus intime de l'être », comme l'écrivait Bérulle. Et dans un cas comme dans l'autre, il s'agit de penser une séparation qui ne coïncide pas avec l'isolement, mais avec l'occultation volontaire de l'union qui pourtant fait notre être. Toutefois, si pour le fondateur de l'Oratoire une telle attitude ne pouvait qu'être décriée comme un paradoxe et une position intenable (« ne pouvant être absolus et indépendants, ne pouvant être à nous-mêmes, le vouloir, c'est vouloir l'impossible et c'est combattre notre être propre, c'est nous défaire nous-mêmes et non pas nous parfaire »)[2], Pascal

1. AT IX-1, p. 45, 47.
2. *OCB* I, 4, p. 39.

s'efforce d'en fournir une description, en esquissant la figure du « membre séparé » (§ 372). Pour ce faire, il fait sien le point de vue du membre, à l'instar de saint Paul (I *Cor* XII, 12-26) qui lui cédait même la parole : « Si le pied disait : “Parce que je ne suis pas la main, je ne suis pas du corps”, il n'en serait pas moins du corps pour cela. Et si l'oreille disait : “Parce que je ne suis pas l'œil, je ne suis pas du corps”, elle n'en serait pas moins du corps pour cela » (15-16). Mais si chez l'apôtre l'enjeu de ces versets était celui de souligner la spécificité des rôles et des fonctions accomplies par les différentes parties du corps et leur complémentarité, Pascal semble n'en retenir que l'opposition entre l'affirmation du membre et la vérité de sa condition (« *non sum* [...] *non ideo non est* »). Au lieu de méconnaître ce qui le distingue et rend sa présence dans le tout non moins indispensable que celle de chacun des autres membres, le « pied » pascalien ignore tout simplement qu'il appartient au corps (§ 373). Cette ignorance qui correspond, comme nous l'avons vu, à une insensibilité au bonheur de son être, fait le propre du « membre séparé » : « Le membre séparé ne voyant plus le corps auquel il appartient n'a plus qu'un être périssant et mourant. Cependant il croit être un tout et, ne se voyant point de corps dont il dépende, il croit ne dépendre que de soi et veut se faire centre et corps lui-même » (§ 372). On pourra déceler dans cette description l'écho de la phénoménologie de l'amour propre et du « moi humain », qui cherche à imposer sa primauté en se faisant « centre de tout » (§ 597), et de l'homme pécheur qui, par « présomption », a « voulu se rendre centre de lui-même » (§ 149)[1]. Ou, plus simplement, y voir la déduction abusive de l'indépendance dans l'ordre des corps à la non-dépendance (sinon à la « tyrannie ») dans celui des esprits : « Chacun est un tout à soi-même, car lui mort le tout est mort pour soi. Et de là vient que chacun croit être tout à tous » (§ 668). Pascal semble toutefois s'intéresser surtout à la logique de l'égarement qui gouverne la posture du « membre séparé ». L'égarement se laisse en effet comprendre comme l'exténuation d'une tension entre sentir et voir : lorsqu'on s'égare, on « sent » et cela implique une manière de regarder sans atteindre la vision. Or, celle-ci est précisément la condition du membre qui « n'ayant point en soi de principe de vie, [...] ne fait que s'égarer et s'étonne dans l'incertitude de son être, sentant bien qu'il n'est pas corps, et cependant ne voyant point qu'il soit membre d'un corps » (§ 372). Il ne cesse de *sentir* sa non-autonomie tout en étant

1. Ce qui confirme notre lecture du § 978 : le *moi* « ne considère que soi » et pourtant il se regarde sans se voir ni se connaître, de même que le membre qui n'a que la « connaissance de soi » ignore « qu'il appartient à un corps » et donc ne voit pas son « être » en tant que « membre ».

incapable de voir la vérité de son être. Pour sentir et pour voir, car les deux reviennent au même (« s'ils le sentaient, s'ils le voyaient », § 360), il faut connaître et vouloir sa propre condition : « Enfin quand il vient à se connaître il est comme revenu chez soi et ne s'aime plus que pour le corps. » L'attitude du membre séparé l'enferme au contraire dans une haine qui s'ignore. Une *haine*, car, conformément à la définition cartésienne, cette passion fait qu'« on se considère seul comme un tout entièrement séparé de la chose pour laquelle on a de l'aversion »[1]. Mais une haine *qui s'ignore*, car le « membre séparé » ne voit même pas (ou ne voit *plus* désormais) ce dont il prétend s'être rendu indépendant : « Le membre séparé ne voyant plus le corps auquel il appartient... »

Si donc pour Bérulle, « séparer notre pensée par inconsidération et notre volonté par malice » de la « servitude » qui nous fait dépendants de Dieu, « c'est vouloir l'impossible et combattre notre être propre », Pascal élucide la psychologie du « membre séparé » vivant dans l'égarement et « l'incertitude de son être ». De ce fait, « avoir un être périssant et mourant » signifie renoncer à « bien penser », et l'usage par Pascal des participes présents désigne la condition d'un membre qui *est* dans le corps *comme s'il n'y était pas*. Ce qui impose de distinguer, comme l'indique le § 373, la séparation du « membre séparé » de celle que le corps peut opérer et accomplir : « Quelle confusion de sa vie passée, d'avoir été inutile au corps qui lui a influé la vie, qui l'eût anéanti s'il l'eût rejeté et séparé de soi, comme il se séparait de lui ! » Séparé, car ignorant son union, le membre risque de subir la séparation du corps qui constitue, elle, un rejet effectif et s'achève donc en un véritable anéantissement. Le « membre séparé » vit d'une vie « périssant[e] », car il s'engouffre dans l'indifférence de sa condition, mais si le corps l'avait « séparé de soi », il serait réduit à néant. La notion même de « membre *pensant* » vient dès lors se charger d'une signification plus complexe et radicale. L'homme est un « membre pensant » car, en tant qu'*ego amans*, il se considère comme membre d'un tout, l'amour imposant d'« imagine[r] un tout duquel on *pense* être seulement une partie ». Mais il l'est aussi car il ne devient véritablement membre du corps auquel il appartient *qu'en pensant* et en s'appropriant par la pensée sa condition. Au « membre séparé », qui vit dans la négligence de soi et de son « admirable intelligence » avec le reste du corps, et qui se pense autre qu'il n'est, Pascal oppose le membre qui *pense* « comme il

1. *Passions de l'âme*, art. 80.

faut » (§ 620) et qui *se* pense : « il vient à se connaître, il est comme revenu chez soi »[1].

Consentir à l'union : soumission et usage de la volonté

La comparaison avec l'opuscule bérullien nous a permis de mieux comprendre l'importance de la figure du « membre séparé » à laquelle Pascal assigne une fonction centrale dans sa reprise du théologoumène du corps mystique. Il ne reste pas moins que la réflexion de l'Oratorien s'achevait par le souhait d'une vie unitive qui permettait au fidèle « enté » en Christ de s'unir à Dieu. Ainsi, écrivait Bérulle, « il ne suffit à l'homme d'être subordonné, mais il doit être désapproprié et anéanti et approprié à Jésus, subsistant en Jésus, enté en Jésus, vivant en Jésus »[2]. Il s'agit de nier toute « volonté propre » (§ 362) en prenant pour devise la déclaration de saint Paul (*Gal* II, 20) : « Nous devons tous désirer non pas d'être, mais ou de n'être point ou d'être en relation vers Dieu et son Fils unique, voire n'être que relation vers lui, tout notre être devant être anéanti par grâce : "Je vis, non pas moi", et n'être que relation »[3]. La vérité de la vie du fidèle est sa vie en Christ, mieux : la vie que Christ lui assure en étant la « subsistence » du corps mystique auquel le chrétien est incorporé[4]. Or, chez Pascal,

1. Serait-il hasardeux de reconnaître alors dans le « membre pensant » le nom pascalien de l'homme fait à l'image et à la ressemblance de Dieu ? On ne relève que quatre échos de *Gn* I, 26 dans les *Pensées*, et la notion de *similitudo* l'emporte toujours sur celle d'*imago*. Le désir de ressemblance est décrié à deux reprises comme un des symptômes de l'orgueil stoïcien (§ 149 « Vous pouvez vous rendre semblable à lui » ; § 430 : « Ils vous ont fait penser que vous lui [*sc*. Dieu] étiez semblables et conformes par votre nature ») et dans un passage raturé du § 131 on lit : « L'homme dans l'état de la création, ou dans celui de la grâce, est élevé au-dessus de toute la nature, rendu comme semblable à Dieu et participant de la divinité ». Pour Pascal il ne s'agit certes pas de découvrir en nous-mêmes, dans le fond de notre être, une instance qui nous « rapporte » à l'archétype divin ou qui offre une image de sa nature en nous, fût-elle cette image toujours ouverte à la dissemblance qu'est le libre arbitre. Il y va plutôt d'une tension, conformément à une décision théorique qui était déjà celle de Bérulle. Le membre est référé au corps, il sent la distance qui le sépare du tout et il doit vouloir son union avec le tout : « Le christianisme est étrange : il ordonne à l'homme de reconnaître qu'il est vil et même abominable, et lui ordonne de vouloir être semblable à Dieu » (§ 351, issue de la liasse « Morale chrétienne »). Voir M. Dupuy, « Les mots, les choses et la théologie », *Bulletin du Comité des études*, 57-58, 1969, p. 176-192 ; H. Michon, *L'Ordre du cœur. Philosophie, théologie et mystique dans les* Pensées *de Pascal*, Paris, Champion, 2007, p. 47-49, 272-273 et V. Carraud, *Pascal : des connaissances naturelles*, *op. cit.*, p. 102-103. Nous reviendrons ailleurs sur l'approche pascalienne de *Gn* I, 26 (Cf. *OC* Sell., p. 509 et surtout *OC* IV, p. 1002).

2. *OC B* I, 4, p. 181.

3. *Ibid.*, p. 198.

4. *Ibid.*, 1, p. 235.

l'adhérence à Dieu ne saura pas se dire à partir d'une équivalence entre anéantissement et désappropriation de la volonté, car elle relève, au contraire, de son exercice sous la figure du consentement. « Pour faire que les membres soient heureux, il faut qu'ils aient une volonté et qu'ils la conforment au corps » (§ 370), c'est-à-dire qu'ils aient « bonne volonté pour consentir à celle de l'âme universelle » (§ 360). Mais « consentir à la conduite de l'âme entière » n'est rien d'autre que s'y soumettre : la subordination n'a pas à s'estomper au profit de l'anéantissement, comme Bérulle l'exigeait. Tout au contraire, l'anéantissement ne fait que confirmer que c'est la soumission qui constitue l'exigence fondamentale : « Avec quelle soumission [le membre] se laisserait-il gouverner à la volonté qui régit le corps, jusqu'à consentir à être retranché s'il le faut ! Ou il perdrait sa qualité de membre ! Car il faut que tout membre veuille bien périr pour le corps qui est le seul pour qui tout est » (§ 373). S'il faut bien « renoncer » à la « volonté propre » (§ 362), jamais le membre ne cesse de vouloir : il faut tenir ensemble soumission et *usage* de la volonté : en consentant, son vouloir se conforme à une volonté autre. Le fragment 374 explicite cette *volonté de volonté* qu'impose l'« ordre » du « corps plein de membres pensants » : « Si les pieds et les mains avaient une volonté particulière, jamais ils ne seraient dans leur ordre qu'en soumettant cette volonté particulière à la volonté première qui gouverne le corps entier. »

L'affrontement de volontés ici pointé par Pascal impose un rapprochement avec les *Écrits sur la grâce*. On se reportera tout particulièrement aux pages où, selon Jean Mesnard, Pascal fixe une rédaction élaborée du début du « Traité de la prédestination » : « Il est question de savoir si la volonté de l'homme est la cause de la volonté de Dieu, ou si la volonté de Dieu est la cause de la volonté de l'homme », ce qui revient à montrer en quel sens et comment ces deux causes concourent chez les justes pour rendre possibles les « bonnes actions »[1] et l'observation des préceptes. Pascal distingue, avec saint Thomas, une cause seconde et une cause première. Or, cette cause première est en effet une première cause, c'est-à-dire une cause « première et principale », « dominante » et « maîtresse »[2]. De ce fait, « celle qui sera dominante et maîtresse de l'autre sera considérée comme unique en quelque sorte ; non pas qu'elle le soit, mais parce qu'elle enferme le concours de la volonté suivante. Et l'action sera rapportée à cette volonté première et non à l'autre quoiqu'on ne nie pas qu'elle ne puisse être aussi en un sens rapportée à la volonté suivante ; mais elle l'est

1. *OC* III, p. 782.
2. *Ibid.*, p. 725.

proprement à la volonté maîtresse comme à son principe»[1]. Penser le concours de la volonté humaine et divine revient donc à reconnaître « l'entière différence » qui subsiste entre elles, tout en évitant de minimiser la nécessité de leur « concours ». D'où la formule de saint Paul, « je vis, non pas moi, mais Jésus-Christ vit en moi ». Pascal y revient à maintes reprises dans les *Écrits* pour préciser que

> l'apôtre n'est point menteur; il est vrai qu'il est vivant, puisqu'il dit : *Je suis vivant*. Il est donc aussi véritable qu'il n'est point vivant, puisqu'il dit : «*Jam non ego*», *je ne suis point vivant*. Et ces deux vérités subsistent ensemble, parce que sa vie, quoiqu'elle lui soit propre, ne vient pas originalement de lui. Il n'est vivant que par Jésus-Christ; la vie de Jésus-Christ est la source de sa vie[2].

Ces «contrariétés apparentes» (§679) n'exhibent finalement que l'avers et le revers d'une vérité unique :

> L'unique moyen d'accorder ces contrariétés apparentes qui attribuent nos bonnes actions tantôt à Dieu et tantôt à nous, est de reconnaître que, comme dit saint Augustin, *nos actions sont nôtres, à cause du libre arbitre qui les produit; et qu'elles sont aussi de Dieu, à cause de sa grâce qui fait que notre* [*libre*] *arbitre les produit*[3].

La lecture pascalienne du verset de saint Paul, si souvent sollicité par la tradition mystique pour décrire la vie unitive, montre bien en effet que les deux vérités extrêmes, la « vie » de l'apôtre (« *vivo ego* »), et la vie du Christ en lui qui justifie la négation «*jam non ego*», doivent subsister ensemble, sans que l'avènement de la seconde implique un anéantissement de la première. Certes, alors que dans le cas de l'analyse de la logique de la grâce il est question de la convergence de deux causes et de l'effet unique qu'on peut attribuer à différents titres à l'une ou à l'autre, dans les « membres pensants » Pascal s'interroge plutôt sur la distance qui sépare la volonté première, c'est-à-dire « universelle », de la « volonté particulière », qui ne peut s'accomplir «dans l'ordre» qu'en se soumettant. Il n'en reste pas moins que le modèle des *Écrits sur la grâce* permet de comprendre la nature de l'adhérence à Dieu à laquelle Pascal fait signe par la double citation de I *Cor* VI, 17. Dans un opuscule célèbre, Saint-Cyran s'appuyait précisément sur ce verset pour résumer les rapports entre grâce et volonté

1. *OC* III, p. 782.
2. *Ibid.*, p. 782-783.
3. *18e Provinciale*, *OC* Sell., p. 601.

humaine et illustrer comment « chaque action que nous faisons en Dieu est faite en nous par Dieu même »[1] :

> Cette grâce actuelle par laquelle Dieu remue le cœur des justes, qui en effet n'est rien qu'un mouvement d'amour de Dieu, est toujours jointe à une délectation et à un plaisir secret qui emporte la volonté en lui faisant vaincre tous les plaisirs de la concupiscence qui s'oppose à notre vertu, et qui fait que l'homme embrasse si fortement cet attrait amoureux de Dieu, qu'il se fait comme un mélange de la volonté de Dieu avec la sienne, et de son mouvement d'amour avec le sien, et qu'en cela paraît véritable cette parole : *Qui adhaeret Deo, unus spiritus est*[2].

Adhérer signifiera dès lors « contribuer par une action propre et libre » au mouvement de la grâce, et l'*unitas spiritus* qui en dérive reviendra chez les justes à « opérer avec Dieu par leur volonté », « avec une pleine connaissance et un parfait consentement »[3].

1. Saint Fulgence cité par Pascal, *OC* III, p. 661.

2. « De la grâce de Jésus-Christ, de la liberté chrétienne et de la justification », in Orcibal, *Origines*, V, p. 237. Orcibal a attiré l'attention sur les « protestation[s] de synergisme » qu'on trouve sous la plume de Saint-Cyran (p. 86, 130; voir aussi *Origines*, IV, « Appendice III », p. 75-107). On remarquera de même que les *pensées* de la liasse « Morale chrétienne » ne se prononcent pas sur la nature exacte de la communauté dont ils esquissent la figure : est-elle l'Église des saints et des prédestinés ou plutôt celle, « *permixta* », qui vit et progresse sur terre ? Dans la *Prière pour le bon usage des maladies*, Pascal associe les deux en confessant à Dieu qu'il fait « une portion » de « l'Église » et de ses « saints », affirmation passablement hardie que les éditeurs de Port-Royal ne manqueront pas de corriger (*OC* IV, p. 1010, § XIII, n. (e) et p. 1108. Voir P. Sellier, *Pascal et la liturgie*, *op. cit.*, p. 32 et p. 85-87). Toutefois la condition de « membre pensant » semble être celle de tous les fidèles, sinon, comme le glosent les éditeurs de Port-Royal, de « tous les hommes » (voir *Armogathe*, p. 703 : « Dieu ayant fait le ciel et la terre qui ne sentent pas le bonheur de leur être, il a voulu faire des êtres qui le connussent et qui composassent un corps de membres pensants. *Tous les hommes sont membres de ce corps* », nous soulignons). Et bien que la doctrine de la grâce impose d'affirmer que le « consentement » est lui-même un don, l'insistance de Pascal sur la nécessité pour le membre de vouloir son union avec le tout et sa subordination à la « volonté première » relève plutôt d'une réflexion sur la « dignité de la causalité » (§ 930) du libre arbitre humain que du constat de l'abîme impénétrable de la prédestination. À ce titre, Saint-Cyran témoignait déjà d'une indécision significative en affirmant, d'une part, que « tous les Élus ne font qu'un même esprit et un même corps de Jésus-Christ » (*Considérations sur les dimanches et les fêtes* [...] *Partie Été*, *op. cit.*, I, p. 244) et, de l'autre, « que de Jésus-Christ et de tous le catholiques, il ne se fait qu'un corps, une Église, et un même Jésus-Christ » (*Théologie familière*, leçon IX, § 25, *op. cit.*, p. 28). Il se peut enfin que l'évocation de la communion des saints au § 359 prolonge la décision de Pascal de ne pas expliciter totalement d'un point de vue ecclésiologique la nature du « corps plein de membres pensants » qu'il décrit.

3. Orcibal, *Origines*, V, p. 237, 238.

Aimer Dieu revient à s'unir de volonté à lui : mais comment vouloir ? Comment s'unir, s'il n'y a « nul rapport de moi à Dieu et à Jésus-Christ juste » (§ 919) ? Le corps mystique et la doctrine de l'analogie de la subsistance permettaient, chez Bérulle, de penser l'union à Dieu par le Christ qui est milieu sans être intermédiaire : une vie unitive dans laquelle « tout notre être » doit « être anéanti par la grâce, "Je suis, non pas moi", et n'être que relation »[1]. Pascal s'interroge plutôt sur la possibilité même de vouloir l'union, sur le « membre séparé » qui renonce à s'unir en voulant sa conjonction avec le tout. Cette volonté relève du consentement : une approbation volontaire, donc un acte de liberté où le membre décide de soi, mais une approbation qui reconnaît en même temps la distance qui le sépare de ce à quoi il doit s'unir. Car pour consentir, donc pour vouloir s'unir, cette distance doit avoir été déjà dépassée par une « volonté première » qui appelle à la réponse la volonté du membre. Aimer Dieu et vouloir l'aimer, sortir de la séparation et se libérer en consentant, telle est la difficulté de l'union à Dieu que les « membres pensants » permettent de concevoir. La séparation et son dépassement, Pascal les a éprouvées comme une « certitude » au moment du *Mémorial* en méditant sans doute *Rm* VIII, 38-39. Il parvient enfin à les penser dans les fragments de la liasse « Morale chrétienne » : « Pour faire que les membres soient heureux, il faut qu'ils aient une volonté et qu'ils la conforment au corps » (§ 370). Et de nouveau, comme déjà dans le *Mémorial*, la joie vient sceller la certitude de l'union.

« MAIS EN AIMANT LE CORPS IL S'AIME SOI-MÊME »

N'aimer que Dieu et ne haïr que soi

La figure du « membre séparé » nous a permis d'élucider la pensée pascalienne de l'adhérence à Dieu en y reconnaissant l'effet d'un consentement par lequel la séparation se trouve surmontée sans que la distance entre tout et partie soit abolie. Il nous reste désormais à montrer comment cette union à Dieu qui ne peut qu'être première (« il faut n'aimer que Dieu ») s'articule à « l'amour qu'on se doit ». Ce qui nous permettra en même temps de mieux comprendre le statut de « Morale chrétienne » que Pascal assigne aux fragments de la liasse 26[2]. L'unité des deux amours recouvre en effet la distinction traditionnelle du souverain bien et du bonheur. Pour « rendre l'homme heureux » la « véritable religion » doit

1. *OCB* I, 4, p. 198.

2. La rubrique : « Morale » se lit déjà en tete de § 360.

« lui montre[r] qu'il y a un Dieu » et « qu'on est obligé d'aimer » (§ 149) puisqu'Il est « seul digne d'être aimé » (§ 142)[1]. Mais aussi « que notre vraie félicité est d'être en lui et notre unique mal d'être séparé de lui » (§ 149). Ainsi, résume Pascal, « le Dieu des chrétiens est un Dieu qui fait sentir à l'âme qu'il est son unique bien ; que tout son repos est en lui, qu'elle n'aura de joie qu'à l'aimer » (§ 460). D'où, d'une part, la nécessité pour l'âme de se débarrasser de tout ce qui entrave l'accès à la « vraie béatitude » (§ 136) et d'« abhorrer les obstacles qui la retiennent et l'empêchent d'aimer Dieu de toutes ses forces » (§ 460). Et, de l'autre, le constat que l'échec dans une telle recherche du « vrai bien » (§ 148) relève autant de l'injustice que du malheur : nos « devoirs nous obligeant d'aimer Dieu et nos concupiscences nous détournant », « nous sommes pleins d'injustice » (§ 149) et « l'amour propre et la concupiscence » qui nous arrêtent nous « sont insupportables » (§ 460). Que le principal devoir de l'homme soit d'aimer Dieu et que de cet amour dérive la seule béatitude, l'unique félicité, voilà le premier principe de la morale chrétienne (§ 833 ; 205). La référence à l'« unique nécessaire » (§ 270) est d'autant plus nettement affirmée qu'elle n'a rien d'anodin, car la priorité accordée par Pascal à l'amour de Dieu implique une prise de position très nette, quoiqu'implicite, par rapport à la tradition théologique de la *gemina caritas*, la double charité, prêchée par Jésus (*Mt* XXII, 37-40). L'*universa lex* se réduit à *un seul* mandat : l'amour de Dieu prime sur l'amour du prochain et sur l'amour de soi que ce dernier implique comme paradigme[2].

C'est cette exigence d'un amour exclusif de Dieu, en tant que « marque » (§ 214) de la vraie morale, qui s'exprime chez Pascal dans la formule reprise par le § 373 : « Il faut n'aimer que Dieu et ne haïr que soi » (*cf.* § 381 ; 220 ; 380 ; 618). Amour de Dieu et haine de soi ne font qu'un[3], car, comme on l'a souvent remarqué, la haine de soi ne doit être comprise que comme haine de l'amour de soi en moi, haine de la tyrannie qui conduit le moi à se faire Dieu et à s'y substituer en tant qu'objet premier et principal d'amour (§ 617 ; 597). Cette double négation ne va pas sans évoquer la

1. Il s'agit en effet dans ce fragment de la vérité partielle des stoïciens, ou du moins des « philosophes » dont Pascal critique la position en des termes qui ne sont pas sans rappeler la description du « moi humain » du § 978.

2 Si Pascal semble très sensible au fait que le commandement d'aimer son prochain n'est donné par Jésus que comme « semblable » à celui qui est vraiment le plus grand et le premier, ce n'est peut-être pas un hasard si le mot « prochain » constitue un hapax dans les *Pensées* et n'apparaît qu'en raison d'une série de citations tirées de Jérémie (§ 328). Cf. *OC Sell.*, p. 438-439.

3. « La vraie et *unique* vertu est donc de se haïr, car on est haïssable par sa concupiscence, et de chercher un être véritablement aimable pour l'aimer » (§ 564, nous soulignons).

doctrine augustinienne des deux *amores* dont Jansénius fournit une paraphrase valant commentaire : « Il est impossible que celui qui s'aime ne haïsse pas Dieu, et, de même, que qui aime Dieu ne se haïsse pas lui-même. L'un regarde à lui-même comme à la fin de tous ses désirs, l'autre à Dieu. De fait, il ne s'aime, et ne se soucie de lui-même sinon en vue de Dieu, c'est-à-dire de façon telle qu'il soit prêt à renoncer à l'amour et au souci de soi au profit de celui de Dieu, et même à s'anéantir »[1]. L'opposition, voire la guerre, entre les deux amours ne pourrait être décrite de manière plus tranchée : le lexique de l'anéantissement est ici évoqué par Jansénius, qui, comme nous l'avons vu, parle ailleurs d'un véritable *holocaustum*[2] de l'amour de soi au profit de l'amour de Dieu. L'identification entre amour de soi et concupiscence est donc totale, et par conséquent totale est aussi l'incompatibilité entre les deux amours : « Autant l'homme renonce à se considérer et à réfléchir sur soi, autant son amour pour Dieu sera noble et pur ; l'amour de soi devient plus noble et clair à mesure que l'homme s'oublie soi-même »[3]. « *Non datur medium inter caritatem et culpabilem cupiditatem* », répète inlassablement Jansénius ; « On ne peut être que d'un parti ou de l'autre, il n'y a point de milieu. *Qui n'est point avec Jésus-Christ est contre lui* »[4], lui fait écho Pascal. Le péché originel entraîne une corruption de l'amour de soi qui n'admet pas de nuances et en fait « un anti-Dieu », comme l'écrit Saint-Cyran[5].

Pourtant, si saint Augustin ne cesse jamais de marteler l'antithèse entre ces deux sortes d'amour, l'évêque d'Hippone est aussi, ou surtout, le penseur de l'unité et de l'univocité de l'amour. Les formes de l'amour discriminent, mais l'amour est, au fond, puissance d'intégration : « *Non potest separari dilectio* »[6]. On pourra alors voir dans la distinction de la *Cité de Dieu* quelque chose d'autre qu'une opposition exclusive imposant la disqualification entière et sans retour d'un amour par l'autre, voire la réduction *ad nihilum* de l'amour de soi dont parlait Jansénius. Un texte du neuvième livre du *De Trinitate* le suggère d'une façon d'autant plus claire qu'il s'ouvre avec un *aut aut* : « Donc soit par désir, soit par charité [*aut cupiditate, aut caritate*] : non pas qu'il ne faille pas aimer la créature, mais si cet amour se réfère à Dieu, il n'est [déjà] plus désir, mais charité. [...] Tu dois, toi, jouir de toi-même, non pas en toi-même, mais en celui qui t'a fait

1. Jansénius, *Augustinus*, *op. cit.*, t. II, col. 424.
2. *Ibid.*, t. III, col. 525.
3. *Ibid.*, t. II, col. 399-400.
4. *OC Sell.*, p. 514 (nous soulignons).
5. Cité par Orcibal, *Origines*, V, p. 521.
6. Saint Augustin, *Enarratio in psalmum 64*, § 2 et *In Epistolam Ioannis ad Parthos*, X, 3.

[...]. Et donc, jouissons de nous-mêmes et de nos frères en Dieu »[1]. Il ne s'agit pas de ne pas s'aimer soi-même ni de n'aimer que Dieu, au détriment de soi. Mais de s'aimer *ailleurs* et *d'ailleurs* : le *moi* de l'amour propre découvre qu'il ne peut pas s'aimer en propre, car, enfermé dans la logique de la concupiscence, son amour reste « injuste et impossible » (§ 617). Il faut plutôt s'aimer *pour* et *en* Dieu, en référant l'amour de soi à Dieu. Saint Thomas avait précisé cette nécessité de *referre* l'un des deux amours à l'autre et la priorité naturelle de l'*amor Dei* à l'aide de l'image du corps et des membres :

> Le bien de la partie est pour le bien du tout. D'où il suit que chaque être particulier aime, d'un appétit ou amour naturel, son bien propre en vue du bien commun de tout l'univers, qui est Dieu. [...] Dès lors l'homme, dans l'état de nature intègre, référait l'amour de soi à l'amour de Dieu comme à sa fin, et il en était de même de son amour pour toutes les autres choses. Ainsi aimait-il Dieu plus que lui-même et par-dessus tout[2].

Et Pascal de traduire presque au pied de la lettre : Dieu créa Adam « avec cette loi [...] que l'amour de soi-même serait fini et *rapportant* à Dieu »[3].

Or c'est précisément cette exigence de réconciliation, fondée sur la complémentarité de l'*amor sui* et de l'*amor Dei* et pensée selon la figure d'un amour de soi venu d'ailleurs, d'un s'aimer soi-même *en* Dieu, qui gouverne la liasse « Morale chrétienne ». On l'a déjà rappelé plus haut, il s'agit de régler l'amour de soi, non pas de l'anéantir, et ce règlement qui est aussi réglage s'appuie justement sur la prise de conscience de la primauté de l'amour de Dieu. Tout se passe alors comme si Pascal faisait sien le constat de saint Augustin : « Je ne sais comment l'expliquer, mais quiconque s'aime soi-même et non pas Dieu ne s'aime pas ; et quiconque aime Dieu et non pas lui-même s'aime lui-même. Car celui qui ne peut vivre de soi seul, celui-là meurt radicalement en s'aimant »[4]. Mais l'aveu d'incompréhensibilité le cède à la possibilité et à la nécessité de « s'imaginer ». Le paradoxe de saint Augustin pour qui « on meurt radicalement en

1. *De Trinitate*, IX, § 8, 13, nous citons la traduction fournie par J.-L. Marion, *Au lieu de soi*, *op. cit.*, p. 373. *Cf.* P. Sellier, *Pascal et saint Augustin*, Paris, Colin, 1970, rééd. Paris, Albin Michel, 1995, p. 146-147.

2. *ST*, Ia IIae, q. 109, a. 3.

3. *OC* II, p. 857 (nous soulignons). Voir aussi *Factum pour les curés de Paris* (*OC Sell.*, p. 638).

4. *Commentaire de l'Évangile de Jean*, CXXIII, 5 (trad. J.-L. Marion, *Au lieu de soi*, *op. cit.*, p. 375). Voir J. Laporte, *La doctrine de Port-Royal*, II, I, *Les vérités de la grâce*, *op. cit.*, p. 65 n. 13.

s'aimant» se donne ainsi à comprendre comme l'illusion d'un *moi* qui ignore «sa qualité de membre» (§ 373): «Le membre séparé ne voyant plus le corps auquel il appartient n'a plus qu'un être périssant et mourant» (§ 372). Le dispositif des membres pensants permet d'ex-pliquer l'unité *inexplicabilis* des deux amours, c'est-à-dire de l'exhiber et de la *voir*. Dès «qu'on s'imagine un corps plein de membres pensants» (§ 371), l'amour propre du «membre séparé», qui agit comme «s'il n'avait [...] que la connaissance et l'amour de soi» (§ 373), révèle en effet autant son injustice que sa fausseté. Injuste, en ce qu'il s'oppose à l'unique devoir de l'amour de Dieu, il est aussi faux, car il nous sépare de ce qui est «notre vraie félicité» et «notre propre bien» (§ 149): «Si les pieds et les mains avaient une volonté particulière, jamais ils ne seraient dans leur ordre qu'en soumettant cette volonté particulière à la volonté première qui gouverne le corps entier. Hors de là, ils sont dans le désordre et dans le malheur; mais en ne voulant que le bien du corps, ils font leur propre bien» (§ 374). Ramené à son ordre, donc à sa vérité, l'*ego amans* voit au contraire que son injustice (le désordre) s'identifie à son malheur: en s'imaginant dans le «corps plein de membres pensants», il parvient à porter à la surface la haine de soi qui gisait au fond de sa velléité de s'aimer en propre: «Ils seraient non seulement injustes, mais encore misérables, et se haïraient plutôt que de s'aimer, leur béatitude aussi bien que leur devoir consistant à consentir à la conduite de l'âme entière à qui ils appartiennent» (§ 360).

Ainsi, «régler» l'amour de soi revient à le penser dans son unité avec l'amour de Dieu: «en ne voulant que le bien du corps, ils [*sc.* les membres] font leur propre bien» (§ 374). L'amour de soi jusqu'au mépris de Dieu est la position intenable d'une partie qui ignore sa dépendance essentielle du tout – une haine qui s'ignore – en s'égarant «dans l'incertitude de son être» (§ 372). Au contraire, l'amour de Dieu, loin d'interdire l'amour de soi, l'accomplit en tant qu'amour de la partie dans le tout: le membre «ne pourrait pas par sa nature aimer une autre chose sinon pour soi-même et pour se l'asservir, parce que chaque chose s'aime plus que tout. Mais en aimant le corps il s'aime soi-même, parce qu'il n'a d'être qu'en lui, par lui et pour lui» (§ 372). Mon bien devient accessible s'il est médiatisé par le bien du tout. L'homme cesse de s'aimer en propre et donc en vain pour s'exposer à un amour qui l'atteste comme aimable et depuis toujours aimé: grâce à cet amour, qui est de fait une grâce, il peut se faire aussi à soi-même *la grâce de s'aimer*.

S'aimer universellement

En rappelant que c'est « en aimant le corps » que le « membre s'aime soi-même », l'analyse pascalienne s'inscrit dans la tradition des discussions concernant les rapports entre amour de soi et amour de Dieu. Elle y brille pourtant aussi par son originalité. Les images du corps humain, de la communauté politique ou du tout qu'est l'univers étaient en effet sans cesse sollicitées par les auteurs médiévaux pour fonder la priorité naturelle de l'*amor Dei* sur l'*amor sui*. Mais cela n'allait pas sans d'innombrables difficultés, notamment en ce qui concerne l'analogie entre Dieu et un bien total, l'inclusion de l'« intérêt particulier » dans le *bonum commune* et le sens à attribuer au sacrifice du membre qui renonce à son bien pour celui du corps[1]. « Chaque être particulier aime, d'un appétit ou amour naturel, son bien propre en vue du bien commun de tout l'univers, qui est Dieu », résumait, comme on l'a vu, saint Thomas. Mais l'énigme de cette partie qui « *seipsam refert in bonum totius* »[2] reste entière. La torsion que Pascal imprime à l'image traditionnelle lui permet au contraire de penser cette référence de l'amour de soi à Dieu moins à partir de la subordination ou de l'inclusion du membre au tout que de leur distance. Pour le membre, s'aimer d'un amour de soi juste implique de renoncer à s'aimer en propre et de s'ouvrir à la radicale altérité de l'amour de Dieu, une altérité que figure la distance séparant le membre du tout. En s'imaginant un corps plein de membres pensants, l'homme peut concevoir un amour de soi qui, tout en ayant le soi comme objet, ne l'admette pas comme principe : bref un amour de soi *d'ailleurs* et à partir de l'ailleurs le plus éloigné, celui de Dieu. Il ne s'agira donc pas de changer d'objet (Dieu à la place de moi) ni d'isoler ce qui est légitimement aimable en nous (notre vie ou le bien de notre âme en tant qu'opposé à celui de notre existence corporelle), mais de changer de « style », en nous aimant selon celui de Dieu.

Cette référence à un amour de soi qui trouve dans l'amour de Dieu sa règle et son modèle pourrait s'avérer hasardeuse, si Pascal n'avait cherché à en préciser le statut par un paradoxe qui confirme l'exigence d'un amour de soi *d'ailleurs*. La réflexion pascalienne sur le souverain bien s'articule au fil d'une dialectique de l'extérieur et de l'intérieur en fonction d'une

1. La question s'impose à partir d'une formule aristotélicienne (*Éthique à Nicomaque*, I, 1, 1094b 7-10). Les commentateurs médiévaux comprendront l'unité des deux exigences (identité du bien privé et du bien commun et priorité de ce dernier) à partir de la distinction entre *totum universale* et *totum integrale*. Voir M. S. Kempshall, *The Common Good in Late Medieval Political Thought*, *op. cit.*, chap. I-IV et T. Osborne Jr., *Love of Self and the Love of God in Thirteenth-Century Ethics*, *op. cit.*, chap. III.

2. *ST*, IIa IIae, q. 26, a. 3, ad 2.

question d'ordre *topologique*: « Où est le lieu du bonheur pour l'homme »[1]? Une série de fragments qui constituent une exégèse de *Lc* XVII, 21 définissent ce lieu paradoxal : « Le bonheur n'est ni hors de nous ni dans nous. Il est en Dieu et hors et dans nous » (§ 407). Il faut que le bonheur soit « nôtre », tout en restant hors de notre portée et au-delà de notre pouvoir : « La concupiscence nous est devenue naturelle et a fait notre seconde nature. Ainsi il y a deux natures en nous, l'une bonne, l'autre mauvaise. Où est Dieu? Où vous n'êtes pas et le royaume de Dieu est dans vous » (§ 616). Cette altérité sans extériorité qui fait du sujet humain le lieu d'un bien universel qu'il ne peut jamais s'approprier, mais qui cependant lui appartient pleinement, dessine le site du bonheur. Or, s'aimer en soumettant sa « volonté particulière » à la « volonté première » et à partir de la distance de l'une à l'autre signifie reconnaître le soi comme le lieu d'une altérité qui rend possible son amour. Je dois m'aimer moi, chercher mon « propre bien » (§ 374), mais m'aimer à partir d'un lieu qui reste au-delà de ma maîtrise. S'aimer soi-même *en* Dieu (« *propter Deum* », disait saint Augustin), se vouloir d'un vouloir qui est celui de l' « âme universelle » qui m'aime mieux que moi, impose de se concevoir comme le lieu ouvert à l'amour de soi de Dieu. Dès lors, en aimant le bien universel, l'homme découvre comment s'aimer universellement[2], c'est-à-dire en expropriant son amour de soi, de même que pour saint Paul on ne peut se glorifier qu'en expropriant sa gloire : « *Qui gloriatur in Domino glorietur* » (I *Cor* I, 31). Autrement dit : si le bien universel ne peut être en nous qu'en étant là où nous ne sommes pas, le soi ne suffit pas à constituer l'amour de soi sinon en se découvrant ouvert à un amour de soi *d'ailleurs*. Pascal peut ainsi articuler la nécessité de la haine de l'amour de soi tyrannique et cette approche topologique du souverain bien : « La vraie et unique vertu est donc de se haïr, car on est haïssable par sa concupiscence, et de chercher un être véritablement aimable pour l'aimer. Mais comme nous ne pouvons aimer ce qui est hors de nous, il faut aimer un être qui soit en nous, et qui ne soit pas nous. Et cela est vrai d'un chacun de tous les hommes. Or il n'y a que l'être universel qui soit tel. Le royaume de Dieu est en nous. Le bien universel est en nous, est nous-même et n'est pas nous » (§ 564). Les

1. Voir L. Thirouin, « Le moi haïssable, une formule équivoque », *op. cit.*, p. 236-238 ; *id.*, « Le cycle du divertissement », *Studi Francesi*, 48, 2004/2, p. 260-272 et V. Carraud, *Pascal et la philosophie*, *op. cit.*, p. 338-340.

2. La correction des éditeurs de Port-Royal souligne la difficulté et donc aussi la netteté des formules pascaliennes : « Ainsi l'on ne doit s'aimer que pour ce corps, *ou plutôt qu'on ne doit aimer que lui*, parce qu'en l'aimant on s'aime soi-même, puisqu'on n'a d'être qu'en lui, par lui, et pour lui » (*Armogathe*, p. 704, qui reprend § 372, nous soulignons).

éditeurs de Port-Royal corrigeront la sentence finale en expurgeant l'assimilation du « bien universel » à « nous-mêmes » sans doute en raison de la prémisse du raisonnement (« il faut aimer un être qui [...] qui ne soit pas nous »)[1]. Mais si c'est « en ne voulant que le bien du corps » que les membres « font leur propre bien », s'ils s'aiment en aimant ce qui les aime mieux qu'ils ne s'aiment eux-mêmes et les découvre ainsi aimables car aimés, aimer le bien universel reviendra finalement à *s'*aimer.

Résumons : pour Pascal, comme déjà pour saint Augustin, la primauté de l'amour de Dieu n'interdit pas que l'univocité de l'amour se déploie selon une pluralité d'objets, en accueillant dans son économie l'amour de soi et l'amour de Dieu (mais aussi celui du prochain, jusqu'au prochain le plus éloigné qui est l'ennemi de soi et de Dieu, nous y reviendrons dans un instant). La figure d'« un corps plein de membres pensants » permet d'articuler une telle économie de l'amour, car la séparation du membre qui, en haïssant, « se considère seul comme un tout, entièrement séparé »[2], sépare aussi l'amour de soi de l'amour de Dieu, tout comme, inversement, l'amour du membre uni révèle l'union des deux amours.

« COMME LES TROIS PERSONNES »

Le corps et le chef

« N'aimer que Dieu et ne haïr que soi » (§ 373), mais aussi « régler l'amour qu'on se doit » (§ 368) : la « Morale chrétienne » se fonde sur la possibilité d'un ordre de l'amour qui manifeste l'unité foncière de ces deux instances. Pourtant, s'aimer comme il faut, en tant que membre du tout, signifie aussi aimer les autres membres, car, comme le rappelle saint Paul, les chrétiens sont « *alter alterius membra* » et « *invicem membra* » (I *Cor* XII, 27 et *Eph* IV, 25). Pour le membre, sentir le bonheur de son être revient à penser son union avec les autres membres, en la connaissant et en la voulant. Connaître le bonheur de l'union sans vouloir y consentir signifie au contraire vivre dans l'illusion de pouvoir s'aimer en propre et au détriment d'autrui. Or, le dispositif des « membres pensants » permet d'y dénoncer une injustice qui, paradoxalement, ne tire aucun profit de son usurpation : « Que si ayant reçu l'intelligence ils s'en servaient à retenir en eux-mêmes la nourriture, sans la laisser passer aux autres membres, ils seraient non seulement injustes, mais encore misérables, et se haïraient

1. Voir *Armogathe*, p. 701.
2. *Passions de l'âme*, art. 80.

plutôt que de s'aimer» (§ 360). On mesure ainsi la distance qui sépare les analyses de la liasse « Morale chrétienne » de celles consacrées à la logique de l'honnêteté (§ 597; 688; 421; 425; 426). À la lumière de la vérité de l'amour qu'exhibent les « membres pensants », la tentative pour distinguer l'incommodité de l'injustice (§ 597) perd en effet toute sa pertinence: s'aimer en étant injuste, c'est-à-dire en renonçant à consentir à la «conduite de l'âme entière» (§ 360), n'est qu'une velléité destinée à l'échec, car il ne s'agit pas de minimiser le «déplaisir» (§ 597) d'autrui, mais de reconnaître que notre propre bonheur n'est jamais indépendant de celui du corps, et donc de celui des autres membres. Si, en s'aimant dans le corps et à partir de l'amour du corps pour lui, le membre trouve son véritable bonheur, la volonté du corps, celle de l' « âme entière », c'est-à-dire, de l'âme du corps tout entier, promeut autant le bonheur de chacun de ses membres que la conservation de leur « admirable intelligence ». Mais la figure du « corps plein de membres pensants » ne fixe pas seulement les limites de l'amour de soi qui renonce à l'injustice. Elle impose aussi de penser l'élargissement indéfini de cet amour du prochain. Le vrai chrétien « aime ses proches, mais sa charité ne se renferme pas dans ces bornes et se répand sur ses ennemis et puis sur ceux de Dieu » (§ 355). En réfléchissant sur le destinataire et l'utilité de son projet apologétique, Pascal répétera ailleurs, avec saint Augustin[1], que, pour ce qui est des hommes qui vivent sans connaître Dieu et sans le chercher, « cette religion nous oblige de les regarder toujours, tant qu'ils seront en cette vie, comme capables de la grâce qui peut les éclairer, et de croire qu'ils peuvent être dans peu de temps plus remplis de foi que nous ne sommes, et que nous pouvons au contraire tomber dans l'aveuglement où ils sont» (§ 427). Le « vrai chrétien » « s'aime, car il y a en lui une nature capable de bien », quoiqu'elle soit parfois vide (§ 119), et il aime tous les hommes parce qu'il les sait « capables de la grâce » (§ 208). Pareillement, en s'aimant comme il faut, le membre aime tout autre membre, même celui qui s'obstine à se séparer de lui et du corps : il ne cesse pas seulement de s'aimer au détriment d'autrui, mais il aime aussi autrui en dépit de sa haine.

Les « membres pensants » prolongent donc la méditation sur l'aspect social de la doctrine du corps mystique développée par Saint-Cyran[2], qui, comme on l'a vu, revenait souvent sur le théologoumène paulinien pour souligner que « nous sommes tous membres et mutuellement la chair non

1. Voir *De correptione et gratia*, XV, 46 et XVI, 49; *OC* III, p. 789; § 931 : « J'aime tous les hommes comme mes frères, parce qu'ils sont tous rachetés » (texte barré) et P. Sellier, *Port-Royal et la littérature. Pascal*, *op. cit.*, p. 132-133.

2. Voir *supra*, p. 105-115.

plus humaine, mais divine les uns des autres». Dans un cas comme dans l'autre, la conscience que «tous les Chrétiens sont membres les uns des autres»[1] débouche sur une vision du corps mystique centrée moins sur la distinction des rôles et des charismes que sur l'admirable intelligence dont les chrétiens en tant que *concorporales* (*Eph* III, 6) bénéficient et qui impose en retour un devoir de «tendresse»[2]. Mais si c'est en sentant le «bonheur de leur union» que les membres composent véritablement un corps, c'est-à-dire en ayant conscience de leur «qualité de membre[s]» et en voulant leur «intelligence», bref en s'aimant et s'entr'aimant, ce corps est finalement un «tout»: «Tout est un» (§ 372). Or, cela n'a rien d'anodin, du moins si l'on garde à l'esprit les efforts accomplis par Pascal pour penser l'*unitas Ecclesiae*. Il faudra alors se demander pour quelle raison cette figure de l'unité élaborée par Pascal à partir de la définition cartésienne de l'amour se révèle capable d'exprimer avec toute la clarté nécessaire ce dont les notions de «monde» et d'«unanimité» avaient pointé en creux la difficulté.

À ce titre, on remarquera tout d'abord le décrochage que Pascal opère par rapport au panorama de l'ecclésiologie de son temps. Si le recours à la figure du corps mystique du Christ, préparé par les efforts de Bérulle et Saint-Cyran, n'a déjà en lui-même rien de banal, l'approche pascalienne du théologoumène paulinien brille par son originalité. Comme nous l'avons rappelé, l'ecclésiologie de l'époque moderne accorde une place centrale aux questions «*de membris*», le plus souvent articulées en fonction de l'opposition entre *corpus Christi* et *Ecclesia*. Or, à la distinction de l'âme et du corps de l'Église qui, sous la plume de Bellarmin, frôlait presque la séparation[3], Pascal oppose une indifférence quasi totale à dire l'une ou l'autre: la volonté du membre se conforme à «l'âme *entière*» (§ 360) ou «au corps» (§ 370) et si «*le corps* aime la main», «la main [...] devrait s'aimer de la même sorte que *l'âme* l'aime» (§ 372). Le problème est celui de l'«esprit du corps» (§ 371) c'est-à-dire d'une «âme entière» qui soit expression du «corps entier»[4]. Pascal suit ainsi saint Paul plus encore que les traités *de Ecclesia* de son temps: l'Église est «*unum corpus et unum spiritus*», mais son unité est une *unitas spiritus* (*Eph* IV, 3-4), l'unité d'esprit d'un corps dont les membres pensent et veulent leur union

1. *Le Cœur nouveau*, in *Œuvres chrétiennes et spirituelles*, t. IV, *op. cit.*, p. 8.

2. *Origines*, IV, p. 281. *Cf.* § 432, 657, 919, 931 et *OC* I, p. 588, 631.

3. Voir *supra*, p. 48-50.

4. Pascal écrit l'«âme entier», sans doute en pensant au corps, et les éditeurs de Port-Royal corrigeront avec «âme universelle» (*Armogathe*, p. 706), tout en introduisant juste avant une mention du «corps universel» (p. 704).

réciproque, en se soumettant à l'« âme universelle ». Aux yeux de Pascal, une véritable pensée de l'unité de l'Église ne peut donc supporter aucune distinction, fût-elle celle des deux éléments du composé humain : que ce soit le corps qui pense par son « esprit » ou l'âme qui est étendue (« entière »), l'essentiel est que cela donne à concevoir un « tout ». Il faut, pour ainsi dire, épurer la figure du corps de ce qui l'empêcherait d'être une image vraie de l'unité, et notamment de cette unité *sui generis* qu'est celle de l'Église. En cela le corps humain manifeste de nouveau, comme nous l'avons déjà remarqué plus haut[1], son inaptitude à exhiber ce que signifie *faire corps*.

Mais pour y parvenir, Pascal opère un choix bien plus radical : celui d'occulter un élément essentiel de la doctrine paulinienne du corps mystique, c'est-à-dire le privilège accordé à la tête parmi les membres et donc le rôle du chef du corps ecclésial[2]. Aux versets qui rappellent que le Christ « *est caput corporis Ecclesiae* » (*Col* I, 18) et « *caput supra omnem Ecclesiam, quae est corpus ipsius* » (*Eph* I, 22-23), Pascal préfère manifestement les formules plus directes de I *Cor* VI, 15 et XII, 12 (« *corpora vestra membra sunt Christi* », « *unum tamen corpus sunt ita et Christus* ») ou de *Rm* XII, 5 (« *multi unum corpus sumus in Christo, singuli autem alter alterius membra* »). Qu'il s'agisse d'un choix délibéré, et de la plus haute importance, l'histoire éditoriale des *Pensées* suffit à le prouver. Les éditeurs de Port-Royal reviendront en effet à plusieurs reprises sur la conclusion de § 372 (« On s'aime parce qu'on est membre de Jésus-Christ. On aime Jésus-Christ parce qu'il est le corps dont on est membre. Tout est un. L'un est en l'autre comme les trois Personnes »), où l'occultation du privilège du Christ en tant que chef est très affichée. Si, à l'exception de la comparaison finale toujours absente, le texte se lisait conformément à l'original dans la première édition (et dans la préédition de 1669), la correction « le chef du corps » au lieu de « le corps » est proposée dans la liste des fautes de l'édition de janvier 1670[3]. D'où le texte corrigé du tirage de mars 1670 : « On s'aime, parce qu'on est membre du *corps dont* Jésus-Christ *est le chef*. On aime Jésus-Christ parce qu'il est *le chef* du corps dont on est membre. Tout est un : l'un est en l'autre »[4], légèrement retravaillé en 1678 : « On s'aime, parce qu'on est membre de Jésus-Christ. On aime Jésus-Christ, parce qu'il est *le chef* du corps dont on est membre. Tout est un : l'un

1. Voir *supra* p. 122, 226-227. Cf. *OC* II, p. 762.

2. Pour le dossier augustinien, voir P. Borgomeo, *L'Église de ce temps dans la prédication de saint Augustin*, Paris, Institut d'Études Augustiniennes, 1972, chap. XI-XII.

3. *Armogathe*, p. 18 et p. 557

4. Deuxième tirage de l'édition de janvier 1670, p. 171-172, nous soulignons.

est en l'autre »[1]. La correction du comité de Port-Royal vient ici émousser la radicalité du propos pascalien : l'intervention des éditeurs ne vise pas à améliorer une formule obscure ou illégitime, Pascal pouvant se réclamer de l'autorité paulinienne (I *Cor* VI, 15). Il s'agit finalement d'une mesure de prudence, car, en passant sous silence la distinction entre le chef et les membres du corps, les « membres pensants » suggèrent l'illégitimité de la déduction de l'unité de l'Église à partir du primat de Pierre.

On a rappelé plus haut les réticences de Pascal à suivre sur ce point les maîtres de l'ecclésiologie de son temps. Cette réticence se mue ici en thèse. Si l'unité de l'Église doit être pensée dans sa spécificité, l'unité d'un corps qui est *un* en raison de l'unité de son chef apparaît comme un modèle profondément inadéquat, sinon tout simplement fautif. Il ne s'agit pas de critiquer la primauté de l'autorité du pape (ce que craignent sans doute les éditeurs de Port-Royal en corrigeant la formule de Pascal)[2], mais de réagir à une tendance généralisée de l'ecclésiologie moderne qui croisait systématiquement les arguments concernant la *nota unitatis* et les réflexions sur le primat de l'évêque de Rome, en faisant relever l'unité du corps *imprimis* de l'unicité du *caput,* vicaire de l'unique chef qu'est le Christ[3]. Or, aux yeux de Pascal, cette union des parties assurée par le rôle éminent de l'une d'entre elles ne suffit pas pour dire l'unité de l'Église. Certes, la distinction de la tête et des membres décrit la structure de l'Église dont la nature doit accorder « unité [et] multitude » (§ 604), ou, comme l'on dirait aujourd'hui, hiérarchie et communion. Néanmoins, une telle distinction, justement parce qu'elle est une *distinction,* doit être écartée lorsqu'on cherche dans la figure du corps une image de l'unité ecclésiale. Bref, si, pour penser l'Église une, Pascal se voit contraint de quitter la voie large de la tradition paulinienne du *Christus caput* et la vulgate de l'ecclésiologie de son temps, c'est sans doute parce qu'il estime qu'elles ne permettent pas de concevoir avec toute la rigueur souhaitable l'unité de la communauté des fidèles[4], c'est-à-dire le caractère absolu de cette unité qui se distingue d'une différence infinie des *societates* terrestres. Les choix des éditeurs de Port-Royal sont à ce propos une fois de plus révélateurs : car s'ils réintègrent, comme on vient de le voir, ce qui semble avoir été maladroitement

1. Voir M. Pérouse, *L'invention des* Pensées *de Pascal*, *op. cit.*, p. 568.

2. Voir aussi l'approbation de l'évêque d'Olonne que nous avons déjà évoquée *supra*, p. 162.

3. *Cf.* A. Arnauld, *Œuvres complètes*, t. X, *op. cit.*, p. 17 et Jansénius, *Notarum Spongia*, [1631], Louvain, J. Zeger, 1641, p. 372.

4. F. Gabriel, « Politique, christologie et ecclésiologie dans les *Pensées* de Pascal », *op. cit.*, p. 296.

passé sous silence par Pascal, ils taisent aussi ce qu'on lit en toutes lettres en conclusion du fragment 372 : « Tout est un. L'un est en l'autre comme les trois Personnes. » Penser une unité qui soit « comme » celle des « trois Personnes » : telle est l'exigence à laquelle répond la figure du corps plein de membres pensants.

« *Qu'ils soient un comme nous sommes un* »

Or, cette comparaison finale ne fait que compliquer la tâche, car son interprétation ainsi que son usage n'ont rien de banal. Elle s'autorise, certes, des paroles du Christ lui-même qui, lors de sa dernière prière après la Cène (*Jn* XVII, 11 ; 20-23), risque le parallélisme entre l'union dont les hommes sont capables et l'unité divine :

> Père saint, conservez en votre nom ceux que vous m'avez donnés, afin *qu'ils soient un comme nous*. [...] Je ne prie pas pour eux seulement, mais encore pour ceux qui doivent croire en moi par leur parole; afin que *tous ne soient qu'un comme vous, mon Père, êtes en moi, et moi en vous, qu'ils soient de même un en nous*; afin que le monde croie que vous m'avez envoyé. Et je leur ai donné la gloire que vous m'avez donnée; *afin qu'ils soient un comme nous sommes un*. Je suis en eux, et vous en moi, afin qu'ils soient consommés dans l'unité.

Mais au fil des siècles, il y en eut aussi pour se prévaloir de l'« *ut sint unum, sicut et nos unum sumus* » prononcé par le Christ et affirmer que les personnes divines ne sont unies que par l'amour qui les rassemble : il y en irait pour les trois Personnes d'une unité « *quasi collectivam et similitudinariam* », « comme lorsque l'on dit que plusieurs hommes sont un peuple, et plusieurs fidèles sont une Église ». Les hérésies imposèrent de réagir par l'affirmation et l'approfondissement du dogme : ainsi saint Athanase et saint Augustin réfutèrent longuement l'erreur des Ariens et le quatrième concile du Latran en reprit les arguments pour condamner les thèses de Joachim de Flore :

> Quand la Vérité, priant le Père pour ses fidèles, dit : « Je veux qu'ils soient un en nous, comme nous aussi nous sommes un », cette unité doit s'entendre, lorsqu'il s'agit des fidèles, d'une union de charité dans la grâce [*unio caritatis in gratia*], et, lorsqu'il s'agit des personnes divines, d'une identité de nature [*identitas unitas in natura*]. C'est ainsi que la Vérité dit ailleurs : « Soyez parfait comme votre Père céleste est parfait »; c'est-à-dire, plus expressément : « Soyez parfaits par la grâce, comme votre Père céleste est parfait par sa nature ». [...] Car, du Créateur à la créature, on ne

peut relever une si grande ressemblance que la dissemblance ne le soit encore davantage[1].

Que « tout » soit « un » dans l'Église « comme les trois Personnes », rien n'est donc plus vrai, mais rien n'est aussi plus difficile à comprendre, car trop souvent la théologie catholique a risqué de se méprendre sur le sens de ces paroles « littéralement surnaturelles »[2] du Christ. En rédigeant la *pensée* 372, Pascal aurait donc pu se ressouvenir de la glose prudente de Jansénius au chapitre XVII de l'*Évangile de Jean*. Lorsque le Christ demande au Père que les chrétiens « soient un comme nous sommes un », le mot « comme » (*sicut*), explique le *Tetrateuchus*, « signifie une imitation de l'unité divine, non pas une forme quelconque d'égalité, parce que la nature créée est incapable d'atteindre une telle unité »[3]. Ainsi, en lisant : « tout est un. L'un est en l'autre comme les trois Personnes », il faudra comprendre qu'une distance infiniment infinie sépare le « tout » qu'est le « corps plein de membres pensants » et la *summa unitas* trinitaire. La charité fraternelle, qui réalise au sein de l'Église, autant qu'il se peut ici-bas, la perfection de l'amour, permet certes d'entrevoir quelque chose de l'ineffable unité du Dieu trine et un. Mais la comparaison, celle du Christ comme aussi celle de Pascal, ne vaut que pour nous rappeler ce que l'unité des trois Personnes garde d'*incomparable*[4].

On se tromperait toutefois lourdement sur le sens de la thèse de Pascal et son rôle dans la réflexion consacrée aux « membres pensants », si on se limitait à en désamorcer ainsi la difficulté. Pour s'en convaincre, il est nécessaire de revenir à une note de travail, manifestement proche des *Écrits sur la grâce*, qui apparaît au milieu du fragment 787. Pascal y écrit : « M. de Condren : Il n'y a point, dit-il, de comparaison de l'union des saints à celle de la sainte Trinité. Jésus-Christ dit le contraire. » Le contexte dans lequel cette remarque s'inscrit est celui, déjà évoqué plus haut, d'une méditation sur les « contrariétés apparentes » de la foi dont « la véritable cause [...] est que toutes nos bonnes actions ont deux sources : l'une notre

1. *Quatrième concile du Latran* (1215), chap. II, « *De errore abbatis Ioachim* », Denzinger, n° 803-804 (431-432). Voir C. Journet, *L'Église du Verbe incarné*, II, *op. cit.*, p. 494-497 et A. Combes, *Essai sur la critique*, t. II, *op. cit.*, p. 266-294, pour les formules citées.

2. E. Martineau, « Deux clés de la chronologie des discours pascaliens », *op. cit.*, p. 724.

3. *Tetrateuchus sive Commentarius in sancta Iesu Christi Evangelia*, Paris, Jean Jost, 1649, p. 549.

4. Voir Cajetan, *In quatuor Evangelia commentarii*, Venise, Lucantonio Giunta, 1530, p. 203.

volonté, l'autre la volonté de Dieu »[1]. Pourtant, dans cette note, il y va non pas de la liberté et de l'autonomie de l'agir humain, mais de l'unité. Si donc le dispositif conceptuel reste celui des vérités opposées qu'il faut garder ensemble, en tenant les deux bouts de la chaîne, Pascal s'attaque ici à la question de l'unité et de ses degrés. Henri Bremond a, le premier, identifié le texte de Condren dont Pascal semble s'inspirer ici[2]. Il s'agit d'une lettre de direction où l'Oratorien proposait le mystère trinitaire comme thème d'oraison et invitait son correspondant à contempler « la société des trois personnes Divines qui vivent ensemble en même pensée, en même vouloir, en même amour, en une même vie et un même être ; elles sont toujours l'une en l'autre, et jamais séparées l'une de l'autre ; elles sont en un continuel regard et repos l'une en l'autre. Toute société en la terre n'est rien en comparaison de cette société ; et la société des Anges et des Saints au Ciel ne mérite pas de lui être comparée »[3]. Comme on le voit, Condren exténue la distance qui sépare l'exemplaire divin de ses images ou vestiges créés. L'homme n'est qu'un néant face à Dieu (« *substantia mea tamquam nihilum ante te* », *Ps* 38, 6), « la sainteté de tous les saints n'est rien » en comparaison de celle de la « très Sainte Trinité ». Par conséquent, toute société, toute unité, sur la terre comme au ciel, sera foncièrement indigne d'être rapprochée de celle des trois Personnes.

La position de l'Oratorien n'a rien d'original : elle ne fait que prolonger les thèses du quatrième concile du Latran et, plus encore, celles de saint Augustin. Si l'unité, comme l'être, se dit en plusieurs sens, tout le souci de l'évêque d'Hippone avait en effet été celui de les distinguer :

> Les hommes sont un par la communauté de sort en cette unique et même nature humaine par laquelle ils sont tous hommes, alors même qu'éventuellement, par des diversités de volontés ou de sentiments, par des dissemblances d'opinions ou de mœurs, ils ne sont pas un. Mais ils seront pleinement et parfaitement un, quand surviendra le degré suprême où « Dieu sera tout en tous » (I *Cor* XV, 28). Mais Dieu le Père et son Fils, son

1. *18ᵉ Provinciale*, *OC Sell.*, p. 601.

2. H. Bremond, *Histoire du sentiment religieux*, *op. cit.*, vol. IV, 2, p. 396.

3. « Vous m'avez demandé quelque chose qui vous rendît l'Oraison plus facile ; je suis d'avis en attendant que je vous en puisse écrire davantage, que toutes les semaines une fois vous la fassiez de la très Sainte Trinité, de laquelle vous adorerez en premier lieu la Sainteté, en comparaison de laquelle la sainteté de tous les Saints n'est rien. Vous adorerez aussi sa puissance, sa bonté, sa Justice, sa miséricorde, son éternité, son immensité, son infinité, et ses autres infinies perfections », *Recueil de quelques discours et lettres du R.P. Charles de Condren*, Paris, Antoine Vitray, Sebastien Huré, Jean Jost, 1643, lettre 17, p. 364-365 (voir *Lettres du P. Charles de Condren, (1588-1641)*, publiées par P. Auvray et A. Jouffrey, Paris, Cerf, 1943, p. 403-408).

« Verbe, Dieu auprès de Dieu » (*Jn* I, 1), sont éternellement et ineffablement un et d'autant plus un qu'ils ne sont pas deux dieux, mais le seul unique Dieu[1].

Pour passer de l'union entre les hommes, fût-elle celle parfaite dont jouiront les bienheureux, à l'unité trinitaire, il faut atteindre « un ordre infiniment plus élevé » (§ 308). La thèse ne pourrait être plus nettement affirmée, et saint Augustin ne se lasse pas de la marteler :

> Cette égalité [du Verbe et de Dieu], je la conçois de telle sorte que je conçois avec elle une indivisible charité [*individuam caritatem*], et, s'il y a charité indivisible, il y a unité parfaite. En effet, si la charité que Dieu a envoyée aux hommes fait un seul cœur de multiples cœurs humains et fait une seule âme de multiples âmes humaines, selon qu'il en écrit dans les *Actes des Apôtres* (IV, 32) au sujet des croyants qui s'aiment d'un amour mutuel : « Ils avaient une seule âme et un seul cœur » tendus vers Dieu, si donc mon âme et ton âme deviennent une seule âme quand nous goûtons les mêmes choses et que nous nous aimons, combien plus [*quanto magis*] Dieu le Père et Dieu le Fils sont-ils un seul Dieu dans la Source de la Dilection[2] !

L'anagogie de l'unité s'achève toujours sur un constat d'incommensurabilité cristallisé dans la formule *quanto magis* : « Combien plus le Père, le Fils et le Saint-Esprit sont un seul Dieu »[3].

Or, rétorque Pascal, Jésus-Christ a dit le contraire : « Qu'ils soient un *comme nous* sommes un. » Il serait difficile d'imaginer une exégèse plus littérale de la prière de l'*Évangile de Jean*. Bien entendu, le dispositif conceptuel qui gouverne la *pensée* 787 interdit de privilégier l'un des deux propos contraires qui subsistent (et ne peuvent que subsister) ensemble[4]. Il n'en demeure pas moins que l'exégèse des derniers mots du Christ suggérée par Pascal brille par son audace. Si la tradition avait multiplié les invitations à la prudence dans l'interprétation de ces versets difficiles, Pascal s'en tient strictement au pied de la lettre. « Qu'ils soient un comme

1. Saint Augustin, *Épître* 238, 2, 13; 16 (CSEL 57, p. 542-543). Nous citons ici la traduction proposée par Marie-François Berrouard dans son étude « La première communauté de Jérusalem comme image de l'unité de la Trinité. Une des exégèses augustiniennes d'Act 4, 32a », *in* C. Mayer, K. H. Chelius (dir.), *Homo spiritalis, Festgabe fur Luc Verheijen, OSA Zu seinem 70 Geburstag*, Augustinus Verlag, Wurzburg, 1987, p. 207-224, dont nous résumons les acquis.

2. Saint Augustin, *Homélies sur l'Évangile de saint Jean*, XVIII, 4, éd. M.-F. Berrouard, « Bibliothèque Augustinienne » 72, Paris, Desclée de Brouwer, 1988, p. 126-128.

3. Voir pour un repérage des occurrences, J.-B. du Roy, « L'expérience de l'amour et l'intelligence de la foi trinitaire selon saint Augustin », *Recherches augustiniennes et patristiques*, 2, 1962, p. 415-445, en part. p. 422-424.

4. Voir P. Sellier, *Port-Royal et la littérature. Pascal*, *op. cit.*, p. 564.

nous sommes un» : lisez et comprenez ce que le Christ voulait dire, admonestent inlassablement les commentateurs, avant de rappeler l'adage «*omne simile est dissimile*»[1]. Pour Pascal, au contraire, il faut tout simplement écouter ce que «Jésus-Christ *dit*», quitte à découvrir qu'il s'agit précisément du «contraire» de ce qu'on en dit, ou de ce que le plus révéré des Pères, saint Augustin, et un de théologiens les plus admirés de son époque, Charles de Condren, en disent[2].

Individua Trinitas, individua caritas

Ainsi, les dernières lignes de la *pensée* 372 proposent une comparaison entre l'union des fidèles et l'unité de la Trinité, dont la tradition chrétienne n'a jamais caché les difficultés, sinon les dangers. Pascal, loin de les écarter, s'installe au contraire au cœur de ces difficultés en y reconnaissant l'occasion pour énoncer une thèse radicale. Le *sicut* qui, dans les mots de Jésus, articule unité et unité (ré)unit plus encore qu'il ne compare, exprime un appel à l'unification plutôt que la conscience de la distance entre des degrés d'unité qui resteraient incommensurables entre eux. Mais comment comprendre que l'union des membres de l'Église puisse s'accomplir dans

1. Voir Denys le Chartreux, *In quatuor Evangelistas enarrationes*, Paris, Le Preux, 1552, p. 335 v°.

2. Deux remarques confirment l'intérêt de la thèse avancée par Pascal à l'occasion de sa critique de Condren : a) d'une part, elle se trouve déjà annoncée par quelques lignes de Bérulle : « Dieu est plus en l'âme que l'âme du saint ou de la sainte n'est en son corps. Il la transforme en soi-même. [...] De sorte que Dieu et le saint ne sont qu'un. C'est ce que le Fils de Dieu demande à son Père en saint Jean 17 : "Qu'ils soient un comme nous sommes un". Il fait cette prière lorsqu'il va à la mort pour la nous mériter. Et par la force de cette prière, les saints sont tellement unis à Dieu, et Dieu à eux, qu'ils ne sont plus qu'une même chose avec lui. De sorte que cette union est comme celle de la Sainte Trinité » (*OC B* I, 5, p. 373-377). Cette volonté d'accomplir une union qui soit « comme celle de la Sainte Trinité » se traduira par l'injonction, maintes fois adressée par Bérulle aux membres de l'Oratoire et du Carmel, d'imiter « cette unité et société divine » en devenant, par leur conformité d'esprit et d'action, « une représentation mystique et sacrée de l'être de Dieu, qui est un être d'unité et de société tout ensemble » (*OC B* I, 5, p. 635,640; *cf.* p. 652). b) D'autre part, dans la lettre du 1er avril 1648, Pascal proposait une interprétation également hardie d'un autre « comme » prononcé par le Christ : « Jésus-Christ ne limite point le commandement de la perfection, et qu'il nous en propose un modèle où elle se trouve infinie, quand il dit : "Soyez donc parfaits comme votre Père céleste est parfait" » (*OC* II, p. 583). Aux yeux de Pascal, les deux *sicut*, loin de souligner les limites de toute comparaison, proclament l'exigence et l'espoir d'acheminer la ressemblance vers l'identité. « Jésus-Christ ne limite point le commandement de la perfection », il n'aura donc aucune raison d'imposer des limites à sa prière d'unité. Ce que confirme *a contrario* une remarque de H. Bremond (*Histoire du sentiment religieux*, *op. cit.*, vol. IV, 2, p. 396 n. 1). Nous reviendrons ailleurs sur ces deux remarques et sur leurs conséquences pour l'ecclésiologie de Bérulle et la christologie pascalienne.

une unité si radicale qu'elle apparaît digne d'être rapprochée de celle des « trois Personnes » ? Revenons à saint Augustin et lisons encore quelques lignes de son commentaire à l'*Évangile de Jean* :

> À quel point du reste cette charité [*sc.* la charité de l'Esprit Saint qui unit les personnes de la Trinité] l'emporte sur toutes les autres, comprenez-le à ceci : autant il y a d'hommes, autant il y a d'âmes ; s'ils s'aiment, ils forment une seule âme ; néanmoins on peut encore parler de plusieurs âmes quand il s'agit des hommes, car leur union n'arrive jamais à une telle perfection. Là, au contraire, tu peux dire qu'il n'y a qu'un seul Dieu, mais tu ne peux pas dire qu'il y a deux ou trois dieux. Cela te souligne la suréminence et la perfection suprêmes de cette charité, telle qu'il n'en peut exister de plus grande[1].

La hiérarchie des degrés d'unité et celle des degrés d'amour ne font qu'une : comme il y a unité et unité, de même il y a charité et charité, amour et amour[2]. Le passage à la limite (*quanto magis*) s'énonce ici par la distinction entre la charité et le Saint-Esprit, l'une réalisant l'unité au niveau des hommes, l'autre « au niveau des Trois [personnes et] en étant lui-même la Troisième »[3]. Pourtant, le corpus augustinien est suffisamment vaste et varié pour qu'ailleurs les pages de l'évêque d'Hippone témoignent d'une approche tout à fait différente. C'est le cas par exemple du *Sermon LXXI* : « Ce qui est commun au Père et au Fils, c'est par cela qu'ils ont voulu que nous soyons en communication entre nous et avec eux. Et c'est par ce Don que tous deux possèdent ensemble qu'ils ont voulu nous rassembler en un, c'est-à-dire par l'Esprit Saint, Dieu et Don de Dieu »[4]. Au lieu de s'exténuer, la distance entre l'amour intra-divin et l'amour inter-humain s'estompe ici au profit d'une quasi-identification : le donateur coïncide avec le don, la source avec ce qui en découle. Certes, le plus souvent et sans la moindre des hésitations, saint Augustin distingue le Saint-Esprit de la charité, qui, comme l'écrit saint Paul, « a été répandue

1. Saint Augustin, *Homélies sur l'Évangile de saint Jean*, XIV, 9, éd. M.-F. Berrouard, « Bibliothèque Augustinienne » 71, Paris, Desclée de Brouwer, 1993, p. 744.

2. Cf. *De symbolo ad cathechumenos*, II, 4 (CCL 46, p. 187).

3. M.-F. Berrouard, « La première communauté de Jérusalem comme image de l'unité de la Trinité », *op. cit.*, p. 218. Voir J. Gallay, « La conscience de la charité fraternelle d'après le *Tractatus in Primam Joannis* de saint Augustin », *Revue d'études augustiniennes*, 1, 1955/1, p. 1-20 ; M. Nedoncelle, « L'intersubjectivité humaine est-elle pour saint Augustin une image de la Trinité ? », in *Augustinus Magister*, I, Paris, Études Augustiniennes, 1955, p. 595-602 ; A. Sage, *La vie religieuse selon Saint Augustin*, Paris, La vie augustinienne, 1972, chap. IV, et G. Madec, *Lectures Augustiniennes*, Paris, Institut d'Études Augustiniennes, 2001, p. 219.

4. Saint Augustin, *Sermon* LXXI, 12, 18, traduit par J.-B. du Roy, « L'expérience de l'amour et l'intelligence de la foi trinitaire », *op. cit.*, p. 424.

dans nos cœurs *par* le Saint-Esprit qui nous a été donné» (*Rm* V, 5). Cependant, les formules qui suggèrent une identité presque parfaite entre ce qu'on appellera plus tard la *charité incréée* et la *charité créée*, s'avèrent suffisamment nombreuses sous sa plume, notamment dans les pages du *De Trinitate*, pour se cristalliser enfin dans la thèse de Pierre Lombard pour qui «*ipse idem Spiritus Sanctus est amor sive caritas, qua nos diligimus Deum et proximum*». Or, comme on l'a rappelé plus haut[1], Saint-Cyran n'avait pas manqué de faire sienne à maintes reprises dans ses écrits cette compréhension des rapports entre charité et Saint-Esprit, en rapprochant jusqu'à l'identité la troisième personne de la Trinité et la grâce (« la grâce de Dieu est la même chose que son Esprit » ou « la Sainte Trinité habitante dans l'âme » ; « l'amour divin répandu dans l'âme des chrétiens » est « une dérivation *ou plutôt le même amour* qui embrasse et réduit à une unité ineffable les personnes de la Sainte-Trinité. *Ut dilectio qua dilexisti me in ipsis sit, et ego in ipsis*»)[2].

Or, si les dettes de Pascal envers Saint-Cyran ne font pas de doutes, sera-t-il hasardeux d'en conclure qu'il partage aussi les thèses de l'abbé concernant les rapports entre charité et Saint-Esprit ? Une lecture en parallèle des fragments sur les « membres pensants » et de la *Théologie familière* conforte puissamment une telle hypothèse[3]. Le Saint-Esprit, y rappelle Saint-Cyran, a été envoyé pour « former le Corps de l'Église » et celui-ci n'est *un* corps qu'en tant que « les cœurs des Disciples de Jésus-Christ » sont unis « avec Dieu, et entr'eux-mêmes par la Charité »[4]. En découle une définition foncièrement « vitaliste » de l'Église où la déduction de son unité à partir de l'unicité d'un *caput* brille par son absence : « C'est la compagnie de ceux qui servent Dieu dans la lumière et dans la profession de la vraie Foi et dans l'union de la Charité »[5]. La réflexion ecclésiologique se prolonge dès lors au chapitre IX de ce petit catéchisme, dans les articles consacrés à l'économie « De la charité ». Celle-ci permet d'aimer Dieu « pour l'amour de lui-même », « plus qu'aucune créature, et plus que nous-mêmes ». L'amour du prochain et l'amour de soi y trouvent également leur règle[6], l'unité des amours, de Dieu, de soi et du prochain étant la vérité

1. Voir *supra*, p. 112-114.

2. *Lettres chrétiennes et spirituelles*, t. I, *op. cit.*, p. 450 ; Orcibal, *Origines*, V, p. 88 et *Considérations sur les dimanches et les fêtes* [...]. *Partie Hiver*, *op. cit.*, II, p. 19 (nous soulignons).

3. Nous suivons ici T. Shiokawa, *Pascal et les miracles*, *op. cit.*, p. 72 n. 98.

4. *Théologie familière*, *op. cit.*, leçon VI, § 1 ; § 3, p. 15.

5. *Ibid.*, § 25, p. 28.

6. *Ibid.*, p. 24-25.

ultime de l'ordre de la charité : « Aimant véritablement Dieu, nous aimons tout ce qu'il aime, et voulons tout ce qu'il veut, tant dans nous que dans le prochain »[1]. Une première conclusion s'impose donc : les méditations de Pascal et de Saint-Cyran expriment une même exigence de déployer un *ordo caritatis* pour régler l'amour qu'on se doit et l'un et l'autre font de l'unité de l'amour dans toutes ses figures le fondement de cet ordre. Mais cette unité de l'économie de la charité ne constitue pas seulement l'essentiel de la « morale chrétienne ». Elle se révèle aussi le fondement de la constitution d'un corps ecclésial qui soit « aussi vrai et aussi réel, que sont ceux de chacun de nous en particulier ». Saint-Cyran précise : nous aimons les autres chrétiens « parce qu'ils sont nos membres, et composent avec nous un même Corps, qui est Jésus-Christ ». Le Saint-Esprit « est le lien et l'âme de ce corps, unissant tous ces membres plus étroitement que notre âme n'unit les nôtres »[2]. Un « corps, qui est Jésus-Christ » : le raccourci n'a rien de maladroit. Que l'Église soit un corps, « le corps qui est le Christ » plus encore que « le corps dont le Christ est le chef au ciel et le pape son vicaire sur la terre », cela revient à affirmer que son unité n'est assurée par rien d'autre que par l'amour et la charité qui unissent les fidèles à Dieu et entre eux. L'Église sera donc *une* moins parce qu'elle est constituée *sub uno* que parce qu'un amour *un*, sous toutes ses formes, l'unifie. Saint-Cyran n'oublie pas que de ce corps « tous les catholiques sont les membres » et « Jésus-Christ le Chef ». Mais la distinction entre le *caput* et les *membra* le cède tout de suite à la contemplation de l'unité des chrétiens et du Christ qui ne font qu'un « tout [qui] est un » : « Tellement que de Jésus-Christ et de tous les Catholiques, il ne se fait qu'un Corps, une Église, *et un même Jésus-Christ* »[3]. De même, chez Pascal, la volonté de penser l'unité du corps, « l'esprit du corps » et sa « volonté entière », l'emporte sur tout rappel de la hiérarchie entre les membres et passe sous silence la nécessaire articulation des rôles et des fonctions mise en avant par saint Paul comme aussi le rôle du Christ-chef. La thèse de Saint-Cyran à propos de la quasi-indistinction entre charité et Saint-Esprit peut ainsi se charger d'une valeur ecclésiologique précise. Car si « l'amour divin répandu dans l'âme des chrétiens » est « le même amour qui embrasse et réduit à une unité ineffable les personnes de la Sainte-Trinité », l'unité du « corps » qu'est l'Église n'admettra qu'un seul modèle. Plus *une* que toute communauté purement humaine, plus *une* que le corps dont notre âme assure l'unité, l'Église est « un même Jésus-Christ » dont les membres

1. *Ibid.*, § 9, p. 25.
2. *Ibid.*, § 22, 23, 24, p. 28.
3. *Ibid.*, § 25, p. 28, nous soulignons.

s'unissent par le lien le plus *unissant*, celui de la troisième Personne de la Trinité elle-même, et dès lors réalisent une union où véritablement « tout est un ».

C'est donc en s'appropriant cette avancée théorique de Saint-Cyran que Pascal risque sa thèse sur l'unité ecclésiale en conclusion du § 372. La comparaison formulée par le Christ dans l'*Évangile de Jean* exige d'être prise au sérieux, dans son sens le plus littéral : « *ut sint unum, sicut et nos unum sumus* », le Christ ne « limite point le commandement » de l'unité et « nous en propose un modèle où elle se trouve infinie »[1]. Et cela sans doute parce qu'un seul et même lien rattache les « membres pensants » entre eux et à Dieu : celui du Saint-Esprit qui se distingue à peine de la charité qu'il répand dans les cœurs. « Tout est un. L'un est en l'autre comme les trois Personnes », écrit alors Pascal, et il nous rappelle ainsi l'*unitas Ecclesiae* est si absolue qu'elle n'admet comme patron que l'*unitas Trinitatis*. *Unanimitas individua* des fidèles, *individua Trinitas* et *individua caritas* disaient les Pères, et la présence d'un même adjectif rappelle que, dans les trois cas, il s'agit d'un même *individuae unitatis arcanum*[2]. Bref, « non seulement l'amour est indivision, mais il ne se divise pas »[3] et si « tout ce qui ne va point a la charité est figure » (§ 260), la charité n'a rien de figuratif. Et c'est justement pour cela que l'unité qu'elle réalise est absolue.

L'IMAGE DE LA CHARITÉ

Presque seul en son siècle, Pascal propose donc, dans la liasse « Morale chrétienne », une doctrine de l'unité ecclésiale qui n'ademet autre paradigme que la Trinité elle-même. Tout chassé-croisé du politique et de l'ecclésiologique est conjuré d'avance : nulle analogie ne s'avère légitime entre l'union du corps mystique qu'est l'Église et celle des « corps mystiques et politiques ». Certes, c'est « par une organisation qui tient du politique » que l'Église assure « la manifestation, dans l'ordre de la chair, d'un ordre infiniment supérieur – celui de la charité ». Cependant, lorsqu'il y va de son unité, c'est-à-dire lorsqu'on cherche à en penser la première des *notae*, les comparaisons avec les sociétés humaines risquent de masquer l'essentiel, en occultant le fait que rien ne lui est comparable, sinon « la société [...] de Dieu avec lui-même »[4]. Comme l'écrit Bossuet, « après la

1. *OC* II, p. 583.
2. Voir H. de Lubac, *Catholicisme*, *op. cit.*, p. 263 et p. 359 n. 1.
3. E. Martineau, « Deux clés de la chronologie des discours pascaliens », *op. cit.*, p. 725.
4. G. Ferreyrolles, *Pascal et la raison du politique*, *op. cit.*, p. 206, 246.

divinité, rien n'est plus beau que l'Église, où l'unité divine est représentée. Un comme nous; un en nous. Regardez et faites suivant ce modèle. [...] L'unité de l'Église: son modèle est l'unité des trois divines Personnes. Jésus dit: Qu'ils soient un comme nous »[1]. Le *sicut* de l'*Évangile de Jean* impose tout d'abord une tâche, car il indique le seul modèle auquel l'Église doive se conformer et mesurer les exigences de son unité. Mais il révèle aussi comment « faire » l'unité « suivant ce modèle », car « les membres du corps de Jésus-Christ sont conjoints par l'esprit même de Jésus-Christ, qui a une force d'unir sans comparaison, plus grande et infinie, et qui est l'unité même, et le lien des personnes de la Sainte Trinité »[2]. Une comme la Trinité et en raison d'un lien qui est celui même qui unit la Trinité – voire, en raison de la charité, don du Saint-Esprit qui se distingue à peine de ce dernier – l'Église est véritablement ce corps spirituel où « tout est un ».

Par cette centralité assignée à la charité en tant que fondement de l'union des fidèles, Pascal se rapproche des remarques de Jacqueline à propos de l'excommunication pour une cause injuste. Mais on s'interdira de déceler dans les *pensées* de la liasse « Morale chrétienne », comme déjà dans le cas de la lettre de Jacqueline, le rêve vain d'une Église de saints où la charité serait la condition nécessaire et suffisante de l'incorporation. Tout en élaborant sa réflexion ecclésiologique à partir de la figure du « corps plein de membres pensants », l'approche de Pascal diffère en effet sensiblement de celle qui gouverne les discussions «*de membris Ecclesiae* » de ses contemporains. Car il ne s'agit pas d'indiquer un réquisit minimal dont la possession garantit l'appartenance à la communauté des fidèles, mais de souligner la nécessité d'un acte réitéré d'union par amour qui fait que le membre ressaisit son union au corps. Les membres doivent « sans cesse aspirer à se rendre dignes de faire partie du Corps de Jésus-Christ »[3], en aimant le tout, en s'aimant à partir de l'amour du tout, et en aimant enfin les autres membres. Ainsi, reconnaître dans la charité la source de l'unité de l'Église revient moins à restreindre le nombre de ceux qui sont admis dans le «corps» qu'à rappeler qu'on n'est jamais dans le corps sinon en *faisant* corps. À ce titre, les «membres pensants» prolongent et accomplissent les tentatives pour nommer l'*unitas Ecclesiae*

1. *Sermon sur l'unité de l'Église*, in *Œuvres oratoires*, Paris, Desclée de Brouwer, 1914-1926, t. VI, p. 104. Voir aussi G. Remy « Une lettre sur l'Église de Bossuet », *in* A-É. Spica (dir.), *Bossuet à Metz (1652-1659). Les années de formation et leurs prolongements*, Berne, Peter Lang, 2005, p. 97-113.

2. *Examen d'une apologie qui a été faite pour servir de défense à un petit livre intitulé, Le Chapelet secret*, *op. cit.*, p. 288.

3. *OC* II, p. 583.

amorcées par Pascal en s'appuyant sur les notions de « monde » et d'« unanimité ». Rassemblés dans un corps, mais non pas unis, les membres de notre organisme, même si leur conjonction relève d'un principe vital, restent néanmoins plus proches d'un agrégat que d'un tout : pour être « commune », la comparaison avec le corps humain n'est pas moins « peu exacte », comme le rappellera Rousseau, car leur être-ensemble constitue une donnée et non pas le résultat d'un libre engagement. Le corps n'est donc un tout que si les membres veulent être unis. Or, pour que les membres veuillent leur union, ils doivent vouloir en rapportant leur volonté particulière à la volonté des autres membres. Ce qui revient à renoncer à vouloir au détriment de la volonté d'autrui, en ne voulant que ce qui, tout étant mon bien, est aussi le bien de chacun des autres auxquels je suis uni. Vouloir ainsi, c'est vouloir en voulant toujours « l'admirable intelligence » des membres, vouloir d'une volonté qui ne vise qu'à la conservation et au bien du corps tout entier. Bref, vouloir d'une volonté universelle qui a comme unique objet le bien du tout et de chacune des parties en tant que parties du tout.

Une telle volonté commune, pour ne pas dire *générale*[1], ne s'ajoute pas à la volonté des membres de s'unir. Elle en est au contraire le résultat, car vouloir le « bonheur de leur union » signifie pour les membres se vouloir unis. L'accord rend possibles la communauté et une volonté qui ne vise que l'intérêt commun. Dès lors, il s'agira pour chaque membre de « consentir » à la volonté « de l'âme universelle » et à la « conduite de l'âme entière », sans que cela implique pour autant une forme d'obéissance à une instance autre. Les membres ne se réunissent pas sous un « chef » qui les gouverne et les dirige : ils s'unissent et consentent à ce qu'impose leur union réciproque. Autrement dit, l'âme universelle n'est que l'expression de l'accord des volontés particulières et ce qui les effectue en tant que volonté des membres unis. Se laisser « gouverner » avec « soumission » à la « volonté qui régit le corps » signifie vouloir son union à la volonté d'autrui, bref, vouloir une volonté commune. C'est en cela que l'Église constitue « ce royaume de charité où tous les sujets ne respirent que la charité, et ne désirent que les biens de la charité »[2] dont parle le troisième *Discours sur la condition des grands*. Et la formule n'a rien d'imagé : l'accord des amours s'effectuant comme amour commun du corps qui est un tout, les membres,

1. *Cf.* P. Riley, *The General Will before Rousseau. The Transformation of the Divine into the Civic*, Princeton, Princeton University Press, 1986 et B. Bernardi, *La Fabrique des Concepts : recherches sur l'invention conceptuelle chez Rousseau*, Paris, Champion, 2006, p. 393-434.

2. *OC* IV, p. 1034.

chacun par son propre consentement, ne « désirent » que les biens que vise l'amour commun et ne « respirent », c'est-à-dire n'agissent comme parties du tout, qu'en consentant à cet amour universel.

« S'imaginer un corps plein de membres pensants » pour régler l'amour qu'on se doit : telle était l'exigence de départ de la réflexion élaborée par Pascal en vue de la constitution d'une « morale chrétienne ». Mais cette imagination d'un tout commandée par une définition de l'amour comme volonté de s'unir et consentement à l'union constitue aussi, comme on vient de le voir, la figure la plus claire de l'unité ecclésiale, qui porte à l'évidence le fait qu'elle se fonde sur l'unité de (la) charité. La figure la plus claire, mais on devrait plutôt dire, tout simplement, l'*image*. C'est du moins ce que suggère le fragment 210 : « Tous les hommes se haïssent naturellement l'un l'autre. On s'est servi comme on a pu de la concupiscence pour la faire servir au bien public. Mais ce n'est que feindre et une fausse image de la charité, car au fond ce n'est que haine. » La concupiscence n'offre qu'une fausse image : d'une part, au lieu de dévoiler, ce qui est le propre de toute image, elle cache et dissimule le vrai : « On a fondé et tiré de la concupiscence des règles admirables de police, de morale, et de justice. Mais dans le fond, ce vilain fond de l'homme, ce *figmentum malum* n'est que couvert. Il n'est pas ôté » (§ 211). D'autre part, tout en imitant la charité, la concupiscence en est strictement le contraire : « au fond ce *n'*est *que* haine ». L'image cache son fond et reste « au fond » l'opposé de ce dont elle se prétend l'image. Or, précisément en raison de son statut de fausse image, la concupiscence ne peut que fournir une *image fausse*[1] de la charité, en rapprochant l'unité absolue que celle-ci réalise dans l'Église de celle des « communautés naturelles et civiles » (§ 421). Même lorsque les hommes, en tant que « membres » de ces communautés humaines, « tendent au bien du corps », conscients qu'« en guerre, en police, en économie [...] l'on doit [...] tendre au général » (§ 421), il s'agit toujours de faire « servir au bien public » les intérêts disparates d'un rassemblement d'individus qui « se haïssent naturellement l'un l'autre ». Rien n'est pourtant plus éloigné de ce « bien public » qui dérive d'une association plus ou moins rusée d'intérêts que le bien d'un corps dont les membres sentent « le bonheur de leur union » et composent dès lors un véritable tout. Les « règles admirables de police, de morale, et de justice » peuvent *réunir* les hommes dans une société en constituant un ordre qui les maintient unis malgré leur haine réciproque. Ce qui revient à concilier l'intérêt général et

1. Pour cette distinction voir V. Carraud, « La vérité hors de la charité », *in* H. Michon et T. Pavlovits (dir.), *L'amour de la sagesse et la sagesse de l'amour chez Pascal*, Paris, L'Harmattan, 2016, p. 13-38.

l'intérêt particulier, sans pourtant ne jamais les intégrer, car une telle conciliation reste toujours partielle en manquant dans les membres la volonté d'être unis : « on s'est servi comme on a pu... ». Si la concupiscence sait admirablement profiter de ce qui pousse les hommes à chercher un accord entre eux, la juxtaposition des intérêts privés des membres ne débouche en aucun cas sur une volonté commune : « le bien public » n'est que ce qui limite les désirs des « volonté[s] propre[s] » sans jamais en faire l'objet.

À ce « tableau de charité » (§ 118) que la concupiscence façonne, les « membres pensants » opposent le spectacle d'une image vraie qui est aussi une vraie image. Une *image vraie*, car, comme nous l'avons montré, les fragments de la liasse « Morale chrétienne » exhibent la véritable économie de la charité et l'unité qui la caractérise. La juxtaposition des volontés particulières, qui s'opposent et qu'on cherche à composer « comme on peut », le cède au consentement du membre à la volonté de l'âme universelle qui ne veut que le bien commun. Ainsi on opposera le « bien du corps » (§ 374) au « bien public » et à l'accord toujours partiel des membres des communautés naturelles qui « se haïssent naturellement l'un l'autre ». Pour rassembler les hommes en société, il suffit de « tendre au général ». Mais pour les membres qui n'ont « d'être et de mouvement que par l'esprit du corps et pour le corps » (§ 372), il s'agit au contraire de vouloir *universellement*, en s'aimant et en aimant « de la même sorte » que la volonté du corps. Ce que confirme d'ailleurs le recours à l'image classique de l'organisme dans le fragment § 421 : « Il faut tendre au général, et la pente vers soi est le commencement de tout désordre, en guerre, en police, en économie, dans le corps particulier de l'homme. » La *pensée* § 360 n'évoque en effet l'exemple de « nos membres » et de notre « corps particulier » que pour nier qu'il puisse constituer un modèle pour ce « tout » que Pascal est en train de penser[1]. « Nos membres ne sentent point le bonheur de leur union », ils ne veulent pas leur union, et donc, tout en constituant un organisme, ils ne font pas (un) corps. Le « corps particulier de l'homme » constitue une image opaque, suffisante certes pour penser l'unité des « communautés naturelles et civiles », mais incapable de mener à l'évidence d'une idée l'unité de charité qui fait de l'Église un « tout » qui est « un ». C'est pourquoi à l'image fausse de l'unité de charité que fournit l'ordre admirable de la concupiscence, il faudra sans doute préférer cette préfiguration du peuple chrétien réuni dans l'Église qu'incarne la « nation » juive : « C'est un peuple tout composé de frères, et au lieu que tous les autres sont formés de

1. Voir P. Magnard, « Un corps plein de membres pensants », *op. cit.*, p. 335.

l'assemblage d'une infinité de familles, celui-ci, quoique si étrangement abondant, est tout sorti d'un seul homme, et étant ainsi tous une même chair et membres les uns des autres, composent un puissant État d'une seule famille» (§ 451). Les Juifs, tous issus d'une « même chair » et « membres les uns des autres », figurent l'assemblée des Chrétiens où les fidèles sont «*alter alterius membra*» (*Rm* XII, 5)[1]. La vérité de l'Église, corps mystique du Christ, est «reconnue sur la figure» de la progéniture d'Abraham et de son peuple « tout composé de frères »; le « puissant État d'une seule famille» annonce le «corps plein de membres pensants» qui sont « membre[s] de Jésus-Christ ».

Mais si les «membres pensants» constituent une image vraie, car ils exhibent la vérité de la charité en tant que principe d'unité, ils offrent aussi une *vraie image*, c'est-à-dire une image conforme à son essence et accomplissant sa fonction propre qui est celle de révéler – et de révéler en montrant ce qui resterait de par soi-même invisible. Car finalement, ce que le « corps plein de membres pensants » donne à voir c'est la vérité même de l'Église en tant que corps mystique du Christ. En réagissant contre toute assimilation de celle-ci à une *societas perfecta* prônée par l'ecclésiologie moderne, Pascal rappelle l'unité spirituelle qui en fait l'essence. De ce fait, les fragments de l'avant-dernière liasse à titres *dévoilent* ce que les affinités entre l'organisation hiérarchique de la «Cour de Rome» et les sociétés politiques risquaient de *voiler*. Tout en étant « une communauté d'hommes aussi visible et palpable que la communauté du peuple romain, ou le royaume de France, ou la République de Venise», comme l'écrivait Bellarmin, l'Église demande à être pensée à partir de l'unité de charité qui lie ses membres en l'exceptant de toute comparaison avec les «corps mystiques» séculiers. Au-delà de la distinction entre éléments visibles et éléments invisibles, âme et corps de l'Église, les «membres pensants» thématisent la communauté ecclésiale comme un « tout » qui n'est tel qu'en raison de son « âme entière » et de « l'esprit du corps ». « Le corps plein de membres pensants» constitue donc une vraie image de l'Église puisqu'il montre ce qui de l'Église reste invu, sinon invisible, en raison d'apparences souvent trompeuses qui rapprochent le corps mystique du Christ des autres corps qu'on nomme, à tort, « mystiques ». Mais il y a plus : étant une vraie image, les « membres pensants » ne dévoilent pas seulement la vérité invisible de l'Église visible, mais ils permettent aussi de reconnaître *dans l'Église elle-même une vraie image*. En effet, la formule conclusive de § 372 supposait une exégèse radicale des paroles ultimes du Christ dans

1. Voir *ibid.*, p. 338.

l'*Évangile de Jean* à partir de laquelle Pascal parvenait à affirmer le caractère absolu de l'unité ecclésiale dont l'unique paradigme est l'unité de la Trinité : « Tout est un. L'un est en l'autre comme les trois Personnes. » Mais si cela est vrai, force est de conclure que l'Église, par l'unité de charité qui la fait incomparablement une, se montre comme l'image et la figure du mystère « le plus séparé de la créature et le plus propre à Dieu » [1], celui de l'unité trinitaire.

« Là où sont les Trois, Père, Fils et Esprit Saint, là aussi se trouve l'Église qui est le corps des Trois », écrivait Tertullien dans son *Traité du Baptême* [2], et l'intuition sera souvent reprise par les Pères qui reconnaissaient dans l'unité de l'Église une extension ou une manifestation de l'unité de la Trinité. On retiendra surtout quelques lignes du *De Ecclesiae catholicae unitate* de saint Cyprien, souvent évoqué à Port-Royal et connu sans doute aussi par Pascal (voir § 601). Aux yeux de l'Évêque de Carthage, l'unanimité des membres de l'Église est « à la fois l'image et l'effet de l'unité des Personnes divines entre elles » :

> Le Seigneur déclare : « Le Père et moi, nous sommes un », et il est encore écrit à propos du Père, du Fils et de l'Esprit Saint : « Et les trois sont un ». Y a-t-il quelqu'un pour croire que cette unité, qui a pour origine la solidité de Dieu, peut être déchirée dans l'Église, peut être mise en morceaux parce que des volontés en conflit cherchent à la briser [3] ?

L'*individua concordia* des fidèles réunis dans l'Église n'est finalement « qu'une image et qu'un effet » [4] de l'*individua Trinitas*. De même, guidé par l'exigence de penser l'unité de l'Église, Pascal découvre dans celle-ci une icône de la Trinité. Les « membres pensants » ne révèlent pas seulement la vérité de l'Église en tant que corps spirituel du Christ, mais rappellent aussi que celui-ci représente une réalité infiniment plus invisible. « *Immo vero vides Trinitatem, si caritatem vides* », s'exclamait saint Augustin, avant d'affirmer que « la charité fraternelle [...] non seulement vient de Dieu, mais est même Dieu » [5].

1. Condren, *Considérations sur la foi et les mystères*, cité par H. Bremond, *Histoire du sentiment religieux*, *op. cit.*, vol. IV, 2, p. 395.

2. VI, 2, éd. R.-F. Refoulé, « Sources Chrétiennes » 35, Paris, Cerf, 1952, p. 75.

3. Cyprien de Carthage, *L'unité de l'Église*, VI, éd. M. Bévenot, M. Poirier, P. Mattéi, « Sources Chrétiennes » 500, Paris, Cerf, 2006, p. 188-191.

4. *OC* III, p. 154.

5. *De trinitate*, VIII, 8, 12. Voir J.-B. du Roy, « L'expérience de l'amour et l'intelligence de la foi trinitaire selon saint Augustin », *op. cit.*, p. 436.

L'Église, où la réalité de la charité sourd et « respire », n'a alors plus rien de figuratif : vraie image, elle montre, dans une transparence qui en fait un sacrement d'unité, la réalité divine. Ce qui permet d'y adhérer sans aucun risque d'idolâtrie, car, comme l'explique Saint-Cyran en annonçant encore une fois le lexique non moins que les thèses pascaliennes, elle a « ce privilège qu'on doit être attaché à son corps visible et y avoir une adhérence comme à Dieu, *mihi autem adhaerere Deo bonum est* »[1]. Mais ce qui fait aussi de l'Eglise le mystère le plus proche et pourtant le plus difficile à croire : « Il est dit : Croyez à l'Église; mais il n'est pas dit : Croyez aux miracles, à cause que le dernier est naturel et non pas le premier. L'un avait besoin de précepte, non pas l'autre » (§ 859).

1. Orcibal, *Origines*, V, p. 509 : « De sorte que l'Église, en tant qu'elle est le corps de Jésus-Christ glorieux a cela par-dessus Jésus-Christ même tel qu'il était et paraissait aux hommes lorsqu'il vivait parmi eux en son corps mortel, que la vue que les hommes fidèles en ont à tout moment ne peut pas affaiblir leur foi et leur charité par une attache mauvaise et sensuelle comme la vue de la chair de Jésus-Christ. »

CONCLUSION

Pour saisir le sens et la portée de cet éblouissant « testament spéculatif » (Martineau) qu'est le discours des « membres pensants », nous nous sommes efforcés d'en situer l'origine à la croisée de deux traditions : celle du théologoumène paulinien du *corps mystique* et celle des métamorphoses de la notion augustinienne d'*ordre de la charité*.

D'une part, c'est pour « régler l'amour » que Pascal demande d'imaginer un « corps plein de membres pensants ». Penser l'amour *dans son ordre*, c'est-à-dire en concevoir une idée vraie, car en aimant « nous *sommes* membres du tout » (§ 368), permet d'en définir l'*ordre* et de déployer l'économie de ses multiples figures. En s'imaginant, on parvient ainsi à saisir ce qui ne se laissait penser que comme un paradoxe dans l'« ordre de l'esprit ». L'amour propre, précisément en raison de sa prétention de s'accomplir *en propre*, débouche sur un malheur et une haine de soi qui sont le prix de son injustice : un « membre séparé » qui se croit un « tout » et ignore le « bonheur » de son union (§ 360; 372). À l'inverse, l'amour de Dieu, loin d'imposer un oubli de soi, permet au membre de revenir « chez soi », de se découvrir aimé et dès lors aimable : « En aimant le corps il s'aime soi-même, parce qu'il n'a d'être qu'en lui, par lui et pour lui » (§ 372). Comment tenir ensemble les trois amours prêchés par l'*Évangile* et leurs modes respectifs (Dieu « *ex toto corde* » et le prochain selon le modèle de l'amour de soi légitime) ? Telle était la question à laquelle tout *ordo caritatis* depuis saint Augustin s'efforçait de répondre, et telle est aussi celle dont Pascal s'approprie dans les « membres pensants ».

D'autre part, le « corps » dont Pascal esquisse la figure dans les *pensées* de la liasse « Morale chrétienne » est celui de Jésus-Christ, dont les membres sont les fidèles rassemblés dans l'Église. Le rapport entre les membres et le corps ayant été depuis toujours sollicité par les traités « *de ordine caritatis* » pour penser la subordination de l'amour de soi à celui de

Dieu, rien n'est plus naturel que cette convergence d'une réflexion sur l'ordre de l'amour et d'un questionnement sur la nature de l'unité du « tout » ecclésial. Montrer « comment chaque membre devrait s'aimer » revient ainsi à rendre visible l'Église comme la communauté de charité qu'elle est en son essence. Ce faisant, Pascal retrouve toute la force du théologoumène paulinien du *corpus mysticum* en tant que lieu privilégié d'une pensée de l'unité. L'union des fidèles, lorsqu'elle est conçue dans sa vérité, exige de penser leur communion dans « l'esprit du corps » : unis par l'« âme universelle » qui les régit (§ 360; 372), ils font « *unum corpus et unus spiritus* » (*Eph* IV, 15-16), dont l'unité ne saura se confondre avec celle des autres *corpora mystica* séculiers.

Pourtant, l'originalité et donc le sens ultime des fragments de la liasse « Morale chrétienne » relèvent moins de leur inscription dans l'histoire des concepts d'*ordo caritatis* et de *corpus mysticum*, que de la position que les « membres pensants » y occupent. Dans un cas comme dans l'autre, Pascal instaure en effet une rupture, en marquant, avec un même mouvement, la clôture d'une tradition et l'avènement de sa figure résolument *moderne*.

Soit d'abord la question de l'amour et de sa règle. À l'articulation traditionnelle d'un *ordo caritatis* fondé sur la hiérarchie des objets à aimer, Pascal substitue le réglage de l'amour à la lumière de son idée. Or, un tel choix ne se laisse comprendre qu'à partir de la définition cartésienne de l'amour. Et cela à double titre. Car, d'une part, « s'imaginer un corps plein de membres pensants » revient à se ressaisir de l'essence de l'amour telle que l'explicitent les *Passions de l'âme*. Et, d'autre part, cette définition avait été avancée par Descartes précisément pour répondre à l'exigence de régler l'amour qu'on doit à autrui lorsqu'on le compare à celui qu'on se porte à soi-même. Que l'homme se reconnaisse « membre pensant » signifie donc qu'il est une « une chose qui pense, c'est-à-dire qui doute, qui affirme, qui nie, qui connaît peu de choses, qui en ignore beaucoup », mais aussi « qui aime » et « qui hait » (AT IX-1, p. 27), et que c'est en s'appropriant par la pensée la vérité (cartésienne) de l'amour qu'il parvient à régler l'amour qu'il se doit. Régler l'amour ne se peut qu'en *le* pensant, et en *se* pensant en tant que sujet aimant. Pour bien aimer, c'est-à-dire pour « sentir » le bonheur de leur union, les membres n'ont finalement qu'à « bien penser », en faisant un bon usage de leur « intelligence pour le connaître » et de leur « volonté pour consentir à celle de l'âme universelle » (§ 360) : « voilà le principe de la morale » (§ 200) qu'esquisse l'avant-dernière des liasses à titres. Avec les « membres pensants », Pascal marque donc une solution de continuité dans la tradition de l'*ordo caritatis*, en dessinant sa figure cartésienne, c'est-à-dire, tout simplement, *moderne*, car nulle doctrine de l'humilité[1] ou hiérarchie des étants ne vient la fonder, mais seulement la volonté du « membre pensant » de s'assurer de soi et de son amour.

Mais la discontinuité n'est pas moins grande en ce qui concerne la portée ecclésiologique des fragments que nous avons étudiés. Tout en s'inscrivant dans la postérité du théologoumène paulinien, ils constituent en effet une réaction on ne pourrait plus nette aux tendances dominantes de l'ecclésiologie post-tridentine dont le double usage, politique et théologique, de la notion de *corpus mysticum* constitue à plusieurs titres l'emblème. À la définition de l'Église comme une *societas perfecta*, Pascal oppose dès lors le « tout » qu'est le « corps » du Christ « plein de membres pensants » dont l'unité de charité, assurée par l'action du Saint-Esprit, n'est pas moins absolue que celle de la Trinité elle-même. Mais, ici comme dans le cas de l'*ordo caritatis*, en proposant une réécriture inédite du théologoumène de saint Paul, Pascal ne vise finalement qu'à en inaugurer la figure nouvelle que l'avènement de la modernité impose. Préparée par les méditations de Bérulle et de Saint-Cyran, la réflexion pascalienne sur l'unité fait signe en effet à ce changement de « l'horizon de toutes les questions théologico-politiques » qui, en inaugurant l'âge moderne, substitue le « face-à-face » de l'Église avec l'État à l'articulation de leurs prérogatives respectives à l'intérieur de l'« ordre unitaire de l'*Ecclesia* (Église *et* État) »[2]. Les « membres pensants » portent ainsi à l'évidence cet affrontement tout en rejetant la légitimité du chassé-croisé des motifs et du combat pour la revendication de mêmes principes qui le caractérise. Car penser l'*unitas Ecclesiae* impose précisément de renoncer à toute analogie entre les *corpora mystica* séculiers et l'unique corps véritablement mystique parce que porteur d'un *mystère d'unité* qu'est la communauté des fidèles qui sont l'un en l'autre « comme les trois Personnes » (§ 372). Dans les fragments de la liasse « Morale chrétienne », Pascal esquisse donc une doctrine de l'unité ecclésiale d'autant plus moderne qu'elle montre en creux les risques et la tâche que la modernité impose et assigne à toute ecclésiologie.

1. Voir R. Brague, « L'anthropologie de l'humilité », in R. Brague (dir.), *Saint Bernard et la philosophie*, Paris, P.U.F., 1993, p. 129-152. En concevant l'exigence d'unité de *Jn* XVII, 21 à partir de la définition de l'amour des *Passions de l'âme*, Pascal esquisse finalement un traité d'ecclésiologie cartésienne dont il reste à mesurer l'influence. *Cf.* J. Orcibal, « L'idée d'Église », in *Études d'histoire et de littérature religieuses*, *op. cit.*, p. 345-346.

2. J.-F. Courtine, *Nature et empire de la loi. Études Suáreziennes*, Paris, Éditions de l'EHESS/Vrin, 1999, p. 16-17 et le maître livre d'H. de Lubac, *Augustinisme et théologie moderne*, Paris, Aubier, 1965, réimpr. Paris, Cerf, 2008, chap. VIII.

En raison de ce double positionnement qui les inscrit au cœur d'une tradition et y reconnaît l'expression de la rupture décisive qu'impose l'avènement de la modernité, les fragments que Pascal consacre aux « membres pensants » constituent un carrefour majeur de l'histoire de la pensée au XVIIe siècle. Mais cette position éminente impose en retour une interrogation plus circonscrite, mais non moins décisive, concernant le lieu qu'il convient d'assigner à ces fragments à l'intérieur même de la pensée de Pascal. Faut-il voir dans le « corps plein de membres pensants » un « mirage de la communauté »[1] sinon une « utopie généreuse »[2] qui exhiberait le modèle, sans doute inatteignable ici-bas, de la véritable « république chrétienne » et du « royaume de charité où tous les sujets ne respirent que la charité, et ne désirent que les biens de la charité »[3] auquel regarde et « aspire » l'Église des *viatores* ? Une telle approche des *pensées* de l'avant-dernière des liasses à titres n'a rien de contestable[4]. Elle risque néanmoins d'en manquer l'enjeu ultime. Car l'exigence de refonder un *ordo caritatis* à l'âge cartésien et de penser l'unité de l'Église autrement que comme une *societas* ordonnée *sub uno* débouché finalement – si elle n'en est tout simplement un corollaire – sur une pensée de l'unité de l'amour. Unité *de* l'amour dans ses différentes figures et unité que l'amour *réalise*, lorsque les « membres » s'entr'aiment. Mais, plus encore, unité comme vérité même de l'amour puisqu'aimer revient à s'imaginer et vouloir l'union avec autrui dans un tout. De quoi cette pensée relève-t-elle ? De la « morale chrétienne », répond Pascal, sans doute en songeant à ce qui la distingue de la « science des mœurs » (§ 23). De la spiritualité, répondrions-nous, si cette notion n'appelait de trop longs commentaires[5]. Du troisième de « trois ordres de choses », qui est le lieu de la « sagesse » (§ 933), faudra-t-il dire tout simplement, car c'est sans doute là que se situent nos fragments.

Par ses *pensées* sur les « membres pensants », Pascal ouvre et articule en effet l'espace de l'ordre de la charité dont ailleurs il se limite à indiquer le lieu et à pointer la distance infinie qui le sépare des autres « ordres différents de genre » (§ 308). Certes, on n'accède véritablement au troisième ordre qu'en aimant, et c'est à ce titre que la destitution de la

1. P. Guenancia, *Descartes et l'ordre politique*, Paris, P.U.F., 1983, chap. VII.
2. J. Mesnard, *Les Pensées de Pascal*, *op. cit.*, p. 247.
3. *OC* IV, p. 1034.
4. Voir G. Ferreyrolles, *Pascal et la raison du politique*, *op. cit.*, p. 246-248.
5. Voir A. Combes, *Essai sur la critique*, t. II, *op. cit.*, p. 249 ; E. Martineau, *La Provenance des espèces. Cinq méditations sur la libération de la liberté*, Paris, P.U.F., 1982, chap. V, en particulier p. 230-231 et J.-L. Marion, *Au lieu de soi*, *op. cit.*, p. 33 et 158.

philosophie (et notamment de la métaphysique cartésienne)[1] dont témoignent les *Pensées* s'opère. Et pourtant, le « corps plein de membres pensants » fournit une image vraie de la charité, il en donne à « imaginer » les mouvements, il en dégage la logique propre, en sa vérité éminemment paradoxale aux yeux de l'esprit. Les « yeux du cœur » « voient la sagesse », lit-on en § 308, mais celle-ci « est nulle sinon de Dieu », car « Dieu seul [la] donne » (§ 933). Et il s'agit dans ces lignes de situer « l'amour du Christ qui surpasse toute connaissance » (« *scire etiam supereminentem scientiae caritatem Christi* », *Eph* III, 19), car il est « d'un autre ordre, surnaturel » : l'inaccessibilité d'un spectacle qui éclate à une distance infinie du regard de l'esprit. « Qu'on s'imagine un corps plein de membres pensants », écrit désormais Pascal, sans doute à une date beaucoup plus tardive, dans l'avant-dernière des liasses à titres : l'Église comprise comme le corps spirituel qu'elle est, donne à contempler une vraie image de la charité. Loin de s'éloigner dans sa *supereminentia*, l'amour du Christ se reflète dès lors dans celui des membres qui pensent et réfléchissent à leur amour réciproque. D'où l'écho qu'on peut saisir, sous la plume de Pascal, d'un remarquable raccourci augustinien :

> Nul ne peut aimer le Père, s'il n'aime le Fils et qui aime le *Fils*, aime aussi *les fils de Dieu*. Quels fils de Dieu ? Les membres du Fils de Dieu. Et en aimant, celui qui aime devient lui aussi un des ses membres, et il entre par la dilection dans la cohésion du Corps du Christ. Il n'y aura qu'un seul Christ qui s'aime lui-même. Lorsqu'en effet les membres s'aiment mutuellement, le corps s'aime lui-même [*Et erit unus Christus amans seipsum. Cum enim se invicem amant membra, corpus se amat*][2].

Loin de briller par son absence, le troisième ordre fait donc l'objet d'un vaste discours dans un texte qui est *théorique* précisément en ce qu'il relève de la plus sobre *spiritualité* : celle qui s'efforce de porter à la clarté d'une idée la vérité de l'amour et de son unité, et cela en partant des paroles du Christ et de saint Paul non moins que des définitions cartésiennes de l'amour et de la haine. Bref, un texte qui pour être *méditatif* n'est pas moins rigoureusement *conceptuel*, au même titre que le « Mystère de Jésus »

1. Voir notre étude « L'ordre de la charité et la charité en son ordre : Jean-Luc Marion interprète de Pascal », *in* A. Vasiliu (dir.), *Lectures de Jean-Luc Marion*, Paris, Cerf, à paraître.

2. *In Epistolam Ioannis ad Parthos tractatus decem*, X, 3 (trad. fr. P. Agaësse, « Sources chrétiennes » 75, Paris, Cerf, 1961, p. 414). Il s'agit d'un commentaire de I *Jn* V, 1-2. Voir D. Dideberg, *Saint Augustin et la première épître de saint Jean. Une théologie de l'agapè*, Paris, Beauchesne, 1975, p. 152 et G. Madec, *Le Christ de saint Augustin. La Patrie et la Voie*, Paris, Desclée, 2001, p. 155.

(§ 919) et le *Mémorial*. De plus : un texte dont la méditation se prolonge bien au-delà du thème que les « membres pensants » abordent explicitement. Car en s'interrogeant sur l'*unitas spiritus* de ce « corps plein de membres pensants » qu'est l'Église, Pascal finit par libérer une question plus vaste : celle de l'unité de tout corps, mystique autant que politique. « Qu'est-ce qui fait que l'État est un ? C'est l'union de ses membres. Et d'où naît l'union de ses membres ? De l'obligation qui les lie. Tout est d'accord jusqu'ici. Mais quel est le fondement de cette obligation ? Voilà où les auteurs se divisent »[1]. Dans cette recherche du principe de l'unité, c'est-à-dire du fondement de l'obligation, Rousseau reconnaît, sans doute à raison[2], la tâche première que s'assigne la pensée politique dans son déploiement à l'époque moderne. Or, une telle institution de l'unité et du vrai fondement de la société qu'est l'acte par lequel « un peuple est un peuple »[3] n'est possible que si l'unité elle-même a été d'abord *pensée* dans ses conditions de possibilité, c'est-à-dire si elle s'est imposée comme une *question* et un *problème*. Cette mise en évidence du mystère *de* l'unité est précisément ce à quoi s'adonne secrètement Pascal en s'interrogeant sur le *mystère d'unité* qu'est l'Église. Seul en se découvrant « membre », c'est-à-dire en pensant et en voulant son union au « tout » le fidèle « sent » le bonheur de sa participation à l'unité ecclésiale, rappelle Pascal. Et Rousseau de lui faire écho[4] en affirmant que « les bonnes institutions sociales sont celles qui savent le mieux dénaturer l'homme, lui ôter son existence absolue pour lui en donner une relative, et transporter le moi dans l'unité commune ; en sorte que chaque particulier ne se croie plus un, mais partie de l'unité, et ne soit plus sensible que dans le tout »[5]. Encore et toujours il s'agit de « transformer chaque individu qui par lui-même est un tout parfait et solitaire en partie d'un plus grand tout dont cet individu reçoive en quelque sorte sa vie et son être »[6], de lui rappeler qu'est ce que c'est qu'« être membre » et « n'avoir de vie, d'être et de mouvement que par l'esprit du corps et pour le corps » (§ 372).

1. *Lettres écrites de la Montagne*, in *Œuvres complètes*, « Bibliothèque de la Pléiade », Paris, Gallimard, 1959-1995, t. III, p. 806.

2. Voir B. Bernardi, *Le principe d'obligation. Sur une aporie de la modernité politique*, Paris, Vrin/Éditions de l'EHESS, 2007.

3. *Du contrat social*, éd. B. Bernardi, Paris, Flammarion, 2001, I, 6, p. 55.

4. Écho dont Pascal n'aurait pu que s'étonner, voire, qui aurait sans doute suscité son indignation. Mais c'est là le sujet d'un autre livre qui reste à écrire. Voir B. Bernardi, *La Fabrique des concepts. Recherche sur l'invention conceptuelle chez Rousseau*, *op. cit.*, p. 398-405 et I. Olivo, « Du moi humain au moi commun », *op. cit.*, p. 593-595.

5. *Émile*, in *Œuvres complètes*, *op. cit.*, t. IV, p. 249.

6. *Du contrat social*, *op. cit.*, II, 7, p. 80.

« *Unum corpus et unus spiritus* » : lorsque « tout est un », les membres s'entr'aiment et veulent leur union réciproque qui fait l'« esprit du corps » et, dès lors, sa vérité. En cela nous paraît culminer la doctrine pascalienne de l'amour et sa requête de « s'imaginer un corps plein de membres pensants » (§ 368).

BIBLIOGRAPHIE

PASCAL

Bibliographies

Essai bibliographique des « Pensées » de Pascal, par A. Maire, Paris, Beauchesne, 1924.

Bibliographie générale des œuvres de Blaise Pascal, par A. Maire, Paris, Giraud-Badin, 1925-1927, 5 vol.

Bibliographie Blaise Pascal (1960-1969), par L. M. Heller et T. Goyet, Clermont-Ferrand, ADOSA, 1989.

The Cambridge Companion to Pascal, éd. N. Hammond, Cambridge, Cambridge University Press, 2003.

Le *Courrier du Centre international Blaise Pascal* de Clermont-Ferrand propose chaque année une mise à jour bibliographique. On consultera également la liste des publications qui ont été signalées au *Centre* (« Quarante ans de bibliographie cartésienne : 1970-2011 »), disponible en ligne à l'adresse http ://odalix. univ-bpclermont.fr/Accueil.htm.

Pour la bibliographie des éditions des *Pensées* de 1842 à 1942 on consultera Raymond Francis, *Les « Pensées » de Pascal en France de 1842 à 1942. Essai d'étude historique et critique*, Paris, Nizet, 1959 et l'« Aperçu bibliographique (1842-1992) » in *Discours sur la religion*, p. 267-272.

Études sur la liasse « Morale chrétienne » et les « membres pensants »

CARRAUD, V., « Histoire de la philosophie et théologie au XVIIe siècle », *in* D. Leduc-Fayette (éd.), *Le regard d'Henri Gouhier*, Vrin, Paris, 1999, p. 41-62.

– *Pascal : des connaissances naturelles à l'étude de l'homme*, Paris, Vrin, 2007, p. 74-77 et p. 210-213.

CHINARD, G., *En lisant Pascal*, Genève/Lille, Droz/Giard, 1948, chap. IV.

CLOUSTON, J. S., « Pascal et les membres pensants. Études de quelques fragments des *Pensées* », *Église et Théologie*, 8, 1977/2, p. 245-263.

ERNST, P., *Approches pascaliennes, l'unité et le mouvement, le sens et la fonction de chacune des vingt-sept liasses titrées*, Gembloux, Duculot, 1970, p. 484-502.

FRIGO, A., « Pascal et les "membres pensants" : penser l'église, régler l'amour », *Courrier du Centre International Blaise Pascal*, 32, 2010, p. 56-60.

– *L'évidence du Dieu caché. Introduction à la lecture des* Pensées *de Pascal*, Mont-Saint-Aignan, Presses Universitaires de Rouen et du Havre, 2015, p. 147-153.

GABRIEL, F., « Politique, christologie et ecclésiologie dans les *Pensées* de Pascal », *Kriterion*, 114, 2006, p. 273-301.

GUENANCIA, P., *Descartes et l'ordre politique*, Paris, P.U.F., 1983, p. 203-211.

– « Remarques sur le corps comme figure chez Pascal », *in* C. Jaquet et T. Pavlovits (éd.), *Les significations du « corps » dans la philosophie classique*, Paris, L'Harmattan, 2004, p. 91-105.

LAPORTE, J., *La doctrine de Port-Royal*. II, I : *Les vérités de la grâce*, Paris, P.U.F., 1923, p. 65-69.

LE GUERN, M.-R. et M., *Les* Pensées *de Pascal. De l'anthropologie à la théologie*, Paris, Larousse, 1972, p. 205-210.

MAGNARD, P., *Nature et histoire dans l'apologétique de Pascal*, Paris, Les Belles Lettres, 1980², p. 119-121.

– « Un corps plein de membres pensants », *Revue Philosophique de la France et de l'Étranger*, 190, 2000/2, p. 193-200 (repris *in* D. Descotes, A. McKenna et L. Thirouin (éd.), *Le rayonnement de Port-Royal. Mélanges en l'honneur de Philippe Sellier*, Paris, Champion, 2001, p. 333-340).

MARTINEAU, E., « Deux clés de la chronologie des discours pascaliens », *XVII*ᵉ *siècle*, 46, 1994/4, p. 695-729.

MCKENNA, A., « Pascal et le cœur », *Courrier international Blaise Pascal*, 16, 1994, p. 9-12.

– « Descartes et Pascal : la définition de l'amour », *in* B. Yon (éd.), *La Peinture des passions de la Renaissance à l'âge classique*, Saint-Étienne, Université de Saint-Étienne, 1995, p. 373-378.

MESNARD, J., *Les Pensées de Pascal*, Paris, SEDES, 1976 (3ᵉ éd. 1993), p. 242-247.

OLIVO, I., « Du moi humain au moi commun : Rousseau lecteur de Pascal », *Les Études philosophiques*, 2010/4, p. 557-595.

PÉCHARMAN, M., « Pascal et la politique », *in* H. Méchoulan et J. Cornette (éd.), *L'État classique. Regards sur la pensée politique de la France dans le second XVII*ᵉ *siècle*, Paris, Vrin, 1996, p. 113-132.

WOOD, W., « What is the self? Imitation and Subjectivity in Blaise Pascal's *Pensées* », *Modern Theology*, 26, 2010/3, p. 417-436.

AUTRES OUVRAGES UTILISÉS[1]

Sources

ABELLY, L., *Medulla theologica ex Sacris Scripturis conciliorum pontificumque decretis, et sanctorum patrum ac doctorum placitis expressa*, Paris, Apud Georgium Iosse, 1663.

ABRA DE RACONIS, *Summa totius philosophiae*, Cologne, ex Officina Choliniana, 1629.

AMELINE, C., Traité de la volonté, *précédé de* L'Art de vivre heureux, *attribué à C. Ameline*, éd. S. Charles, Paris, Vrin, 2009.

ARNAULD, A., *Œuvres de messire Antoine Arnauld*, fac-similé de l'éd. de Paris 1775-1783, Bruxelles, Culture et civilisation, 1964-1967.

AUGUSTIN, SAINT, *Le livre de saint Augustin de la véritable religion, traduit en françois* [...] *par M. Antoine Arnauld*, Paris, Antoine Vitré, 1647.

– *Opuscules*, II : *Problèmes moraux*, « Bibliothèque augustinienne » 2, Paris, Desclée de Brouwer, 1948.

– *Commentaire de la Première Épître de saint Jean*, trad. fr. P. Agaësse, « Sources chrétiennes » 75, Paris, Cerf, 1961.

– *Confessions*, éd. A. Solignac, E. Tréhorel et G. Bouissou, « Bibliothèque augustinienne » 13-14, Paris, Desclée de Brouwer, 1962.

– *Homélies sur l'Évangile de saint Jean*, *Homélies* I-XVI et *Homélies* XVII-XXXIII, éd. Berrouard, « Bibliothèque Augustinienne » 71-72, Paris, Desclée de Brouwer, 1993 et 1988.

BAUDOUIN DE FORD, *Le sacrement de l'autel*, intro. J. Leclercq, éd. J. Morson, É. de Solms, « Sources Chrétiennes » 94, Paris, Cerf, 1963.

BELLARMIN, R., *Christianae doctrinae copiosa explicatio*, Cologne, apud Ioannem Crithium, 1609.

BENOÎT DE CANFIELD, *La Règle de perfection – The Rule of Perfection*, éd. J. Orcibal, Paris, P.U.F., 1982.

BÉRULLE, P. de, *Œuvres complètes*, Paris, Cerf/Oratoire de France, 1995-2015, 12 volumes parus : t. I, *Conférences et fragments* (5 vol.) ; t. II, *Courts traités* (1 vol.) ; t. III, *Discours de l'état et des grandeurs de Jésus*, *Mémorial*, *Élévation sur sainte Marie-Madeleine* (2 vol.) ; t. IV, *Correspondance* (5 vol. prévus dont quatre parus).

– *Correspondance*, éd. par J. Dagens, Paris/Louvain, Desclée de Brouwer et *Revue d'histoire ecclésiastique*, 1937-1939.

BINET, É., *Examen d'une apologie qui a été faite pour servir de défense à un petit livre intitulé, Le Chapelet secret du très-saint Sacrement : Et pour réfuter quelques remarques qui auraient été faites sur ledit Chapelet*, Paris, s. n. e., 1634.

1. Nous indiquons uniquement les ouvrages effectivement cités, à l'exception des articles, dont les références complètes sont indiquées en note.

BONAL, F., Le *Chrétien du temps*, Paris, chez la veuve de M. Durand, 1655.

BOSSUET, J. B., *Œuvres oratoires*, Paris, Desclée de Brouwer, 1914-1926.

CAJETAN (Tommaso de Vio), *In quatuor Evangelia commentarii*, Venise, Lucantonio Giunta, 1530.

– *Sancti Thomae Aquinatis Opera Omnia* [...] *cum commentariis Thomas de Vio Caietani*, t. VIII, Rome, Ex Typographia Poliglotta, 1895.

CAMUS, J.-P., *Diversitez* [...]. *Livre XXXI, traitant des Passions de l'Âme*, t. IX, Paris, C. Chappelet, 1614.

– *La théologie mystique*, Paris, Jérôme Millon, 2003.

CHAMPEILS, L., *Les veritez Catholiques declarées et prouvées selon la vraye idée qu'en ont euë les SS. Pères...*, Paris, chez Jean Paslé, 1643.

CONDREN, C. de, *Recueil de quelques discours et lettres du R.P. Charles de Condren*, Paris, Antoine Vitray, Sebastien Huré et Jean Jost, 1643.

– *Lettres du P. Charles de Condren (1588-1641)*, publiées par P. Auvray et A. Jouffrey, Paris, Cerf, 1943.

CHARRON, P., *Les trois vérités, Vérité troisième...*, Bordeaux, Millanges, 1595[2].

COEFFETEAU, N., *Tableau des Passions humaines, de leurs causes, et de leurs effets*, Paris, Trabouilliet, 1631.

CORNELIUS A LAPIDE, *Commentaria in quatuor prophetas maiores*, Anvers, apud Martinum Nutium, 1634.

– *Commentaria in omnes divi Pauli epistolas*, Anvers, apud Martinum Nutium, 1635.

CYPRIEN DE CARTHAGE, *L'unité de l'Église*, éd. M. Bévenot, M. Poirier, P. Mattéi, « Sources Chrétiennes » 500, Paris, Cerf, 2006.

DENYS LE CHARTREUX, *In quatuor Evangelistas enarrationes*, Paris, P. Le Preux, 1552.

DESCARTES, *Œuvres philosophiques*, t. III (1643-1650), éd. F. Alquié, Paris, Garnier, 1973.

– *Passions de l'âme*, éd. P. d'Arcy, Paris, Flammarion, 1996.

– *Passiones animae*, reprint de l'édition de 1650, Lecce, Conte, 1997.

– *Les passions de l'âme*, éd. G. Rodis-Lewis, avant-propos par D. Kambouchner, Paris, Vrin, 2010.

— et Pierre Chanut, *Lettres sur l'amour*, avant-propos, éd. du texte, notes et postface par D. Kambouchner, Paris, Mille et une nuits, 2013.

DESCARTES, R., SCHOOCK, M., *La Querelle d'Utrecht*, Paris, Les impressions nouvelles, 1988.

DU VAIR, G., *Premières œuvres de piété*, éd. B. Petey-Girard, Paris, Champion, 2002.

DUNS SCOT, *Ordinatio*, in *Opera Omnia*, Paris, Vivès, t. XIII, 1893.

– *Lectura in primum sententiarum*, in *Doctoris subtilis et mariani Ioannis Duns Scoti ordinis fratrum minorum Opera omnia*, studio et cura commissionis scotisticae, praeside C. Balič, Civitas Vaticana, Typis polyglottis Vaticanis, t. XVII, 1966.

– *Ordinatio*, in *Doctoris subtilis et mariani Ioannis Duns Scoti ordinis fratrum minorum Opera omnia*, Civitas Vaticana, Typis polyglottis Vaticanis, t. IV, 1956; t. VII, 1973.

DUPLEIX, S., *L'Éthique ou philosophie morale*, éd. R. Ariew, Paris, Fayard, 1994.

ÉPICTÈTE, *Les propos d'Épictète*, trad. fr. J. Goulu, Paris, J. de Heuqueville, 1630.

EUSTACHE DE SAINT-PAUL, *Summa philosophiae quadripartita*, Leyde, apud F. Moyardum, 1647.

GARASSE, F., *La somme theologique des veritez capitales de la religion Chrestienne*, Paris, S. Chappelet, 1625.

GERSON, J., *Œuvres complètes*, éd. P. Glorieux, t. VI, *L'œuvre ecclésiologique (253ᵃ-291)*, Tournai, Desclée, 1965.

– *Œuvres complètes*, éd. P. Glorieux, t. VII*, *L'œuvre française. Sermon et Discours (340-398)*, Tournai, Desclée, 1968.

GIBIEUF, G., *De libertate Dei et creaturae*, Paris, J. Cottreau, 1630.

GRÉGOIRE LE GRAND, *Morales sur Job. (Livres XI-XIV)*, éd. A. Bocognano, « Sources chrétiennes » 212, Paris, Cerf, 1974.

GRÉGOIRE DE VALENCE, *Commentariorum theologicorum tomus tertius*, Lyon, Horace Cardon, 1603.

GUILLAUME D'OCCAM, *Opus nonaginta dierum*, in *Opera politica*, éd. R. F. Bennet et H. S. Offler, t. II, Manchester, Manchester University Press, 1963.

JANSÉNIUS, C., *Notarum Spongia* [1631], Louvain, J. Zeger, 1641.

– *Tetrateuchus sive Commentarius in sancta Iesu Christi Evangelia* [1639], Paris, Jean Jost, 1649.

– *Augustinus*, Louvain, J. Zeger, 1640.

JURIEU, P., *Le vrai système de l'Église et la véritable Analyse de la foi*, Dordrecht, chez la veuve de Caspar et chez Théodore Goris, 1686.

LANCELOT, C., *Mémoires touchant la vie de monsieur de S. Cyran*, Cologne, s. n. e., 1738.

LAUNOY, J. de, *Joannis Launoii Opera omnia*, T. V, 2ᵉ partie, Genève, Barrillot et Bousquet, 1731.

LEGRAND, I., *Institutio philosophiae, secundum principia Renati Descartes, nova methodo adornata et explicata in usum juventutis academicae*, Londres, Martyn, 1672.

Le Progrez du Janssenisme descouvert, à monsieur le Chancelier par le sieur de Preville, Avignon, Pierre Thomas, 1655.

LEIBNIZ, G. W., *Allgemeiner Politischer und Historischer Briefwechsel*, IV, 1684-1687, Berlin, Akademie Verlag, 1990.

LESSIUS, L., *De summo bono et aeterna beatitudine libri quator*, Anvers, Ex officina Plantiniana, apud Balthasarem et Ioannem Moretos, 1616.

– *De perfectionibus moribusque divinis libri XIV. Quibus pleraque sacrae theologiae mysteria breviter ac dilucidè explicantur*, Paris, P. Mettayer, 1620.

LOUIS DE BLOIS, *Institution spirituelle*, trad. fr. M. Huot de Longchamp, Toulouse, Éditions du Carmel, 2004.

MALEBRANCHE, N., *Traité de morale*, éd. J.-P. Osier, Paris, Flammarion, 1995.

– *Conversations chrétiennes. Méditations sur l'humilité et la pénitence. Lettre de Vaugelade*, éd. J.-C. Bardout, J. Roger et K. Trego, Paris, Vrin, 2010.

Maximes saintes et chrétiennes, tirées des Lettres de Messire Jean du Verger de Hauranne abbé de Saint Cyran, quatrième édition augmentée de plus de six cens Maximes, Paris, chez la veuve J. Le Mire, 1678.

NACCHIANTI, G., *Enarrationes piae doctae et catholicae in epistolam Pauli ad Ephesios*, Venise, s. n. e., 1554.

OCHINO, B., *Sermons*, s. l., 1561.

OLIER, J.-J., *Catéchisme chrétien pour la vie intérieure*, seconde édition, Paris, J. Langlois, 1657.

PANORMITANUS (Niccolò de Tedeschi), *Consilia et Quaestiones*, Turin, apud haeredes Nicolai Bevilaquae, 1577.

QUARRÉ, J. H., *Thrésor spirituel des âmes religieuses*, Paris, Durand, 1635.

QUESNEL, P., *Sixième mémoire pour servir à l'examen de la Constitution du Pape contre le Nouveau Testament en français avec des Réflexions Morales*, s. l., 1715.

RAYNAUD, T., *Nova libertatis explicatio ad lucem obscurissimis quibusque theologicis difficultatibus affundendam nuper adinventa et duobus libris proposita, hac antistropha tractatione discussa*, Paris, S. Chapelet, 1632.

RÉGIS, P.-S., *L'usage de la raison et de la foi*, Paris, J. Cusson, 1704.

ROUSSEAU, J.-J., *Œuvres complètes*, Paris, Gallimard, 1959-1995.

– *Du contrat social*, éd. B. Bernardi, Paris, Flammarion, 2001.

SAINT-CYRAN, *Apologie pour Messire H. L. Chastaigner de la Roche-Pozay, évesque de Poictiers contre ceux qui disent qu'il n'est pas permis aux ecclésiastiques d'avoir recours aux armes en cas de nécessité*, s. l., 1615.

– *Lettres chrétiennes et spirituelles*, Paris, Martin Duran, Sebastien Huré, Jean Le Mire, Rolet le Duc, 1645; Paris, Jean le Mire, 1647, 1648; Lyon, chez J.-B. Boulier et L. Aubin, 1674.

– *Considérations sur les dimanches et les fêtes des Mystères et sur les fêtes de la Vierge et des Saints. Partie Été*, Paris, chez la veuve Charles Savreux, Libraire Juré, 1671[2].

– *Considérations sur les dimanches et les fêtes des Mystères et sur les fêtes de la Vierge et des Saints. Partie Hiver*, Paris, chez la veuve Charles Savreux, Libraire Juré, 1671[2].

– *Lettres chrétiennes et spirituelles*, t. I, Lyon, chez J.B. Boulier et L. Aubin, 1674.

– *Œuvres chrétiennes et spirituelles*, Lyon, chez Laurent Aubin, 1679.

– *Lettres chrétiennes et spirituelles de messire Jean du Verger de Hauranne, abbé de S. Cyran, qui n'ont point encore été imprimées jusqu'à présent*, s. l., 1744.

SAINTE-MARTHE, C. de, *Deffense des religieuses de Port-Royal et de leurs directeurs*, s. l., 1667.

SENAULT, J.-F., *L'homme chrétien ou la réparation de la nature par la grâce*, Paris, chez la veuve de Jean Camusat et Pierre le Petit, 1648.

– *De l'usage des passions*, éd. C. Frémont, Paris, Fayard, 1987.

SEYSSEL, C. de, *La monarchie de France et deux autres fragments politiques*, textes établis et présentés par J. Poujol, Paris, Librairie d'Argences, 1961.
SPINOZA, B., *Éthique*, trad. fr. B. Pautrat, Paris, Seuil, 1999.
SUÁREZ, F., *De actibus, qui vocantur passiones, tum etiam de habitibus, praesertim studiosis ac vitiosis, Disputatio I, « De passionibus »*, in *Opera omnia*, Paris, Vivès, t. IV, 1856.
– *De legibus*, in *Opera Omnia*, Paris, Vivès, t. V-VI, 1856.
– *De fide theologica; De caritate*, in *Opera Omnia*, Paris, Vivès, t. XII, 1858.
– *Defensio fidei*, in *Opera Omnia*, Paris, Vivès, t. XXIV, 1859.
TERTULLIEN, *Traité du Baptême*, éd. R.-F. Refoulé, « Sources Chrétiennes » 35, Paris, Cerf, 1952.
TORQUEMADA, J. de, *Summa de Ecclesia*, Venise, apud Michaelem Tramezinum, 1561.
VITORIA, F. de, *Relectiones theologicae tredecim partibus per varias sectiones in duos libros divisae*, Lyon, apud Iacobum Boyerium, 1557.
VIVÈS, J. L., *De anima et vita*, Bruges, per Ioannem Operinum, 1538.

Études

ACCARDI, F., *Port-Royal. La preghiera e la liturgia (1609-1669). I percorsi di spiritualità e l'elaborazione della resistenza*, thèse de doctorat en Histoire du Christianisme et des Églises, Université de Padoue, 2012.
ALQUIÉ, F., *Le cartésianisme de Malebranche*, Paris, Vrin, 1974.
Antoine Arnauld (1612-1694). Philosophe, écrivain, théologien. Chroniques de Port-Royal 44, Paris, Bibliothèque Mazarine, 1995.
Augustin au XVIIe siècle, textes réunis par L. Devillairs, Florence, Olschki, 2007.
Augustin, philosophe et prédicateur. Hommage à Goulven Madec, éd. I. Bochet, Paris, Institut d'Études Augustiniennes, 2012.
Augustinus Magister, I, Paris, Études Augustiniennes, 1955.
BALTHASAR, H. U. von, *Herrlichkeit, eine theologische Asthetik. III. Im Raum der Metaphysik*, Einsieldeln, Johannes Verlag, 1965, trad. fr. R. Givord et H. Egelmann, *La gloire et la croix*, 4. *Le domaine de la métaphysique*, II, « Les constructions », Paris, Aubier, 1982.
– *Herrlichkeit eine theologische Asthetik*, II, *Fächer der Style 2*, Einsieldeln, Johannes Verlag, 1965, trad. fr. R. Givord et H. Bourboulon, *La gloire et la croix*, 2. *Styles*, II, « De Jean de la Croix à Péguy », Paris, Aubier-Montaigne, 1972.
– *Le complexe antiromain : essai sur les structures ecclésiales*, Paris/Montréal, Apostolat des Éditions/Éditions Paulines, 1976.
BARBEY, J., *La Fonction royale. Essence et légitimité d'après les* Tractatus *de Jean de Terrevermeille*, Paris, Nouvelles éditions latines, 1983.
BELLEMARE, R., *Le sens de la créature dans la doctrine de Bérulle*, Paris, Desclée de Brouwer, 1959.

BERNARDI, B., *La Fabrique des Concepts : recherches sur l'invention conceptuelle chez Rousseau*, Paris, Champion, 2006.

– *Le principe d'obligation. Sur une aporie de la modernité politique*, Paris, Vrin/Éditions de l'EHESS, 2007.

BEYSSADE, J.-M., *Études sur Descartes. L'histoire d'un esprit*, Paris, Seuil, 2001.

BORGOMEO, P., *L'Église de ce temps dans la prédication de saint Augustin*, Paris, Institut d'Études Augustiniennes, 1972.

Bossuet à Metz (1652-1659). Les années de formation et leurs prolongements, éd. A-É. Spica, Berne, Peter Lang, 2005.

BRAGUE, R., *La Sagesse du monde. Histoire de l'expérience humaine de l'univers*, Paris, Fayard, 1999.

BREMOND, H., *Histoire littéraire du sentiment religieux en France, depuis la fin des guerres de religion jusqu'à nos jours*, nouvelle éd. augmentée sous la dir. de F. Trémolières, Grenoble, J. Millon, 2006.

BRIGUGLIA, G., *Il corpo vivente dello Stato. Una metafora politica*, Milan, Bruno Mondadori, 2006.

CADOUX, R., *Bérulle et la question de l'homme. Servitude et liberté*, Paris, Cerf, 2005.

CANNING, J., *Ideas of Power in the Late Middle Ages, 1296-1417*, Cambridge, Cambridge University Press, 2011.

CARRAUD, V., *Pascal et la philosophie*, Paris, P.U.F., 1992 (2e éd. 2007).

– *Pascal : des connaissances naturelles à l'étude de l'homme*, Paris, Vrin, 2007.

– *L'invention du moi*, Paris, P.U.F., 2010.

CERFAUX, L., *La Théologie de l'Église suivant saint Paul*, Paris, Cerf, 1965[3].

CHARBONNEL, N., *Comme un seul homme. Corps Politique et Corps Mystique*, Lons-le Saunier, Aréopage, 2010.

CHRÉTIEN, J.-L., *Augustin et les actes de parole*, Paris, P.U.F., 2002.

COCHOIS, P., *Bérulle initiateur mystique. Les vœux de servitude*, Paris, Institut catholique de Paris, 1960.

– *Bérulle et l'École française*, Paris, Seuil, 1963.

Colloquium Erasmianum (Mons, 26-29 octobre 1967), Mons, Centre universitaire de l'État, 1968.

COGNET, L., *Histoire de la Spiritualité chrétienne*, III, *La spiritualité moderne, t. I, L'essor : 1500-1650*, Paris, Aubier, 1966 ; nouvelle éd. mise à jour et présentée par J.-R. Armogathe, Paris, Desclée de Brouwer, 1991.

– *Introduction aux mystiques rhéno-flamands*, Paris, Desclée, 1968.

– *Crépuscule des mystiques : Bossuet – Fénelon*, Paris, Desclée de Brouwer, 1958, nouvelle éd. 1991.

COMBES, A., *Essai sur la critique de Ruysbroeck par Gerson*, t. I, *Introduction critique et dossier documentaire*, Paris, Vrin, 1945 ; t. II : *La première critique gersonienne du* De ornatu spiritualium nuptiarum, Paris, Vrin, 1948.

– *La théologie mystique de Gerson. Profil de son évolution*, Rome, Desclée, t. I, 1963.

CONGAR, Y., *Esquisses du mystère de l'Église*, Paris, Cerf, 1941.

– *L'Église de saint Augustin à l'époque moderne*, Paris, Cerf, 1970, reprint 2007.

– *La tradition et les traditions*, Paris, Cerf, 1960; 1963, reprint 2010.

COURTINE, J.-F., *Nature et empire de la loi. Études Suareziennes*, Paris, Éditions de l'EHESS/Vrin, 1999.

Croisements d'anthropologies : Pascals Pensées *im Geflecht der Anthropologien*, dir. par R. Behrens, A. Gipper et W. Mellinghoff-Bourgerie, Heidelberg, Winter, 2005.

CULHANE, D., *De Corpore mystico doctrina Seraphici*, Mundelein, apud aedes Seminarii sanctae Mariae ad Lacum, 1934.

DAGENS, J., *Bérulle et les origines de la restauration catholique (1575-1611)*, Paris, Desclée de Brouwer, 1952.

DE FRANCESCHI, S. H., *Entre saint Augustin et saint Thomas : les jansénistes et le refuge thomiste (1653-1663), à propos des 1re, 2e et 18 e* Provinciales, Paris, Nolin, 2009.

DEVILLAIRS, L., *Descartes et la connaissance de Dieu*, Paris, Vrin, 2004.

DIDEBERG, D., *Saint Augustin et la première épître de saint Jean. Une théologie de l'agapè*, Paris, Beauchesne, 1975.

DUPUY, M., *Bérulle, une spiritualité de l'adoration*, Paris, Desclée, 1964.

– *Le Christ de Bérulle*, Paris, Desclée, 2001.

Élisabeth de Bohême face à Descartes : deux philosophes ?, dir. par. D. Kolesnik-Antoine et M.-F. Pellegrin, Paris, Vrin, 2014.

Écrire et penser en Moderne, dir. par C. Bahier-Porte et C. Poulouin, Paris, Champion, 2015.

Emotions and Choice from Boethius to Descartes, éd. H. Lagerlund et M. Yrjönsuuri, Boston, Kluver, 2002.

FERREYROLLES, G., *Pascal et la raison du politique*, Paris, P.U.F., 1984.

– *Les reines du monde. L'imagination et la coutume chez Pascal*, Paris, Champion, 1995.

FRAINE, J. de, *Adam et son lignage. Études sur la notion de « personnalité corporative » dans la Bible*, Paris, Desclée de Brouwer, 1959.

GALY, J., *Le sacrifice dans l'École française de Spiritualité*, Paris, Nouvelles Éditions Latines, 1951.

GIERKE, O. von, *Das deutsche Genossenschaftsrecht*, Berlin, Weidmannsche Buchhandlung, 1868-1873.

– *Les théories politiques du Moyen Âge*, Paris, Tenin, 1914.

GIESEY, R. E., *Rulership in France : 15th-17th Centuries*, Aldershot, Ashgate/Variorum, 2004.

GILSON, É., *La théologie mystique de Saint Bernard*, Paris, Vrin, 1986.

GOUHIER, H., *Blaise Pascal. Commentaires*, Paris, Vrin, 1966, 2e éd. mise à jour 1971.

– *La pensée religieuse de Descartes*, 2e éd., Paris, Vrin, 1972.

– *Blaise Pascal. Conversion et apologétique*, Paris, Vrin, 1986.

GRABKA, G. M., *Cardinalis Hosii doctrina de Corpore Christi Mystico in luce saeculi XVI*, Washington D.C., The Catholic University of America Press, 1945.

GUENANCIA, P., *Descartes et l'ordre politique*, Paris, P.U.F., 1983.

GUEULLETTE, J.-M., *Eckhart en France. La lecture des* Institutions spirituelles *attribuées à Tauler, 1548-1699*, Grenoble, Jérôme Millon, 2012.

GUION, B., *Pierre Nicole moraliste*, Paris, Champion, 2002.

Histoire de la France politique, dir. par S. Berstein, P. Contamine, M. Winock ; *Le Moyen Âge. Le roi, l'Église, les grands, le peuple 481-1514*, vol. dir. par P. Contamine, O. Guyotjeannin, R. Le Jan, Paris, Seuil, 2002.

HOFMANN, H., *Repräsentation. Studien zur Wort- und Begriffsgeschichte von der Antike bis ins 19. Jahrhundert*, Berlin, Duncker et Humblot, 2003[4], *Rappresentanza – Rappresentazione. Parola e concetto dall'antichità all'Ottocento*, trad. ital. C. Tommasi, Milan, Giuffré, 2007.

Homo spiritalis, Festgabe fur Luc Verheijen, OSA Zu seinem 70 Geburstag, éd. C. Mayer, K. H. Chelius, Augustinus Verlag, Wurzburg, 1987.

HOUDARD, S., *Les invasions mystiques. Spiritualités, hétérodoxies et censures au début de l'époque moderne*, Paris, Les Belles Lettres, 2008.

I Francescani e la politica, éd. A. Musco, Palerme, Officina di Studi Medievali, 2007.

ICARD, S., *Port-Royal et saint Bernard de Clairvaux (1608-1709) Saint-Cyran, Jansénius, Arnauld, Pascal, Nicole, Angélique de Saint-Jean*, Paris, Champion, 2010.

IUNG, N., *Un franciscain, théologien du pouvoir pontifical au* XIVe *siècle, Alvaro Pelayo évêque et pénitencier de Jean XXII*, Paris, Vrin, 1931.

JÁKI, S., *Les tendances nouvelles de l'ecclésiologie*, Rome, Herder, 1957.

JENSEN, F.-X., *Baius et le baianisme. Essai théologique*, Louvain, Museum Lessianum, 1927.

JOURNET, C., *L'Église du Verbe incarné*, II. *Sa structure interne et son unité catholique. Deuxième édition revue et augmentée*, Paris, Désclée de Brouwer, 1962.

JOVY, E., *Études pascaliennes*, Paris, Vrin, 1927-1936.

KAMBOUCHNER, D., *L'homme des passions. Commentaires sur Descartes*, Paris, Albin Michel, 1995.

– *Descartes et la philosophie morale*, Paris, Hermann, 2008.

KANTOROWICZ, E. H., *Mourir pour la patrie et autres textes*, trad. de l'américain et de l'allemand par L. Mayali et A. Schütz, présentation par P. Legendre, Paris, P.U.F., 1984.

– *Œuvres*, Paris, Gallimard, 2000.

KEMPSHALL, M. S., *The Common Good in Late Medieval Political Thought : Moral Goodness and Material Benefit*, Oxford, Oxford University Press, 1999.

KOBUSCH, T., *Die Entdeckung der Person. Metaphysik der Freiheit und Modernes Menschenbild*, Darmstadt, Wissenschaftliche Buchgesellschaft, 1997.

KOLESNIK-ANTOINE, D., *Descartes. Une politique des passions*, Paris, P.U.F., 2011.

KRUMENACKER, Y., *L'école française de spiritualité. Des mystiques, des fondateurs, des courants et leurs interprètes*, Paris, Cerf, 1999.

KRYNEN, J., *Idéal du prince et pouvoir royal en France à la fin du Moyen Âge (1380-1440). Étude de la littérature politique du temps*, Paris, Picard, 1981.

L'homme devant Dieu. Mélanges offerts au père Henri de Lubac, t. 2 : « Du Moyen Âge au siècle des Lumières », Paris, Aubier, 1964.

L'idée de Rome : pouvoirs, représentations, conflits, éd. H. Multon et C. Sorrel, Chambéry, Éditions de l'Université de Savoie, 2006.

L'interpretazione nei secoli XVII e XVIII, éd. G. Canziani, Y.-C., Zarka, Milan, Franco Angeli, 1993.

La Peinture des passions de la Renaissance à l'âge classique, éd. B. Yon, Saint-Etienne, Université de Saint-Etienne, 1995.

LAPORTE, J., *Saint-Cyran*, Paris, P.U.F., 1922.

– *La doctrine de Port-Royal*. II, I : *Les vérités de la grâce*, Paris, P.U.F., 1923.

– *La doctrine de Port-Royal. La Morale (d'après Arnauld)*, Paris, P.U.F., 1951-1952.

LE BRUN, J., *La Spiritualité de Bossuet*, Paris, Klincksieck, 1972.

– *La jouissance et le trouble. Recherches sur la littérature chrétienne de l'âge classique*, Genève, Droz, 2004.

Le néant. Contribution à l'histoire du non-être dans la philosophie occidentale, sous la dir. de J. Laurent et C. Romano, Paris, P.U.F., 2006.

Le partage des passions, éd. É. Tassin et P. Vermeren, Paris, Répliques contemporaines, 1992.

Le rayonnement de Port-Royal. Mélanges en l'honneur de Philippe Sellier, éd. D. Descotes, A. McKenna et L. Thirouin, Paris, Champion, 2001.

Le regard d'Henri Gouhier, éd. D. Leduc-Fayette, Paris, Vrin, 1999.

LEDUC-FAYETTE, D., *Pascal et le mystère du mal : la clef de Job*, Paris, Cerf, 1996.

Les Frontières de la tolérance, éd. S. De Reyff, M. Viegnes, J. Rime, Neuchâtel, Éditions Aphil/Presses Universitaires Suisses, 2013.

Les passions à l'âge classique. Théories et critiques des passions, II, sous la dir. de P.-F. Moreau, Paris, P.U.F., 2006.

Les proverbes dans l'Europe des XVIe et XVIIe siècle : réalités et représentations, éd. M. N. Fouligny et M. Roig Miranda, Nancy, Europe XVI-XVII, n° 18, 2013.

Les significations du «corps» dans la philosophie classique, éd. C. Jaquet et T. Pavlovits, Paris, L'Harmattan, 2004.

LHERMET, J., *Pascal et la Bible*, Paris, Vrin, 1931.

LUBAC, H. de, *Catholicisme. Les aspects sociaux du dogme*, Paris, Cerf, 1938.

– *Corpus Mysticum. L'Eucharistie et l'Église au Moyen Âge*, Paris, Aubier-Montaigne, 1949[2], réimpression Paris, Cerf, 2009.

– *Méditation sur l'Église*, Paris, Aubier, 1953.

– *Augustinisme et théologie moderne*, Paris, Aubier, 1965, réimpression Paris, Cerf, 2008.

– *Mistica e Mistero cristiano*, Milan, Jaca Book, 1979.

MADEC, G., *Le Christ de saint Augustin. La Patrie et la Voie*, Paris, Desclée, 2001.

– *Lectures Augustiniennes*, Paris, Institut d'Études Augustiniennes, 2001.

MAGNARD, P., *Nature et histoire dans l'apologétique de Pascal*, Paris, Les Belles Lettres, 1975, 2e éd. revue et corrigée 1980 (rééd. en 1991 sous le titre : *La clé du chiffre*).

MARION, J.-L., *Sur la théologie blanche de Descartes*. Paris, P.U.F., 1981.

– *Sur le prisme métaphysique de Descartes*, Paris, P.U.F., 1986.

– *Questions cartésiennes. Méthode et métaphysique*, Paris, P.U.F., 1991.

– *Au lieu de soi. L'approche de Saint Augustin*, Paris, P.U.F., 2008.

– *Sur la pensée passive de Descartes*, Paris, P.U.F., 2013.

MARTIMORT, A.-G., *Le gallicanisme de Bossuet*, Paris, Cerf, 1953.

MARTINEAU, E., *La Provenance des espèces. Cinq méditations sur la libération de la liberté*, Paris, P.U.F., 1982.

MERSCH, É., *Le corps mystique du Christ. Études de théologie historique*, 3e éd. rev. et augm., Bruxelles/Paris, Édition Universelle/Desclée de Brouwer, 1951.

MESNARD, J., *La Culture au XVIIe siècle*, Paris, P.U.F., 1992.

MESNARD, P., *Essai sur la morale de Descartes*, Paris, Boivin, 1936.

Méthodes chez Pascal, Paris, P.U.F., 1979.

MICHON, H., *L'Ordre du cœur. Philosophie, théologie et mystique dans les* Pensées *de Pascal*, Paris, Champion, 1996.

MIDALI, M., *Corpus Christi mysticum apud Dominicum Bánez eiusque fontes*, Rome, Libreria editrice dell'Università Gregoriana, 1962.

MIETHKE, J., *Ockhams Weg zur Sozialphilosophie*, Berlin, Walter de Gruyter, 1969.

MINER, R., *Thomas Aquinas on the Passions : A Study of* Summa Theologiae *1a2ae 22-48*, Cambridge, Cambridge University Press, 2009.

Moral Philosophy on the Threshold of Modernity, éd. J. Kraye, R. Saarinen, Dordrecht, Springer, 2005.

MORGAIN, S.-M., *Pierre de Bérulle et les Carmélites de France*, Paris, Cerf, 1995.

– *La théologie politique de Pierre de Bérulle (1598-1629)*, Paris, Publisud, 2001.

Amor Amicitiae : On the Love that is Friendship, éd. T. A. F. Kelly et P. W. Rosemann, Louvain, Peeters, 2004.

NADAÏ, J.-C. de, *Jésus selon Pascal*, Paris, Desclée, 2008.

NEVEU, B., *Érudition et religion aux XVIIe et XVIIIe siècles*, Paris, Albin Michel, 1994.

OAKLEY, F., *The Conciliarist Tradition. Constitutionalism in the Catholic Church 1300-1870*, Oxford, Oxford University Press, 2003.

ORBAN, Á. P., *Les dénominations du monde chez les premiers auteurs chrétiens*, Nimègue, Dekker/Van de Vegt, 1970.

ORCIBAL, J., *Le cardinal de Bérulle. Évolution d'une spiritualité*, Paris, Cerf, 1965.

– *Saint Jean de la Croix et les Mystiques Rhéno-flamands*, Paris, Desclée de Brouwer, 1966.

– *Études d'histoire et de littérature religieuses, XVIe-XVIIe siècle*, études réunies par J. Le Brun et J. Lesaulnier, Paris, Klincksieck, 1997.

OSBORNE Jr., T. M., *Love of Self and the Love of God in Thirteenth-Century Ethics*, Notre Dame, IN, Notre Dame University Press, 2005.

PARAVICINI-BAGLIANI, A., *Le Corps du pape*, Paris, Seuil, 1997.

Pascal. Thématique des Pensées, éd. L. M. Heller et I. M. Richmond, Paris, Vrin, 1988.

Passioni e linguaggio nel XVII secolo, éd. F. Bonicalzi et C. Stancati, Lecce, Milella, 2001.

PEIL, D., *Der Streit der Glieder mit dem Magen : Studien zur Überlieferungs- und Deutungsgeschichte der Fabel des Menenius Agrippa von der Antike bis ins 20. Jahrhundert*, Francfort, Peter Lang, 1985.

PÉROUSE, M., *L'invention des « Pensées » de Pascal : les éditions de Port-Royal, 1670-1678*, Paris, Champion, 2009.

PÉTRÉ, H., Caritas. *Étude sur le vocabulaire latin de la charité chrétienne*, Louvain, Spicilegium Sacrum Lovaniense, 1948.

Philosophie et théologie à l'époque moderne. Anthologie, t. III, vol. dir. par J.-C. Bardout, Paris, Cerf, 2010.

PILCHER, A., *Die Theologie des Leibniz aus sämmtlichen gedruckten und vielen noch ungedruckten Quellen mit besonderer Rücksicht auf die kirchlichen Zustände der Gegenwart zum ersten Male vollständig dargestellt*, t. II, Munich, Cotta, 1869.

PIOLANTI, A., *Il corpo mistico e le sue relazioni con l'eucaristia in S. Alberto Magno*, Rome, Pontificia Università Lateranense, 1969.

PIQUÉ, N., *De la tradition à l'histoire. Éléments pour une généalogie du concept d'histoire à partir des controverses religieuses en France (1669-1704)*, Paris, Champion, 2009.

Prémices et Floraison de l'Âge classique. Mélanges en l'honneur de Jean Jehasse réunis par B. Yon, Saint-Étienne, Publications de l'Université de Saint-Étienne, 1995.

Rationalisme analogique et humanisme théologique : la culture de Thomas de Vio « Il Gaetano », éd. B. Pinchard et S. Ricci, Naples, Vivarium, 1993.

RENAULT, L., *Descartes ou la félicité volontaire*, Paris, P.U.F., 2000.

RILEY, P., *The General Will before Rousseau. The transformation of the Divine into the Civic*, Princeton, Princeton University Press, 1986.

RODIS-LEWIS, G., *La morale de Descartes*, Paris, P.U.F., 1998.

Saint Bernard et la philosophie, sous la dir. de R. Brague, Paris, P.U.F., 1993.

ROUSSELOT, P., *Pour l'histoire du problème de l'amour au Moyen Age* [1933], Paris, Vrin, 1981.

SAGE, A., *La vie religieuse selon Saint Augustin*, Paris, La vie augustinienne, 1972.

Sur la science divine, dirigé par J.-C. Bardout et O. Boulnois, Paris, P.U.F., 2002.

SCHLIER, H., *Besinnung auf das Neue Testament*, Fribourg i. B., Herder, 1964, *Essais sur le Nouveau Testament*, trad. fr. A. Liefooghe, Paris, Cerf, 1968.

SCHMITZ, Benoît *Le pouvoir des clefs au XVIe siècle. La suprématie pontificale et son exercice face aux contestations religieuses et politiques*, thèse de doctorat, Paris Sorbonne, 2013.

SCREECH, M. A., *Ecstasy and the Praise of Folly*, Londres, Duckworth, 1980, *Érasme. L'extase et l'Éloge de la folie*, trad. fr. J. Chambert, Paris, Desclée, 1991.

SCRIBANO, E., *Angeli e beati. Modelli di conoscenza da Tommaso a Spinoza*, Bari, Laterza, 2006.

SELLIER, P., *Pascal et la liturgie*, Paris, P.U.F., 1966.

– *Pascal et saint Augustin*, Paris, Armand Colin, 1970; Paris, Albin Michel, 1995.

– *Port-Royal et la littérature : Pascal*, Paris, Champion, 1999, 2e éd. aug. 2010.

SHIOKAWA, T., *Pascal et les miracles*, Paris, Vrin, 1977.

– *Entre foi et raison : l'autorité. Études pascaliennes*, Paris, Champion, 2012.

Spinoza et la Renaissance, dirigé par S. Ansaldi, Paris, P.U.P.S., 2007.

Spinoza, philosophe de l'amour, sous la dir. de C. Jacquet, P. Séverac, A. Suhamy, Saint-Étienne, Publications de l'Université de Saint-Étienne, 2005.

STIKER-MÉTRAL, C.-O., *Narcisse contrarié. L'amour propre dans le discours moral en France (1650-1715)*, Paris, Champion, 2007.

TALON-HUGON, C., *Descartes ou les passions rêvées par la raison*, Paris, Vrin, 2002.

TAVARD, G., *La tradition au XVIIe siècle en France et en Angleterre*, Paris, Cerf, 1969.

The Rationalists : Between Tradition and Innovation, éd. C. Fraenkel, D. Perinetti, J. E. H Smith, Dordrecht/Heidelberg/Londres/New York, Springer, 2011.

THILS, G., *Les Notes de l'Église dans l'apologétique catholique depuis la Réforme*, Gembloux, J. Duculot, 1937.

THIREAU, J.-L., *Charles Du Moulin (1500-1566). Étude sur les sources, la méthode, les idées politiques et économiques d'un juriste de la Renaissance*, Genève, Droz, 1980.

THIROUIN, L., *Le hasard et les règles. Le modèle du jeu dans la pensée de Pascal*, Paris, Vrin, 1991.

THOMAS, J. F., *Les caractères de la démonstration dans l'apologie pascalienne*, Paris, Nizet et Bastard, 1942.

TIERNEY, B., *Foundations of the Conciliar Theory : The Contribution of the Medieval Canonists from Gratian to the Great Schism. Studies in the History of Christian Thought. Enlarged New Edition*, Leyde, Brill, 1998.

TORCHIA, J. N., Creatio ex nihilo *and the Theology of St. Augustine. The Anti-Manichaean Polemic and Beyond*, New York, P. Lang, 1999.

WHANNOU, A., *Subsistence chez Bérulle, essai historique et doctrinal sur sa place et l'importance de la notion de « subsistence » dans la spiritualité de la divinisation*, Porto Novo, Imprimerie Notre-Dame, 1993.

ZUM BRUNN, E., *Le dilemme de l'être et du néant chez saint Augustin des premiers dialogues aux* Confessions, Paris, Études augustiniennes, 1984[2].

INDEX NOMINUM

TABLE DES MATIÈRES

Achevé d'imprimer par Corlet Numérique - 14110 Condé-sur-Noireau
N° d'Imprimeur : 134264 - Dépôt légal : décembre 2016 - *Imprimé en France*